日本俗信辞典　植物編

角川文庫
22227

日本俗信辞典　植物編　目次

【凡　例】

一、旧国名および郡名は底本（『日本俗信辞典』一九八二年）のままとした。市町村名については、現状と異なる場合は現在の地名を〈　〉で示した。

例　京都府天田郡三和町〈福知山市〉

一、採集地を都道府県単位で示した場合は、都府県の語を省いて示した。

例　魚釣りに梅干を持って行くと不漁（東京・新潟・山口）

【編集注記】

植物の中には、その成分、抽出液などに、重篤な中毒症を起こすものがある。本書はあくまで民間の俗信や伝承を集めた辞典であり、現代の医学や科学にもとづく知識を記すものではない。

【あ】

藍　あい

○漢方で藍実（ちんじつ）は諸毒を解（げ）すといい、久しく服用すれば頭髪が白くならぬともいう。北海道で、食中毒に、藍染めの布を茶碗に入れて熱湯をかけ、その汁を二杯ほど飲むと、中毒によるジンマシンなどは一度で治るという。岩手でも毒消しにアイの葉の黒焼きを服用するし、またマグロの中毒に藍の水を飲ませる。長崎では、フグの中毒に、紺の布をしぼって出る藍を飲ませる。ヘビ、マムシ除けに紺の脚絆・足袋・手甲・作業衣などを着るのも、藍の効力に期待するからである。

○滋賀で、藍は虫つきに効くというのは外用か。九州小倉地方で、ヨギレ（不詳。魚の目か）は藍糸をくくると治るという。香川その他で、山仕事に行く時、ハミ（マムシ）に咬まれぬ用心に、藍のはばきと藍の足袋をはく。咬まれても毒が廻らぬという。毒蛇は藍の匂いを嫌い、藍の物を咬むと歯が折れるという。⇩蝮（まむし）（動物編）

葵　あおい

○秋田県由利郡で、屋敷内にアオイを植えてはならぬといい、同様の俗信は、福島県郡山市、長野県更級郡・埴科郡でもいう。

○千葉県館山市・愛知県南部にもアオイを植えることを忌む家があり、南設楽郡鳳来町〈新城市〉では、アオイの花が屋敷にあると病人が絶えないといって嫌う。賀茂の神はフタバアオイの上に天降（あも）り、同社の神紋もここから起こったと伝えられ、アオイを神紋とする神社も多い。アオイを神の植物とする信仰と、徳川氏の家紋ということから、一般で植えることを忌むのであろう。

○アオイの花を季節の目安とする地方も広く、アオイの花が咲けば入梅（鹿児島県喜界島）、花が上まで咲くと梅雨が明ける（福井・広島）、アオイの咲き終わりがながせ（梅雨）の晴れ（佐賀）などという。

青木　あおき

○岩手県二戸郡で、アオキを門の両側に植えてはならぬ、道楽者が絶えぬという。神奈川県津久井郡では、アオキの箸で食べると人の呪いが効かないといい、新潟県新発田市では、山箸（山野で臨時に作るアオキの箸）は必ず折って捨てねばならぬという。

○民間療法。痔には、アオキの葉を煎じて患部に塗る（埼玉）、アオキで薬風呂をたて、臀部を温める（京都）。下痢には葉を煎服する（群馬）。火傷には、葉をあぶってつける（岩手・群馬・山梨）、葉を揉んでつける（富山・熊本）、皮を揉んでつける（石川）、アオキを味噌汁で煎じて塗る（岐阜）、葉を油に入れて保存したアオキ油をつける（富山）。腫物には、アオキの葉を火にかざし、薄皮をはいで患部にはる（秋田）、葉を焼いてはる（宮城・富山・福井）、葉を揉んでつける（岩手）。打ち身にはアオキを囲炉裏で温めてつける（石川）。熱を下げるにはアオキの葉の根をすって足の裏にはる（宮城）。水虫には、アオキの葉五枚にウマスッカンボの根、ドクダミの根、スイカズラ・エノキの皮一つかみを入れた水一升が五合になるまで煮つめた中へ足を浸し、一日三、四回繰り返す（栃木）。よだれを流す子供にはアオキの実を食べさす（福井）。食あたりにはアオキの皮を煎じて飲む（石川）。婦人病にはアオキの煎じ汁で膣部を洗う（大阪）。腰の痛みには、山の女石を焼き、アオキの葉で包んで腰に当て（石川県石川郡）、神経痛には、アオキやおとこ石（川原にあるかな石）をあぶって当てる（同）。飼牛が胃腸をこわしたらアオキを与える（宮崎）。大分県由布川の上流地帯や、徳島と高知県境のシカはアオキを好んで食べるという。

青桐　あおぎり

○アオギリは屋敷に植えるものでない（肥後）。アオギリはポプラなどと同様、生長が速いから庭を狭くする。落葉が早いから観賞用にも適しない。そのうえ、実用にもならない。或いは、「桐一葉」などの連想で、凋落の象徴として嫌ったとも考えられる。
○岡山県で、疣を取るには、虹が出た時に青桐の葉で疣の上をこすると取れるという。

青芝　あおしば

○高知県幡多郡大月町で、アオシバがいつも生える家は貧乏になるという。愛媛県宇摩郡別子山村〈新居浜市〉では、血止めには、アオシバを押しつけて三つくらいに折り重ね「いんにが二、ににんが四、あぶらうんけんそわか」と唱えると止まると伝えている。⇩芝

青菜　あおな

○石川県七尾市で、アオナを食べれば貧乏になるという。アオナに雪がかかる年は雪が少ない（福島）というのは、秋おそくまで暖かくてアオナの見られるような年は、概して暖冬で雪が少ないためという（『新説ことわざ辞典』）。
○民間療法。妊婦にアオナをよけいに食べさせるな（新潟県三島郡）。産後のアオナは悪い（岡山市）。『耳囊』巻之四に「聊の疵か亦焼どの愁ひには、青菜をすりて付るに即効有る事」云々と見える。
○アオナを茹でるところを男に見せるな（愛知県北設楽郡その他各地）というのは、アオナは茹でるとうそのように減るもので、その事を知らぬ男に無用の疑いを受けぬため、アオナのうちは見せない方がよいということ。つましい男にアオナ見せるなという諺もあり、アオナを食べれば貧乏になるという俗信とも関係があろう。

青葉　あおば

○島根県安来市で、アオバを敷いて舟に乗ると酔わないといい、岐阜県高山地方では、血止め

には、青い葉を四つに折って噛み、心の中で「九九八十一」と三度唱えて傷口にはると奇妙に止まると伝えている。また、アオバを焚くと、肺病になる（福井）とか、腫れる（岡山）、ともいう。

青物　あおもの

○野菜類の総称。千葉県長生郡で、かまどでアオモノを燃やすと病人が出るといい、長野県北安曇郡では、アオモノの夢を見ると人が死ぬという。ほかにも、六月一日にアオモノを食べてはならない（秋田）、半夏生の朝にアオモノをとると毒がついている（愛知）、アオモノを茹でた汁を飲むと黄疸になる（秋田県鹿角・平鹿郡）という。⇩野菜

藜　あかざ

○アカザの杖をつくと、中風にならぬ（秋田・茨城・千葉・山梨・富山・愛知・和歌山・兵庫・岡山・広島・山口・香川・福岡・熊本）、長生きをする（秋田・山口・高知）、化け物に化かされない（山口）、という。また、清悦社にアカザの杖を納めると中風にかからない（岩手）。三代中風が続いた時は棺にアカザの杖を入れてやると絶える（群馬県吾妻郡）、ともいう。『夫木集』三二に「いかにしてこのよのやみを照らさまし光あかざの杖なかりせば」とあり、古くより杖に利用していたことを示す。アカザは堅く、しかも軽いところから杖に用いるようになったものであろうが、アカザの杖と中風の関係は定かでない。

○青森県北津軽郡旧長橋村〈五所川原市〉では、二十三夜様はアカザで片目をつぶしたため、これを供えないという。『俚諺集覧』には、アカザの杖で転ぶと三年生きず、と見えている。

○松本市の八阪祭では、鉾を担ぐ者をめがけてアカザを投げつけ、その足で踏まれた物を茹でて食べると疫病を逃れると伝えている。種痘のあと、桟俵にアカザのあえ物・イワシ・赤飯をのせ、それをその人の頭の上にのせ、川に流す

（秋田県雄勝・仙北郡）。正月十六日にアカザを食べると中風によい（福島）。虫歯にはアカザとコンブの黒焼きをつける（岩手）。外傷には葉を揉んだ汁をつける（香川）。葉を乾燥させ煎じて飲むと喉の腫れに効く。虫に刺された所に塗ってもよい。葉を黒焼きにして用いてもよい（岐阜）。

アカシア

○北海道では、アカシアの実をサイカジと呼ぶ。この豆殻を干して煎じて飲むと脚気に効くという。
○アカシアの葉を馬が食うと死ぬ（秋田）。

通草　あけび

○アケビの夢を見ると近所で子を産む（長野県北安曇郡）。アケビの口のあいた夢を見ると妊娠する（秋田）。アケビをもいで食べた夢は親類にお産がある（新潟県中頸城郡）。熟した果実の形状が女陰を連想させることから産に結びついたものであろう。アケビを女陰に見立てることは江戸時代の随筆にも見えており、新潟県南蒲原郡下田郷の山村では、近い頃まで、腹帯にアケビの蔓を入れる風習があったという。
○群馬県利根郡で、アケビの木を屋敷に植えてはいけないといい、青森県三戸郡では、屋敷内に植えると凶事が起きる、秋田県仙北郡では、アケビが垣にからまると悪いことが多いといって嫌う。
○アケビの多くなる年は秋あげが悪い、所により秋あげが良いとも（秋田県雄勝・平鹿郡）、稲作が不良（山形県最上郡）、九月（旧暦）の天候が悪い（同県平鹿郡十文字町〈横手市〉）。アケビのならぬ年は雨が多い（秋田県仙北郡）。
○民間療法。消渇（しょうかち）にはアケビの黒焼きを飲む（愛知）。解熱剤として用いる場合は、春先は全体、秋は実の皮を煎じて飲む（愛知）。利尿剤として、アケビを用いる（新潟・徳島）、葉の陰干しを煎じて飲む（福岡）、実の皮を干し煎じて飲む（石川）、四月頃の蔓を切り干して煎用する（岩手）。淋病には、アケビを煎じて飲む（岐阜）、皮を煎じて飲む（山梨）、実を煎じて飲む（栃木）、蔓を乾燥し粉末にしたものを服用し、また煎じて飲んでもよい（鹿児島）、実を黒焼きにして服用する（山口）、アケビカズラを乾燥して服用する（徳島）、アケビの干したものに砂糖をたくさん入れて飲む（石川）。腎臓病には、青いアケビの干したのを煎じて飲むと水を取るのに効果がある（香川・愛媛）。しもやけには、アケビを洗っておろしがねですり、胃熱をとるには実を食べる（岐阜）、患部にはる（神奈川）、アケビの皮を黒焼きにして油で練ってつける（長野）。打撲傷には、アケビの皮を乾かし、黒焼きにして飯粒で練ったものを患部につける（富山）。血の道には葉を煎じて飲む（山口）。皮膚病には実をおろしてつける（埼玉）。腫物には、アケビの木を四月頃に輪切りにして煎じて飲む（岩手）、皮を湯に浸して入浴する（山梨）。突き目には、かずらを短く切り、中の液を眼球につける（徳島・高知）、新芽を折って出た汁をつける（愛知）、葉の汁を揉んでつける（岩手）。腰痛には寒アケビの葉や枝を煎じて飲む（福岡）。

麻　あさ

植栽の禁忌　お産のまじない　民間療法その他

○村、或いは特定の家でアサを植えることを忌む伝承は各地にある。植えても育たぬとか、植えると必ず悪いことが起きるという。滋賀県栗田郡旧笠縫村〈草津市〉では、昔、この地に二柱の神が降臨された時にアサで目を傷つけられたからといい、同県蒲生郡旧桜川村川合〈東近江市〉では、河井右近太夫がアサ畑で討ち死にしたゆえと伝えている。また、山梨県東山梨郡旧加納岩村〈山梨市〉では、レイラボッチという大力の坊主が麻殻の棒で二つの山を担い、遠くへ運ぼうとした時、その棒が折れたため、以後アサを植えないと説明している。単に神の粗忽が原因というのではなく、もともと神用の植物として用いられたことから生まれた禁忌と思われる。
○麻殻は盆の迎え火送り火や、仏様の箸に用いたりする。また、よく燃えるので農家の燃料として用いられるが、新潟県では、麻殻を焚くと火事が出るとか、アサの茎を焚くとネズミがたかるといってそれを忌む所がある。
○広島県山県郡で、アサの播き落とし（条播を忘れた畝）をすれば火葬道（焼香場）になるといい、新潟県長岡市でも、アサの種播きに畝はずしをすると不幸があるといって嫌う。ほかにも、ヒエやアワを植える山畑に三粒でもアサ種を播いておくと霧負けをしない（岐阜県揖斐郡）とか、不熟の日（子・丑・酉）にアサなどの播き物をしてはならぬ（栃木県上都賀郡）という。
○岩手県遠野地方では、正月二十日の朝に背の低い女が来ることを忌み、もし来るとヨガカイブシ（夜蚊蚊燻し。正月二十日の行事）のマツの葉を燻して祓いをするという。秋田県仙北郡では、正月十六日の朝に小さい人が来るとアサが悪いといい、福島県南会津郡でも、正月十五日礼に背のすらりとした人が先客の年はアサが当たるが、子供が来ると悪いといって嫌う。いずれも、来客の背の高さからアサの生長を連想して縁起をかついだもの。麻は草丈が高いほど、長い麻糸が採れるのだから、低ければ不作である。ただ石川県石川郡尾口村〈白山市〉では、正月の朝、背の低い人が訪れて来ると今年はアサが伸びる、と正反対の伝えがある。
○山の神のの
さ（一種の年縄で食品とともに麻糸を結びつける）のアサをもらってきて髪を結うと安産する（宮城県刈田郡）という。山の神は安産の神という信仰に基づくものと考えられるが、ほかにも、上棟式に使ったアサでお産の時に髪を結わえるとお産が軽い（群馬）、棺に用いた麻縄を腹に巻いておくと軽い（栃木県芳賀郡）、難産の時は髪をアサで結ぶとよい（宮城県気仙沼市）という。結びの呪力とも関係あろう。千葉県東葛飾郡では、小さい時からアサをむだにすると産が重いといって、アサを粗末にすることを戒めている。

○赤ん坊にアサの葉模様の着物を着せると丈夫に育つ（栃木・群馬・新潟その他各地）といい、広く行われた。

○アサ畑とクワ畑には雷は落ちない（愛媛県大洲市）。雷の時には麻蚊帳の中に入る（新潟・長崎）。

○民間療法。そらうで（田植などで激しい労働のために手や指の痛むこと）には、棟上げの時のアサを腕に巻くとよい（群馬県邑楽郡板倉町）。五霞村（茨城県五霞町）の一色様の麻糸を借り、治ると倍にして返す。左綯いに綯った麻糸を手首や足に巻くと治る。節句のショウブ、山の神ののさのアサをもらってきて一緒に綯うと効果が大きい。男なら女の末っ子、女なら男の末っ子に巻いてもらうのもよい（宮城県刈田郡）。八幡様の境内に祀られている青麻様にアサを供え、その半分をもらって帰り、三人兄弟の末っ子に自在鉤の間を通して痛む所を結んでもらうとよい（福島県郡山市三穂田）。妊婦が髪を縛ったイドソ（生麻）で縛ると治る（新潟県新発田市）。朝、人の起き出ぬうちに外に出て、東に向いて「おいおい、アサ畑のこい男（これは女が唱える場合。男が唱える時はこい女という）招きとうても手が痛うて招かれん」と言うと治る（滋賀県高島郡）。手の病む時は建前のアサで縛れば治る（長野県北安曇郡）。疣を取るには、新仏さんに供えたアサの箸で疣をつまむ（滋賀県高島郡）。盆の仏棚に使ったアサの箸で疣をつまむ（福井県武生市〈越前市〉）。手や足にまめができた時はアサ木を燃やし、その煙に当てると硬くなって治る（福井県遠敷郡）。土用の丑の日に朝早く、アサ畑の露の中を素足で歩くと脚気にならない（福井県）。百日咳の時は神様からアサを借りてきて首に巻く（群馬県邑楽郡板倉町）。とげが刺さった時はアサを燃やしてその煙をかける（福井県鯖江市）。子供が腹を病んだり夜泣きをした時は、昔アサを煮た釜をくぐらせるとよい（岐阜県吉城郡上宝村〈高山市〉）。栃木県河内郡河内町立伏〈宇都宮市〉には、小さい子供の足跡らしいものが二つついている「夜泣石」がある。子供が夜泣きをする時は、そこに十五、六センチの長さで、直径二、三センチの竹筒二本を半紙でくるみ、アサで結んだものを供えてお願いすると治る。手首に麻糸を巻いて流行病の予防とする（千葉県東葛飾郡）。ジフテリアには明神様でアサを借りてきて首を縛る（群馬県邑楽郡）。お産の際胎児の臍の緒を結ぶのに麻糸が使われるが、お祭の時に使用された麻糸のお祓いを受け、家に持ち帰って神棚に上げておき、お産の時に使うと、胎児がまめに育つ（秋田）。アサの実を煎じて飲むと下痢や嘔吐によい（岐阜）。アサ殻を燃やして灰にしたものをつけると血止めになる（福井）。

○その他の俗信。アサの実を食べると腫物が出る（秋田）。アサをこぐ夢を見ると他人が死ぬ（長野県北安曇郡）。麻桶（おごけ）の上に食物を置いて食べるのを忌む（高知県高岡郡）。アサ蒔き前にハエが三匹出ると、その年は世の中がよい（福島県南会津郡）。アサのよく生長するその翌年は米が豊作（山形県最上郡）。

朝顔　あさがお

○アサガオが屋敷内にあるとヘビが入らない（秋田・栃木・和歌山）とか、うなされる（栃木）という。群馬県佐波郡境町南米田〈伊勢崎市〉の新井氏はアサガオを作らない。もし、アサガオが生えると病人が出るといって取ってしまう。香川県三豊郡では、石垣についている朝顔を取ると耳が聞こえなくなるといい、群馬県利根郡では、アサガオの花を取ると雨が降るという。また、栃木県芳賀郡や那須郡では、アサガオはからむから仏様に上げると悪いといって嫌う。

○民間療法。百日咳にはシロアサガオを煎じて飲む（奈良）。実を煎じたものは、寝小便によい（神奈川）、腹痛に効く（愛知）、リュウマチが治る（同県）、便秘によい（岩手）。花、特に白い花を煎じたものを下剤として用いる（高知）。かぶれにはアサガオの汁をつける（愛知）。アサガオの葉を塩揉みにしてつけると、乳腫れ・乳癌に効く（岐阜）、汗疹（あせも）によい（愛知）。疾にはアサガオとキクの葉を揉んでつける（静岡）。瘭疽（ひょうそ）にはアサガオの葉の陰干しを濃く煎じた汁でたでる（湯気で蒸す）（愛媛）。しゃっくりが出た時は「アサガオ、アサガオ、アサガオ」と唱える（熊本県阿蘇郡）。ハチに刺された時にアサガオの汁をつけるのは全国的である。

○沖縄県八重山郡では、グンバイアサガオが海の方へ蔓を伸ばすと大風が吹くという。

紫陽花　あじさい

○家にアジサイを植えておくと小遣銭に不自由しない（滋賀）。出入口近くに植えておくと金がたまる（兵庫県宍粟郡）。アジサイの花を下向きに吊しておくと金に不自由しない（秋田）。丑の日の夜明けに花を取り、天井に吊せば金に不自由しない（鹿児島県国分市〈霧島市〉）。土用の丑の日に、花を軒下に吊すとお金ができる（福井）、神棚に吊しておくと年中小遣銭に不自由しない（秋田県平鹿郡）という。

○アジサイの花を軒下に吊り下げると肺病がうつらない（福井県大飯郡）。土用の丑の日に入口に吊すと、厄病除けになり、その家は栄える（秋田県平鹿郡）。便所や玄関以外の入口に吊すと流行病の魔除けとなる（東京都武蔵野市）。丑の日に橋を渡らずにアジサイを盗んで来て吊しておくと病気が入らない（福井県南条郡）、花を土用の丑の日に便所に入れると疫病にかからない（千葉県東葛飾郡）という。ハチの巣を吊して魔除けとしたり、商売繁昌を願う俗信と共通するものがある。球状でハチの巣に似、その上花の色が変化することなどから特別視されたものか。ただし色が変るからといって病室にこの花を飾ることを嫌う土地（長野県）もある。

○民間療法。心臓病にはアジサイの花を一日一匁から一匁半を煎服する（香川県三豊郡）。感冒には花の生液汁を熱湯にて飲む（同県）。瘧(おこり)には、花を煎じ一晩露に打たせて飲む（愛知県南設楽郡）、土用三日に取ったものを煎じて飲む（群馬県邑楽郡）。（文庫版注・危険性あり）

○岩手県陸前高田市では、アジサイがよく咲けば豊年という。アジサイとアワの花が咲くと入梅（山形県真室川町）ともいう。

小豆(あずき)

(1) 疱瘡神と小豆　麻疹のまじない　伝染病予防のまじない

○アズキにも穀霊が宿り、魔除け、災難除けの力があると信じられた。疫病や疱瘡神を送り出すのには、アズキ飯や生アズキは欠かせぬ供物であった。例えば、宮城県気仙沼市では、伝染病が出ると、オクリモノと称して、アズキを藁のツットコに入れて、道の十文字に捨てる。

○疱瘡神は赤いものが好きだと信じられていたから、すべて赤ずくめにする。例えば、神供に赤飯を炊き、患者には茜(あかね)染の木綿の鉢巻をさせる。こうすると神の機嫌がよくなり、病気が治る（山口）といったぐあいである。

○疱瘡神を送るにも、赤い御幣を立て、アズキ飯やアズキ粒を添えるのが、最も多く行われている方法である。生のアズキを用いる例のみにとどめるが、新潟県東蒲原郡では疱瘡が治ると、子の頭に鍋のふたをのせ、このふたにアズキまたは豆を一粒のせて水に流し、それを三度繰り返す。神奈川県中郡でもほぼ同様で、サンダラボッチ或いはテンゴッパ（八つ手の葉）を児の頭上にのせ、これに二つ割りの竹に赤紙をはさんで立て、アズキ二、三粒をのせる。

○種痘をした時に行う厭勝(ようしょう)にも、アズキが用いられる。島根県安来市では、竹ざるにアズキを入れ、御神酒と一緒に神に供える。石川県羽咋郡では、赤い布切れにアズキを包んで、かゆい所をそれでたたいたのち、桟俵にのせて流す。患部をたたくのは、青森県で痲疹の時行うのと同じである。

○福井県三方郡では、ウエボウソウ（種痘）をすると、餅をつき、屋内に棚を設けて、オキアガリコボシにアズキを疱瘡のようにくっつけてまつる。一週間すると、桟俵に赤紙を敷き、それにオキアガリコボシと餅とをのせて、道の四辻に送る。起上り小法師を代理として疱瘡を済ませるという考え方であろう。佐賀県東松浦郡では、正月に神棚の端に疱瘡神を祀る。二段重ねの餅を供えるが、上の餅には茹でアズキを掛け、下に赤紙を敷く。この場合は餅が人に代って疱瘡をすますという形である。

○能登の七尾市では、種痘の上を米糠、アズキ（三粒ほど）、鼠の糞三粒で拭いてから、それらを流す。こうするとイモのスダマリ（あばたの塊か）ができぬという。この行事をモナガシと呼ぶのは、疱瘡神送りの儀式をあらかじめやってしまうことを意味しよう。

○新潟県長岡市では、種痘をすると、木に赤い布をつけて御幣をつくり、これをホソ神様の御神体にして毎日お明かしを上げ、十二日目にホソ流しを行う。俵のサンバイシの上に、例のホソ神様を立て、それにオコウメシを供えて川へ流す行事で、この日は近所親類がホソ見舞を贈る。なかでも孫婆さん（母方の祖母）は、ホソ団子またはイモシ団子と称して、細長い団子にアズキをつけたのを持参する。当の子供は赤いホソ頭巾をかぶった。

○疱瘡に次いで、痲疹のまじないも多い。新潟県東蒲原郡では、痲疹になって三日目に、鍋ぶたを頭にかぶせ、これにアズキ三、四粒をのせて転がし落として水に流す。つまり、疱瘡の時とまったく同じことをするわけである。ただし同郡内で、多少異なる方法も見られる。発病十二日目に、囲炉裏ばたにたらいを置き、その傍で頭上の鍋ぶたからアズキ三粒を一粒ずつ水でたらいに流し、その後で、この水とアズキを、「流します」と言って川へ流す。室内で行うための変更であろう。

○青森県三戸郡では痲疹にかかったら、アズキ袋で体中を軽くたたく。こうすれば軽くすむという。

○福島県では、痲疹・疱瘡の際はアズキを食わぬ。その家のみでなく、隣近所に疫病のある時はアズキを煮ることをしない。これは疫神がアズキ飯を好物とし、呼びに来るから、それでアズキを避けるのだといわれている。厄神送りとしては、アズキの握飯を円座にのせて道の四辻に置いてくる。こうして行きたい方へ行かせるのだという。

○痲疹の予防にもアズキを使う。宮城県遠田郡では、アズキを炒って土に埋めると、芽が出るまで即ち永久に痲疹にかからないという。

○虫除けにも、アズキが使われた。宮城県白石市では、これをハラオクリという。寺でお札をもらい、これと家族の数だけの餅とアズキ団子を入れた藁づとを竹につけたものとを辻に立てる。こうすると悪い病気にならないといった。同県栗原郡では、伝染病が発生した時、三叉路にタラバシ（さんだわら）の上に草履とアズキと銭を置く。それらは、疱瘡・痲疹をさらに一般の伝染病に拡大応用した例とみることができる。

小豆　あずき

(2)　麦粒腫（ものもらい）のまじないのいろいろ
疣のまじない

○ものもらい（メイボ、メバチコ、メコンジキ、ノメ、バカ。麦粒腫）を治すまじないには、アズキを使うのが最も多い方法で、恐らく全国一般らしい。井戸・川にアズキを流すのが主流的だが、他にも変ったやり方が少なくないが、それらは、いずれも採集例としては少ないので、限られた地域で行われているものと見られる。

奈良県天理市の一部では、メボの上にアズキをのせて三度舌を出し、それから唾を三度吐く。富山県魚津市では、アズキを二粒飲みこむと治る。三河では三粒という。福井県南条郡では、早朝アズキを藁でくくって井戸へ投げ入れる。福井市では夜半に人の見ていない所の池の中にアズキを三粒投げ込む。福島県会津地方では、罹病後の日数と同じ数のアズキを飲む。（広島県安芸郡でも、同じようにして数をきめるが、ここでは井戸に落とす）。

○他人が気づかぬ間に、臍にアズキ三粒（代りに塩、または醤油でもよい）を入れると、メモライは治る（石川）。アズキは患部に当て、臍の上には塩を塗り、後でアズキを川へ流す（長野県）。お精霊の箸でアズキをはさんで井戸へ落とす（福井県）。アズキの冷たいのをまぶたにはさんで、「治るように、治るように」と唱える（徳島県）。

○メイボが右眼なら左、左眼なら右の着物の褄を糸でくくり、「メイボを治してくれ、治してくれたらほどいてやろう」と唱える。目のまわりのできものには、下褄の角にアズキを入れて結ぶ（出雲）。福井市でも、着物の褄をくくり、アズキを井戸の中に落とす。メンボになったら、下前の褄をからげ、アズキ一粒を持って井戸に行き、「アズキが落ちたと思ったら、メンボじゃった」と唱える。人に見られてはいけない。当分の間、井戸をのぞかないと治る（三重県鈴鹿市）。上まぶたにできたら着物の下前の褄先を、下まぶたなら上前の褄先を糸でくくる（大阪府）。

○井戸または川へアズキを落とす前に、あらかじめ目をアズキでこするとか、目にはさむという例も少なくない。これは眼病をアズキにうつすというふうにも理解できるが、目の部分から病気が落ちるさまを写生的に演じる意味がある。目にアズキをはさんで、井戸（または四辻）などに行って、「メボーぽったり」と唱えて落とすと治る（土佐）。メボツになったら、朝誰もが水を汲まないうちに、アズキを手に握って目のまわりをこすり、「メボかと思うたらアズキじゃった」と言って、井戸の中へ投げ込んでくる。この時、アビラウンケンソワカと大日如来の真言を唱える（讃岐）。目バチコにはアズキを目に三度当てて井戸に落とす（小豆島）。メイボをアズキでなでて井戸に落とす（北海道）。
○長崎県西彼杵郡では、ものもらいをモーリヤ、モーライ、イモライサンなどといい、目に星ができるともいう。井戸または川に行き、アズキを三粒、順々に目にはさみ、次々に落として行き、その時「おちたぞ」と声を発する。こうすると水神が治してくれるという。或いは人の踏む所にこのアズキを置いておくと治るともいう。
○香川県三豊郡では、モノモライの目にアズキをはさみ、イズミ（井戸）をのぞきこみながら、頭にコウロク（ほうろく）をかぶり、「アズキ落とさず目を落とした」と唱えれば治る。或いは、「メンボができたと思ったらアズキやった」と唱えてアズキを井戸に投げてもよい。同じ郡で、アズキを目にはさんで井戸のまわりを三回廻り、「メボかと思ったらアズキだった」と言って、井戸へアズキを落とす方法も行われる。
○兵庫県養父郡では、アズキ三粒持って井戸端へ行き、メボにアズキを当て、「メボかと思ったらアズキじゃった」と唱えて捨てる。これを三回繰り返すと、一夜にして治るという。福島県相馬地方では、ノメ（ものもらい）ができたら、アズキ三粒を一粒ずつ目ぶちにころばして、「ひっとめほうろった」と唱えながら一粒ずつ井戸の中へ落とすとよくなるという。島根県鹿足郡では、患部にアズキを当て、「ホイト（モノモライ）ができたと思ったらアズキじゃった」と言って、ぽろりと落とす。
○広島県豊田郡では、アズキを一粒握って井戸の中をのぞき、「アズキかと思うたら、メボが落ちた」と言って、アズキを一粒井戸の中へ落とす。その時、メボの出ている方の手にアズキを持っていること、また人に見られぬことを要する。

○アズキを水に落とす時の唱え言は、「メイボ（この部分が土地土地の方言で変る）かと思ったら、アズキだった」という型が圧倒的に多く、中国・四国から大阪・京都・奈良・滋賀・福井・岐阜・三重・山形などに及んでいる。メイボではなくて、実はアズキだったとして、その実物を水に流してしまう意味の唱え言である。

○ところが、「メイボが落ちたと思ったら、アズキやった」（大阪）という、現実暴露型ともいうべき唱え言も行われている。これではせっかく、ものもらいをアズキと言いくるめて、これに代役をさせる行為が無意味になる。同様に、「アズキかと思ったら豆やった」（福井）、「アズキかと思うたらメイボじゃった」（山口）というのも、ぶちこわしの言い方である。しかし、これも、「アズキ落とそうと思うたら、メイボが落ちた」（愛媛）の言い替えと考えれば、矛盾ではなくなる。結局は、表裏の関係にすぎないわけである。

○その点でわかりやすいのは、「アズキ粒落とすとって、ノメ落とした」と三回繰り返す（福島）、「豆かと思ったらものもらいが落ちた」（島根）といった唱え言で、これなら正直である。伊勢地方では、「メンボとともに落としてくれよ」と後ろ向きになってアズキ三粒を井戸へ落とすやり方がある。他にもいろいろな唱え方がある。対馬の鴨居瀬では、「おれンメボはここへ落ちい」と言って井戸へアズキを落とす（鴨居瀬は広島県の漁師が住みついた村であるから、対馬本来のものではないかも知れない）。宮城県栗原郡では、「洗ったらアズキただ落とした」と、吊り井戸の中へアズキ一粒落とす。

○高知県ではアズキを目にはさみ、井戸、四辻などで、「メボーぽったり」と唱えて落とす。奈良県では、アズキを目にはさみ、井戸の中をのぞいて投げ入れながら、「メパチコ落ちた」と唱える。福島県喜多方市では、アズキを井戸へ落としながら、「アットノメ落とした」と唱える。アットは、ああ貴い、の意であろうか。相馬市では、三粒のアズキを一粒ずつ井戸に投げ、「ボットノメほーろった」と唱える。「ノメポッポ落っこちた」という地方もある。

○岩手県では、ものもらいをバカというが、バカが出たら、アズキ三粒で目をこすり、後ろ向きになって井戸へ落としながら「あったらバカ落とした」と唱え、後を振り向かずに帰る。秋田県でも、人の見ていぬ間に、「惜しいバカを落とした」と言いつつ掘抜井戸にアズキ三粒を落とす。

○徳島県では、「いぼいぼ治れ、おらがメイボはや落ちた」、北九州市小倉地区では、「あらメイボがおちた」、京都府下では、「飛んで行け飛んで行け、いんでこい」と唱えながら、一粒ずつ井戸へ投げ込む。

○祈願型は、前にも二、三出たが、その他にも、「どうだ（どうぞの意であろう）このメバチコ治しとくれ」と三回繰り返す（大阪）。「仏さま仏さま、この子のメボーを除けて下さい」（高知）。アビラウンケンソワカを三遍唱える（和歌山）、などある。

○井戸にアズキを投げ入れたら、後ろを振り向かずに去るという例と反対に、そこで井戸をのぞきこめば治る（河内）という例もあり、奈良県では、目にアズキをはさんで井戸の側に行ったら、中をのぞいてからアズキを投げ入れよともいっている。後ろを振り向かぬことの意味はもう二度と取りつかれぬ要慎（ようじん）であることが明らかだが、わざわざ井戸をのぞきこむ方にも、これを不可欠と考える理由があったのであろう。井戸水に病み目をうつすことに意義を認めたのかも知れない。

○のぞきこむばかりでなく、道具を使ってやる方法も、行われている。アズキ三粒をざるで揺すって井戸に入れる（京都府亀岡市）、アズキを投げ込んでから、井戸の中を櫛の目を通してのぞけばよい（奈良）。同県磯城郡では、アズキを三粒炒って井戸に沈め、井戸側から味噌こしを半分だけ中へ差し出し、その味噌こしの目から中をのぞかせればよいという。関東でも、群馬県では、水嚢（すいのう）の目をくぐらせたアズキで、目籠をこすると治るという例があり、趣旨には共通する部分がある。

○櫛が登場するのは、ツゲの櫛を少し熱するとか、畳のへりでこすって熱くしたのを、ものもらいの患部に当てるまじないがあるので、それが併用されたのであろう。目籠を用いるのは、節分の行事で鬼威しに目籠を使うのと同様、目の数が多い点を呪力として活用するのであろう。

○アズキを投げ入れる井戸も、隣家或いは他人の井戸でなければ効かないと、岐阜県高山地方ではいう。盗んだアズキでないと効き目がない（広島県豊田郡）というのと、共通するところがあろう。

○隣近所七軒からもらったアズキを井戸に入れる（山形県東田川郡）。隣三軒から米をもらって炊いて食べるか、アズキ一つ井戸に落とす（福島県信夫郡）というのは、七所祝（ななところいわい）、七所鉄漿（がね）と同じ方式である。盗んだアズキも、この裏返しと見るべきであろう。

○アズキは生のままを使うのが大部分だが、三粒炒って使う（奈良県宇陀郡）、三粒焼いて水壺に入れる（同吉野郡）、煮て井戸に落とす（秋田県由利郡）、という例もある。

○アズキの数は、二、三粒というのが多い。二粒というのは目の数に基づくのであるかも知れない。年齢の数だけ（新潟県魚沼地方）は他にも例があり、罹病後の日数によるというのも割合に多い。

○アズキを落とすのは井戸という例が圧倒的に

多いが、また池の例もあり、また井戸か田という例もある（山口県豊浦郡）。本来は、小川に行ってアズキを流し、後を見ないでくる（茨城）という形が古かろう。四辻に捨てるという例もわずかだがあり、これは、厄落としとしては普通の方式である。また、土に埋めるという例もある。宮城県栗原郡で、アズキを年の数だけバカ（ものもらい）の目にはさみ、土の硬い所に穴を掘って、「あったらバカ落とした」と唱えながら、一つずつ落とす。

○メイボの予防に、アズキを焼いたのを、井戸の中に投げ入れ、「この豆の芽が出るまで、メチコやめて下さい」と唱える（奈良）。

○疣の場合も、麦粒腫とほとんど同じ方法のまじないが行われた。井戸の傍で、アズキを疣にのせ、「疣だと思ったら、アズキだった」と言い、井戸の中へアズキを落とす（群馬県利根郡）。アズキ一握りを持って川に行き、疣の上にそれをのせて「いぼじゃなかった、アズキだった」と唱える（長崎県西彼杵郡）。群馬県利根郡地方では、そのアズキを便所に捨てる村もある。新潟県長岡市でも、「いぼ、もいでくれ」と言ってアズキを肥し溜に投げ入れると、疣は取れるという。福島県南会津郡では、疣の数だけアズキを糸に通し、セーナ（流し屋）に投げ入れる。長野県上伊那郡のまじないは少し変っていて、川の中の石を拾ってよく洗い、これで疣をこすってから、おぶすな（氏神）様へ上げ、「アズキの初なりのできるまで、この石を預かっておいておくんな」と言って拝む。疣が取れたら新アズキを神様に供える。年の数だけのアズキで疣をこすり、そのアズキを井戸に入れる（宮城）。また、アズキを人に見られないうちに埋める（群馬県邑楽郡）というやり方もある。

小豆　あずき

(3)　諸病・出産と小豆　小豆と神ごと　小豆栽培を忌む土地

○アズキを病気のまじないに使うことは、目や疣・疱瘡ばかりではない。歯痛のまじないには、炒ったアズキ三粒を持ってお宮へ参り、「芽が出るまで痛まんように」と言って、人の踏まない所に埋めておく(大阪府豊中市)。
○風邪が流行する時は、アズキを三粒、黄色の袋に入れて腰に下げていると、うつらない(大阪・三重)。
○マムシにかまれても、アズキを食べている人は死ぬことがない(佐賀)。
○淋巴腺が腫れた時に、アズキを使ってまじないをする。イノグ(淋巴腺の腫れ)ができた時は、イノグの数だけ生のアズキ粒を飲む(長野県安曇地方)。三粒飲めば治る(愛知・長野)。グリができたら、アズキ粒を飲む。できた一日目なら一粒、二日目は二粒、三日目には三粒というふうに飲む(岡山県川上郡)。秋田県雄勝郡でも、エゴネ(淋巴腺炎)の張った時は、アズキを生のまま、一日目には一つ、二日目には二つ飲む。
○月経を延ばすには、アズキを飲む(群馬県利根郡)。一粒飲めば一日、二つ飲めば二日遅らすことができる(福島・石川)。アズキを三粒飲んで、「めぐりあい見しやそれともわかぬまに雲がくれにし夜半の月かな」と三回唱える(群馬県利根郡)。
○同じまじないは、広く行われている。また、仙台辺では、アズキ三粒飲めば道中安全という。特に六月一日の朝、川入りと称して三粒飲めばよい、ともいう。
○愛知県下では、妊婦の帯祝の餅の中にアズキを入れておき、餅を切る時アズキ粒が二つ割りになれば、生児は女と判じる(南設楽郡鳳来町〈新城市〉)。同じ県下で、これを初産祝の餅でする例もあり、アズキが切れなければ男の子が生まれるという。

○紐の類をはじめ、すべて身につけて下に垂れる物には、端にアズキを一粒か二粒縫い入れる（青森県上北郡）。重みをつけるためにしては少量すぎるので、吉事のまじないであろう。春袋のように、袋の一種といった気持があるように想像される。

○出産後七日まではアズキを煮ない（新潟県栃尾市〈長岡市〉など）。出生後一週間以内にアズキを煮ると、生児の耳が聞こえなくなる（秋田県由利郡）。七夜の内にアズキを煮ると、生まれた子が鼻つまりになる（福島）、からだにほくろができる（同県喜多方市）。福島県下では一般に、七夜の強飯にはアズキを用いない。アズキを入れると、疱瘡・痲疹（はしか）が重いといって、代りに黒豆を使い、出産にはアズキを避け、七夜の祝のお返しにも、黒豆が用いられる。

○越後の新発田市でも、オビヤ（産屋）の間にアズキを煮ると、赤児が鼻グス（鼻づまり）になるという。市内では、その期間は三日間だが、近くの村では二十一日間という。この方が本来のかたちであろう。

○静岡県天竜市〈浜松市〉では、昔は子が生まれるとウブ粥を炊いて神様に上げ、これを産婦に食べさせ、一七日（ひとなぬか）ぐらいは続けた。産婦はアズキ色の物を食べるといけないといっているから、ウブ粥は米の粥である。

○これとは裏腹の例もある。宮城県黒川郡では、産後のお七夜にアズキを炊かないと、鼻がふさがるという。恐らく、産屋が明いた祝にアズキを食べるのであろう。それまでは禁食を守るべきであるというのが、新発田の例だと思われる。

○産後七十五日間はアズキ、ソバなどは血が冷えるから食べてはならない（愛媛）。宮城県名取郡・鳥取県八頭郡などでは、アズキは妊婦に悪いとされる。アズキは煮こぼしてアクを取らないと、サポニンが残り、それを食べると吐気がするところから、妊婦に悪いというのだとの説明もあるが、科学的根拠はとにかく、産の忌みの間は、神供としてのアズキを食べないというのが、本来の趣旨であったろう。

○生アズキを特定の日に飲んで、辟邪の効を期待する風習があった。遠江でも、夏の土用の入りにアズキを煮て食べると、夏病をしない。阿波・肥前・肥後では、この日アズキとニンニクを生で飲むと疫病にかからないという。

○『秋田風俗問状答』には、六月十六日、土用の行事としてニンニクを細かに刻んでアズキとともに、少量の井華水（明け方に汲んだ水）で飲むとある。六月十六日には水神（北陸）やエンコウ即ち河童（高知）を祭る所がある。北九州市の小倉地区で、粟畑のまわりにアズキを蒔くと河童が入らぬ、というのも、同じ信仰であろうか。

○俗間のまじないの本には、一月七日の朝、男は七粒、女は十四粒のアズキを飲むと、老後も壮健で仕合せがよい。七月立秋の日の早朝、七粒飲むと腹の下る病気にかからない。陰暦十月のうちに、百日間陰干しにしたアズキを煎じて飲むと唇の色が美しくなり、眼病が治る。十一月立冬の日、粥にアズキを入れて食べれば、腹の病が治るなど記されている。福島県に伝わった民間の伝書にも、立秋の朝（午前四時）、アズキ七粒（男女同数）を井華水で飲めば痢病を除く、とある。

○大阪市の一部では、冬至の日に粥にアズキを入れて食べると腹の病にかからないといっている。房州では、寒の入りにアズキを食えば、川に落ちないという。その他、正月二十一日に生アズキを飲むと腹に虫が宿らず、その年は風邪をひかぬ（秋田県）、節分の日はアズキを紙に包んで、四辻に置いておくと道に迷わない（奈良県吉野郡）、二月八日厄神の日にはアズキと豆腐を食う。食わずに外に出るものではない（大阪府枚方市）などという。

○アズキを食べては悪い日というのもある。宮城県黒川郡で、正月中にアズキを煮ると、風邪をひいた時に鼻がふさがるといい、秋田県北秋田郡では、正月十六日にアズキ餅を食べると熱病にかかるという。石川県羽咋郡志賀町二所ノ宮の諸岡比古神社の旧社人森家では、正月十五日以前にアズキを用いると、家の内が血だらけになるといって決して食べない。そのいわれについては、昔或年の元旦に社人と社僧とが争い、殺傷し合ったからであると伝えているが、理由は別であるかと考えられる。おもうに、歳神の祭にはアズキを使わないという仕来りか、米の餅との重複を忌むか、そのような理由によるのではなかろうか。

○神社へアズキを奉納する風習は各地にある。秋田県由利郡矢島町熊ノ子沢〈由利本荘市〉の直一神社にアズキを奉納すると、腹痛が治る。山形県新庄市月岡の若狭稲荷は、痔の神様で、布切れにアズキを縫いつけ、そのかたちが痔の患部に似るようにこしらえて奉納する。治ればこのアズキをもぎ取って、きれいな布にして納め直す。金沢市春日町の小坂神社には、脚気または腰から下の病気の人がお参りして、治ればアズキを奉納する。岐阜県恵那郡山岡町〈恵那市〉の金比羅さまに千度詣りをして、重病人の回復を祈る。鳥居を一回廻るごとにアズキ（又はダイズ）などの葉を一枚ずつ、別の入れ物へ移して数を記録する。この時供える供物は、うどんの煮込みである。香川県香川郡の白禿大明神に病気平癒、願事成就を祈願するには、アズキ・飯・油揚を上げる。

○アズキを作ることを、忌む所がある。茨城県筑波町山木〈つくば市〉では、アズキを作らない。佐賀県でも、アズキを町に植えるといけないという。

小豆　あずき

(4) 小豆飯・小豆粥・小豆雑煮とその禁忌

○アズキ御飯は毒消しになる（岩手県東磐井郡）。アズキ粥を食べると病気にならない（群馬県利根郡）。アズキ飯やアズキ粥は凶事災難を除く（奈良県宇陀郡）。アズキは虫薬であるから、朔日と十五日には赤の御飯を食べる。これを嫌いなのは貧乏神だけだという（群馬県利根郡）。アズキ御飯の好きな人は出世する（和歌山県東牟婁（ひがしむろ）郡）。アズキ飯をネコに食わせると、ネコの耳が聞こえなくなる（福島）。

○アズキ飯は晴の食物であるから、これに湯・水・茶または汁をかけて食べることを嫌う（茶漬や汁かけ飯は褻（け）の食事法であるから）。この禁忌の行われている地域は東日本に広い。制裁としては、婚礼の時に雨が降るというのが多い。例えば、アズキ御飯に湯や汁をかけて食べると、嫁や婿になる時に雨が降る（宮城県本吉郡）。同じことは、岩手（おつゆ・湯）、秋田（お湯・水）、山形（汁）、福島（おつけ）、茨城（茶・味噌汁）、富山（湯）などで、飯にかける物が水、湯、茶というふうに一様でないのも、一昔前の食事法の実態を示していて興味深い。

○雨が降るというものの中にも、次の日に雨が降る（秋田県山本郡）、死ぬ時に雨が降る（岩手県陸前高田市）という例もある。死ぬ時とは、葬式の日の意味であることはいうまでもない。また、婚礼の時にイヌに吠えられる（『俚諺大辞典』）ともいう。その他、味噌汁をかけて食うと出世しない（愛知）、汁をかけて食うと耳が遠くなる（福岡）というものもある。最後の例は、福島県でネコにアズキを食べさせると耳が聞こえなくなり、ネズミを捕らないという例との関連を考えさせる。

○アズキは、節供（せちく）には無くてはならぬ物のような存在であり、神供としてアズキに辟邪の力を認めていたので、年間を通じて、それを食べることについての俗信も多い。なかでも、集中的に報告が多量なのは、正月十五日のアズキ粥に関するものである。佐渡では、十五日のアズキ粥を染粥という。鏡餅を入れて食べる点は、他地方の二十日の骨正月と似ている。望の日を年の初めとした古式正月が忘れられ、専ら朔旦正月の意義が強く意識されるようになったための変化と考えられる。染粥は食べ終わると、椀の数と同じ数の湯を飲むのが作法である。また、毒虫に刺されぬ禁厭（きんえん）になるといって、その粥を手足に塗る。群馬県利根郡では、十五日のアズキ粥を食べておくと、田をする時に水が干ない（不足しない）という。和歌山県西牟婁郡では、十五日のアズキ粥の下で（鍋の火の意か）カズラを焚くとヘビが来ないという。滋賀県高島郡には、十五日、災難除け、悪魔除けにアズキ（粥か粒か）を供える所がある。神奈川県平塚市では、正月十五日に食べるアズキ粥の中にお団子が入っていると、その人はその年好運だという。

○癪気（しゃっき）持ち（胃痙攣）の者は、正月十五日のアズキ粥を断ち、これを竹生島の弁天様に供えると治るといい、竹の皮に包んで、川または湖に流す（滋賀県高島郡）。

○正月十五日のアズキ粥は、いくら熱くても吹いて食べるものではないとした。どんなに熱くてもそれを吹くと、大風でイネが風害にあう（三重県北牟婁郡）、苗代こさえの日に風が吹く（岩手県東磐井郡）、田植時になってしける（和歌山県西牟婁郡）。

○十五日粥に限らず、アズキ粥は吹いて食べるものではなかったらしい。山梨県東山梨郡では、正月七日のアズキ粥を吹いて食えば田植の日に風が吹くといって戒め、群馬県利根郡では、二十日正月にアズキ粥を吹いて食べると二百十日に大風が吹くという。つまり、熱いうちに食べるのは褻（け）の食物の場合で、神供は冷たいのが本式なのである。群馬県佐波・利根郡では、十五日のアズキ粥の残りを十八日に食べるが、これを食べておかないとハチに刺されるという。江戸の通言に、「さましてたんとお上がり」といったが、単に人を冷やかすのはやめてくれというだけではなしに、冷めたものを食べることに、昔の人は伝統的な理念を持っていたのではなかろうか。

○正月の十五日粥については、作り加減にも禁忌がついている。奈良県吉野郡では、この日のアズキ粥の茶が多すぎれば、その一年は雇人をすると雨が降るといって気をつける。富山県氷見市では、粥が固くなると、田が干せる（旱魃）という。同じ市域の中でも、十五日朝のアズキ雑煮が軟らかいと植付け田が硬くなるから、ちょうどよい程に作るという。正反対のことをいうようだが、要は適度でない場合を忌むのであろう。熊本県阿蘇地方でも、十五日の早朝に「アズキ餅飯」を食べるが、アズキ粥とも呼ぶように、軟らかく炊くものだとしている。これが硬いと、五月の田植の時に地が硬くて困る。また、この粥には塩を入れない。入れると作物にケイシオ（粥塩？）が入るといって、実らず、中がかさかさになる。なお、粥をいただいたら、その茶碗を洗った水を家の周囲に振りまく。こうすると、年中蚊が入らないという。富山県氷見市では、豆の枯稈を燃して、元旦の雑煮や十五日のアズキ雑煮を煮ると、その家内の者が真面目に働くという。なお、アズキ雑煮は日本海側の地域や瀬戸内海沿岸、九州などの一部に行われているが、作り方は土地により一様でない。阿蘇地方では、正月十一日にもアズキ雑煮を祝食するが、由来として阿蘇神社の鬼退治説話を説き、鬼のはらわたを食べたのがもとで、その鬼の血は後にノミになり、筋は田の中のヒルになったという。

○正月十五日のアズキ粥を、隣家七軒からもらって食べると夏痩せしない（鳥取）。岡山県川上郡では、三軒からもらうが、その時溝を渡ってはならないという。そして持ち帰って子供たちに食べさせると、夏病みをせぬという。熊本県阿蘇郡では、橋一つも渡らず（川渡りせぬ先に）七軒食べまわると、夏痩せしないという。それは、師走朔日の川渡り餅（川浸り餅）の習俗と酷似している点に注目される。事実、阿蘇地方では十二月一日にも、師走湯を飲むな、という諺があり、この日に白湯を飲めば、川に流されるという。それを逃れるためにアズキ餅を必ず一つ食べ、その上、アズキママ（飯）を炊いて食べる。白湯を飲む時には茶を入れるか、または「ママ粒でも必ず入れにゃん」と唱える。また、村によっては、アズキを入れた粥を炊くが、味はつけない。熱い粥を食べる時、吹いて食べると、鼻の頭が赤くなるなどといった。この制裁を言うために、熱い粥を食べるもののように話すのであろうか。

○正月十五日以外にも、アズキを祝食すべしという日は多い。アズキ飯を炊いて神仏に上げ、それを正月四日にふかして食うと、幸運が来る（茨城）。正月二十一日に生のアズキを飲んでおくと、腹に虫が宿らず、その年は風邪をひかない（秋田）。二月初には、アズキの握り御飯に生卵を添えて供え、後で下げていただく（熊本県阿蘇郡）。土用の入りにアズキを食べると病気しない（愛知県北設楽郡）。盆の間に盆飯と称するアズキ飯を食べると夏病みしない（愛知）。冬至にアズキ粥を食べると悪魔をはらう（山口県大島郡）。寒の入りにアズキ飯を食べる。この日転ぶと怪我をするので、「アズキ食うた餅食うた。畳の上ですべった」と唱える（高知県幡多郡）。十二月二十五日は、昔天神様が百姓だった時の米すり日だという。この日アズキ飯を炊くが、米すり日のゆかりによって、今でも、米（籾）を擂るという（熊本県阿蘇郡）。要するに、一般にいう終い天神の日である、その他、日蝕・月蝕の時、日と月にアズキを供えたのち、三粒だけ飲んでおくと、一年中病気をしないという（秋田）。

○正月にはアズキを家の中で煮られない（宮城）。元日から農始め（農はだて。たいてい十一日）の日まで、アズキ餅を食べない（同上）。群馬県勢多郡北橘村〈渋川市〉では、暮のうちにアズキを煮ておき、大正月は煮てはならない。小正月になればアズキを煮られるという家例の家がある。このように、いわゆる大正月或いは朔旦正月にはアズキを調理したり、食べたりしないという風習がある一方に、例えば福島県相馬市などでは、正月三ケ日の間は赤々餅と称し、アズキを搗き込んだ餅を食べる。普通の白い餅はエエ餅と呼び、家によりエエ餅に餡を塗って食べる仕来りもある。アズキ入りの餅と白餅とどちらが古い食制であるかは明らかではないが、前者は、いわゆるアズキ雑煮の風習と深いかかわりがある。

○大師講（十一月二十三日）のアズキ粥が焦げつけば、翌年は旱、焦げつかねば雨降りと占う（長野県北安曇郡）。また、この日雪が降れば、白いもの（紙など）の値が上がる（同）。ただし、村によっては、値が下がると判ずる所もある。元日の朝、東の空が晴れると作がよい。アズキ色なら、アズキがとれる（宮城県刈田郡）。

○夏病みせぬ呪禁として、ニンニク、アズキ、ナンテンの葉などを混ぜて紙に包み、門口に吊り下げる方法もあった（奈良）。

小豆　あずき

(5)　植栽の禁忌　小豆と葬式　合食禁その他

○苗代の畦にアズキを植えると、ダミ（葬式）豆となる（山形県置賜郡）、葬式の赤飯になる（宮城県刈田郡）、四十九日の餅になる（宮城・福島）、不幸の時のアズキになる（新潟県長岡市）。凶事がある（和歌山県紀ノ川地方）。苗代田に限らず、普通の田の畦にも同様の禁忌があった。また特に、モチ田のまわりにアズキを作ることを忌む（三重）風があり、福島県郡山市では、モチ田のまわりにアズキを植えると死人が出るという。アズキとモチ米とを揃えるから悪いのであろう。

○アズキを炒ると、貧乏になる（広島）。アズキを火にくべると貧乏になる（丹波）。

○アズキ飯を食べる夢を見ると悪い（和歌山）。

○火事の夢を見ると、その翌日には必ずアズキ物を食べる（富山県氷見市）。

○葬式の日雨が降ると、井戸へアズキを入れる（愛知）。

○お手玉の中のアズキを食べると気がふれる（群馬、富山県氷見市）。

○アズキとビワは食合せである（鹿児島県国分市〈霧島市〉・大阪府枚方市・秋田県平鹿郡）。アズキと鶏肉は食合せ（秋田県平鹿郡）、鶏卵とも食合せが悪い（同県雄勝郡・山形）。石川県珠洲郡では、アズキとタコを一緒に煮て食べると腹痛を起こすといい、秋田県鹿角郡・山本郡・大阪府枚方市・宮崎県などでは、アズキ飯とフグの合食はいけないといい、秋田県では、命にかかわるという。また、同県山本郡では、サバと食合せであるという。フグやサバについては、アズキとは無関係に、単独で中毒する場合らしい。

○『延寿撮要』に、「鮓と小豆と同食すれば消渇す」とあり、また「鯉と小豆と同食すべからず」ともある。沖縄では、アズキ（アカマーミ）を鯉とともに煮て食うと水腫や脚気の薬になると、反対のことをいう。天正五年に書かれた『身自鏡』に「赤豆には混元丹を嫌ふ也昆布に厚朴海松に糒よ」とある。混元丹（練薬）は健胃・強心・解毒などの薬である。

○三隣亡除けのまじないは、人に知られては効き目がないといい、そっと他家の田のまわりにアズキをまく。米を赤く染めてまいてもよい。それで、秋になって田圃をさぐったら、赤飯と尾頭付きが出てきたり、ぼた餅を掘り出したりすることがあった（群馬県新田郡）。前出の粟畑のまわりにアズキをまいて河童除けにするというのも、同じ信仰と思われる。

○アズキを牛に食わすと流産する（広島）。アズキ中に含まれるサポニンが下剤として作用し、流産に至る場合があるのではないかという。実際にアズキが有害というよりは、アズキを神供とする観念から家畜に与えるべきでない、というのが主眼かと思われる。なお、広島県では妊み牛の傍にイヌをつなげば、安産するといっている。

○ネズミにかじられたら三年の間はアズキを食べると大難が起こる（秋田県雄勝郡）。『和漢三才図会』に、「鼠ニ咬マレタル人ハ、永ク赤小豆ヲ食スルヲ忌ム」とある。

○イヌにアズキを食わせると、喧嘩で怪我した傷もすぐよくなる（福島県相馬地方）。『和漢三才図会』に、「凡ソ疵ヲ被レル犬ハ、赤小豆ヲ煮テ之ヲ食セシムレバ、則チ愈エ易シ」とある。三重県鳥羽市国崎では、神参りの際には、アズキを持参して少しずつ供え、社頭の狛犬にそのアズキ粒を上げる風習がある。アズキは祝事の晴の食物であるから、神饌として上げる意味は理解できる。狛犬に上げるのは、単なる神供の延長であるか、或いは犬にアズキがよいという理由によるものか。

○アズキをとぐ時、アズキを先に入れ、それから水を入れてとぐと、お産が軽い（宮城）。水を入れてからアズキを入れて煮ると、その音が地獄まで聞こえて難産だという（茨城県久慈郡）。鍋に水を入れる前にアズキを入れると、カラゴ（生まず女(め)）が生まれる（大分県日田郡）。

○アズキは煮えにくいものであるから、「アズキは馬鹿に煮らせろ」という諺もある。新潟県では諺に、「アズキ煮る火は馬鹿に焚かせろ」という。『和漢三才図会』には、「凡ソ赤小豆ハ煮ルコト易カラズ。茶煎汁ヲ加ヘ同ジク煮レバ則チ早ク熟ス」とある。早く煮るためには、高麗天目(こうらいてんもく)の欠けを一つ入れて煮立てれば、すぐ煮える（元禄十四年板『続咒咀調法記』）。笹（竹の皮ともいう）を入れると早く煮える（富山・福島・愛知）。

○アズキを煮るには、オドロカスことが大事である。煮立って浮上がってきたら、オドロカシを入れるといって、水をさして沈ませる（福島）。葬式の時のアズキは、煮る途中で水を入れることをしない（群馬県利根郡）。千葉県長生郡では、アズキが煮立ってきた時、柄杓で水を三度入れるのを、シワノバシという。この時、柄杓を三回まわすと、嫁と姑が仲よくなるという。群馬県利根郡では、シワノバシを入れない前に地震があった時は、そのアズキは食べてはいけないという。秋田県平鹿郡では、アズキを煮ている時に僧侶が来ると不吉があるといって嫌う。

小豆　あずき

(6)　小豆の薬効

○アズキは脚気に効くとは、各地でいう（安房・佐渡・飛驒・加賀・阿波・周防等）。服用の仕方は、生アズキを粉にして飲む（大阪府中河内郡）、麦香煎（こうせん）と同様、アズキを香煎にして食べる（愛知県南設楽郡）、味（塩）をつけずに煮る（茨城・富山・愛知）、水煮（滋賀県高島郡）、アズキ粉またはアズキ粥にする（山梨）。砂糖を混ぜて煮て食べる（高知県土佐市）。豆腐とアズキを食べる（宮城）、麦とアズキを煮て食べる（飛驒）等である。沖縄ではアカマーミーと蛸を青松葉でいぶし、これをアズキで煮て食べると、水腫に効くという。アズキは蛋白質の多い食料であるから、迷信ではないわけである。

○アズキには利尿の効があるとされ、佐渡では小便の通じをよくするのに、アズキを服用するとよいという。阿波でも、アズキは利尿によいという。沖縄でも、アカマーミーの種子を煎服すると利尿作用がある、また腎臓病に効くという。山口県では、アズキを味をつけずにどろどろに煮て大量に食べると、便秘に効があるという。栃木でも便通に効くといい、茨城ではアズキを煮て味をつけずに食べると、通じがよくなるという。古い漢方書に、「治₂消渇₁、止₂洩利₁」とあるのと正反対のように思われるが、同じく

「久服、令㆓人枯燥痩人㆒」ともある。泄瀉を催すからであろうか。
○小児の夜尿症には、アズキの葉をしぼって、その汁を飲めばたちまち治る（富山県東礪波郡）。便通をよくするには、アズキを煮て食べる（宇都宮市）。消渇には、アズキの煮汁を飲む（愛知県南設楽郡）。緩下剤としてアズキを一つかみ水煎服用する（沖縄）。横根（よこね）には、生のアズキを三粒飲む（群馬県邑楽郡）。
○その他、アズキの薬効とされるものに、味をつけずに煮て食べると胃炎によい（茨城）、食あたりには生アズキを粉にして飲む（山口）。高知県高岡郡では、炒って粉にしたアズキに砂糖を混ぜて食べると、喘息に効くといった。北海道では、アズキ粉を白絞油で練って、床ずれに塗ると効くという。また、糖尿病にはアズキがよいという。
○八重なりアズキを煮て食べると、盗汗が止まる（『甲斐の落葉』）。文久年間の『痲疹食物吉凶心得書』（奈良）というものにも、アズキは熱を下すとある。
○産後食べてよい食品の一つに早生アズキがある（福島）。
○乳腫れには、アズキの粉をハコベの汁でつける（岩手）。
○むくみには、味をつけないアズキを食べる（山口）。
○セリの根をよく乾かしておいて、アズキを入れ煎じて飲めば、隔（かく）症（胸に食物が詰まるように感ずる病）の妙薬（越中『秘伝妙薬いろは歌』）。
○ツキ目に、センモトとアズキの混合液を点眼するとよい（熊本）。

小豆（あずき）

(7) 民間知識いろいろ

○「アズキはスモモに生ず」ということばがあり、スモモがよくなる年は、アズキもよく実る（寛政期『私家農業談』）。

○アズキと米とは豊凶が逆で、広島県では「アズキの豊作は、凶作」という。アズキ豊作なら、米は不作という意である。温暖の地に見られる現象で、寒冷地ではアズキが不作の年は、夏の気温が低いから米も凶作となる（大後美保氏）。

○雨降りが続けば（梅雨）アズキがいい（長野県飯山市）。壱岐では、日ササゲ、雨アズキと諺にいう。ササゲは日照り年が豊作、アズキは多雨が多収ということ。

○寒に雷が鳴ると、アズキが安い（飛驒）。即ち豊作ということ。

○アズキの花早ければ、雪早し（広島）。全体として陽気が例年より早い年ならば、開花も早く、降雪も早いということ。また、同県で、スイカとアズキが早くできる年は、秋冷が早いという。

○申の年はアズキがよく実る（北九州市小倉地区）。

○卯辰の日にアズキや豆を植えると、実らない（近江）。

○アズキは半夏（はんげ）までに蒔け（島根県浜田市）、半夏の日にアズキを蒔けば、半夏アズキといって、収穫が多い（群馬県利根郡）。同じ県で、エゴの花踏んで（落花のころ）アズキを蒔けともいう。

○ネブの木の花でアズキの種蒔きを始める（美濃）。

○雨降りにアズキを蒔くと蟻がつく（丹波）。雨の日アズキ畑の手入れをすると、蟻食いになる。または油虫がつく（南会津）。雨降りに播種すれば、アズキに限らず何の作物でも、種子が土になじまない上に、流れてしまうおそれもある。

○アズキは友の露を嫌う（『俚諺大辞典』）。アズキは密植を嫌う意。ネギは自分の陰さえ嫌うというのと同趣である。南会津地方では、アズキは葉と葉が触れ合わないように蒔けば、一株から百莢採れるという。

○アズキを蒔きはずすと、孫を儲ける（宮城）。吉事の意ではなく、適期をはずすことを戒めたものであろう。
○夕焼にアズキを乾すと虫がつく（広島）。
○アズキと醤油を多く使う家は身上持ちが悪い（神奈川県津久井郡）。アズキを大量に消費するのは、晴の食事を作る回数が多いことを意味するから、物入りが多い。醤油は、昔は贅沢な調味料であった。普通は味付けには塩か味噌を使った。雑煮にしても、味噌雑煮が古い。醤油を多く使用するのは、口が奢って、食生活に金がかかることを示す。

翌檜　あすなろ

○肝臓の薬として、枝葉を干して煎用（徳島）。
○黄疸に葉を煎じて飲む（岡山）。生のままでもよい（同）。腎臓・心臓にも効能がある（同）。水虫に塗るとよい（三重）。
○アスナロは、アスワヒノキとも呼ばれ、ヒノキ科で、葉はよく似ている。明日はヒノキになろうと努力するが永遠にヒノキになれない、との意。マテバシイと同趣の命名。

馬酔木　あせび（ぼ）

○土佐の山地などで、ホーキ木と呼ぶのは、アセビ、ヤマザクラ、ネズミなどの枝が箒状になったもので、これを炭木に切ったりすることを忌む。
○対馬の『楽郊紀聞』に、「アセボの木は、させびと唱ふる木なるべし。馬の食はぬ木也。大木はなし。五六寸廻り内外の様に見えたり。薪にするを嫌ひ、疱瘡人の家には、尚又焚かず」と見える。
○アセボの葉を煮て、体を洗うと、汗疹に効く（三河）。福井県では、汗疹をアセボといい、アセボツルを煎じて飲む。アセビは殺虫剤・皮膚病薬で、書物や衣類の虫除けにも使われた。
○皮膚寄生虫の駆除に薬や茎を煎じて塗布する（岩手）。虱の駆除には、アセビの葉の煎じ汁で髪を洗う（丹波綾部地方）。奈良県ではアシビをバチコとも呼び、煎じ汁で女児の頭の虱を駆除する。徳島県で、農作物の害虫、牛馬の寄生虫防除に用いる。島根県ではニワトリの羽虫にアセビの葉を乾かして粉末にし、砂に混ぜ砂浴びさせる。アセビの葉を煎じて、あせぼを洗うと治る（『極奥秘伝まじない秘法大全集』）。同名だからであろう。

○虫歯の治療に、アセビの木（または桃の木）を一握りほど切り取り、痛む歯で一方の端をくわえ、他の端に大きな灸を三火すえると治る（長野県）。

○愛知県春日井市地方では、疣を取るのに同市坂下町内津地区の天神社に詣り、境内のアセビの木に疣をこすりつけると、ひとりでに落ちるといわれる。

○アシビの葉を馬が食うと死ぬ場合がある（肥後）。同地方ではヨシビと言い替えても呼ぶ。虫退治に効くほどだから、毒もあるというわけであろう。それで、各家に農耕馬を飼っていた時代には、屋敷には植えなかった。

○和歌山県新宮市地方では、アセビをコメシバ、或いはハコボレとも呼ぶ。「コメシバの花盛りに猪のたけり（発情期）」という言葉がある。

阿檀　あだん

○アダンの葉は魔除けになる（沖縄県八重山郡）。アダンの気根が多い年は、雨が多く凶年（同県竹富島）、花のある年は台風が来る（鹿児島県喜界島）という。また、解熱には葉の根元の白くなった部分を煎服する（沖縄）。

敦盛草　あつもりそう

○岩手県遠野市近辺・秋田県では、アツモリソウをカッコウバナと呼ぶ。アツモリソウとは、花の形状を平敦盛の負った母衣（ほろ）に見立てた命名といわれているが、これらの地方では、カッコウが鳴き出す頃に花が咲くからという。

○長野県下伊那郡では、エンメイ（アツモリソウ）・チゴンバナ（オキナグサ）を庭に栽培すると家に唸り声が絶えない（病人が絶えない）、としてこれを忌む。

甘茶　あまちゃ

○甘茶はアマチャの木の葉を乾燥して煮出したものであり、灌仏会に釈迦像に注ぎ掛けるが、この日お寺からもらってきた甘茶で墨をすり、歌などを書いて貼っておくと虫封じになるという俗信がある。即ち、「昔より卯月八日を吉日として神さげ虫をせいばいす※」と茶を逆さに書いて門口に貼ると毒虫が家の中へ入らない（和歌山）、「あら玉の卯月八日は吉日よ神くだり虫を成敗ぞする」と書いて押入や便所に貼るとムカデやヘビが出ない（山口）、「今年より卯月八日を改めてかみさけむしをせいはいにする」を便所の柱に逆さに貼る（香川）、「茶白」または「白茶」と書いて虫を除ける（広島）、「茶」と書いて入口に逆さに貼っておくとヘビが入らない（愛媛）、甘茶で歌を書いて便所に貼ればウジが上らない（青森）、などという。また、灌仏会の甘茶を家の周囲にまくとヘビが入らない（福井・愛媛・佐賀）、家の入口にまくとヘビや悪い虫が家に入らない（新潟・熊本）ともいう。

○灌仏会に仏像に掛けた甘茶の雫を飲むと丈夫になるし、母親は乳の出が良くなる（新潟）、灌仏会の甘茶を飲むと、夏病みしない（愛媛）、病気をしない（佐賀）など健康薬としての効用があり、頭痛が治る（岐阜）、ともいう。また灌仏会の甘茶を目につけると目の病にならない（愛媛）、目を洗うと眼病が治る（青森・栃木・茨城・新潟・奈良・和歌山・広島）、はやり目につけるとよい（群馬）、と眼疾の効を言う所は多い。

○以上の他、次のような俗信がある。甘茶を苗代に流すと豊作になる（滋賀）。灌仏会の日に甘茶ですった墨で習字を練習すれば上達する（秋田・栃木・三重・山口）。

雨降り花　あめふりばな

○青森県三戸郡で、ホタルブクロを取れば雨が降るといって、この花をアメフリバナと呼んでいる。群馬県勢多郡ではツリガネソウを取ってはねると雨が降るといい、新潟県新発田市ではヒルガオをアメフリバナといって取ることを忌む。土地によって一定でないが、アメフリソウと称する花を取ると雨になるという俗信はほかにも宮城・山形・栃木に分布している。

荒布　あらめ

○福岡市博多区で、アラメの洗い汁を表にまくと客が来るという。

○アラメを食べると流産する（広島）といい、また、流行眼（はやりめ）の時には「奥山のアラメ草買手あれば値段限らず」という歌を半紙に書いて道の四辻に置くと、これを読んだ人に感染して本人の眼病は治るともいう。

粟　あわ

○高知県土佐郡では、アワ一升を桝に入れて斗（と）掻（かき）をかけて蒔くのを忌む。同県吾川郡吾北村〈いの町〉でも、アワをくみきるのを嫌い、一合蒔いて三石三斗三升三合できたら、山伏千人、太夫千人、坊主千人が粟神楽を舞わねばならぬという。

○節分の日に夜なべをするとアワがササになる（鳥取県八頭郡）というのは、怠け者の節供働きと同じく、村全体が休み慎む日に一人だけ労働することを戒めたものである。作初め（正月十五日）の日に髪を乱していると、アワがガンボウジ（蒲公英）になる（長野県北安曇郡）ともいう。

○埼玉県越谷市では、悪病が家に入らないようにと入口にアワを撒く。こうすれば、疫病神が会わずに帰るという。石川県七尾市で、アワ畑に大便をするとアワの子ができるという。長野県では、生まれた子がアワ粒を握っていると、その子は一生穀物に不自由しないという。正月二十日に大黒様に供えたアワ餅を食すれば幸福がある（熊本県阿蘇郡）という。

○アワを蒔く目安として岩手県では、「トット

（ツツドリのことか）が来たさけアワを蒔け」といい、同様カッコウの来たさけマメを蒔け」といい、群馬県勢多郡では土用のことは秋田でもいう。群馬県勢多郡では土用三日目秋風が吹く頃が、アワ蒔きの本しん（一番よい時期）といい、鹿児島県でも、アワは土用の中に蒔いた方がよいという。長野県上伊那郡非持山で、西駒の近くに柄杓を持った爺の形に残雪が現れるとアワやヒエを蒔く。これを「あわまきじっさ」と呼んでいる。

○山形県置賜地方で、根雪前にアワの花が落ちれば大豊作の兆といい、同県最上郡では、寒三の雨はアワの上作という。熊本県玉名郡では、彼岸の中にアワが三穂出るとその年は穫れ損わぬといい、沖縄県八重山郡では、旧正月前後の闇が深ければアワは実り、深くなければ実らないという。

○埼玉県では、おおさき（おさき狐のことか。憑き物）を封ずるに、祈禱師が瓶を用意して中にアワを入れ「このアワを数えきるまで出て来るな」と呪いをかけたのち、瓶を土中に埋め封じ込めることが行われたという。

○小指と人差指の先でアワ三粒をつかめる人は親孝行という（秋田県雄勝郡）。

○民間療法。風邪にはアワ粥を食べると治る（福岡）。妊婦はアワ餅を食べてはならぬ（秋田）。アワの穂で目をつくと目がつぶれる（愛知県南設楽郡）。アワゴメとキョウニンの食合せは吐瀉する（栃木）。『月庵酔醒記』には「あはとあんにん（杏仁）くい合ハ吐瀉する」とある。

杏　あんず

○群馬県新田郡では、赤城様が嫌うのでアンズは植えないと伝えている。大阪府枚方市では、アンズを指させば落ちてしまうという。

○長野県更埴市〈千曲市〉で、花の散りぎわがだらだらと長い年はアンズの凶作といい、山形県最上郡では、アンズの花盛りが月夜にかかると、なりが悪いという。

○民間療法。アンズの実を焼いて湯と一緒に飲めば咳が止まる（長野県北安曇郡）。腹痛には実を煎じて飲む（同県小県郡）。アンズとサバの食合せは悪い（秋田）。

【い】

櫟　いちい

○群馬県利根郡で、イチイの木は王様木といって、やたらに使うものではない、床の間、箸にはよいという。昔、笏の材料に用いたところから、一位の位に因みイチイと呼ぶともいわれる。『倭訓栞』には「最火の義、薪となすによし、よて外宮の御饌を炊くに櫟のみを用ふ」と見える。和歌山県伊都郡かつらぎ町の鎌八幡には神殿がなく、イチイの木が御神体のようで、願い事があれば鎌を打ち込む。一病の治癒を祈って鎌を打つ時、鎌が樹中に入らず、落ちれば成就しないといわれている。『雍州府志』巻二の松尾月読神宮（京都市右京区嵯峨）の条にもイチイを神木とした記事がある。

○愛媛県上浮穴郡では、アララギ（イチイ）を植えるならば、庭に他のどんな木を植えてもよいというが、愛知県では、イチイの木が民家にあると家運が悪くなるという。また、上浮穴郡美川村〈久万高原町〉では、アララギ・ネズミノハルサシ・カヤ・タラの木を二寸くらいにして吊しておくと悪霊除けになるとか、鬼が来ないという伝承があって、この木に特別の呪力を認めていたことが推察できる。

○民間療法。イチイの干したものを煎じて飲むと利尿によい（岩手・宮城）、通経に効く（宮城）、腎臓病によい（岩手）。糖尿病にはアララギの葉の煎薬を用いる（徳島）。アララギの椀を使っていると中風にかからぬ（同県那賀郡）。凍傷には、オンコ（イチイ）の実を焼酎に漬けたのをつける（北海道）。

苺　いちご

○兵庫県宍粟郡で、屋敷の庭にイチゴを作ると病人が絶えないといい、和歌山県切目川地方では、イヌイチゴを食えばイヌに吠えられるという。石川県鳳至郡では旧暦五月五日の朝、クサイチゴを食うと病にかかることなしという。

○イチゴの花が咲いたらカンショ（サツマイモ）を植えねばならぬ（三重県賢島付近）、イチゴの熟れる頃に、ムササビが生まれる（奈良県大台ケ原山地）とか、カッコウが鳴く（対馬伊奈地方）という。苗代イチゴのよく実る年は豊作（新潟）とか、イチゴの不作の年は米も不作（大分県日田郡）ともいう。

○民間療法。肺病にはイチゴの根を煎じて飲む（鳥取）。消渇の時はシモイチゴの木・葉を煎じて飲む（愛知県南設楽郡）。歯痛の時はヤマイチゴの汁を目に入れる（沖縄県八重山郡）。外傷には、イチゴの葉の陰干しを黒焼きにし、油に混ぜて塗る（福岡）、ヘビイチゴをつけて縛っておく（愛知県南設楽郡）。

無花果　いちじく

(1)　植栽の禁　伝染病除け

○イチジクを屋敷の内や庭に植えると悪い（群馬・神奈川・愛知・長野・三重・京都・大阪・奈良・愛媛・香川・岡山・大分）。イチジクを家に植えると病人を生む（鳥取）、病人が出る、或いは病人が絶えない（秋田・神奈川・新潟・石川・福井・愛知・岡山・山口・佐賀・熊本・鹿児島）。病人が出て、それが命取りになる（新潟）。

○床下までイチジクの根が伸びてくると、家に病人が絶えない（島根）。根が家の下に来ると悪い（山口）。トウガキ（イチジク）の根が家の下に来ると悪い（山口県大島郡）。イチジクの白根が寝間の下に入ると、人間の生血を吸う、ダヤ（廐）に入れば牛馬が死ぬ（広島県甲奴郡）。血を吸われて婦人病にかかる（富山県中新川郡）。イチジクの根が納戸の隅に入ると婦人病になる（中風になるとも）（大分）。愛媛県上浮穴郡では、娘のある家にイチジクは植えぬものといっている。
○イチジクは病人の唸り声が好き（新潟）。病人のうめき声を聞いて木が太る（佐賀）。イチジクのような広葉の木は病人の唸り声が好き（富山）。
○イチジクを屋敷に植えると不幸がある（秋田・宮城・愛知）。主人が死ぬ（秋田・広島）、寿命がもろい（山口）、やもめになる（三重）、子が育たぬ（島根）、子孫が無くなる（岡山）、家督が立たない（宮城）、家運が衰える（広島・新潟）、貧乏する（富山・長野）。また、長野県更級郡では、イチジクは主人と争うからいかぬという。
○イチジクの生長する家は栄えない（新潟・鳥取）。イチジクの木が屋根より高いのは凶（岐阜）。家より高くなると身上が潰れる（新潟）。
○イチジクを他家からもらって庭に植えると病人ができる（石川）。イチジクの木を植えると、木が足の大きさになった頃に死ぬ（岡山）。
○屋敷内で植えて悪い位置や方角を指定する例では、東南に植えると凶（三重）、家の前に植えると病人が絶えぬ（愛知）、入口より西に植えるとよくない（三重）、便所の傍に植えると人が死ぬ（愛知）、方角によって悪い（愛媛）、などがある。
○イチジクを忌む理由については、季節ごとに葉が変化するので悪いという（鳥取）。岡山県勝田郡では、種が無くなる、即ち子孫が絶えると解している。無花果という字面からも、そのことへの連想は強いはずである。また、白い乳のような液が出ることも、特殊な感を抱かせる。イチジクは寛永年間に長崎へ渡来した（『古今要覧稿』）もので、歴史は古くないが、挿木すれば簡単に根づくため、全国に普及した。一般に、新渡の外来植物は禁忌の対象にされることが多いが、イチジクもその一つである。一説に、イチジクはキリストの生地パレスチナに自生し、キリスト教におけるイチジクは、仏教の菩提樹のようなものであるので、耶蘇教禁制時代にはこれを嫌ったのだという。

○ただし、岡山県ではイチジクを植えると流行病にかからぬからよいといい、佐賀県下でも、家の近くにイチジクを植えると病人が出ないという所がある。これは、イチジクの葉を用いて行う流行病のまじないとも関係する。また、広島県比婆郡では、庭木として西にイチジク、東にナツメを植えるのは可だという。宮城県では、便所のかたわらにイチジクを植えれば、痔にからないという。それは、イチジクを痔の薬に用いることとつながる。大分県西国東郡では、イチジクは水鏡を映す所がよいという。大体において乾燥しない地の方が適している植物だから、このように言うのであろう。

○イチジクの葉には病気予防の呪的効力があると信じられた。イチジクの葉の上に線香を立てて戸口に置くと、眠り病にかからない、夏病みをせぬともいう（愛知）。イチジクの葉を三枚重ね、線香の束をその上で燃して立てておくと、眠り病にかからない。お産の時、白イチジクの葉を床の下に敷いておけば、産脚気が起きない。イチジクの葉の上に石三つをのせ、その上で線香をたくと、痳疹にかからない。伝染病除けにはイチジクの葉に線香を一束たいて煙を家の中に入れる。旧六月一日に、イチジクの葉の上で線香を燃やすと、はやて（疫痢）のまじないになる。尾張富士の祭に、イチジクの葉の上に線香を立てて拝むと夏病をしない（愛知）。

○悪疫が流行する時は、イチジクの葉を門口に吊すことも行われた（兵庫県飾磨郡）。イチジクの葉と蒜（ひる）を門口に吊しておくと、流行病、特に下痢病にかからない（愛媛）。

○夏の土用の丑の日に、便所にイチジクの葉を入れるとよい（広島）といい、他の地方でもしばしば目にする。

無花果　いちじく

(2)　乳液の効能　諸病の薬　妊婦と無花果

○疣取りに、イチジクの茎や葉から出る白い乳液をつければ、取れると信じている地方は多い（宮城・群馬・栃木・埼玉・静岡・新潟・富山・石川・福井・大阪・兵庫・広島・山口・徳島・福岡）。疣の先に少し傷をつけて液汁を塗りつけ、その上に灰をまぶすとよい（兵庫県加古川市）。

○魚の目に対しても同様の効果があると考えられている（岩手・愛媛・熊本）。

○腫物に、ドクダミをイチジクの葉に包んで生焼きにして患部にはる（香川県三豊郡）。

○ハチに刺されたら、イチジクの汁をつけるとよい（群馬）。

○メボ（ものもらい）に、トウガキ（イチジク）の液をつけるとよいという（広島市）。

○そばかすにも、イチジクの汁をつけると効くという（福井）。

○眼病になったら、その眼にイチジクの汁をつける（岡山）。しもやけや、口の端の白くなる病気にも、つけるとよい（愛知県南設楽郡）。なお、福井県南条郡では、イチジクを採らせる（？）と眼病にかからぬという。

○イチジクは痔に効くという所が多い（新潟・高知など）。服用と外用とあって、内服には、実を食べる（茨城・埼玉・千葉・和歌山）、乾した果実は特効がある（栃木）など、果実を主とするものと、葉を煎じて飲む（栃木・徳島）方法とがある。外用では、葉を蒸すか温めて患部にあてる（和歌山・埼玉・福井）のと、白い乳液を患部に塗る（山形・群馬・茨城・埼玉・静岡・愛知・福井・岡山・山口・高知・徳島）、葉を煎じた熱い液を患部につける（高知）、葉を焼いた粉をつける（宮城）、イチジクの樹皮を患部にはる（三河）という例もある。結局は、樹液をつけるのと同じことであろう。

○イチジクを入れた湯で坐浴または入浴すること も、ひろく行われる。風呂の中へ実を入れて入浴する（徳島）例もあるが、主として葉の部分を乾燥して使用する（茨城・埼玉・神奈川・長野・愛知・石川・大阪・和歌山・兵庫・島根・香川・高知）。和歌山県海草郡では、イチジクの枝葉を煮出して出る赤褐色の湯に浴する。ちょっと入れれば全身から発汗し、痔に効く（『続南方随筆』）。『和漢三才図会』に、「実〈甘平〉ハ胃ヲ開キ、洩痢ヲ止メ、五痔・咽喉痛ヲ治ス。葉〈甘ク微辛、小毒有リ〉ハ五痔腫痛ヲ治ス。湯ニ煎ジ頻リニ熏ジ之ヲ洗ふ」とある。また、魚を食べて酔った場合には、もし葉が無い季節なら、枝を用いても可だとある。

○イチジクの腰湯や風呂は、痔以外にも特効があるといわれた。陰干しにした葉で湯をたて、腸カタルや子宮痛の治療をする（高知）。腰湯をすると冷え込みや腹痛によい（大阪）。疝気・寸白によい（石川）。こしけに効く（大分）。腰痛によい（山口）。あせも・吹出物に効く（静岡・愛知）。

○神経痛にはイチジクの葉を陰干しにして煎じた汁で、患部を温める（京都）。脱肛にはイチジクの葉を煮て洗う（岐阜）。

○気管支喘息には、晩秋ごろの末なりのイチジクの実を陰干しにしたのを煎じて飲むと、痰が切れる（山口）。

○イチジクを食べると通じがよくなる（愛知・富山）。便秘にイチジクを煎じて飲むと腹痛に高知）。白イチジクは腹薬（佐渡）、胃腸薬（香川）。陰干しにしたものを煎じて飲む（岩手・効く（兵庫）。実を乾かしたものは、緩下剤。また回虫駆除の効がある（徳島）。胃痛にはイチジクの葉と梅の小枝と葉を細かに刻んで、ヨモギの葉と共に煎じて飲む（神奈川）。盗汗にイチジクを食べるとよい（大分）。冷え症に飲む（埼玉・鳥取）、赤痢にかからぬ（広島・岡山）。下痢・胃腸病などに葉を煎じて飲む（高知）。果実を味噌汁に入れて食べるとアカハラ（赤痢）に効く。生で食べてもよい（岐阜）。なお、疳の虫には、イチジクの木にいるクサギ虫の黒焼きが効くという（福岡）。

○虫下しに、葉を煎じて飲む（岡山）。毒下しに飲む（石川）。魚に中毒した時は乳液を飲む（山口）。駆虫・毒下しの効能に関連して、夏の土用の丑の日に便所にイチジクを入れる風がある（広島県深安郡）。

○吹出物に葉を煎じて飲む（静岡）。かぶれや汗疹（あせも）には、果実を刻んで味噌汁に入れて飲む（岡山）。婦人病・腰痛に、塩を加えてイチジクを煎じて飲む（岡山）。

○変った例では、歯痛にイチジクを煎じて飲む（三河）、肺炎にイチジクの虫を焼いて食べる（香川）、などがある。低血圧にはイチジクを食べるとよく、実がない時は葉を煎じて飲む（茨城）。

○妊婦がイチジクを食べると安産する（秋田県仙北郡）。しかし、宮城県栗原郡では、イチジクを子供に食べさせると悪いといい、秋田県由利郡では、妊婦がイチジクを食べると、大口の子ができるという。イチジクの青いのを食べるなともいわれる（岡山）。

○イチジクの実が食われるようになると、ダイコンを蒔く（広島）。

○イチジクは、「お呉れんされ」と断って枝をもらって植えたのでは活着しない。黙って盗んできて植えるとつく（兵庫県城崎郡）。

○灸をすえた日はイチジクを食べてはならない（愛媛）。灸をすえながらイチジクを食べると死ぬ（愛媛県西宇和郡）。

公孫樹　いちょう

(1) 屋敷に植えず　乳公孫木の祈願　まじない・食合せ

○イチョウは宅地内や内庭に植えない、庭木にすると不吉である（岩手・秋田・群馬・茨城・千葉・神奈川・長野・愛知・三重・和歌山・京都・鳥取・島根・愛媛・壱岐)。家の中に持ち込むものではない(福島)。植えると、難がある(富山・愛知)。家が繁昌せぬ(和歌山・佐賀・壱岐)。病人ができる(石川)。病人が絶えない(群馬)。福井県では、家の前にイチョウがあると病人が絶えないという。その他、人が死ぬ(長野・富山)、イチョウの葉が家の中へ入ると火事がいく(愛媛)ともいう。愛知県では、胃腸が悪くなるという。語呂合せである。

○福井県小浜市では、イチョウの木はウルエ(憂い事)を喜ぶ木だから植えてはならぬ、宮崎県西諸県郡では、病人のうめき声で太る木だという。うめき声を好くというのは、ビワ・イチジクなどと共通する。山形県庄内地方では、実がなった時、植えた人が死ぬ、秋田県仙北郡・新潟県西頸城郡では、植えた人が死なねば実がならぬという(ただし、自然生の木から実をとるのは差支えないといわれる)。能登ではイチョウの木が棟より高く伸びれば家運が衰えるという。

○この木を忌む理由として、お寺に植える木だから(愛知・長野・奈良・宮崎)という。上州でも、イチョウは寺の木だという。加賀ではブドウと共に在家には植えない。成り下がるという縁起かつぎである。大阪府中河内郡では、ソテツ・シュロなどと同じく、在家に植えるべきでないとし、伊予では、お宮やお堂のものだという。鳥取県では、位の高い木として俗人の家には植えられぬという。広島県では、イチョウは神木だから俗家に植えると主人が死ぬ(山県郡)、代々不幸が続き、家の下に根が入ると病人が絶えぬ(豊田郡)、などいう。秋田県の由利郡その他でも、神社境内のほかは植えぬものとし、富山県氷見市では、寺や宮以外の家にイチョウを植えると、財産が減るといって忌む。

○イチョウを嫌った理由には、早く大木になって屋敷を占領するとか、落葉がおびただしくて厄介であるなどの実害もあろうが、いま一つは水気を吸収することが甚だしく、床下に根を張ると、夏は根にもった水気のため障子や襖の開閉が困難になり、冬は反対に水気がなくなって障子や襖がはずれやすくなるという理由もあげられている。また、床下の根に保つ水のため健康上よくないともいう。

○『倭訓栞』後編に「近世悪木と称し、庭中に植ゑざるは、鶴が岡にて公暁が実朝を、銀杏樹下に刺したるに拠れり」と述べている。当時の俗伝であるか、谷川士清の私説であるか、明らかではないが、イチョウは中世渡来した植物といわれるから、頼朝時代に鶴岡八幡に植えられてあったとしても、地方ではまだ目新しい木であったかと思われる。珍しさ、稀少さ、その形状などから、神霊の憑る樹と考えられたのであろう。この木に精霊が宿るとして、しめ縄を張り、神木としている神社は少なくない。

○対馬でも、金石城（厳原町）門外にあった三抱えほどの大イチョウの根もとの樹皮をぐるりと剝いだので、ついに枯死した。弘化ごろ、これを伐り倒そうとしたが、誰も恐れて引受ける者がない。引受ける者があっても、山伏の夢に樹の精らしい女性が現れて命乞いをするので、取りやめになっているうち、暴風雨で倒れて、家老の家の屋根を打砕いた。この木にまつわる伝説もいろいろあった（『楽郊紀聞』）。

○イチョウが大木になると、しばしば乳房状の気根を生ずる。その形状の類似から乳の出ない女性がこれに祈願を掛ける習俗はほとんど全国的である。こうした大木は、たいてい社寺の境内にあり、霊木となっている。それで、乳銀杏、乳の木さま、乳房銀杏、乳の神などと呼ばれ、根強い信仰が分布している。賀茂真淵の『冠辞考』にも、武蔵の古川のイチョウの老木に願立てをする者が多いことや、上野・下野でイチョウに祈願すると、よく乳が出ると信じられていることなどを述べ、「いづこにもあることにこそ」といっている。『豊前志』には、天神社の大イチョウを「神に乞ひとりて、煎り飲めば乳出づ」とて、遠近より詣でる人が多い、と記す。
○乳の出るまじないには、乳イチョウの木を跨ぐ（栃木）、気根の部分を撫でる（青森）、木の乳を削って煎じて飲む（秋田・群馬）、樹皮を剝ぐ（福岡）、大イチョウに供えた白米の飯を粥に炊いて食べる（香川）、寺の大イチョウの木を削って来て、カンド（甘草？）と煎じて飲む（紀州北部）などの方法が行われる。香川県三豊郡では、乳薬師境内の大イチョウに、乳房の形をしたもの（小さい包みなど）を掛けて祈願をする。仙台市原町の樹齢千余年の大イチョウ（乳イチョウ）の傍には姥母神の小祠があり、これに布製の乳房と洗米を奉納して祈る。
○虫歯の痛みに、ギンナンを焼いてくわえていると治る（栃木）。犬猫に咬まれた時、ギンナンを焼いてかみ砕き、傷口につけるとしびれない（埼玉）。
○魚の目を取るには、イチョウの葉を黒焼きにして米飯で練って貼る（高知）。ギンナンの黒焼きを小麦粉に混ぜて貼る（山口）。しもやけにも、葉を浸出罨法（あんぽう）する（熊本）。
○風邪のまじないに、イチョウの木で作った小槌を腰に下げる。或いは葉を腰に下げると、風邪にかからない（神奈川）。
○イチョウの葉が落ちるのを見たら早く死ぬ（秋田）。
○墓に生えているイチョウの葉を三枚、相手に知られぬようにして袂に入れると惚れられる（長野）。
○火事の時、イチョウの木は水を吹く（石川）。
○イチョウの実を焼いて食べると、耳が聞こえなくなる（津軽）、くちかさが出るともいう（津軽）。
○イチョウと鰻は食合せ（山形、『いろはわけ救民妙薬集』）。ウナギまたは八ツ目鰻は、イチョウと食合せである（秋田）。ギンナンと鯉は食合せ（大分）。

○三角のギンナンを持っていると、キツネに化かされない（秋田県雄勝郡・広島）。三角になったイチョウの実は魔除けになる（奈良）。キツネに化かされぬとは加藤咄堂も『民間信仰史』に記している。

○千葉県市川市の葛飾八幡宮の千本イチョウの木を三回廻ると、ヘビが出るとか、イチョウに向かって放尿すれば死ぬ（和歌山県御坊市）というのは、神木としての信仰による。身延山久遠寺のイチョウの木は、これに眼病治療の文字を書くと全快するという。イチョウの木は化ける（『諺語大辞典』）という俗説も、霊木信仰のやや零落した形であろう。

公孫樹いちょう

(2)　**民間療法　虫除け　気候の目じるし**

○ギンナンを食えば小便が遠くなる（大分県宇佐美地方）という。ギンナンは大毒だという説もある。ギンナンの実は絶対に食べてはならぬ。一粒半で死ぬ（熊本県阿蘇郡）、ギンナンがあたると、三杯の糞を毎日茶碗に七年間食べないと治らぬ（広島県山県郡）。よく焼けていないギンナンを食べると、気がふれる（福井県鯖江市）という。ギンナンは多食すると、まれに中毒を起こすことが知られている。

○ギンナンの実を焙烙で炒って五粒（千粒という所もある）ほど連用すると、夜尿症が治る（大阪）。この外にも寝小便の薬といっている所は、宮城・埼玉・神奈川・山口・福岡の諸県などにある。また、ギンナンは咳の薬ともいう（徳島県那賀郡）。高知県では、黒焼きにして咳止めに飲む。

○和本をひもとくと、紙の間に古びたイチョウの葉が挟まっているのによく逢う。紙魚（しみ）の害を防ぐために挟んでおく（高知県幡多郡）もので、全国の読書人が行っていた風習である。しかし、これには確たる根拠があるわけではないらしく、『倭訓栞』後編には、「書蠹を避くとて、（イチョウの）新葉を書冊に挟むは、何の故なるをしらず」と記されている。山梨県南巨摩郡身延町の上沢寺のお葉付イチョウは、毒消しの効き目があるという。こんな俗信がイチョウの葉にあって、書物の虫除けに使われたのであろうか。
○髪を洗うに、ギンナンを潰した汁を用いる（鹿児島県）。
○マイナスの伝えもある。ギンナンを多食すると頭が悪くなる（佐賀）。生で食べると瘡痂が出る（秋田）。『歌摘録』という古い本に「ぎんなんは痰を生ずるものぞかし、中風てんかんおこるものなり」とあるそうである。
○イチョウの色づきが早ければ雪が早い（新潟県長岡市）。イチョウの葉が落ちると雪が降る（宮城県刈田郡）、根雪になる（山形・秋田）。葉が落ちて二十日以内に雪が降る（秋田県山本郡）。山形県南陽市で熊野神社のイチョウの葉が落ちないと、また山形市で天神様（または専称寺）のイチョウの葉が落ちきらないと雪は降らない。お城のイチョウの葉がなくなると雪が来る（新庄市）。イチョウの葉と柳の葉が落ち尽くすと一か月のうちに雪が降る（飛驒）。イチョウの葉が早く落ちる年は雪が早い（或いは、早く雪が消えない）、という（飛驒高山）。イチョウの黄葉と落葉は厳冬の到来を告げる前奏曲のようなものである。雪国の人ほど、深い関心を示す。山形県下には、どこの寺、何という旧家の大イチョウの葉が落ちきるまでは雪は来ない、とか、雪が来ても根雪にはならないとの土地土地での目安があった。そして、イチョウの落葉が早ければ冬が早いとか、大雪の冬になるといった。
○吉祥院（秋田県南秋田郡）の大イチョウの葉が一時に黄色になった時は豊作。イチョウや柳の葉がさっと落ちてしまえば翌年は豊作（青森県三戸郡）。葉山の頂上にイチョウの葉雪（イチョウの葉型に雪が残る）ができると田植の適期（山形県西置賜郡）、イチョウの葉が色づいたら麦蒔きの本しん（旬）である（群馬）などと、イチョウの葉に対する関心は深いものがあった。紀州でも、イチョウの葉が黄ばむと麦蒔きに油断ができぬといった。

○イチョウの葉がひば色の時が麦田植のしおい（阿蘇地方）。紀伊西牟婁郡でも、寺のイチョウが赤くなると麦蒔きにかかる。

○油山のイチョウは稲刈りを知らせる（博多）。

○イチョウの葉一枚に豆が三つ包める頃が大豆植えのしおい（阿蘇地方）。

○イチョウの芽がほころび始めると、霜は降らない（会津）。

○和歌山市の本町では、サイラ（サンマ）船はイチョウの黄色になったのを見当に入港して来るといった。

いつき

○ヤマボウシの異名。新潟県栃尾市〈長岡市〉で、イツキの花の白いうちに、田植をすると豊作になるとか、山にイツキの花が多く咲けば豊作という。

犬槐　いぬえんじゅ

○愛知県南設楽郡鳳来町〈新城市〉で、家の周りにイヌエンジュを植えると魔がさすという。

犬榧　いぬがや

○長崎県壱岐島では、イヌガヤのことをホロムカシといって、正月のとんどにこの木を焼き、それに蘇民将来の護符をくりつけるという。

稲　いね

(1)　稲の伝来　稲を作らぬ村　田植を忌む日　籾を蒔くによい日

○一粒の米に、三柱の神様が入っていなさるという（新潟県西頸城郡）。飯粒をこぼせば、眼が潰れるといわれたゆえんである。

○和歌山県東牟婁郡湯峯温泉には、蒔かずのイネというのがあった。自生のイネといわれ、小栗判官が入湯の時、初めて生えたものだともいった。血の道に神効があるとされた。

○日本のイネの始めは、ツルが一穂をくわえて飛来し、落として行ったのが最初との伝説が広く行われていた。志摩の伊雑宮の根元譚がそれである。イネは貴い物であるから、天から授かったと言い伝え、穂落とし神の由来譚が発達した。また別に、イネのもとは、唐国から盗んで来たものだという伝説も諸地方で語られてきた。東京都南多摩郡では、昔、稲荷様が唐から米の種を持って来て隠しておいたのが、四十九日目に見たら芽を吹いていた。それでこの日を苗忌の祝といって、米のもといわれる糯米のために祝うのだという。近世、諸種の作物に優良品種が発見されたとの噂を耳にすると、その種子を乞い請けようとして訪れる者が多く、なかには盗んで帰ったという話も多かった。こうした風潮と、米の種も盗んで来たとの伝説の生長とは無関係ではないと考えられる。鳥取県日野郡で、イネの種は盗んで種子にするものだというのも、このことをさしていよう。ことわざにも、「物だねは盗まれるが、人だねは盗まれぬ」というのがある。

○米を作ってはならぬという禁忌も一部にあった。群馬県多野郡鬼石町保美濃山〈藤岡市〉の氏神抜鉾様はイネの穂で目を突いたので、氏子は米を作れない。このことから、氏子は片目が小さい。また、氏子か否か見分けられるように、背中に生毛の捲目がある。同県甘楽郡でも、稲倉神社の氏子が米を作ると、その家に不幸があるといわれた。また、山形県置賜地方では、陸稲を作ると近所の神様に嫌われるという所があった。

○長野県安曇地方では、上団子をこしらえると米がとれないという。宮城で、小さい子供が土をまるめると、米がとれなくなるというのも同じ意味であろう。

○水稲作りは神聖な作業で、それ自体が一続きの祭典であった。もちろん経済上は生活、ひいては政治の基本であったから、下種から収穫まで敬虔な態度と緊張の連続であった。一人の不心得者が戒律を破れば、村全体の難儀であるから、一致して厳重な禁忌が守られた。その第一着手の播種、田植の日取りについても、してはならぬ日が地方地方できまっていた。岐阜県揖斐郡では、不成就日・三隣亡・丑・寅・酉の日に田植をしてはならぬ。和歌山県西牟婁郡では、卯・巳・酉の苗植は悪い。特に酉の日に植えると、他家の稲が悪くなったり、自家のが悪くなるといって嫌う。

○丑の日の田植は秋田県雄勝郡でも忌み、特に糯苗を植えると、四九の餅になるといって植えない。平鹿郡でも、丑の日にモチイネを刈ると、葬式用になるといって忌む。新潟県南魚沼郡でも、田植仕事が長くかかるといって避ける。このように、モチイネをとりたてて問題にしているが、もとは稲全体について忌んだのであろう。禁忌をゆるめる必要から、祭事用の糯米に限るようになったものらしく、モチイネは量的にも少ないもので、作業に大きな支障を受けないという理由もあったろう。

○寅の日を嫌う風は、千葉県東葛飾郡にも見られる。秋田県雄勝郡では、糯苗を植えると未稔粒になるといって忌む。

○卯の日に蒔くと生えないといって、和歌山県北牟婁郡で嫌うのは、伊勢の御田植の日だからという理由であるが、故老は、卯の日はかえって吉日だという。なお、餅搗きにはすべて卯の日を避ける風があり、これも田植を忌む風の延長と見られている。卯の日の種蒔・田植を忌む仕来りは、東京都町田市にもあり、籾をフル（播種）のに卯の日はいけないという。千葉県安房・印旛郡では、卯の日に蒔くとイネが枯れるといい、茨城・群馬では、五月の卯の日に田植をすると、食べない者ができるという。卯の日は死米という言葉があるゆえんである。群馬県邑楽郡では、年神様が卯の日にお立ちになるので田植を避けるという。佐賀県東松浦郡では、モチ苗カンニチといって、卯の日の田植を避ける。土佐でも、五月の卯の日と坎日（かんにち）のイネは植えるものでないという。長崎県西彼杵郡では、六月の卯の日に植えたイネは葬式の米になるという。三重県鳥羽市では、卯の日には糯米や糯苗にはさわってはならぬという。愛媛県大洲市では、卯の日に糯苗を植えると、四十九餅になるという。卯の日に寺の田植をする仕来りだったので、それを手伝わず自家の田植をする者を戒めたのだというが、それはむしろ逆で、一般在家で働かない悪い日を利用して寺の田植に充てたと見るべきであろう。

○群馬県勢多郡では、辰の日の田植を忌む。葬式のタツガシラの糊に使う米になる、即ち死人が出るとして嫌う。この風は赤城山麓の諸村や桐生市の一部、佐波郡その他にも及んでいる。村々で氏神様と呼んでいる赤城神社（勢多郡宮城村三夜沢〈前橋市〉、前橋市二之宮町の両社）の四月・十一月の初辰の日に行われる神幸祭には、神輿が二の宮から三夜沢へ上がる。これは姫神が父神の衣を持って衣替えに行く式だと信じられており、両社では七日前から鳴り物を禁じ、厳重な物忌みがある。辰の日に田植をせぬのも、祭日の物忌みを守るためであろうという（都丸十九一氏）。

○巳の日も悪い。この日に糯米を植えぬ（愛媛県松山市）。この日糯の田植をすると、四十九日の餅になる（和歌山県西牟婁郡）。

○島根県大原郡では、午の日に田植をすると、死場米になるという。長野県諏訪地方でも午の日を嫌い、秋田でも糯苗の田植を忌む。

○愛媛県の各地で、ミンマ（巳午）の日に糯種を蒔いたり植えたりすることを忌む。ミンマは新仏の正月ともいって、死んだ人が人を呼ぶといって嫌う（同浮穴郡）。「ミンマに餅搗くな」ともいい、ミンマの禁忌は宇和島地方などでは十二月巳・午の日で、その年、死者のあった家では、この日一臼限りの餅を搗き、墓前で藁火で焼いて、親類縁者が分けて食べる。この称呼からみて、仏の正月と呼んでいる村もある。この称呼からみて、田植時に巳午を嫌うのは、一種の拡大解釈だったかと思われる。なお、高知県高岡・幡多郡などでも、巳午に植えた糯は仏事に使うようになるという。

○群馬県利根郡では、申の日に田植をすると、イネが赤くなるといって忌む。申の日を嫌うのは、四月の地火（じか）の日は申の日であるところからであろう。

○酉の日に苗代へ種を蒔くと、鳥に食われる（静岡県御殿場市）。酉の日に田植をすると早乙女が死ぬ（高知市その他）。酉の日に植えると、他家の田が悪くなるか、自家の田が悪くなる（和歌山）。鹿児島県喜界島では、稲田酉の日に蒔くな、丑の日に蒔けという。酉の日を忌む理由は、五月の酉の日が地火の日だからであろう。

○戌の日に苗代・田植を避ける（群馬県利根郡その他）。昔、稲を中国から取って来たが、その際犬に吠えられて困ったからだといい、また仏事の団子は犬にくれるものだから、即ち葬式の枕団子、枕飯の米になるとの理由による。なお、同県吾妻郡などでは、辰・戌の日に種を蒔くことを避ける。

○十二支以外で嫌われるのは、半夏の日、三隣亡、地火の日、フシの日などである。秋田県平鹿郡では、半夏の日には、稲に手も触れるなといった。もし半夏に田植をする時は、半夏田といって一部分植えずに残す風習がある。この地方で、残すことをハゲケルといい、その語源を半夏に結びつけて解釈する人もある。長野県上水内郡では、七月二日のハゲンサマにはイモ汁を食べる。ハゲン田植は喉を通らない（半夏生に植えた米はとれない）という。東京都町田市では、七月の半夏を過ぎると、稲の実が一粒ずつ少なくなるといって、半夏過ぎて苗を植えてはならぬとする。

○秋田県雄勝郡では、三隣亡には籾を蒔くことをしない。

○地火の日も悪いという。籾の水浸をしない

（鹿児島）。この日種子を蒔くと葬式の米になる（同大島郡）。佐賀県佐賀郡では、地火の日にモチ種を蒔くと、四十九日のクギ餅になる。麦なら、その麦藁で葺いた家は火災にかかるといい、愛知県北設楽郡でも種蒔を忌む。地火の日は一月は巳の日、二月午の日、三月未の日というぐあいに各月で日が移る。地が焼けているので、物を植えない日をいう（静岡）。

○フシ（節・伏両様に書く）の日というのも、田に入ってならない日とされていた。この日に田へ入って稲で目を突くと、そこひになる。また稲を折ると元通りにならないなどという（和歌山県西牟婁郡）。フシビに目を突くといって、田の草を取らない。この日風邪をひくと治らないから水浴もしない（栃木県安蘇郡）。伏の日、あるいは初伏の日に稲の葉で目を突くと目が見えなくなる（山口）。なお、同県大島郡その他では、五月イネで目を突けば目が見えなくなるという。ただし、フシの日に限らず、稲葉で眼を突けば目が見えなくなるとは、紀伊北部などでいう。フシの日の算定法については、知るところがない。

○籾を蒔くによい日としては、亥の日（鹿児島県川内川流域）、子の日（新潟県南魚沼郡）、庚申の日（同）などがある。また、社日に籾種を浸水する（岩手県遠野地方）ことは、他地方でも広く行われる。

○東三河には、「米をまくなら字を見ておまき、八十八夜は米と読む」という歌があり、降霜を避けるため、八十八夜以後を適期としている村もある。

○宮城では、糯米の苗は偶数日に植えればよいという。

稲　いね

(2) 播種から刈取り後まで　守るべき禁忌のいろいろ（日の選び方、作業の作法）

○苗取り・田植に限らず、年間を通じて米作りのために守るべき禁忌の数は多く、農家は一年中稲のために心を砕いた。例えば、正月年始に行った先で、長泊まりをすると、苗の尻が長くなって悪い（千葉県印旛郡）。もちろん長泊まりを戒めるのが主眼であるが、その制裁として稲苗への悪影響をあげていることに注目される。
○正月三が日に囲炉裏に入ると、種蒔の時、鳥が籾をほじってしまうからいけない（群馬県利根郡）。岩手県遠野地方では、小正月十六日の朝、炉端に足を入れると、苗代に鳥が入ってかき廻すという。新潟県でも、マイダマの餅を枝につける時食べると、苗代に鳥が入るという。青森県三戸郡では、旧正月十六日に針を使うと、その年の稲苗が針のように細くできるといって慎む。
○五月五日を、女の家と呼ぶことは、上方の風習として知られるが、青森県三戸郡では、五月節供に田植すればイネが三粒不足に実るという。新潟県では、五月六日には田植をしない。新発田市では、「六日マンガおとすな」といって、五月節供とその翌日に植え始めをすることを避け、四日に植え始めた。長岡市では、五月六日に田搔きをすると、大水か日照りになるといって忌む。
○旧六月二十四日・二十八日に田圃に入ってはならない。この日、イネの葉で眼を突くと目が見えなくなる（宮城）。
○水に漬けた籾を苗代に蒔き、その苗を取って田植をする、その間は、死者の家に行くな、という（青森県三戸郡）。期間が長いので、事実上この禁忌を守り通すことは困難だったろうと思われる。しかし、イネの苗はそれほどまで神聖視され、穢れを忌んだのである。
○喪種（もだね）を使って米麦を作ってはならぬ。死人のあった家は、自家でとった米麦を来年の種子にせず、他家のものと交換してもらって使う。家中のすべての物に忌がかかっているので、そのような穢れのあるものを大切な種子に使えない。田を作ることは、田の神の祭儀その物だから、神事に穢れを忌むのは当然である（高知県土佐・長岡郡でいう）。同県高岡郡では、親の不幸に、糯米とネギ・ニンニク・ニラの根を替える習わしであった。

○潮時に籾を蒔くと、片方に寄る、または浮くといって忌む。引潮から三十分して蒔く（広島）。

○稲蒔きする時、顔を洗わないで蒔いたり、子供が御飯を食べないなどと言えば、苗の根がエグリのようになる（芝の根のようにこんがらがる）（秋田県角館地方）。

○沖縄では、タントイ（種子をおろすこと）の日は、イネにネズミが害をせぬよう、空俎板でもよいから鳴らせという。あべこべに、穂が出始めた時は、夜、台所で物音をたててはいけないと戒める。ネズミが穂を食い尽くすからという。

○種籾をおろしてから四十九日目には田植をしない。これを犯すと、その米は不吉の時に用いる米になる（長野県下伊那郡）。四十九日目を苗厄（なえやく）と称し、田植を禁じ、苗を手に取ることもしない（奈良・和歌山）。丹波地方でも、苗厄に田植をすると苗が枯れるといって一日休む。東鳥取では、四十九苗といって田植をしない。東京都南多摩郡では、四十九日目をナエミ（苗忌）の祝といって、モチイネのための祝いをし、翌日から田植にかかる。四十九の稲は、葬礼に関係があり、始終苦の語呂合せである。

○福島県郡山市では播種から四十九日以前のモチ苗を植えると、不幸があるという。

○群馬県利根郡では、「オオネエミ、コネエミ、苗まに入るな」という。種籾を蒔いて三十五日目がコネエミ（小苗忌）、四十九日目がオオネエミ（大苗忌）であり、そのどちらか一方、或いは両方とも苗取りするのを禁じ、その中間のうちに苗取りするようにしている。那須地方では、四十二日または四十九日目を苗日（苗忌みの訛）と称して、この日田植をすると苗が病むという。四十二日には死に日の理会もある。福島県南会津郡では四十二日目・四十九日目に植えるのは、死苗といって忌む。三重県飯南郡森村〈松阪市〉では、四十九日目を苗厄といって忌み、田に入ると目が潰れるという。新潟県南魚沼郡では三十三日目を苗の年取り、佐渡では苗ヤミと呼んで田植をしない。三十三の女の厄年を早乙女の上にオーバーラップするのであろう。三十三歳の女が苗取りをするのを嫌う例（高知県中村市〈四万十市〉）もある。

○苗取りの時、ノドコ（苗代）に石があっても、外へ出すな。出すと夫婦喧嘩する（和歌山県西牟婁郡）。

○秋田県仙北郡で、三日苗馬鹿も植えぬという。苗代から取って三日目の苗を植えると葬式米になるなどといって忌む風習は広く（静岡県引佐郡・愛知県設楽地方・和歌山県伊都・有田郡、島根県能義郡）。理由は、取ってから長くおいた苗は活力が弱るから悪いというのであるが、すでに信仰化しており、ヨモギを苗に挿しておけばよい（三重県北牟婁郡）といい、四日取り置きの苗はよい（大分県西国東郡）とさえいう。そして茨城県では、糯米の苗は偶数日に植えるという風習がある。

○稲苗が背を越すと死ぬ（山口県山口市など）。背を越すとは、苗の徒長を意味するようだが、そんなことはもちろんありえない。同県熊毛郡で、投げた苗が田植をしている早乙女の頭上を越えると、その早乙女は死ぬという。これが本義であった。苗配りの男たちは、田の中へやたらに苗を投げ込んではならないのである。右の禁忌は、手荒な扱いを戒めるのが本旨か、信仰上の理由があるのか、明らかでない。

○苗を束ねた藁を苗と共に植え込むと死米ができる（兵庫）、苗を縛った藁の中へイネを植えると葬い米になる（愛知・京都）などという。この意味は、苗を束ねた藁を輪のままにして田に投げ捨て、その輪の中に苗を植え込むことを戒めたものである。その理由は、横着な仕事振りを戒めるのか、栽培上生育を妨げるというのか、信仰上の理由か、いずれであろうか。この藁の輪の中へ植えたイネで草取りなどの際に眼を突くと失明するともいう（秋田・宮城・新潟）。山口県玖珂郡では、ノウバセ（稲苗をくくった藁）に植え付けると、のちにその稲で眼を突けば星ができるといい、昔の人は田植の際、束ね藁は前に投げ捨てたものだという。福島県相馬地方では、この藁の輪をマルキッソといって、田植の時、田の中に捨てたマルキッソの中から生えた稲で眼を突けば、目が見えなくなるといった。長崎県西彼杵郡では、苗を束ねた藁で眼を突くと目が見えなくなると、やや形が変っている。高知県南国市では、この藁をイソーといい、焼いてはならぬものとした。新潟県長岡市では、ノウテワラ（苗をくくる藁）には、モメ藁（打ち藁か）を使ってはならないという。長野県更埴市〈千曲市〉付近では、苗を縛る藁には、正月のしめ縄の先を切り取っておいて使うと、作がよいという。

○高知県高岡郡では、稲苗の根を縛ると、空っ子を生むといって嫌う。

○宮城では、植え付けた田に苗束を忘れると、死人が出るといい、苗枕を立てるなといって戒める。

○荒神には、植えた苗を洗って一束供え、また収穫したイネを穂をつけたまま吊して供える（壱岐）。モチ苗をきれいに洗って夷様に祭ると、夫婦喧嘩をしない（三河）。田植初めに糯米の苗を三株洗って持ち帰り、荒神様に供えておく。これを牛が子を産んだ時に食わせると、後産が軽く済む（佐賀県東松浦郡）。

○いったん代田に分配して入れた苗から一把取って荒神様に上げるのを田の神苗というが、この苗はきれいに洗わないと、器量のよい子ができぬといい、早乙女はよく洗う（千葉県香取郡）。

○新潟県南蒲原郡では、田植の始りと終りの日に、豆飯を朴の葉にのせ、長いイネになりますようにと、一尋もあるカヤの箸（長いほどよい）を添えて、田の神に供え、それをすぐ下げて主人が食べる。

○田植の時は子供が苗投げをした。投げた苗が早乙女の顔にあたると、米の出来がよいといった（新潟県加茂市）。山口で早乙女の頭を越すと死ぬというのと、正反対の感がある。

○長崎県西彼杵郡では、尻を向け合って田植をしてはならないという。千葉県香取郡では、糯苗を植える時は尻と尻と向かい合わせることを忌み、粳苗には頭と頭と向かい合って植えるのを嫌う。同県長生郡では、向かい合って田植をすると悪い米ができるという。同郡で、尻と尻とぶつけるとシッペタ餅になるという。岐阜県揖斐郡では、苗取りの時、隣の人と袖がすれると、毎年その頃になると手が痛くなって苗が取れなくなるといって、袖がすれ合うことを避ける。以上を総合すると、早乙女は横に間隔をじゅうぶんに取って一列に並んで植えるのがよいことになる。各人の分担する苗の列が多く、労働強化を図ることができるのであろう。

○田植の時、苗の束に指を入れると、その指が腐る（長野県下伊那郡）。田植の際、割れている苗を植えると、女の子を産む（青森県三戸郡）。イネの腰折苗を植えると腰が痛む（山口県阿武郡）。

○畦の上から苗を植えると、産が重い。或いは、逆子ができる（奈良県吉野郡）。無精の戒めであろう。

○割れている苗を植えると、女子を産む（青森県八戸市）。

○ワセウエ（田植はじめ）の日には風呂を立ててはならない。また田植の間は、水口が掘れるといって、風呂を立てない（新潟県新発田市）。タチオトコ（苗代から取った苗を田へ運ぶ役）が、行水をすると田の水口が掘れるといって、田植が終るまで行水しない（同）。サツキ（田植）中は洗濯をしない。終ってからまとめてするのを、サヅキセンタクという（同）。

○ワセウエ前はミズ（ウワバミ草）を取ることはできないものとした（新発田市）。

○苗代のあとへイネを作るといけない（三重）というが、ウルチについて忌む例は少なく、モチイネに関する禁忌が主である（宮城・千葉・静岡・愛知・岐阜・奈良・和歌山・兵庫・岡山・広島・鳥取・島根・愛媛等）。犯すと凶事餅になる（広島）、不幸の餅になる（群馬）、夜伽餅になる（新潟）、忌中の餅になる（兵庫）、四十九日の餅になる（島根）、などという。群馬県利根郡で、苗間にモチ米を作ると食べない人ができるというのも同じである。三重県鈴鹿市では苗場のあとにモチ種を作るのをナエバモチという。新潟県長岡市では、一神デンモチ（一身田即ち一代限りの田の意であろう）になるから悪いという。

○佐賀では、苗代あとにモチを植えると、その年のうちに死人が出る。また三日餅といって供養餅になり縁起が悪いという。三日苗の禁忌との混淆があるようである。戦前、東北地方では通し苗代と称し、苗を取ったあとは、そのまま一年休閑する慣行があったが、戦時中、食糧増産の障害として改善された。当時は地力維持のため必要だと考えられていたが、恐らく本来は、田の神が最初に降臨した田ということから、祭場の跡として手をつけなかったものと思われる。その禁忌が、祭祀用である糯米について残ったのであろう。九州北部や越後蒲原地方では、苗代へ小便すること、特に女が小便するのを禁じる。これも神聖な場所という観念による。

○愛媛県松山市では、苗代あとにはモチ米を植えず、その畦にはダイズを植えてはならぬという、新潟では、モチイネ田の周りにアズキを作らない。これに対し、山口では、苗代跡には荒物を入れぬと米ができぬという。荒物の意味が明らかでないが、苗代に続けてイネを植えることを憚るからであろう。

○秋田県仙北郡では、田の稲株を抜き取らずに、そこへ家を建てると、必ず元の田になる、即ち家が滅びるという。鹿角郡では、そうすれば中風になるといい、南秋田郡では、上土三尺を入れ替えなければいけないといった。

○水口に糯米を植えない（新潟・愛知）、水口糯は縁起が悪い（岐阜）、糯米を一番下の田へ作ると人が死ぬ（三河）。一番下の田は肥料が効きすぎて倒伏するから、むしろ水口がよいとの解釈もあるが、水口をも嫌うのだから、技術上の問題ではないらしい。水口は田の神を祭る場所ということに関係があろう。続き田の一番下を避けるのは、神供を作る場所として、もったいないということであろう。

○粳の田に糯が混じれば災難がある（福島）。別の種類の苗を植え交えると子が生まれる（新潟県中頸城郡）。子が生まれるのは、この場合は、困った事態を意味する。晴の食物と褻の食物の区別をはっきりさせるための戒めであろう。オカボについても、一枚の畑にイモと半分半分に作るのを別れ作といって、これを犯すと人が死ぬ（神奈川）という。糯米を植えた田にはアズキを植えない（新潟県新発田市）、糯稲田の周りにアズキを作らぬ（新潟）などというのも、同じ精神であろう。スサノオノ命が犯した重播の罪をも想起させられる。

○イネを縛ってから、後から入れ足すと、つまりがつく（食道癌になる）（愛媛県上浮穴郡）。

○植え残った苗を、四つの真ん中に植えるのをチョボ苗といって、これをしてはならない（三重県鈴鹿市）。

○稲は月夜に植えると、害虫が出る（日向）。

○ウエミテから十日天気が続くと豊作（北九州市）。

○イネで眼を突くと潰れる（和歌山県北部）。実際にそういう場合も少なくなかった。特にモチイネで突くと眼が潰れる（紀伊北部）、愛媛県東宇和郡では、七夕にイネの葉で眼を突くと治らないという。

○イネの葉で眼を突いた時は、その葉を取ってかむとよい（和歌山県北部）、ニンニクの汁をしぼって眼にさす（同上）。

○イネの穂が出始めた時、最初に見た人は、お辞儀をせよ。そうせぬと後の穂が出ないという（沖縄）。

○稲刈りの時には、鎌を戴いて拝してからすると過ちがない（越後）。刈り始めた鎌を三度イナダク（戴く）と手を切らない（三河）。

○長野県北安曇郡では、苗を焼けばイネが枯れるという。

○彼岸中に刈りそめをするものでない。彼岸の前日、三把のイネを刈り取って（これをサンバシネ、サンバドリなどという）、その穂を入れた餅を搗き、フクデ（鏡餅）にして神仏に上げる。そのうち仏に上げたのは彼岸中飾っておく（新発田市）。長野県上水内郡では、秋祭（九月三十日・十月一日）が終るまで、稲刈りをしない。島根県安来市では、稲刈り・稲こぎが終った時は、鎌の神、稲こぎの神を祭る。

○刈ったイネ（麦も）を北向きに乾かすと、長雨が降る。

○宮崎県西諸県郡では、女が初穂を食うと縁が無いという。広島県下では、お初穂を老人が食べると馬鹿になるという。馬鹿になってもよいから食べるのだとも、馬鹿だから食べるのだ、などともいっている。

○権現様へ女が詣ると稲が白穂か不作になる（山口）。

稲　いね

(3) 節日の天候と作柄の予測　作試し

○人の努力とは別に、天候の異変その他の不可抗力の原因により作柄は大きく左右される。その不安が常につきまとう故に、ちょっとした事象をとって年占をして一喜一憂もした。長野県飯山市で、正月の朝、スズメが先に鳴くと作がよいというなどは、その一例である。

○気候の推移に従って一定の日に短期或いは長期予測を占候によって試みるのも、広く行われた習俗であった。奈良県大和高田市・宇陀郡などでは、元日が晴天なら早生稲が豊熟、二日が晴天なら中生稲、三日が快晴なら晩生稲の出来がよいと占う。同様のことを広島県でもいう。また、元日に雷鳴すれば豊作という地方もある。秋田県仙北郡では、正月のしめ縄に雪がかかれば、イネに雪がかかる、即ち降雪早く、農作業にも差支えると判じる。

○正月十六日、月が遅く出ると、その年は大水も無く稲作は良好（岩手県遠野地方）という。陰暦十六日の月の出は遅くはないが、広い意味の旧暦においては、月齢と暦日と一致しない場合が少なくなかった。

○「寒九の雨に鎌をとげ」とことわざにいう寒九の雨とは、寒に入って九日目に降る雨のことで、これが降ると田植時にも雨があって水不足も起こらず、豊作年になるといわれた。三粒でも降れば豊年の兆という。寒九は現行暦では一月十三日頃に当たり、この頃に雨が降るのは概して暖かい年であるから、麦の雪害もなく、稲の苗も生育がよいことに通じる。なお、茨城県勝田市〈ひたちなか市〉では、寒中に雪が三回降れば、その年は天候不順でイネは不作、陸稲は豊作といっている。

○二月に虹を見れば不作年、三月朔日或いは四日に雷鳴すれば豊年という所もある。

○三月十日から七月十日まで南風が吹けば、稲は豊作（広島）。

○野イネは四月八日の天気見て作れという（熊本県球磨郡）。この日が雨天ならその年は日年、晴天なら雨年、照ったり曇ったりなら豊年と占う。

○旧暦五月五日が晴天だとイネは豊作。雨なら夏になり旱魃がある。或いはこの日雨なら来年は豊作ともいう。
○夏至の日に北風が吹けば、水盛んにして米穀多しともいった（『諺語大辞典』）。
○六月二十四日に雨が降ると稲に虫がつく（秋田県由利郡）。この日は愛宕神社の祭日で、大阪の天満天神祭もこの日だが、関連の有無は不明。
○旧暦七月の三日月を拝めぬ年は不作である。一般に、夏の土用中に晴天が多ければ豊作とされる。この頃はイネの分蘗が盛んで、それには好天で気温が高いことが望ましい。三日月が出ぬような曇天でも、その他の日が快晴なら差支えないわけだが、これには土用三郎のことわざが投影しているらしい。三郎即ち、土用に入って三日目が快晴だと豊作、雨だと不作だというのである。新潟県では土用五番といって、土用の五日目の晴雨は豊作に大影響があるという。また、土用一番の雨は虫となるといっている所もある。土用の雨は一粒降っても虫となる、盆の七日の雨は虫となるともいって、特に北陸では土用中は照りつける日が続くことが渇望された。
○旧盆十五日に雨が降ると、イネのフシが黒くなる（福井県遠敷郡）。
○立秋の日に晴れると、万物は熟さない。また、この日雷が鳴るとイネが悪い（岩手県遠野地方）。
○十月八日に晴れならば、早生稲の作がよい（長野県北安曇郡）。
○十日夜（十月十日）が晴れなら、来年は晩生稲が豊年（長野県北安曇郡）。十月十日を、イネの月見といって、この夜晴れなら来年の稲は豊作だといった。
○石川県鳳至郡では、旧暦十月中の八の日が三回とも晴天ならば明年のイネは豊作。八日が晴天なら早稲、十八日晴れなら中稲、二十八日晴天なら晩稲が、それぞれよいという。
○このように何かのいわれのある日を捉えては、

豊凶予測の修正を小刻みに行ったのも、結局は根拠の薄弱なことを自覚していたからであろう。しかし気休めと知りながらも、やめられないのが人情であった。

○なお、ことわざに「天一太郎（癸巳の日）、八専二郎（八専の第二日。甲寅の日）、土用三郎、寒四郎（小寒に入って四日目）」また「中太郎（中入りの日）、半夏生次郎（半夏生に入り二日目）、土用三郎、寒四郎」というのは、いずれもその晴曇が作柄に結びつくといわれた日である。

○年占の中でも、一般に作試しと呼んでいるのは何らかの人為的な方法を用いて豊凶を判ずることが多いが、簡単なものでは、大分県大野郡では、水に米や種籾を落とし、その浮き沈みで判断した。同類には、若水汲みの際、記号をつけた米粒をオヒネリにして持って行き、水面に撒いて、浮いたのを豊作と占う方法、或いは茶碗に種籾をいっぱい入れて水口に浮かべ、沈んだ種籾の種類を吉とする方法などある。秋田県仙北郡では、正月十五日に一升桝に米を入れ、一寸五分角ぐらいに切った餅（それぞれ豆とか稲とか作物の名を書く）をこの上に伏せておく。ニワの真ん中にこれを置いて、臼をかぶせ、しめ縄を張っておくやり方もある。翌朝、この臼を取り（これをタメシを開くという）、餅に付いた米の数で作を占う。その米は若水でとぎ、豆がらをたいて粥を作る。餅は焼いて牛馬に食べさせる。

○この種の年占は正月に行われるものが多いが、同じ郡では六月二十四日に行う例がある。六月二十四日に、この日天気がよければ稲作にも好天に恵まれるといい、仕事を休んで、餅を搗いて神様に上げる。もし雨が三粒でも降れば、餅は搗かない。これをここでは作試しと呼ぶが、一般に作試しといっているのは、粥や餅を用いてする年占の場合が多い。

○田植の際に、苗の余り具合で豊凶を占うこともあった。多く余れば豊作といった。苗ダチよし、稲ダチよしといって、苗がよければ作もよい（この地に限らず、苗代半作という所は多い）。イネの悪いのと夫婦喧嘩は、ナイ（苗と、金の無いこと）から起こるなどともいった。
○その他、管粥・粥だめしなどの名で、年頭に行われる年占の種類は多い。一例をあげると、鳥取県八頭郡若桜町では、一月十五日に、一〇センチほどの竹筒に稲・大豆・粟などの穀類の名を記し、それをアズキ粥の鍋の中に入れて煮立てたのち、筒の中に粥が多く入っていれば豊年、少なければ不作と占った。このように、もとは各農家が行った行事であったが、早くから地方ごとの代表的な神社で祭事として行われるようになり、家庭行事の方はこれに反比例して廃れた地方が多い。

稲　いね

(4) 自然暦の中の稲　民間療薬としての稲

○イネはヤナギにできる（広島）。宮崎安貞の『農業全書』にも「稲は柳に生ずとて、楊柳のさかゆる歳が稲のよきもりなり」とある。水が豊富でないと成績が悪い、との意味であろう。安貞は、今の福岡市に属する農村に住んだが、農業先進地の畿内によく研究旅行をした。この言葉をどこで聞いたかは不明である。
○苗の出来年はイネ不作（鹿児島県喜界島）。稲苗の不作の年は上作なり（山形県新庄市）。同じことは各地でいう。徒長苗を嫌っていうのであろう。新潟県新発田市では、苗起きのよい年苗の余る年は作が悪いという。広島県では、イネの苗よければ桑不作という。苗が生育良好のようだと、天候に恵まれる。従って蚕の掃立てが早まり、桑が不足になりがちである。桑の出来が悪いわけでなく、むしろ良好でも、量的に不足を告げることがありがちである。
○グミの花盛りに風が吹くと、稲の花盛りに大風がある（和歌山）。
○長野県諏訪郡八ケ岳山麓の高冷地で、イネの穂がよく出た年は作柄がよいという。
○稲の出穂の時、モズが来ると風が吹かぬ（福岡県甘木市〈朝倉市〉）。モズの出現が異常に早い年とは、一足飛びに秋になってしまう年の意味であろう。
○イネのよくできた年は大雪である（新潟県西頸城郡）。雪は豊年のみつぎというが、逆に、豊年は雪のみつぎということになる。
○秋過ぎに野鳥が餌にするカエルを稲束に挟んであるのは、その冬雪が少ない前兆。高い木の枝に刺してあったら大雪（福井県鯖江市）。
○イネの苗にタワラ（籾がら）が下れば、絶対ケガチ（凶年）にならない（青森県三戸郡）。
イネの苗に豊年俵がつけば米豊作（広島）。
○秋の地震は、刈り取ったイネまで悪くなる（山形）。
○イネの花が閉じると雨（熊本）。イネの開花する時刻は、天候・気温・湿度などの外的条件によって若干は遅速する。たいてい午前中に開花するが、雨が降るような時には早く閉じる。
○イネの葉に夕露が多い時は晴れ（和歌山）。イネの葉先の露が光れば晴れ（山形）。稲束に露が多ければ晴れる。露が結ぶのは夜間の温度がぐっと下がるからで、たいていは移動性高気圧の通過する時であり、快晴になる道理である。新潟県西頸城郡では、稲葉に夕露多ければ雨のしるしという。雨模様で露の多い場合であろう。
○稲葉が巻葉するのは強風の前兆（名古屋市付近）。
○七夕の朝、イネの露で字を書くと上達する（出雲・石見）。七夕の朝、イネの露をかぶると年中サカシイ（健康）、美しくなる（大分）。
○イナコウジは、イネの出穂期につくカビのようなもので、はじめは黄色い豆粒ほどの菌で、後には籾殻が裂けて黒く麴化してふくれてはみ出す。これがつくようだと、イネの出来がよいという（島根県邑智郡）。しかしイナコウジが発生すれば、もちろんイネにも悪影響は免れず、その上有毒であるから家畜が食べれば害もある。ただ、これが発生し胞子が飛んで伝染するのは、高温で湿度もある時である。出穂期が高温であることは、全体的には豊作の条件であるから、一口にイナコウジが出る年は豊作だと一口に言っている所が多い（愛知県南設楽郡・島根県浜田市・山口県・愛媛県大洲市その他）。福岡県の筑後地方では、イナコウジの多い年は酒の出来がよいという。反対に、新潟県南魚沼郡では、イナコウジがつくと、その年は作が悪いという。これが付いても全体の収量としては上がる年もある一方で、このために作柄がそれだけ落ちる年もあるわけである。なお、熊本県球磨郡では、イネに黒穂があったら、その年は豊作という。愛知県では、イネの葉に俵虫がつくと豊作という。

○ツトムシ（苞蛾の幼虫）が出る年は、世の中がよい（豊年）といったが、昔もこれの駆除をした。小麦がらを縄で巻き、芯に竹を入れた松明に火をつけて田を廻った（三重県鈴鹿市）。

○イネの出穂に稲妻が強く光ると豊作になる（青森県三戸郡）。イネの実る頃にヒカリモン（稲妻）が激しいと、それだけイネがよく実る（熊本県玉名郡）。稲妻すればイネが実り出す（和歌山市その他）。イナズマ或いはイナツルビの名は、電光に感じてイネが実るとの信仰を表した命名である。その事を『和漢三才図会』には、「按ズルニ、秋夜晴レテ電有ルハ常ナリ。俗信ニ云フ、此時稲実ル。故ニ稲妻、稲交（イナツルビ）ノ名有リ。天陰リテ電有ルハ、其ノ方ヨリ必ズ風フキ雨有リ」と記している。稲の開花期や穂孕み期に快晴で気温が高いと熱雷を発する。これに夕立が伴う。夕立の多い年は稲は豊作（大分県西国東郡その他）となるわけである。

○稲田に落雷した時は、すばやく青竹の四本柱を立てて、それにしめ縄を張らぬと、イネはどんどん立ち枯れてしまう。これを行えば、その範囲以外に被害は広がらぬ（熊本県玉名郡）。

○イネにカキ渋を施すと、稲熱病にならない（広島）。イネにクリの葉を煎じて施すと、稲熱病にならない（大阪）。
○イネにデロムシ（土虫）がつくと作が悪い（新潟県南魚沼郡）。
○ネノオ（穂孕み期）に田に入るな（愛知）。
○縞苗を植えると発明（仕事上手、利口）になると喜ぶ。しかし、縞苗で眼を突くと潰れるという（新潟県新発田市）。
○ムシケモヨウ（ヒカタモヨウ、ミナミケ）の天候にはイネに害虫が発生しやすい（鳥取県岩美郡）。
○藁を多く施すと、イネにボヤが出る（佐賀）。
○イネの葉が巻葉するは強風（名古屋地方）。厳冬だと米は豊作（青森）。
○稲刈りを早く済ませるほど、その年は手廻しがよくなる（新潟県長岡市）。
○糯糠（籾がら）をやると作物が枯れる（岐阜）。
○種蒔きの時、苗代に立てたアシを真二つに折れば、願い事がかなう（福島県喜多方市）。
○イネに限らず、サツマイモ・バレイショなど作物が普通よりよくできると、家の者の別れ作ではないかという（愛媛県上浮穴郡）。
○土用にコチがのぼると涼風が吹いて虫がつかぬので、イネのサカがよい（豊作）（奈良県吉野郡）。
○イネは三月十日から七月十日まで南風が吹いたらよくできる（広島）。
○イネの切株が広がると、来年の作がよい（新潟県長岡市）。
○ツクツクボウシが多く鳴く年ほど米が高い（福岡・平戸島など）。オドリコトンボが高く飛べば米の値が上がる（広島）。これらは、必ずしも米が不作で値上がりするというのではなく、連想的に縁起をかつぐものらしい。
○スギの実が多い年は米がよくできる（山形）。これもスギの実の形状から米粒を連想したのであろう。

○雪の少ない巳年の稲作は凶作（山形県酒田市）。

○種籾は寒風にさらすと稲熱病にかからない（山口県阿武郡）。

○オカボはサクラの花盛りに蒔け（山形県新庄市）。

○イネの花盛りにヘビを這わすな（愛知）。

○大寒に晴天が続けばイネは豊作（富山）。

○イネを煎じて内服したり、或いはまじない的に用いることも、種々の病気について行われた。米に霊力がこもっていると信じたため、イネにもそれと同じ力があると考えられたのであろう。稲苗を陰干しにし、ササ（または竹の葉）を混ぜて煎じて飲むと、風邪に効き、喉の痛みが取れる（飛騨）。糯米（特に黒糯がよい）の苗を根も共に陰干しにしておき、煎じて飲むと、解毒剤として効力がある（近江）。稲苗とアサシラギとドクダミを混ぜて煎じて飲めば、リュウマチスに効く（飛騨）。イネの刈株から出たひこばえの若葉を煎じて飲めば脚気に効く（河内）。イネの刈株に出る二番生えに、一、二粒の米が実ると、これをシズイネという。これの煎汁以外にはカクの病（空腹が止まらない病気）には効く薬がない（磐城）。

○田植が済んだのち、田の神様に上げた稲苗を焼いて子供の瘡（くさ）につけると、すっかり治る（磐城）。神様に上げた稲苗を焼いた灰を、油で練ってつけると、腫物・できものに効く（三河）。

○ノドッケ（喉に物がつかえた時）には、イネの穂で喉をさすると取れる（上野）。イネのニゴ（穂の方）を三十本ほど束ね、箒を作って便所に置き、用を足した後にこの箒で便所の床を掃いたのち、疣をこすると治る（美濃）。⇩米（こめ）

牛膝　いのこずち

○愛知県で、イノコズチを身体につけて家に入ると家門が絶えるとか、トビツカ（イノコズチ）が三日くっついていると死ぬという。

○民間療法。腫物には、イノコズチの根をたたき潰して貼る（愛知）。産後薬として、イノコズチを乾燥して煎用する（徳島）。通経剤・強精・利尿・腎臓病には、干した根を煎じて飲む（岩手）。根の汁を灌腸に使用する（愛知）。

茨　いばら

○和歌山県で、イバラの木を邸内に植えるとよくないとか、巽（南東）へ植えると悪い、本屋より東へ植えると病人が絶えないといって嫌う。
○新潟県栃尾市〈長岡市〉では、カワイバラの花が咲くようになれば、山に入ってもよいという。
○民間療法。イバラの箸で食べると病気をしない（山口県大島郡）。糞詰まりの時はイバラの実を煎じて飲む（和歌山・石川）。頭痛の時は、ノイバラの実を二合の水に入れて一合五勺になるまで煎じて飲めば治る（秋田）。太りすぎた人は実を煎じて飲む（奈良）。イバラの木は煎じて飲むと胃によい（岐阜）。イバラの実やカラタチの実を煎じて飲むと肺病に効く（大阪府）。⇩薔薇

水蠟樹　いぼたのき

○イボタノキは低地に自生するモクセイ科の落葉低木であり、楊枝の材料などにされるが、イボタノキの箸で御飯を食べると短気が治る（愛知）、イボタノキの箸で食べると中風が起こらない（和歌山）、という。また、この木は疣を治すという俗信があり、その方法として、イボタノキに自分の疣と同大のイボを見つけてこれに紙撚りを小指で巻き付ける（山梨）、イボタノキの所へ行き、箸を指の長さと同じに切り、腹から木に届かせるまじないをする（愛知）、イボタノキの枝を結ぶ（宮崎）、などの呪術がある。
○イボタノキを煎じたものは、癪の薬（青森）、腎臓の薬（香川）、脚気の薬（高知）として用いるが、高知では、脚気にはイボタノキの葉を生のまま飲み込むと、煎じたものよりも薬効が

倍加するという。また、イボタノキにはイボタロウムシという寄生虫がつくが、これを黒焼きにしたものは肺結核・肋膜炎の特効薬（高知）、という。

【う】

空木 うつぎ

○ウツギバナを屋敷に植えると不幸がある（新潟）。ベニウツギを植えれば家に死人が出る（千葉）。タニウツギの花を家に入れると病人が出る（秋田県由利郡）。ウツギを家に持ち帰ると蚕に虫がつく（新潟県南魚沼郡）。火事花といって、家に持ち帰るものではない（同）、ウツギは仏様に上げない（新潟）。

○ウツギの杖を用いることはならぬ（秋田）、杖をつくと死ぬ（長野県北安曇郡）とか、ウツギの箸で物を食べるものでない（青森・秋田）という。葬式の骨拾いにウツギを用いる（青森県三戸郡）ことから、日常使用することを忌むのであろう。和歌山県では、四月八日にツツジの花の枝とウツギを切り、竿の先に挿して庭先に高く立てておき、七月七日に取り片付けた。高知県幡多郡でも、四月八日は山からウツギの花を取ってきて、しば餅と共に仏壇に供える。信仰に根ざした植物であるところから、種々の禁忌が派生したものであろう。また、幹が中空で五、六月の白花が開く頃を田植の目安としたことも、この花を特別視する一因と考えられる。

○ウツギの蕾が見えるとヒエを植える（青森県下北半島）。この花が咲くと、マメの蒔き時（愛媛）、水浴を始めてもよい（青森）。花盛りは、田打ち（新潟）、ヤマタケノコの盛り（同県）。ウツギの花がいっぱい咲くと世の中が良い（豊年）（青森県三戸郡）。

○民間療法。隣村などに流行病のある時は、ウツギを腰に差し、村境の道や辻々におんぼたちが念仏しながら左右に一本ずつ立てて行く。ウツギの葉を懐に入れると伝染病にかからない。悪疫流行の時には、上部に葉のついたウツギの若棒を家の入口に左右二本挿す（青森県三戸郡）。疱瘡神を送るには、子供が種痘をした時、ウツギの木で疱瘡棚を設け、赤紙で幣束を作って、棚の真ん中に立て、座敷の隅かお勝手に吊しておいて、おしらきに飯を盛って上げる。子供が種痘して十二日の間、こうして疱瘡神を祭り、十二日たつと三本辻へ送り出す（群馬県新田郡）。

○ウツギの管を二本腰につけておくと痲疹（はしか）にならぬ（長野県北安曇郡）。歯痛の時は、誰もいない時にウツギの木に針を刺して「私の歯が治れば針を抜いてやる」と言う（長野・群馬）。ウツギを△形にして腰につけていると流行眼にかからない（長野県北安曇郡）。

○腹下しにはウツギの木をかむ（愛媛）。打ち身にはウツギの甘肌を煎じて貼る（岡山）。突き目には、ウツギの合皮を削り、その汁を垂らす（岩手）。

○漆かぶれには、葉を水に入れ、湯に沸かして洗うと治る（青森）。乳腫れには、ウツギとゴマを混ぜて炒り粉にしてゴマ油でつける（岩手）。ヘビにかまれた時は、ウツギの葉三枚を塩で揉んだ汁をつける（同県）。

○ウツギにジャガイモを刺して食べると死ぬ（埼玉）。ウツギの葉はウジ殺しとして便所へ入れる（新潟）。

○その他の俗信。葬式の時、棺を埋めた四方にウツギの木に餅をつけたものを立てる。広く立てると広い屋敷に生まれ変るという（秋田県仙北郡西仙北町〈大仙市〉）。ウツギはヘビを殺した時にとどめを刺すのに必ず使われる。これをしないと生き返るか祟りがある（青森県三戸郡）。狩猟の禁忌として、ウツギの木を立ててはいけないという（徳島）。山のシロウツギの下に金甕がある（新潟）。

独活　うど

○青森県下北郡東通村小田野沢では、四月八日には山へ行くな、とか、ウドを食べるな、という。その由来は、昔、薬師様が山へ行ってウドの穂で目を突き、傷ついた日であるからと伝えている。同様の理由から、ウドを禁食とする土地は青森県下に多く、ウドを食べると目を患う（三戸郡五戸町）、などという。兵庫県朝来郡朝来町川上・納座（朝来市）でも、青倉さんの神がウドで目を潰されてしまったので、氏子はウドを食べてはいけない、という。

○ウドを屋敷内に植えると病人ができる（愛知県東加茂郡）、病人が絶えない（青森県三戸郡）、不吉（秋田）といって忌む。

○民間療法。眼病を患った時は、青倉さんの水で目を洗えば治る（兵庫県朝来郡朝来町〈朝来市〉）。胸やけにはウドの株を食べる（石川）。脚気には茎を煎服する（熊本）。貧血・頭痛の時は根の上皮を剝ぎ乾燥して煎服する（同県）。根を干したものを煎じて飲むと、腎臓病によい（石川）、風邪に効く（岩手）。中風には根を煎じて飲む（岩手）、生のまま、或いは陰干しにしたものを煎服する（熊本）。痔には根を蒸し、その湯気を肛門に当てる（群馬）。腰痛には、根を多量に煎じて腰湯につかる（北海道アイヌの伝承）。関節痛には、根で湯を沸かして入浴する（同）。切り傷は、根の煎汁で洗うとかさぶたがつかない（同）。破傷風には根を煎じて飲むとよい（徳島）。神経痛にはウドを煎じて飲む（同県）。手などを潰した時には、山のウドの根を蒸してつけると治りが早い（青森）。

優曇華　うどんげ

○ウドンゲの花が咲くと不吉な事がある（青森・秋田・福島・千葉・神奈川・長野・岐阜・奈良・三重・大阪・兵庫・山口・高知・大分）、その家に不幸が来る（東京・新潟・滋賀・広島）、親類に不幸がある（広島県深安郡）、人が死ぬ（秋田・栃木・広島・佐賀）、縁起が悪い（新潟・富山・愛知・滋賀・和歌山）、変事がある（岩手・奈良・三重）、その家が破滅するか凶事がある（新潟・島根・香川）、夫婦別れをする（広島県三原市）。
○家の中にウドンゲの花が咲くと、不祥事がある（福井県大飯郡）、不思議な事がある（同県小浜市）、不吉（愛知県南設楽郡）。家または、家の周りや畑に咲くと凶事がある（茨城県新治郡）。天井や軒下に咲くと不幸がある（和歌山県東牟婁郡）。床柱に咲くと、その家は滅びる（大阪府三島郡）。下向きに咲くと、近いうちに死人が出る（愛知）という。
○これとは反対に、吉兆とする例では、ウドンゲの花が咲くと、よい事がある（秋田・群馬・新潟・富山・愛知・徳島）、福が来る（和歌山）、幸運が来る（同県日高郡）、家が繁昌する（同県東牟婁郡）、縁起がよい、出世をする前ぶれ（群馬県新田郡）、豊作になる（広島）、などがある。「優曇華の花待ち得たる心地」など古典に見えるのは、この方である。
○ウドンゲの花が咲くと、大吉事か大凶事がある（宮城・茨城・福井・奈良・兵庫・熊本）、大変な幸福か大変な不幸かに見舞われる（鹿児島県国分市〈霧島市〉）。葉の裏に咲けば吉兆、電燈の笠に咲けば凶兆（秋田県鹿角郡）。柱などに咲けば、当家に最高の吉か凶が起こる（広島県山県郡）。
○優曇華はウドンハラゲともいい、クワ科イチジク属の一種。インド原産。花が人目にふれないため、咲いたのを見ると瑞兆とした。仏教では、三千年に一度咲くとし、咲く時は転輪聖王が出現するという。瑞兆であるとともに、極めて稀なことのたとえとされた。わが国では、クサカゲロウが産みつけた卵をウドンゲと称し、まったく別物だが、比喩の面では本場の優曇華と同じことが一般化した。余りに稀有な事は変事に通じるし、吉の最高は凶に転ずると考えるところから、吉凶両極端の俗信となった。

○ウドンゲの花が、白だと盗難、黒は死去、赤は幸福（栃木県宇都宮市）、白いのが咲くと悪く、青いと良い（愛知）、紫色ならば、その家は栄えるが、白い花は家が絶える（長野県飯山市）。金色の花が咲くと金が授かる、黒い花は不吉で死人が出る（埼玉）。また、黄色に咲けば吉、赤く咲けば火事、ともいう。色から吉凶を占ったもの。クサカゲロウの卵は、淡緑から紫黒色となり、孵化後は白くなる。

梅　うめ

(1) 植栽の禁忌　梅の種子の禁忌

○中国に「江南所無」の故事があり、わが国には安倍宗任の逸話がある。大宮人が俘虜の宗任にウメを示して、何の花かと尋ねた時、「わが国の梅の花とは見たれども大宮人はいかがいふらん」と答えたというもので、奥州にはこういう美しい花はあるまいと考えた大宮人の傲りは、裏返せば都でもありふれた木でなかった事実を示していよう。外来植物であるから、東北地方への普及が後れていたことは事実に違いない。菅原道真が梅を愛したのは、菅公が先端的な文化人であったことを示すものでもあろう。飛梅の伝説も有名である。珍貴な木というところから、庶民にはもったいないという畏れが生じた一方で、ウメの実は日常生活の必需品となって親しまれた。菅公は配所で憤りつつ死んだため、雷となって内裏を焼いた。その荒ぶる御魂を天神として祀ったので神慮もなごみ、学問文学の守護神に昇華した。こうした歴史が、ウメに対する俗信に色濃く投影されている。

○ウメの木を屋敷に植えると災難除けになる（秋田県雄勝郡）。鬼門の線に植えるとよい（富山県魚津市）。鬼門に植えて悪神除けにする（広島県沼隈郡）。鬼門に白ウメを植えれば難を逃れる（金沢市）、などという。

○これとは正反対に、植えては悪いといっている所は、さらに多い。家の周りに植えてはならぬ（石川県石川郡）。宅地に植えると不幸がある（岩手県二戸郡）。庭に植えると幸運が失われる（広島県山県郡）、家が埋まる（愛知県南設楽郡）などといって忌む。
○中庭ならよい（広島）、便所の脇の手水鉢の辺りならよい（熊本県玉名郡）、と条件付きで認める所もあるが、概して嫌う例が多い。同じ玉名郡でも、一般農家ではどこに植えてもよいという人もある。マツなどと同じく、高貴の木だから民家には悪いというのである。
○特に、屋敷内での方角・場所を限って嫌う所も多い。宅地の北に植えるな（福島県耶麻郡）、北に植えると不幸が続く（秋田県由利郡）。住宅の下方に植えると悪い（同県仙北郡）、西南角に植えると悪い（和歌山県北部）。西南に植えるとその家に男が出ない（岩手県二戸郡）。家の東にウメの木が茂ると、その家の男子に病人が絶えない（鹿児島県国分市〈霧島市〉）。朝日のすぐ当たる所に植えるとよくない（和歌山県北部）。だが、これと反対に、上（東方）に植えると縁起がよい（新潟県南魚沼郡）、という例も一方にはある。
○群馬県下の黛（まゆずみ）姓の家々は、藤原時平の末裔と称しており、古来ウメの木を植えず、或いはウメ漬を忌んで、ウメ漬の色が美しいと不祥があるといった（『日本民俗学辞典』）。
○ウメの木を燃すことを忌む（壱岐）、薪にしない（和歌山県日高郡）、家の中では焼かない（島根県能義郡）。ウメの木を焼けば鍋カブル（破産する）（石川県珠洲郡）、目の病になる（和歌山県西牟婁郡）、乳が止まる（静岡県藤枝市）、手跡が上達しない（石川県鳳至郡）、ウメの木で味噌を煮ると、味噌が酸くなる（秋田県南秋田郡）、などという。
○新潟県東蒲原郡津川町〈阿賀町〉では、ウメのほかスモモなど酸い果実がなる木は、囲炉裏で燃してはいけない、という。南蒲原郡では、ウメの木を燃すと、炉が汚れるという。けがれるという考え方は矛盾であるが、禁忌とする物はおおむねよくない物であるからと考えるところから、このような解釈が生まれたものであろう。
○新潟県栃尾市〈長岡市〉では、ウメの木は天神様の木なのでヒンナカ（日中）で焚かないという。茨城県真壁郡明野町〈筑西市〉で天神様を内神として祀っている家々では、ウメの木を焚かない。徳島県阿南市廿枝の東山薬師仏は、行基がウメの木で刻んだ本尊と伝え、この辺りではウメを忌んで焚木にしない。
○ウメの種子も囲炉裏にくべてはならない（岡山）。炉に捨てると頭が痛くなる（宮城県白石市）。種子の中には天神様がいらっしゃるから、火にくべてはいけない（愛知県北設楽郡）、囲炉裏でウメの実を焼くと、身内の者が川で流される（高知県幡多郡）。囲炉裏にくべると歯痛になる（埼玉）、失明する（高知）。ウメの実の皮を焼くと、赤顔になる（高知市）。種子や核を炉にくべると、火傷をする（福島県耶麻郡）。
○「ウメ食っても種子食うな」、或いは「中に天神寝てござる」とも続け、各地でいう。長野県小県郡では、ウメの実を食べると天神様に嫌われるという。罰が当たるという所もあり（香川県三豊郡）、学問が上達せぬ、ともいう（千葉県安房郡）。秋田県雄勝郡では、落雷に遭うという。菅公が憤怒のあまり、雷となって内裏に落ちた話に結びつくものであろう。
○ウメの種子を割ったり、かみ砕いてはならぬ、ともいう。いうまでもなく、中に天神様が入っているからである（長野県小県郡・山口県・熊本県玉名郡）。産土神の罰が当たる（秋田県仙北郡）、馬鹿になる（岡山）、字を忘れる（長野）、ともいっている。
○ウメの種を飲み込むと、知恵がつく（岡山）、というのは、右を裏返しにいったもの。
○ウメの実や梅干しを食べた後は、種子の処理をよくしないと罰が当たる。壱岐の勝本町では種子は一定の場所、人が踏み歩かぬような場所を選んで納め、正月にはそこを祭るという。そこらへ勝手に捨てることも禁物で、狩に行ったらウメの種子を捨ててはならない（徳島）。便所や流し場、その他汚い所へ捨ててはならない。禁を破ると失明する（高知）、罰が当たる（山口）、天神様に叱られる、或いは頭が悪くなる（宮城）、といっている。秋田県北秋田郡では、ウメの種子は天神様の目玉だから外に捨てる、というのは矛盾のようだが、屋内にほっておくと、汚すことが多いからであろう。

○ウメの核は、海へ捨てるのもいけないという（安芸・肥前・壱岐）。制裁としては、病気になる（富山）、大波、或いは時化る（山口）。川へ流すのも同様に悪く、天神様の罰で学問ができなくなる（出雲）、といっている。

○夜ウメを食べると人前に出て赤い顔になる（山梨県北巨摩郡）。これは梅干しの場合か。要するに、人なかで恥をかく仕儀になる、というのである。

○ウメは天神様の頭だといい、毎朝一つずつ食べると、その日の難を逃れる（山口県大島郡）。危険な仕事をする時はウメを食べる。その梅が特に酸っぱく感じるのは、怪我をする前兆と知れ（秋田県雄勝郡）。ウメの種を天神様に供えると字が上手になる（佐賀県武雄市）。これらは主として梅干しについていわれたものであろう。

梅 うめ

(2) 食合せ　産めと梅のまじない　民間薬

○ウメと禁食の食物も少なくない。もちろん梅干しも同様であるが、ここには生ウメとして記されたものを主としてあげておく。鹿児島県国分市〈霧島市〉では、ウメと食合せになるものとして、タコ・ビワ・素麵・黒砂糖・ウナギ・イチゴをあげている。一地方でこのように多種類がまとまっている例は少ない。

○植物では、イチグとウメ（岐阜・岡山・広島)。岡山・広島県では、この二つを食合せると禿になるという。ビワとウメは腹痛を起こす(広島・岡山)。竹の子とウメ(大分)、コショウと青ウメ(岩手)も悪い。

○魚類では、ウナギとウメ(梅干し)の食合せはよく知られている(岩手・秋田・千葉・新潟・佐賀・大分・沖縄)。マスと生ウメ(岩手)、サバとウメ(同上)、マグロと青ウメ(秋田)、アユと生ウメ(茨城)、その他、エビとウメ(佐賀)、アワビと青ウメ(秋田)、タコとウメ(茨城・愛媛・山口・大分)。山口県大島郡では、タコと生ウメを一緒に食べると、腹の中で生き戻るという。ちなみに、『衛生秘要抄』に、「蝦与(と)梅・李」は悪く、「人ヲシテ病マシム」とある。

○以上の他にも、青ウメと生水または氷は中毒する(秋田)。飴と生ウメは大毒(茨城)。黒砂糖と青ウメは命が危ない(秋田)、という。

○入梅前にウメを食べてはいけない(埼玉)。入梅の日にウメの実を食べるな(神奈川)。理由として、この日は毒が三粒降るからというが、半夏生との混同があるように思われる。梅雨は半夏生で上がるといわれるように、両者は近い関係にはある。熊本県玉名郡では、四月八日のお釈迦さんが来ると、たとえ熟していないウメでも食べてもあたらぬという。

○半夏生以前の青ウメを食べると、腹痛を起こす(宮城)、あたるともいう(岩手)。半夏生にウメを食べると、頭が禿げる(愛媛・大分)。五月の半夏にウメとイチゴを食べると、頭が禿げる(岡山)。

○瘧(おこり)を患う者がウメの木の下を通ると、瘧が落ちなくなる(福井)。青ウメを食べると、瘧をふるう(愛知)。疣ができるともいう(同県)。

○痳疹を病んでいる時に青ウメを食べると、男は淋病、女は白血(白帯下)になる(奈良)。

○庚申の年のウメの実は薬になる(相模)。庚申と限らず、ただ申年とのみいう例は多く、壱岐・阿波・肥後でも申年のウメは薬になるというので、家々で漬ける。厄除けになる（伊勢）、ともいい、戦争の時、申年のウメを持って行くと無事に凱旋できるという（肥前）。十二年に一度しかならないのだから、生ウメよりも梅干しの場合が多いことになる。

○胃腸病には、ウメの核を煎じて飲む（岩手）。中毒には、ウメの実の陰干しを粉にして水で飲む（同県）。広島県竹原市某家の家伝薬として伝わる方では、青ウメの両端を切り、砂糖を入れて果汁を作って食中毒の病人に盃一杯飲ますと、胃中の物をすべて吐き出し、回復する。虫下しには、ウメの実を土管に入れて両脇をふさぎ、蒸し焼きにしたものを食べる（岩手）。ウメをおろしでおろし、弱火で煮つめて飲むと、解熱剤になり、暑気あたりにも効く（埼玉）。

○脚気には、ウメの実をおろしてその汁を足の裏に貼る（三重）。これを入梅の日にすると、脚気にかからない（兵庫）。入梅の日（六月十日か十一日）にウメを三粒とり、石などで潰し、その実や汁を足の裏につけて寝ると、二日か三日で治る（富山県小矢部市）。『日用諸疾宜禁集』にも「脚気宜」とある。

○青ウメをかんで足の裏に貼ると、夏病みをしない（愛知）。入梅の日にウメの実をすって足裏に貼れば、夏病みしない（広島）。

○気付けには、ウメをおろして火で固めたものを用いるとよい。『いろはわけ救民妙薬集』『秘伝妙薬いろは歌』という書物に出ている由である。長野県小県郡では、ひきつけに、ウメの液を飲ませるとよいという。

○目まいには、ウメの汁がよい（奈良）。

○瘭疽（ひょうそ）に、ウメの実を核と共に黒焼きにして、鳥もちと等分に合わせて塗るとよい（岩手）。ちなみに、『日用諸疾宜禁集』では、癰疽・瘡癤・漏丁瘡・丹毒に梅は禁物だとある。

○やんめには、ウメの液を渋い茶に少し垂らしてつければよい（長野県小県郡）。番茶を煎じて分銭ゼニを一文入れ、これにウメ一粒を落とし、ぬくめて目をなでる（罨法）と治る（山口県大島郡）。

○虫歯には、ウメの葉を紙につけて、ほっぺたに貼っておくと治る（新潟県南蒲原郡）。最も多いのは、痛む歯でウメの若枝をくわえていれば治るというもので、青森・新潟・石川県などで行われている。群馬県邑楽郡板倉町の籾谷薬師堂で行われているまじないもこの方法によっており、一寸ぐらいに切ったウメの枝を線香であぶり、読経しながら虫歯につける。

○和歌山県日高郡で、楊柳（やまもも）の枯枝をくわえればよいというのも、ウメから延長解釈したものであろう。

○元禄十四年版の『続咒咀調法記』に「むしくひ歯のまじなひ」として、「天ぢくの天野川原で葉を喰（くら）ふむしの供養と三返よみて、さて次に梅の木の楊枝を、いたむ歯にくわへさせ、其楊枝のさきに灸を三火（ひ）すべし」とある。この唱え言の部分が脱落したのが、今日各地に残っている形らしい。

○しかし、古い漢方書では、ウメは歯に宜しくないものとしている。正応元年の奥書がある『衛生秘要抄』には、多く食すべからざる物の一つに生梅をあげ、「損レ歯傷レ骨、発ニ虚熱ニ」とあり、寛永十年に初版が出た『日用諸疾宜禁集』には、歯痛禁物に梅をあげてある。歯に害があるとする理由は酸味が強いからである（『延寿類要』）。

○口瘡ができた時は「ウメはすいすい」と唱えればよい（愛知）。渇きを止めるには、「梅」という字を掌に三べん書くと止まる（奈良）。「梅を臨んで渇を止む」という魏の曹操の故事もあるが、『日用諸疾宜禁集』にも、梅は「口舌乾宜」とある。

○ハチに刺された時は、梅干しを貼る（丹波）。蚊に刺された時も同様である（佐渡）。

○ウメは臨産或いは懐妊に禁物であるとは、

『日用諸疾宜禁集』などに説くところである。お産の時ウメを食べると白髪が早く生える（佐賀）というのも、その一端であろう。

○避妊に青ウメ・アザミ・イヌホオズキの根と花を使用（岩手）。梅干しを用いる避妊法は、一時婦人雑誌などで書き立てたものである。

○京都地方では、梅宮大明神を勧請して安産を祈る風習があった。これには梅と産みの音通によるとの説もある。大阪府箕面市の某家の庭に鉢かずきという小梅の木があり、この実を食べると孕むというので、もらいに来る者が少なくなかった。これは子産めの音通である。

○山梨県東八代郡一宮町〈笛吹市〉の浅間神社の夫婦梅を食べると子が授かる。甲府市の機山公墓地の夫婦梅（八つ房のウメ）の実を食べると子宝を得る。産めの音通と共に、酸い物を先取りするという意味もあろう。

○ウメの葉は、黴を落とすによい。『続咒咀調法記』に「梅雨のうちにかびたる物をあらひおとす伝授」として「梅の葉をせんじて其湯のさめぬうちに洗ひおとすべし」とある。

○ウメの木に生ずる茸も薬用にされた。ものもらい・やんめ・めぼしには、ウメの木の根に生ずる茸を煎じて飲む（山梨県西八代郡）。中風の妙薬（岡山）。中風・動脈硬化によい（岩手）。ウメの木の苔を煎じて飲めば百日咳に効く（富山県氷見市）。ウメの木に生ずるサルノコシカケを煎じて飲めば癌に効く（鹿児島等）。

○ウメを一度に三つ食べてはいけない（岡山）。梅干し或いは梅漬をさすのかも知れない。また、健康上の理由によるのか、信仰上いうのか不明。

○青ウメの中毒には、ホウキグサを煎服するとよい（熊本）。

梅 うめ

(3) 埋めと梅のまじない　まじない療法　梅の夢・梅のまじない

○人が身投げをしたり、過って落ちて死んだなど、良くないことのあった井戸は埋めてしまう。

その時、ただ土を投げ込んで埋めてはならない。ウメの枝を入れないと人が死ぬ（秋田県南秋田郡）。茨城県筑波山麓地方では、ウメの枝にヨシを縛って、これを井戸に入れてから埋める。宮城・青森県でも同じ作法が行われる。新潟県中頸城郡では、うめてよしの語呂合せである。井戸を潰す時、新井市〈妙高市〉の御岳さんの先達を請じて、ウメの枝を井戸の傍にさし（この井戸を埋めますという意味）、祈禱読経ののち、葭を一本立てた（埋めてよし）のち、土を投げ込む。これは、井戸の中にはどんな生き物がいるかわからないからだという。ウメ・ヨシを切ってくる場所には別にきまりはない。本来は井戸の中に投げ込むのであったろうという。秋田県山本郡その他では、井戸または便所を埋める時、ウメ・ヨシの他にナンテンを用いる。うめてよし、なんでもよしの縁起である。

○秋田県雄勝郡では、便所を作る前に、ウメ・ヨシ・ナンテンの葉をその場所に埋めて悪魔払いをする。前記の応用であろう。

○福島県では、胞衣（えな）を埋める時にも、ウメの枝にヨシを添えて、吉方位に埋める。女児ならば針と十文銭を添えて、縁の下に埋める。

○火の中へ入っても火傷をしないまじない。「東山のウメのずあいを取ってしごけば水になる」と唱える（群馬県利根郡）。長野県でも大同小異の唱言が行われる。即ち、「……取ってすぼけば水となるああ梵天神」と唱えて「アビラオンケンソワカ」と三度言う。

○夜泣きを止めるまじないには、ムシコ取りの呪文を口中で唱え、その時ウメの枝を切って持って来る（青森）。説明が簡単で詳しい方法が明らかでない。伊豆地方で行われているものでは、部屋の隅でウメのズイキ（ずわえ）をブルブルと振り、ヒュウヒュウ鳴らせば赤子の夜泣きが治るという。

○乳の飲み方を知らない嬰児に、乳を飲ませるまじない。「ウメの小枝が枝離れよ、助けて給え塩尻の神」と三回唱えて、赤子の口に塩水を飲ませて、乳首を差し添えてやると、乳を吸うようになる（山梨）。
○流行病にかからぬまじないの唱言。「細谷い（小さい谷の）ウメは、匂いはすれどもうつる香もなく」（対馬）。脱落部分が目につくが、「梅が香のその木ばかりは匂い来て、黒木の花はうつらざり」という歌を戸口や門に貼っておく、とまじないの本にも出ているから、そのような歌の記憶違いであろう。
○生ウメを食べる時には、「いぼしこぼしかさになんなよ」と唱えないと腫物ができる（山口）。いぼしこぼしの意味は明らかでないが、小法師に対して、疣をイ法師といったものか。
○喉に骨が刺さった時、ウメの実を焼いて食えばよい（長野県小県郡）。
○お寺の天蓋が落ちた時には、ウメ三粒食わぬと厄病になるといい、早く三人の人に知らせなければならない（長野県安曇地方）。この場合のウメはたいていの場合梅干しであろう。三人に知らせるのは、災難をその人に移し、分担してもらう趣旨である。
○難産で母子共に死亡した場合の葬式には和尚が死人の頭を剃るまねを三回し、棺をウメの枝で三回たたく。こうすると、また子供が生まれる（三重県熊野市）、というが、それは後妻の出産の意味であろうか。
○ウメの花は仏様には上げない（壱岐）、上げると母親が死ぬ（群馬県利根郡）。仏様にカンソ（楮？）やウメの花を上げると火事になる（群馬県利根郡）。
○魚釣りに行く前には、ウメの話をしたり梅干しを食べてはいけない（埼玉）。
○ウメの花が咲く夢を見れば、世間の評判がよくなる（長野県北安曇郡・群馬県利根郡）。
○ウメの実のまだ小さい時、その仁を親指と食指ではさんで潰し、中の汁が遠くへ飛び散れば晴れ、飛ばなければ雨と占う（秋田県雄勝・平鹿郡)。

○苗代にウメの木を挿すと、除虫の効がある(壱岐)。

○ズンバイ(楉(しもと))の大きくなったのを食うと鬼になる(岡山)。

○ウメの実で代神楽をすると実がならぬ(石川県江沼郡)。この意味不明。

○青ウメが腐ったり味噌がすっぱくなったら人が死ぬ(愛媛県上浮穴郡)。

○戦争のある年はウメの種子が割れる(岐阜県高山市)。

○荒神様はウメの木で造るのが一番よいという(神奈川県三浦郡)。

○ウメの木から落ちて怪我をすると一生治らない(愛知)。

○牛馬安全のお札は、正月五日にウメの木を削って寺の和尚に米五合持って頼みに行き、「大日如来……」と書いてもらい、畜舎に下げた(佐賀県東松浦郡)。

○岩手県一関市山目町の配志和神社は、俗に蘭梅と称し、その神体はウメであるという。

○馬の口を洗うには、辰砂(しんしゃ)にウメの汁を混ぜて用いる(岩手)。

梅 うめ

(4) 梅と雨年 その他

○ウメの花が上向きに咲くか、下向きかにより、その年の天候を占う。一般に下向きに咲く年は雨年で多雨(宮城・群馬・山口・愛媛・長崎)と判ずる。また、しけ年(千葉県印旛郡)、大雨あり(和歌山・熊本)、寒くなる(大分県日田郡)、霜が降る(群馬)、天候不順で晩霜が多い(島根県能義郡)、雪霜多し(山形)、雪年(千葉)、多雪(群馬・栃木)、雷鳴多し(群馬)、雷・雹・霜が多い(熊本)、などと判ずる。

○当然これに対応して、上向きに咲く年は、寒さ例年に同じ(大分)、旱天(宮城)など、前者の反対になるはずであるが、むしろそれとは矛盾するものが見られる。例えば、上向きは凶、下向きは吉（宮城）、下向きなら陽気がよい（長野）などで、つまり上向きは悪いことになる。或いは、上向きだと晩霜がある（福島・長野・広島）、という例もある。（反対に、上向きに咲く年は霜害がないという土地も、同じ信州にある）

○ウメがよい年は豊作（壱岐）。ウメがたくさん実った年は田の実りがよい（薩摩・肥後）。「梅田椎麦」ということわざが、熊本県玉名郡にある。ウメがよく実った年は米作も良好、シイの実が多い年は麦作がよい、との意味である。さらに知られているのは、「梅田枇杷麦」である。根岸鎮衛の『耳袋』にも、「梅実能く実る時は田作よろしく、豊饒なり。枇杷の実よく結べば麦作よく出来る」という俚言は、「数年其言に当て考ふるに違はざる」由を八十翁が語ったとある。香川県三豊郡では、「日ウメ雨ビワ」という。日照り続きの年はウメの実がよく、雨の多い年はビワがよい、というのである。ビワとウメを食べると腹痛を起こすという伝えも、或いはこんなところから出ているのかも知れない。

○寒中にウメが咲くと豊作（宮城）。

○秋にウメが開花（返り花）すると大雪という。

○ウメの実は余寒がすると実が入らない（大分県南海部郡）。ウメの花に雪が多いと実がよくできない（広島）。ウメの花が早く咲くと実が少ない（神奈川・宮城）。

○ウメの実が多く落ちると雨が多い（宮城）。

○咲かれん時（咲くべきでない季節）にウメの花が咲いたら悪い事がある（愛媛県上浮穴郡）。

○山中の梅花は安産を約束するもの（静岡県富士宮市）。意味がわかりにくいが、山の中でウメの花が盛りと咲いているのを見たら、産めの音通で、安産の知らせである、との意であろう。

○田植後にウメにさわるとイネが腐る（和歌山県西牟婁郡）。

○孕んだ女がウメを漬けると腐る（栃木県芳賀

郡)。月経中の女が漬けると、黒くなる(岐阜県高山市)、赤くならぬ(秋田県雄勝郡)。
○ウメの花が白く咲きそろったら、杉の葉が焦茶(色か)になる(福岡県三井郡)。
○野ウメが満開になると、鴨はいなくなる(新潟)。
○長崎県平戸市では、夷神社のウメの花が散らぬと、本格的な暖かさにならない。
○ウメの花の散る頃から木接ぎが始まる(筑後)。
○ウメとマダケの竹の子が市場に出るころ、久留米市水天宮下にサヨリが群れてくる。
○ウメの実がダイズの大きさになる頃が、ダイズの蒔き旬(熊本県玉名郡)。
○青ウメや八月のカキは、犬でも食わぬ(奈良)。
○桃栗三年柿八年梅の十三年は待ち長い(福岡県朝倉郡)。
○『月庵酔醒記』に「梅を植には、あはびを敷てうゆれば不レ枯也」とある。
○吉原で遊客に出した袖の梅という酔醒めの薬は、名は袖の梅でも処方には梅はまったく入っていなかった(『甲子夜話六十四』)。

漆 うるし

○漆瘡(ウルシかぶれ)は、ウルシの有毒成分(ウルシオール)によって丘疹や水疱を生じて赤く腫れ、かゆみなどを伴う毒性皮膚炎である。漆瘡はまた漆負けともいわれる。ウルシに負けないためには、ウルシの木の下を通る時や木をいじる時は「親に負けてもウルシに負けぬ」(青森・長野)、「ウルシ負けた、金太郎勝った」(新潟)、「親に負けてもウルシに負けぬ。ウルシ負けた、わし勝ったわし勝った。ウルシ負け負け、わたしゃ大和の角力取り」(奈良)、などの呪文を唱える。
○呪術的な方法としては、ウルシにかぶれる人は酒をかけるとかぶれない(宮城)、かぶれる前にウルシの木と三三九度の盃をする(長野)、木に触れたら唾を三度吐きかける（愛知）、ウルシと兄弟になればカセないので、ウルシの芽を食べる（埼玉）、ウルシをオブラートで包んで飲むかゴマ油を塗る（京都）、油揚を食べる（山口）、などの伝承がある。

○長野県上水内郡では、一年子（その年に妊娠してその年に生まれた子）はウルシに負けるが、二年子（二年にまたがって生まれた子）は負けないといい、石川県江沼郡では、子供が初産湯をつかう時、ウルシを塗った桶で入浴させれば、その子はその後ウルシに負けることがない。ウルシの桶がない時は、ウルシを塗った椀を使ってもよい、という。

○ウルシかぶれに鏡を見せると広がる（新潟）、といって鏡に患部をうつすことを忌む。ウルシかぶれはかゆさを伴うので、鏡を見てかくことを戒めた言であろうか。

○ウルシかぶれの治療法として、油揚をかぶれた所に何回か押しつけて油をにじませ、その油揚を炭火で焼き、醬油をつけて食べ、さらにその油を患部に塗る（神奈川）、という。他にも、油揚で患部をなでる（北海道）、患部をなでてそれを食べる（富山・和歌山）、患部をなでた油揚を、生で食べ（群馬）、また焼いて食べる（奈良・兵庫）、患部をなでた油揚をお稲荷様に供える（群馬）、などがある。山口県では、かぶれがひどくなったら油揚を食べるとよい、と、ウルシかぶれの特効薬としている。

○また、ゴマ・エゴマの油も使われ、群馬・山梨ではゴマをすってつけ、青森県ではエゴマを歯でかんでその油をつける。特にエゴマは、葉を塩で揉んだ汁（岐阜）や、生葉を揉んだもの（徳島）をつける。ナタネ油（新潟）や提灯に塗る油（和歌山）も患部に塗る。

○カニも特効薬とされ、ウルシかぶれには、サワガニを潰した汁をつけるとよい（青森・群馬・神奈川・山梨・富山・長野・静岡・愛知）、アカリゴ（アカガニ）とニラをたたいた汁をつけると漆負けが治る（岡山）、淡水産のカニの卵巣を煮てつける（沖縄）、という。『極奥秘伝まじない秘法大全集』には、「川の『かに』を潰して手につければ良いが、なお一法としてサンショウを粉末にして鼻の穴に塗って置く時も決して漆に負けない」とある。

○ウルシかぶれの治療には、以上の油揚・油・サワガニの他、次のような民間療法がある。スギやクリの葉の煎汁で患部を洗う（岩手・長野）、クリの甘肌を煎じて塗る（山梨・長野・愛知・和歌山）、イグサを揉んでつけるか、イグサの実を潰してつける（新潟）、イグサをおろして貼る（長野）、茶の生葉とエンドウの葉を煎じてたてた湯に入る（茨城）、スギナをすり潰した汁をつける（山梨）、ヒエの殻を煮立てた汁で患部を洗う（長野）、イケノハタを揉んでその汁をつける（富山）、ウルシの芽を食べる（栃木）、コメをかんでつける（秋田）、餅をかんでつける（新潟）、ムギの糠を潮水で煎じてなでる（山口）、塩湯に入る（茨城）、白粉を塗る（福井）、ドジョウの皮のヌルヌルした汁をつける（福島）。

○ウルシかぶれには、ウルシの木を燃料として沸かした風呂に入るとよい（埼玉）、塗師屋（漆屋）から食物や御飯をもらって食べる（長野・石川）、大工の家へ行って茶を飲むとウルシかぶれは治る（富山）、漆塗りの椀を火にあぶってかぶれた部分につける（北海道）。これらの療法は、ウルシかぶれにはウルシの芽を食す（栃木）という方法と共に、「魚の骨が喉に刺さった時は、魚串で喉をなでたり、食べた魚の皿を頭にのせると骨がとれる」「蜂に刺されたら蜂蜜をつける」の俗信と同じく、要するに、油をもって油煙を落とす、の類であろうか。

○ウルシかぶれを治すには、ウルシの木と酒盛りをする（福島・岐阜）、盃事をする（愛知）、兄弟盃をする（福島・長野・静岡）、どの木でもよいから酒をかけてやる、ウルシの木に酒を飲ませて拝んでくる、ウルシの木の下で酒を飲んでくる（共に新潟）、ウルシの木に酒を飲ませる（酒をかける）（奈良）、など、ウルシと親睦することを主眼にした呪術がある。その方法は、水か酒かをウルシのある所に持って行き、盃に注いで先にウルシにかけ、次に自分が飲む（岐阜）、ウルシの木の所へ酒を一升持って行き、ウルシの木に酒を注ぎ、自分もその場で飲み、「兄弟分になります」と唱える（静岡）、というものである。また、ウルシの木と三三九度の盃を交わす俗信もある。埼玉では、ウルシの木と合盃（あいさかずき）（三三九度）をし、女ならば「嫁に行く」、男は「婿に行く」と唱えると症状が軽くて済む、という。新潟・長野でも、ウルシの木と三三九度をする。新潟では、男は「おれの嫁になってくれ」、女の人は二、三人でウルシの木の所に行って「おれの婿になってくれ」と言う（南蒲原郡）、ウルシの木に男女それぞれ「ウルシの木の子になる」「ウルシの木の嫁に行く」と唱え、酒とおはぎ三個くらいを供えてくる（東蒲原郡）、という例もある。

○以上の他にも、次のようなものがある。ウルシの木に針を刺して、「治してくれたら針を抜いてやる」と唱える（埼玉）。ウルシの木に灰を一升かける、「可子」と書くと治る（共に富山）。自分の歳だけウルシの木に土団子を供える（愛知）。左縄で患部をこすり火にくべる、左縄で天井の梁をくぐらせてから患部を三度こすって火にくべる（共に長野）。奈良県では、左縄で患部をこすって火にくべるのは長野県と同様であるが、燃える時にパチパチと音がすると効があるしるしだ、という。また同じく奈良県では、ウルシの木を縛り、「なおれば解いてやる」と唱える。兵庫県養父郡では、タムシやウルシかぶれには、関宮町〈養父市〉の山名宗全の末裔が食べた箸で患部をなでると効く、という。以上のように、ウルシ関係の俗信の大部分が、かぶれを治すまじないに集中している。

○ウルシの薬効。キハダ・ウルシ滓を等分の割合で粉にし、糊で丸めて飲むと痔の病に効く（岩手）。ウルシの汁は、アカギレ（埼玉）や水虫（岡山）によい。また、歯痛を和らげる（鳥取）。ウルシの枝や葉を煎じて飲むと黄疸の薬（岐阜）。しもやけはウルシの実でこする（愛知）。ウルシの薪を三年焚くと、どんな眼病でも治る（滋賀）。福井県三方郡三方町（三方上中郡若狭町）の高橋家では、ウルシキュウ（漆灸）を家伝とし、七代目が昭和三十五年に亡くなるまで続けられたが、今は絶えているという。漆灸とは、ツボにあたる所に生ウルシを点じて、その上に桐炭の灰を薄くつけるもので、胃腸病・神経痛・リュウマチ・痔の虫によく効いたと伝える。

○福島県会津地方では、ハトのウルシ隠れ、というが、これはウルシの芽（もえ）が鳩隠れになる（ハトが枝に止まっても芽で隠れるくらいの大きさに芽が生長すること）と、もう霜が降りない、の意である。家の周りにウルシの木を植えると雷が落ちぬ（長野）。ウルシのついた衣服を直すには、カニの潰し汁で洗った後に水洗いするか、その部分を噛み、キョウニン（アンズの種子の中の肉）で洗う。ウルシが手についた時は、石油で落としてから大鋸屑（おがくず）の中で揉み合せると落ちる（共に、『極奥秘伝まじない秘法大全集』）。

【え】

榎（えのき）

○エノキを門先に植えるとよい（愛媛県上浮穴郡）、という。福島県で、屋敷にエノキを一本植えておくと火除けになるといい、鳥取県では、北方にエノキ三本あると災難を逃れるとか幸福が来ると伝えている。三叉エノキに金がなる

（鳥取）という言葉があるように、昔から縁起の良い木とされてきた。高知県土佐清水市では、正月の囲炉裏にはエノキの生木を使う。燃える時のビイビイという音が銭を呼ぶといって喜ぶ。
○エノキを神木としている土地も多い。香川県丸亀市では、戌亥の隅に植えてあるエノキには神様が宿っているから伐ってはならぬと伝えている。愛知県南設楽郡鳳来町では、エノキを伐って枯らすと祟るといい、栃木県で、エノキの材を用いると貧乏するといって嫌うのも、この木が凡俗には過ぎた樹である、との意であろう。
○エノキの露がかからぬとウマは丈夫でない（愛知県北設楽郡）、という。新潟県三島郡の山間部では、ウマを飼っている家では、露地の端や作場道（農道）の要所にエノキを植えている。これは、エノキの下を朝ごとにウマを引いて通ると、その日一日ウマに怪我がない、との言い伝えによっている。
○エノキの実がよくなる年は万物よくみのる（『月庵酔醒記』）。
○一里塚に榎を植えた由来として、織田信長が、松杉の他の木（余の木）を植えよと言ったのを、榎と勘違いして植えたという伝えが、『蒼梧随筆』『近代世事談』などに見えている（『落穂集』では、家康の言を大久保石見守が取り違えたとする）が、エノキに関する民俗信仰が基盤にあることを考慮すべきであろう。
○民間療法。山梨県北巨摩郡双葉町竜地〈甲斐市〉の大エノキの下に「ふぐりさん」と呼ばれる石祠があり、男子の下半身の病に霊験あるという。頭痛祈願には、大阪市国分寺西北の聖武山のエノキを荒縄で巻いて祈り、全治すれば縄を解く。神奈川県川崎市榎町の四辻にあるエノキに空瓶を掛けて祈願すれば、乳の出がよくなるといわれ、願いがかなえられた時は、母乳をその瓶に入れて掛ける、という。
○疣ができた時はエノキに「えぼえぼ一本橋渡れ」といって渡す（群馬県利根郡）。

○喘息には、エノキの実に象牙の粉を入れ丸薬にして飲む（岩手）。中風にはエノキの実を食べる（長野）。喉に魚の骨が立った時はエノキの実の陰干しを飲む（福岡）。

豌豆　えんどう

○エンドウの花が早く咲くと米が豊作（福島・広島）という。これは、エンドウの花が咲くような年には、早く暖かくなり雪どけが早く、苗代の準備を早く始めることができるため（『新説ことわざ辞典』）という。寒さ厳しければエンドウの不作ともいう。

○新潟県佐渡郡赤泊村〈佐渡市〉では、昔、弘法大師がやって来て、エンドウを所望した時、家の人が虫がたかっていて食べられないと嘘をついたため、その後、その土地のエンドウは虫に食い荒らされるようになったと伝えている。

○エンドウを月夜に蒔くと芽が出ない（愛知県南設楽村）とか、潮時にエンドウを蒔くと飛び出る（広島）という。

○エンドウの皮をはぐと死後、石の皮をはがねばならぬ（京都）。

○民間療法。かぶれにはエンドウの葉を塩で揉んだ汁をつける（愛知）。突き傷にはエンドウを生のままずって貼る（高知）。エンドウとカヤの食合せは中毒する。エンドウとワラビの食合せは胃痛を起こす（秋田）。

大葉子　おおばこ

○秋田県由利郡で、オオバコの葉を死んだカエルに巻いておくと生き返るといい、和歌山県では、子供たちがカエルをいじめてそのまま捨てておけば死んでしまう状態になった時、オオバコの葉でパタパタとカエルをあおいで生き返らせる遊びがあったと伝えている。半殺しの状態にしたカエルを、オオバコの葉を用いて甦生させる遊びは広く行われたもので、新潟県ではこの時に「ゲエル（蛙）さん死んだらオンボコ（オオバコ）さん供せ、オンボコさん死んだらゲエルさん供せ」などとはやしたという。オオバコのことを、カエルッパ（青森・栃木）とかビッキグサ（秋田・山形）などと呼ぶのもこの遊びに由来するのであろう。『擁書漫筆』に「今の世児童がたはぶれに、蛙を打ちころし車前草(おほばこ)の葉をおほふて、おんばこどののおんとぶらひと呼びはやしつつ、もてきようずるに、見るまざかりに蛙いきかえりて、とびゆく事あり」と見える。

○オオバコの葉柄部から出る繊維を乾かして燈心をつくり、これに火を点じて肺病人の熟睡している丑満時に覗くと、肺病神が人間と枕を並べて寝ているのが見える（奈良県宇陀郡）という。

○死人の入棺の時、オオバコの根を焼いて共に入れねばならない（沖縄）。そうしないと死者は極楽に行けない（同県）。

○オオバコの根が軽く引き抜ける時は近々に雨あり、茎を引いて切れる時は天気がよい（岐阜）という。

○民間療法。咳止めには、オオバコの陰干しを煎じて飲む（埼玉・石川・富山・長野・岐阜・島根・山口・大分・鹿児島・沖縄）、オオバコの陰干しと氷砂糖を一緒に煎じて飲む（愛知）。百日咳には、オオバコを煎じて飲む（石川・山口・高知）、葉の搾り汁がよい（和歌山・長崎）。腫物には、オオバコの葉を揉んで貼る（埼玉・東京・新潟・和歌山・徳島・愛媛・熊本）、葉をあぶって貼る（北海道・熊本・沖縄）。血止めには、オオバコの葉を揉んで貼る（山形・群馬・埼玉・長野・愛媛）、カエルッパを九つに折って貼り、傷口を縛る（福島）。はやり目にはオオバコを煎じて飲む（群馬）。オオバコを煎じて飲むと、胃薬になる（岩手・新潟・愛知・岡山・高知）、蓄膿症に効く（滋賀・兵庫・高知)、鼻づまりに効く(愛知・福岡)、鼻たけに効く(和歌山)、婦人病に効く(大阪・高知・大分)、解熱に効く(新潟・京都・熊本・沖縄)、淋病に効く(富山・山口)、下痢止めになる(神奈川・静岡・岐阜・岡山)、喘息に効く(富山・岡山・大分)、痰のつまりに効く(山形)、結核に効く(富山・愛知・香川)、肋膜炎に効く(山口)、頭痛に効く(北海道)、消渇に効く(愛知)、痔に効く(岐阜)、蛔虫をおろす(岡山)、寝小便に効く(広島)、肝臓病に効く(大阪)、貧血に効く(兵庫)、盲腸炎に効く(京都)、心臓病に効く(石川)。⇩蛙(かえる)(動物編)

翁草　おきなぐさ

○熊本県南関町で、オキナグサを採ると幽霊になるという。これは、幽霊が出るという意らしく、この花をユーレイバナと呼んでいる。

○民間療法。痔には根を煎じて飲む(愛知)。頭痛にはオキナグサを塩で揉んで額にあてて結う(岩手)。たむしには米酢で患部をよくふくとともにオキナグサの葉の揉み汁をつける(山口)。下痢止めには閉花前のオキナグサの根を掘り、干したものを煎用する(岩手)。

弟切草　おとぎりそう

○昔、兄弟の猟師があった。すばらしくよく効く薬草を知っていて兄弟だけで愛用していた。人びとが、ぜひ教えてくれと頼んでも、邪慳な兄は教えず弟にも口止めしておいた。しかし心の優しい弟はこっそり薬草を教えた。これを知った兄は怒って弟を切殺した。その薬草は以来、弟切草と呼ばれるようになった。伝説に示された通り弟切草の効用は広い。辞書には、乾燥して止血剤・含漱剤(がんそうざい)とし、茎葉からオトギニンを製し、神経痛・リュウマチ・関節炎などに使用する、とある。民間で最も多く使用するのは、切り傷・火傷・打ち身その他の外傷に対してで、切り傷という場合は、主として止血効果を認めているわけである。用法としては、生葉を揉んだ汁を切り傷につける（岩手・岡山・香川）、揉んだ汁を創傷や打撲傷に塗る（宮城）、油と練って切り傷につける（愛知）、花を油に浸しておいて傷につける（三重）、実を油に漬け、それを切り傷につける（愛知）、刻んで焼酎または酒粕に漬けておき、切り傷に塗る（宮城・福島・山形・香川）、黒焼きにし、油で切り傷に塗り込む（大分）、乾燥したものを煎じてその汁で洗う（福島）、湯に入れて入浴し、打ち身を治す（山梨）などである。変った例では、全草を干し煎じて飲み、血止めにする（岩手）というのがある。

○火傷にも同様な用法が行われ、種油などの食用油に漬け日光に当てておき、赤い液になったのをつける（愛知・福島）、焼酎に漬けておいて用いる（福島）、黒焼きにしたのを塗る（神奈川）、などがある。

○腫物にも、葉を揉んでつける（高知・山口・石川・滋賀）、油に漬けておいてつける（高知）、煎じ汁を飲む（山口）、などがある。

○草瘡には、黒焼きにしてつける。ただし、あまり早治りして悪い、などともいう（岩手）。

○神経痛には、煎じ汁を飲むか、湯に入れて入浴する（山梨）。

○虫歯に、焼酎に漬けてつける（福島）。

○皮膚病に、黒焼きにし菜種油と混ぜて塗る（鳥取）。

○性病に、干したのを煎じて飲む（福井）、疝気に煎じて飲む（山口）、月経の際に飲む（和歌山）、など。水戸市林光寺で出す保命湯は、オトギリソウに木瓜（もっか）その他を加えた婦人薬で、産前産後、血の道の薬とされる。

○陰干しにして煎服すれば肺病を治す（栃木）。

○心臓病に煎服する（宮城・静岡・山口・徳島）。脚気に煎じて飲む（熊本）というのも、この延長であろう。

○腎臓薬にする（香川）。

○腹痛に飲む（愛媛）。煎服する（岐阜・鳥取）。

焼酎漬にして飲む（福島）。焼酎漬にし胃腸薬にする（山形）、胃潰瘍に飲む（福島）。
○解熱用に煎服（京都）。利尿作用による解熱効果か。
○鳥類の病気に、ヒメオトギリソウを煎じて与えると効果がある（沖縄）。
○オトギリソウが特定の疾患に効果があることは事実だが、これを周辺に延長して実際には無効の病気にも適用する傾向があるのは、俗信における延長解釈、拡大受容と同パターンである。

万年青　おもと

○福岡市などで、引っ越し先にオモトを植えると難を防ぐといい、秋田県北秋田郡では、オモトの葉が萎えると家産が傾くという。
○歯の痛む時は、オモトのもとに針をさすと痛みが止まる（富山県小矢部市）といい、群馬県富岡市では針をさしたあとで「虫歯の痛みをぬいてくれれば針をぬきます」と言って拝むという。歯痛のほか、ものもらいができた時にもオモトに針をさす（京都）とか、喉に骨の立った時に、根に針をさし「骨とらば、この針をとってやろう」と唱える（兵庫県飾磨郡）。
○民間療法。肺炎には、オモトの根をおろして足裏の土踏まずに貼る（北海道・群馬・島根）。結核にはオモトの赤い実を煎じて飲む（京都）。痔にはオモトの実を飲む（岐阜）。高血圧にはオモトの芽を乾燥したものを煎服する（鹿児島）。腫物には、オモトの葉を火であぶって貼る（大分）、根をすりおろして小麦粉を混ぜて練り、両足の裏に貼る（鹿児島）。脳膜炎には、幼児の腰を折りかがめて抱き、頭部を冷やし、すぐにオモトの根を叩き砕いたのを飲ませよ（奈良）。疥癬にはオモトの葉を煎じた汁で洗う（福井）。肝臓病には根をおろして水で薄めて飲む（鳥取）。喘息にはオモトを黒焼きにして御飯粒で練って喉の外部につける（栃木）。しゃっくりには根をすった汁を飲む（愛知）。

【か】

柿　かき

(1) 落ちると死ぬ　火にくべると悪い　種子に関する禁忌

○カキの木から落ちると死ぬ（岩手・秋田・長野・新潟・奈良・鳥取・島根・山口・福岡・熊本・大分）。といっても実際には、即死することはほとんどない。それで、死の制裁の脅迫は信用を失う。そのために、ややクッションをおいた言い方が採用される。カキの木から落ちて気絶したものは間もなく死ぬ（鳥取）、三年のうちに死ぬ、三年しか生きられぬ、三年目に死ぬ（山形・宮城・栃木・群馬・茨城・千葉・長野・福井・静岡・愛知・奈良・鳥取・島根・広島・福岡・大分・熊本）などである。数年中に死ぬ（宮城・山口）もある。また、八年の間に死ぬ（香川）という例もある。大分県日田郡では、八年間病気して治らないという。

○カキの木から落ちると、大怪我をする（秋田・千葉・富山・石川・愛知・島根・愛媛・宮崎・鹿児島）、それがもとで死ぬ（香川）、その怪我は治らない（宮城・東京・富山・石川・福井・静岡・岐阜・滋賀・京都・鳥取・島根）、一生治らない（群馬・愛知）、一生病気になる（静岡）。また、秋田県雄勝郡で、カキの木から落ちたら三年間餅は食われぬという。餅は傷に悪いので、食べられないとの意であろう。

○カキの木から三度落ちたら死ぬ（京都・奈良）というふうに変化したものもある。

○カキの木から落ちると、中風になる（山形）。カキの木でこけると中風する（高知）、病気になる（愛知・大分）、からだが利かなくなる（千葉）もあり、鹿児島県では、馬鹿になるという。

○三隣亡の日にカキの木から落ちると死ぬ（福井県遠敷郡・佐賀県武雄市）。三隣亡に高い所や木に登ってはいけない、きっと落ちるとは、若狭のみでなく鳥取県でもいっている。また、岡山県久米郡では、十日にカキの木に登ると大怪我をするという。鳥取県八頭郡では、秋、カキの木に登ると落ちるという。カキの木は折れやすい、その上、実をたくさんつけている時期に、欲につられて枝の先まで登るのは危険であることはいうまでもない。

○カキの木から落ちると悪い、とのみいっている例もある（千葉・香川・壱岐）。いずれにせよ、そうした結論としては、カキの木にみだりに登るな（福岡）という禁忌になる。

○なぜカキの木に登って悪いかという説明として、福井県遠敷郡では、カキの木には神さんがおられないから、カキの木から落ちると怪我をするのだといっている。

○カキの木から落ちない用心として、長野県北安曇郡では、梅漬を食べてから登ればよいという。また、落ちた場合のまじないとして、佐賀県では、蛙の糞を盃三杯食べるとよくなるという。

○カキの木を火にくべてはならない（東京・神奈川・広島）、囲炉裏で燃してはいけない（神奈川・新潟）、薪にしては悪い（奈良）。カキの木を燃すと凶事ができる（茨城）、災難に遭う（奈良・鳥取）、火事になる（福島）。

○カキの木で食物を煮れば病気になる（秋田県平鹿郡）、悪病になる（千葉）。

○カキの木を火にくべると、気がふれる（神奈川・鳥取）。

○カキの木を焚く煙が目に入ると失明、または眼病にかかる（鳥取）。

○カキの木を風呂に燃やすと馬ン足を病む（熊本）、正月にカキの木を燃やしたりすれば、手や足の痛みに襲われる（佐賀）。

○カキの木を燃すと、七代貧乏する（兵庫・鳥取・広島)。
○カキの木をくどで燃すと、火難がある(三河)。薪にすると火事になる(広島・福岡)。カキの木を焚けば、その火が赤牛と一緒になろうというから悪い(壱岐)。その意味は、火災が起きること。
○カキの木を焚けば、牛馬が死ぬ(福岡県朝倉郡)、かまどの下で焚くと家の牛が死ぬ(同・北九州市)。カキの枝を薪にすると馬が死ぬ(鹿児島県国分市〈霧島市〉)。
○カキの木の火で餅を焼いてはならない(福島)、餅にする米を蒸すのに、カキの木を薪にしてはいけない(同県)。豆腐を煮るには、カキの木を焚いてはいけない、「かき」と言ってもいけない(広島県高田郡)。
○カキの種についても、木の場合と同様の禁忌がある。恐らく、この方が禁忌の中心で、木を対象とするのは後の拡大解釈であろう。囲炉裏にカキの種を入れてはならない(北海道・群馬・新潟)、茨城県鹿島郡で、カキの種を燃すと凶事ができる、富山県氷見市では災難があるという。罰が当たる(山口県阿武郡)、薬師様の罰が当たる(岡山・広島)ともいっている。
○カキの種を囲炉裏にくべると、病気になる(埼玉・岐阜)、病人が出る(秋田)、その家に病人が絶えない(福井)。
○カキの種を火にくべると、梅毒になる(岩手)、風邪をひく(秋田)、糖尿病になる(富山)、などともいう。
○カキの種を火にくべると、気がふれる(福島・山口)。かまどの前でカキを食べるものではない。種が火の中に入ると、気がふれる(千葉)。かまどや囲炉裏にカキの種を入れると、気がふれる(東京)。三重県名賀郡では、寒にカキの種を炉に捨てると気がふれるという。
○カキの種を焼くと、眼の病気になる(福井・出雲・広島)、眼が潰れる(宮城・秋田・新潟・兵庫・鳥取・岡山・壱岐)。右のうち、新潟県南蒲原郡で、種を火にくべた煙が眼に入ると潰れるといい、愛知県では、カキの実を燃やした煙が眼に入ると目が見えなくなるという。鳥取では、カキの実を焚くと目が見えなくなるという。眼病をいうのは、薬師信仰との結びつきの影響らしい。

○囲炉裏にカキの種をくべると、歯を病む（岐阜・石川）、虫歯になる（群馬）、歯痛になる（京都）。

○囲炉裏に、カキの種や梅干しの種を捨てると、怪我がある（山形）、カキの種を囲炉裏へ入れると、過ちをする（富山）。

○カキの種を火にくべると、火傷をする（秋田）。炉に種や蔕をくべると火傷をする（福島）。

○火の中へカキの種をくべると、七年貧乏する、七代貧乏する（三重県阿山郡）とも。カキの種を焼くと貧乏になる（広島・山口）。

○カキの種を火にくべると、客が来なくなる（宮城）という。商家の禁忌であろう。

○カキの種を燃やすと火難に遭う（宮城）、火鉢や囲炉裏火のある所に捨てると、火のまわりが早くなる（山形）、火にくべると自火が出る（福島・栃木）。

○秋田県では、カキの種を火にくべると、大風が吹く、大暴風雨となるという。

○愛知県北設楽郡では、正月のカキの種は火にくべぬものという。正月に限定したのが、新しい便宜主義的措置であるか否かは疑問で、或いはこれが原点で、後から延長拡大して、禁忌が日常生活の中に広がったとみるべきであるかも知れない。

○カキの種や木を火にくべてはならぬとする理由は、地方によって異なる。その一は、火の神、炉の神が嫌うからだというもので、火の神が祟る（岐阜県武儀郡）、禁忌を慎むと、お火神様が守ってくださる（宮城）、炉の神様がカキが嫌いである（新潟県西頸城郡）、という。荒神様がいやがる（群馬県利根郡）ともいうものである。新潟県中頸城郡では荒神さんが嫌うから、カキの木をくべることをせず、たいていはお寺さんに上げてしまう。ただし、荒神様がカキを嫌うのか、或いはカキを惜しまれるから怒るのかは問題である。鳥取県で「荒神様の願効きにはカキ一荷」ということばがあるから、荒神様はカキが好きだとの理会が根底にあったと考えるのが自然かと思われる。
○第二は、薬師信仰との関係である。広島県神石郡では、カキのさねは薬師様の目だから火にくべないという。福井県遠敷郡でも、薬師如来の目はカキの種でこしらえてあるから、火にくべると眼が悪くなるという。
○第三には、人丸様が宿っているからというもの。島根県石見地方では、カキの種は人丸さんだから、焼くと病気になるといい、山口県阿武郡では、カキの種に柿本人麻呂様が宿っておれるから、火にくべれば罰が当たるという。人麻呂終焉地に近いという関係もあるらしいが、柿本とカキの語呂合せのように感じられる。以上の三つの場合は、カキの種を燃すことの禁忌理由に限られることになる。
○第四には、カキは葬式の木だからというもの。神奈川県津久井郡で、カキは火葬の時の燃料にするものだから、平常燃してはいけないという。栃木県上都賀郡では、カキの木を棺材に使ったことから、「一人が（で）燃やすのにカキの木は悪い」といっている。奈良県吉野郡では、死人を火葬にするのに燃えにくい時は、カキの木をくべるとよく燃えるといい、それでカキの木を薪にすることを嫌う。この場合は、種を燃すこととは無関係ということになる。
○この他に、肥後では、カキの木で風呂をたくと馬の足が痛むという一方で、「カキの木の多いのもシンショ（財産）のうち」とされており、馬も大切な財産であるから、両者を結びつけたのであろうとする即物的解釈もある。しかし、制裁が馬の足の病気以外にわたる場合の説明にはならない。

○一方では、まったく逆の俗信も一部にはあった。カキの種を囲炉裏に落とすと病人が出ない（富山）、カキの種を燃した火で灸をすえると中風にならない（山形）。ただし同県東田川郡では、中風になるといって忌む。

○カキの木の下で火を焚くと、実がよくなる（広島県山県郡）というのも、火にくべることと関係があろう。

○木や種の他にも、蔕、皮も同じく対象になっている。青森県で、皮・種・蔕を炉に投げると、その家から病人が出る、秋田で、囲炉裏に蔕を捨てると病気になる、皮を焚くと風が吹く、群馬で、ホズ（蔕）・カサッペタを燃すと、子供が火傷をする、などという。

○大分県宇佐地方では、焼きガキを食べると、みざめがする（だんだんいやな顔つきになる）といい、鹿児島県国分市では、カキの皮を燃すと、悪い事をした時、すぐに顔が赤くなるという。前者は主として、女子向けの教訓であろう。

柿(かき)(2)　植えてはならぬ　柿の実の俗信　木守り

○屋敷の内にカキを植えると悪い（秋田県平鹿・鹿角郡、大阪府和泉地方）、病人が絶えない（福井県小浜市）。カキの枝が屋根にかぶさってくると家運が傾く（鹿児島県国分市〈霧島市〉）。前庭に植えると病人が絶えぬ（福岡県八女郡）。家の真正面にあるとよくない（新潟県古志郡）。庭先に植えるともめ事が絶えない（広島県高田郡）。大黒柱から南にカキの木があったら病人が出る（奈良）。家の前に植えるのは悪いから、東側に植える（三重県度会(わたらい)郡）。家の棟より高くなると、主人を取る、或いは主人が若死する（広島）。

○福井県耶麻郡北塩原村には、カキを植えてはならない家があり、宮城県刈田郡では、カキを植えない村がある。後者は熊野様が嫌うからという。植えても実がならないという人もある。

新潟県南魚沼郡六日町〈南魚沼市〉の八坂神社の氏子は、神様がカキを嫌うので植えない。鳥取では、カキを嫌う理由として、堕胎に使用したからだという。

○逆に、カキは縁起のいい木で植えるべきだという所もある。鳥取では、縁起のよい木にカキ・エノキを数える、カキがたくさんできると、家が栄えるともいう（山梨県都留地方）。

○カキの種を手玉に取れば、実がならなくなる（福岡県八女郡）。これはカキに限らず、果物一般にいうことである。広島県で、カキの実を投げるのを戒めるのも同じ理由であろう。

○カキの種を食べると、腹の中にカキの木が生える（福井県大飯郡）。これも、果物一般にいう。群馬県利根郡では、カキの芯を食べると馬鹿になる、富山県氷見市では、芯を食べると、なりが太らぬという。

○カキの木を伐ると、運が悪い（広島県山県郡）、人が死ぬ（岐阜県郡上郡）。カキの木は伐るものではないとの戒めだが、宮崎県では、カキの木に釘を打つと牛馬に祟るという。

○閏年にカキを接ぐと、たくさんならなくなる（和歌山県北部）、一代ならない（愛知）、その人の供え柿になる（同県）、その木で縊死する者ができる（鳥取）、長男が死ぬ（広島）。群馬県利根郡では、毒の接木になるという。

○岩手県遠野市土淵の早栃（わせとち）に、花が咲いても実のならぬ小ガキの木がある。源平の戦の時大勢の戦死者を葬った所に植えた木であると伝え、その霊によって実らぬのだという。

○カキのなり初めの年に一つなったのを食べると、子供が生まれる（岡山）。

○数え二つの子に、カキを食べさすな（山梨県南都留郡）という。ちなみに、『衛生秘要抄』に、ナツメ・モモ・アンズ・スモモなどは、核が二つあるのを食すると病む、とある。この類か。

○二股ガキを食べると、双子が生まれる（岐阜県山県郡）。
○カキの花に指さすと、実を結ばない（愛知）。
○カキの実を数えると、落ちてしまう（大阪府枚方市）。
○カキの木を植えると、三年しか生きられない（広島）。
○カキの木を薪にしてはいけない（大分県日田郡）。カキの種を蒔くと実がなる頃に死ぬ（広島）。実のなる年に死ぬ、ともいう。カキの実をシュウッて（？）地に蒔くと、芽が出ない（佐賀県佐賀郡）。
○これとは逆に、カキの種を蒔くと、字が上手になる（鳥取）という例もある。
○カキの木に傷をつけると、カキが落ちない（愛知）、よく実る（兵庫県朝来郡）。小正月の成木責めの対象はカキの木にきまっているといってよい。ただたたくだけでなく、鉈で幹に傷をつけることも行われ、そうすると実際にも実がよくなるのだといわれている。

○カキの木に対する呪法では、日を限って行うものと、然らざるものとがある。前者では、正月十五日のアズキ粥をとっておき、十八日（この地方で成木責めを行う日）にカキの木の根元に置くとよくなる（兵庫県朝来郡）。餅粥をカキの木に食べさすと、よくなる（岐阜県山県郡）、お月見のボウヂ（棒打ち）棒をカキの木に吊すとカキがあたる（栃木）、大師講の団子をカキの木にくしって歩けば、翌年よくなる（長野県安曇地方）。庚申さんに上げた七色の花をカキの木にくくりつけると、多くなる（鳥取県八頭・気高郡）等がある。後者では、和歌山県北部では、カキの木へ牛王札をくくりつけると、よく実るといっている。
○カキを食べて漁に行くと、獲物が多い（新潟県岩船郡）。山形県新庄市では、無尽に行くとき、カキの一粒種とか、下駄の歯に挟まった石を持って行くと、無尽を取ることができるといい、福島県相馬市では、核が一つしかないカキを持って行けば、無尽が当たるという。

○海上でカキの実を捨てることは禁忌の一つ（島根県那賀郡）。

○カキの実を頭から食べると、来年ならなくなる（京都府北桑田郡）。石川では、カキ・キュウリなどの尖頭を食うと腫物ができるという。

○カキの木へ登って揺すると、翌年ならない（愛知）。

○カキの実が頭に落ちると、頭が禿げる（鹿児島県国分市（霧島市））。

○節分に生ガキを食べると、流行病にかからない（鳥取県八頭郡）。

○元旦に三宝をいただく時、種の多いカキが当たれば吉兆（兵庫県多可郡）。

○なり物は全部取ってしまわず、一つだけ残しておかなければいけない。そうせぬと来年ならなくなる。これを木守り（キマブリ・キモリ）という。イチジク・モモなどにもいう（福島）が、カキについていう場合が主であった（群馬・新潟・長野・愛知・岐阜・滋賀・京都・奈良・福岡）。これが来年の種になると考えられており、タネガキと呼ぶ地方もある（愛知県東加茂郡・新潟県中蒲原郡）。一つと限らず、一つか二つ（滋賀）、一つまたは数個（岐阜）、二つ三つ残す（奈良）ともいう。京都府北桑田郡では、木守りさんと呼び、木守りさんが来年の豊作を約束してくれるという。滋賀県高島郡ではキマブシといい、奈良県吉野郡では、一つ残しておいて木を祭るのだといい、キマツリと呼んで、これを子供が取るとひどく叱られた。

○『枕草子』などの古典に見られる木守（こもり）は、庭の木の番人であるが、本来は木の神だったのであろう。番人は、その神様の代理である。

○カキの実は全部取らずに旅人と野鳥のために残しておけ（静岡）、という人もある。新しい解釈であろう。

柿（かき）

(3) 柿を使ってするまじない　柿の夢

○疣を取るには、カキの蔕を貼ればよい（岡山県倉敷市）。果して薬効があるか明らかでないが、それを拡大解釈したらしいものに、疣痔に、カキの葉をあぶって葉の裏を患部に当てるという方法がある（石川県石川郡）。また、そこまめに黒焼きにした串ガキをつける（神奈川県江ノ島）例が見られる。

○疣とカキとの結びつきでは、栃木県小山市の高椅（たかはし）神社境内の柿の木さまと呼ばれるカキの根元の砂を疣につけると取れるといい、治ると砂を倍にして返すという例もある。

○長野県小県郡では、箸一本持ってカキの木の傍に行き、木の幹と疣との間にその箸を橋に架け、「エボエボ一本橋渡れ、渡れ」と唱える。

○鼻血には、渋ガキを綿につけ、鼻の穴に詰める（石川県河北郡）。『長生療養方』に「通鼻耳気」とあるから、そのような薬効もあるのであろう。

○喉の痛む時は、蜂屋ガキに味噌をつけて食べればよい（岐阜県大垣市）。

○吃逆（しゃっくり）には、カキが妙薬だという。カキの蔕を煎じて飲むという例が多い（山形・岩手・栃木・埼玉・茨城・山梨・長野・佐渡・尾張・京都市・奈良・岡山・高知）。種子を煎じて飲んだり（富山）、蔕を黒焼きにして飲む（鳥取）方法もある。カキの葉を煎服（島根）、螻蛄（けら）の黒焼きと串ガキの蔕の黒焼きとを等分に混ぜ、白湯で飲む（岩手）、カキの種子を煎服（新潟・富山・岡山）、干しガキを煎じて飲む（山口）、などの方法も行われた。根岸鎮衛も『耳袋』の中に、「美濃の枝柿の蔕を水一盃にて煎じ用ゆれば、即座にとまる事、妙なり」と述べ、出入りの者から聞いたその実験的効果を記している。

○吃逆を止めるまじないとして「ころがきころがきころがき」と三度唱えればよい。ただし、人に教えてやると効かなくなる（神奈川）。掌に「柿」という字を書いて三回なめればよい（群馬県邑楽郡）。掌に書いた「柿」という字を飲むまねする（千葉）。まじないが先で薬方へ発展したのか、薬方からまじないへ延長したものか、明らかでない。

○さらに手の込んだまじないの方法として、歳神様に供えた吊しガキの蔕を茶碗に入れて湯を注ぎ、その上に箸を十文字にのせて、四方から飲む（埼玉）。富山県中新川郡では、水を入れた椀の上に箸を十文字に渡して、その間から四口に飲む。要するに一杯の水を大口に飲むので、しゃっくりに効くことになるのであろうが、長野県安曇地方では、水をいれた茶碗に箸をのせ「しゃっくりしゃっくり、橋を渡って京の町へ行け」と唱えるとあって、飲むといっていない。後の二つの例ではカキとの関係が見られないが、本来は、十文字の箸うんぬんの呪法と、カキによる民間療法とは別々だったものらしく思われる。

○足がしびれた時、カキの蔕を額に貼る、または、煎じて飲む（福井）。蔕の方は、わらしべと同様でわかるが、蔕を煎じているうちに、しびれは治ってしまうであろう。うなじの毛を三本抜くともいうから、単純なしびれで、麻痺性の病気の場合ではないらしい。

○ひとの食べかけたカキを食べると、ガキ病になる。カキの食べかけを食うと、歯を病む（愛知県北設楽郡）。

○カキの箸で御飯を食べると悪い（和歌山県東牟婁郡）。

○女がカキの木に登ると、股が裂ける（鳥取）。

○カキの木に登ると、実がならなくなる（佐賀県佐賀郡）。

○カキの木で餅搗きの杵を作れば、餅がくっ付かない（大阪府三島郡）。

○カキを夢に見ると悪い（滋賀・和歌山・愛媛）、身内に不幸がある（岐阜）、カキを食う夢を見ると、重病人が死ぬ（鳥取）、たくさんカキがなっているのをたべる夢は悪い（滋賀）。ただし広島県比婆郡では、カキを食う夢は病気が治る、と正反対のことをいっている。

○カキが実っている夢を見ると悪い（和歌山）。近いうちに家の人が死ぬ（三重県鈴鹿市）、葬式の知らせがある（奈良県宇陀郡）、年寄りが死ぬ（滋賀県甲賀郡）、火事が起こる（京都）。熟柿の夢を見ると親戚内か近所に死人がある（和歌山）。

○青いカキの夢は若い人が、赤いカキの夢は年寄りが死ぬ前兆（福井県遠敷郡）。赤いカキの落ちた夢を見ると年寄りが、青いカキの落ちた夢を見ると若い者が死ぬ（滋賀県高島郡）。

○兵庫県明石市の柿本神社にあるカキは、柿本人麻呂が植えたとの伝説がある。妊婦がこのカキの実（御筆ガキという）を懐中すれば、難産のうれえがないという。人丸と人生まる、或いは火（月経）止まるの語呂によるかといわれる。人丸とカキの関係では、近火を防ぐまじないとして、門口に「焼亡（じょうもう）は柿の木まで来たれどもあか人なればそこで人丸」の歌を書いて貼ると類焼しないという俗信がある。火止まる、の音通である。

柿 かき

(4) 食合せ 妊産婦と柿

○カキの食合せ食品として、第一にあげてよいのは蟹である。腹痛を起こす、胃病になる、または死ぬという（秋田・栃木・新潟・福井・岐阜・大阪・岡山・鳥取・広島・福岡・佐賀・宮崎・大分・鹿児島）。佐賀県武雄市では、カキと蟹漬は合食という。採集地からみて、だいたい川ガニが主たる対象だったかと思われる。カキとカニの禁食は古く、正応元年の『衛生秘要抄』に「柿与蟹、腹痛大瀉」とあり、天正末頃の成立と推定される『月庵酔醒記』飯食相反の章に、「柿とかにくい合ば腹いたみくだる」と記す。慶長四年の『延寿撮要』にも「柿と蟹と同食すべからず」とある。

○カニと並んでタコも多く、岩手・秋田・栃木・新潟・富山・福井・広島・愛媛・佐賀・大分・熊本などでいう。

○その他、魚類では、渋ガキと黒ダイ（岩手）、カキとサバ（秋田）、サケ（岩手）、エビ（秋田）、数の子（秋田）、カキとアミ漬（佐賀）、ウニと熟柿（新潟）などがあり、カキと魚類も食禁に数える（埼玉）。

○カキと鶏卵は、腹痛を起こす（広島）。

○カキと犬の肉を食べると悪い。

○氷とカキ、てんぷらとカキの食合せは、以前富山の薬屋などが景品として置いて行く絵図の中にもあったので、各地から採集が集まるかと思われたが、実際には僅かであった。合食しても大丈夫という経験的知識によって抹殺されたのであるかも知れない。

○秋田県では、平鹿郡その他で、カキと餅を食うと中毒するという。他の土地では正月のカキを食べることをよしとしているから、餅が食べられぬとなると不自由なことになる。

○餅と並んで最も解しにくいのは、カキを食って茶を飲むと腰が抜けるというもの（千葉県市川市・広島）である。

○妊婦・産婦にカキは毒だという。滋賀県高島郡では、食べるのはもちろんのこと、柿色の物を見た人は産見舞に行くのもいけないといい、熊本県阿蘇郡では産婦は柿ばかりでなく、牡蠣も絶対に食べてはいけない、柿色の着物も着るなという。カキをたくさん食べると子供が生まれなくなる（宮城県石巻市）という。不妊の意味であろう。長野県では、月経中に食べると閉止してもまた出血するという。カキがいけないという理由は、一般には、腹を冷やすからといっている。一方には、精が強い食物の一つにカキを数える（静岡）考え方もある。

○産前はカキを忌む（宮城・東京・岐阜・滋賀・和歌山・兵庫）、食べると大毒（長野）、難産（北海道）、血荒らしになり流産（茨城）、出血（秋田・岐阜）、子癇を起こす（宮城）、胎児の頭に雲脂（ふけ）がつく（秋田）、神経質の子が生まれる（秋田）、などの悪結果を招くという。

○妊娠中も分娩後も、カキを忌む理由の一つとして、乳が出なくなることを挙げる所は多い（福島・群馬・茨城・愛知・山口）。広島県比婆郡では、妊婦が吊しガキを食べると乳が出ないという。ただし、愛媛県上浮穴郡では、乳が出ない時は、吊しガキを食べるとよい、と正反対のことをいう。

○産後カキを食べるのは大毒である（宮城・長野・鳥取・岡山・福岡）。禁忌の期間は土地により長短がある。産後すぐはいけない（愛媛）、ウブヤアケ（産の忌が終る時。産後三十日くらい）まではいけない（長野県木曾郡）。三十三日間は、下痢をするからいけない（愛媛県上浮穴郡）。六十日か七十日は蔕を見てもいけない（岡山県川上郡）。七十五日は干しガキを食べてはいけない（三河）。百日以内はいけない（埼玉・新潟）、食べると乳が出なくなる（宮城・山口）。愛媛では、産後のカキは毒であり、吊しガキも一年間はいけないという。東三河では、乳飲み子のある時に串ガキをたべると、乳の出が悪くなるという。

○妊産婦は、カキの木の傍へ行くのもいけないという、正に坊主憎けりゃ袈裟まで式の禁忌も行われている。妊娠中はカキの木の下は通られぬ（鳥取）、お産上がりはカキの下を通ってはいけない（茨城・群馬・東京）。お産の後、カキの木の傍に寄ってはいけない（長野）。秋田県南秋田郡では、カキの木の下に行ってさえ冷えるという。

○ただし、広島では、女は平常カキの初なりを食べていると、良い子が生まれるといっている。

○渋ガキを食べると、尻がつまる、便秘する（富山・愛知・滋賀・奈良・佐賀）。

柿（かき）

(5) 柿と療病、そのまじない

○子供の寝小便に、カキの蔕を煎じて飲めばよい（山形・栃木・茨城・愛知・広島・鹿児島）。霜を見てから採取して乾燥しておいたものを煎服する。三河では、カキの蔕四匁に水一合乃至一合五勺の割合で煎じ、七日間用いるという。また、カキの蔕とミカンの皮を煎じて飲む（愛知）とも。その他、渋ガキを煎用する（広島）例もある。

○丹波地方では、カキの芯を食うと小便が近くなるとか、阿呆になるという。寝小便の薬というのと矛盾するようだが、山口で、膀胱炎にカキの葉の煎じ汁を連用するとよい、というのと同じであろう。

○リュウマチに、カキの新芽を干して粉にしたのを飲む（鳥取）。

○肋膜炎には、カキの葉をすって、足の土ふまずにつける（長崎県西彼杵郡）。

○心臓病に、カキの葉が効く（宮城県塩竈市）。

○神経痛にはカキの葉がよい（宮城）。

○中風・高血圧に、カキを食べるとよい（宮城・茨城・栃木・愛知・愛媛）。渋ガキを食べるとよい（富山）。カキ渋を飲めばよい（愛知・富山・福井・岐阜・三重・滋賀・高知・福岡・大分）。宮城県栗原郡では、中風で倒れたら早くカキ渋を飲ませる。カキの渋をしぼってそのまま飲むらしい（愛知ではカキの汁を煎じて飲む）。滋賀県では一日三回、匙に約一杯といい、大分では、よく効くが便秘を起こしやすいので注意が肝要であるという。カキ渋に大根おろしの汁を混ぜて飲めばよい（熊本）ともいって、茨城県猿島郡では、カキ渋・おろし大根を等量にして十日も飲めば、中風はよくなるという。

○カキの葉を煎じて飲むとよい（宮城・山形・埼玉・千葉・福井・山口・福岡・対馬・鹿児島）。東京都下では、カキの葉を洗ってから蒸し、乾燥しておき、茶と同じように常用するとよいという。その他、カキの新芽を煎じて飲む（群馬）、蔕を煎用（茨城・岡山）、カキの木の根を煎じて飲む（三河）所もある。

○愛知県南設楽郡では、元旦に串ガキを食べると中風にならぬという（北設楽郡では元日の朝はカキを食べるものだという）。右の療法の延長解釈であろう。

○咳止めにカキの蔕が効く（宮城県亘理郡）。百日咳に、カキの蔕を煎じて飲む（長野・群馬県邑楽郡・山梨県西八代郡）。百日咳の流行する季節にも、蔕ならばあるが、主に干しガキ・串ガキを使用する例が多いようである。干しガキを煎じて飲む（静岡・愛媛・山口）。干しガキの表面にできる白い粉をマンニットと呼び、咳止めの効があるといわれているから、窮余の策としての蔕よりは、干しガキの方が効果があることになろう。愛知県南設楽郡では干しガキのホズに、ミカンの皮の陰干しを加えて煎服するとよいという。岩手県では白ナンテン・干しガキ・ミカンの皮に砂糖を混ぜ煎じて飲む。福岡では、風邪に陰干しのカキの葉を煎用する。

○健胃剤として、渋ガキをすりおろして食べる（茨城）。下痢気味のときは、カキ渋を少し水でうすめて飲むとよく効く（広島）。下痢止めに串ガキを味噌汁にして食べる（岩手）。島根県では腹下りのとき、ススガキといって、かまどの上にカキを吊しておき、煤で黒くなったのを食べると効く。鳥取県では、干しガキの黒焼きを下痢止めに飲む。『長生療養方』にも、「厚腸胃」とある。

○群馬県利根郡では、正月様に上げたカキは腹薬という。

○胸がやける時、渋ガキを食べる（栃木）。

○しゃっくりを止めるのに、カキの蔕を煎じて飲む（福岡）。

○カキの渋は下剤になる（新潟）。千葉県西上総地方では、腹下りにカキ渋を水にうすめて飲むとよい、と正反対の効用を説く。

○毒消しにはカキがよい（富山）。カツオの中毒に、カキの葉を揉んで出る液を飲む（熊本）。
○子供の癇に、熟した甘ガキを食べさせる（新潟）。
○「カキは歯の毒、腹ぐすり」と神奈川県津久井郡でいう。『日用諸疾宜禁集』に、カキを歯病禁物に挙げているのと一致する。
○愛知県北設楽郡では、元日にカキを食べると歯が丈夫になるといい、長野県安曇地方では、正月二日にカキ・クリを食すると虫歯を病まぬという。なお、明石市柿本神社の御筆ガキ（人麻呂が植えたという）の実を口にふくめば、歯痛が治るとの信仰がある。
○火傷に、カキの渋をつけるとよい（宮城・埼玉・高知）。渋ガキを潰してつける（長野・徳島・高知）、青ガキのしぼり汁をつける（三河）、小ガキの渋を塗る（長野）。カキの渋をしぼっておいたものをつける（鳥取）。カキの渋を塗ると、火傷の傷痕が残らない（広島）。火傷のあとが水ぶくれした場合、カキの渋を布に浸して湿布し、毎日取り替えると化膿しない（山口）。火傷がただれた場合には、串ガキ・タケノコの皮・クズの黒焼きを卵の白身で練ったのをつける（岩手）。
○群馬県利根郡では、火傷にカキの葉を貼ると、熱を取るという。火傷にカキの渋を塗ると黒く変色し、そのうちにすっかり痕を残さず治る。醬油や味噌を塗っても治るが、痕が残る恐れがある（大分）という。
○切り傷には、カキの渋をつけるとよい（埼玉）。打ち身に、カキの渋を塗る（宮城・鳥取）。
○化膿させぬためには、カキの葉でドクダミの葉を包んで、いろりの灰の中に埋め、どろっとしたら付ける（岡山）。
○汗疹には、カキの蔕の煎じ汁で体をふく（京都）。
○漆かぶれには、カキの実を潰してつける（徳島）。

○腫物に、カキの種の黒焼きを醤油で練ってつける（長野県小県郡）。
○痔にカキの葉を煎じてつける（宮城）。
○蜂に刺された時は、渋ガキ或いは青ガキを潰した汁、即ちカキの渋をつけるとよい（秋田・宮城・福島・群馬・千葉・愛知・新潟・福井・長野・愛媛）という。広島県では、蜂に限らず毒虫一般に効果があるとする。いつも青ガキがあるわけではないので、干しガキも使われる（岩手）。東三河では、串ガキを酢につけて軟らかくしたのをつける。
○マムシにかまれた場合もカキの渋をつける（群馬）、渋を飲む（石川）。マムシやムカデにかまれたら、焼酎に漬けておいた吊しガキを貼る（埼玉）。滋賀県高島郡では、カキの渋を塗っていると、マムシにかまれないといった。肥後の北部では、山稼ぎが、腰にカキの渋を入れた竹筒をさげて行く。ヒラクチに対する中和剤として効果があるからだという。
○しもやけ・あかぎれなどの療法としてカキが用いられた。山口・熊本ではカキ渋をつける。渋を塗布する法では、土佐で、しもやけに渋ガキを患部につける、三河・常陸でカキの渋をつける、佐渡・豊前でカキ渋を煎じて塗る。讃岐では、あかぎれの部分をよく温め、きれいに洗ってからカキの渋を筆か綿でつける、またはカキ渋（或いは赤ウメ）の汁を温め、その中へ患部を浸す。渋は二、三倍にうすめて用いる。神奈川県秦野市では、カキの花を煎じておき、常時塗る。山形県新庄市では、しもやけがくずれかかった時は、串ガキを黒焼きにして飯と練り合わせて貼る。季節的に青ガキは無い時だから、対症療法としては、串ガキか吊しガキを使うことになる。その不便に対するためか、夏のうちに凍傷にかかりやすい人は、予防のまじないをした。千葉県で行われるものは、土用の丑の日にカキ渋を、凍傷にかかりやすい部分に塗る。その他カキとは関係がないが、土用丑に、溝の中に手を入れる、嬰児が産湯につかった湯で患部を洗うなどの方法もあった。
○飛驒では、熟柿を酒の中に入れて、その汁をしもやけ・凍傷につけるとよく効くという。冬期生カキが無いための窮余の策であったかも知れない。
○土用の丑の日を重んずる例の一つとして、茨城県東茨城郡小川町〈小美玉市〉の植田家で出す、とげ抜きの家伝薬は、河童から伝授された妙法というが、材料にはカキの葉が入っている。マユミ・ナシ・カキの葉を土用丑に採って刻み、陰干しにしたもので、煎じて飲むと、たいていのとげは抜けるという。
○船酔い・酒酔いにカキが効くという。舟に酔う人はカキを食べると酔わない（富山）、干しガキを臍に当てれば船酔い・車酔いに効がある（京都）、正月の串ガキを食べて乗れば、汽車に酔わない（奈良）。
○二日酔にはカキを食べればよい（埼玉・福井・佐賀・熊本・大分）。酔い直しに熟柿を食べる（栃木・石川・広島）。酒の酔いが早くさめる（愛知）。美濃の西条ガキを薄くへいで臍にあてておくと、いかほど大酒しても酔わない（徳島）。干しガキを二つに割って臍に貼ると悪酔いしない（岐阜）。酒宴の座に行く時は、カキの種を臍に当てる（福岡）。
○ただし、この反対の説もある。『延寿類要』に「酒食食紅柿、心痛」とあり、天正頃に成った『月庵酔醒記』に、「酒後じゆくしをくへば、胸いたみ、死ぬる事あり」と見えている。これでは逆効果も甚だしいことになる。

柿　かき

(6) 天候・豊凶予占　柿と一年

○カキの葉が早く落ちるようだと、雪が早い（飛驒・広島）。カキが早く色づくと初雪が早い（飛驒）。
○カキの落葉が裏返しになって地に落ちるのが多いと大雪（新潟・長野）。カキの種が上にある年は、雪が多い（山形）。
○カキの実がよく実った年は、大雪である（山形県西置賜郡・富山県氷見市）。実りが少ない年は雪が少ない（福井）。カキの種が多ければ寒気が厳しく、少なければ雪が少ない（広島）。種の胚芽が大きい年は雪が深い（山形県西置賜郡）。
○カキがよく実った年は大風（台風）がある（群馬・宮崎・熊本・鹿児島）。宮崎・鹿児島では、カキの豊年は台風の当たり年という。根拠はないらしいが、カキが美しく枝もたわわになる頃が台風シーズンであるから、その損害を受けた場合の印象が強烈なところから、こういうようになったものかも知れない。
○カキの豊年の時は稲作が悪い（長野・広島）。
○カキの木にむだ花が多い年は雨が多い（出雲）、むだ花は雄花。「雨栗日柿」とことわざにいうのは、クリの花が咲く頃、雨がちだとクリは豊作だが、カキは開花期に多雨だとよく結実しないとの意味であるから、むだ花が多いから多雨なのではなく、多雨だからむだ花が多いのである。ただし、「雨柿日栗」と反対のことをいう所もある（京都）。
○三月の節供が晴天だと、その年はカキが大当たり（奈良）。
○旧五月五日に雨が降るとカキの実が熟さない（能登）。
○盆の十三日は、三粒でも雨が降ればよい。カキのなりがよくなる（大阪府三島郡）。
○熊本県玉名郡では、カキの実がひどく落ちる時、これをとめるために幹の根元に塩俵をくりつける、或いは根元の近くの地を掘って塩俵を埋める。大阪府三島郡でも、カキの木の根元へ塩俵を巻き付けておくと、蔕が落ちず実がよくなるといい、奈良県でも同じことをいう。滋賀県高島郡では、カキの木に塩気をやると、虫がつかないという。呪法か、実地上の栽培法であるか、明らかでない。

○カキの木に鋏を入れるな（広島。栽培上の注意）。カキの木も剪定せぬと、なり年の翌年はならない。ただし、カキの剪定は、どれが結果母枝であるか見分けが難しいので、技術のない者はやらぬ方がよい。昔は、やみくもに手を出すよりは、ほっておく方を選んだ。

○福島県石城郡（いま、いわき市）で、「カキの木と家内（女房）の角折ったほどよい」というのも、徒長を嫌う意である。

○新潟県南蒲原郡では、カキの実がまだ青いうちに、幹に新聞紙を巻いて縄で縛る。こうすると実が落ちない。

○カキの一年——カキの花踏んで肥持ち（新潟県栃尾市〈長岡市〉）。カキの花踏んで田植（同上）。カキの芽が出始めて大豆一粒を包みきるようになったら大豆を蒔かねばならぬ（福岡県宗像郡）。カキの若芽が夏大豆を三粒のせられるくらいになったら、その種蒔き時（同久留米市）。カキの葉の二つ葉が出る頃がゴボウの蒔き時（長崎県平戸市）。カキの葉三枚ゴボウ蒔き（長崎県西彼杵郡）。カキの若葉の雀隠しに接ぎ木（新潟県栃尾市〈長岡市〉）。盆の十三日のミハレはカキの実を落とす（新潟県中頸城郡）。タナバタガキ（小形の甘ガキ）は七夕には必ず食われる（熊本県玉名市）。ツクツクボウシが鳴けば、カキが食える（大阪府三島郡・和歌山県東牟婁郡）。カタカタキーヨウス（ツクツクホウシ）が鳴けば、カキが甘くなる（新潟県栃尾市〈長岡市〉）。十五夜が来ると、カキがヨム（えむ）（同）。カキが色づくと半月後には狩猟解禁（福岡）。カキの豊年には渡り鳥が多い（同県）。カキ勧進（ムクドリ）が来ると冬が近い（新潟）。⇩果樹（かじゅ）・果実（かじつ）

樫　かし

○長野県下伊那郡で、家の裏にカシ、表にカリンを植えるとお金がたまるといい、香川県三豊郡では、家の南にカシを植えると果報があるという。このようにカシを吉木とする一方で、カシを庭に植えると病人ができる（長野県更級・埴科郡）といって忌んだり、カシの木を屋根より高くしてはいけない（埼玉）と、この木の生長に気をつかう土地もある。

○高知県では、鎌の柄にカシを用いることを忌む。これは、かつて妊婦が死んだ時にカシの柄の鎌で胎児を取り出す習俗があったことから、常の日にカシの柄を用いることを嫌ったものだという。

○宮崎県東臼杵郡西郷村〈美郷町〉では、十二月十三日は箸をかく日といって、カシの木を伐り、皮を半分むいて削った箸を作り、家の門口に吊しておき、家普請・祝い事・葬式などの時に用いた。また、箸の削り屑を道にまき、それを人が踏むと、その人は丈夫になるともいう。

○岐阜県恵那郡では、医者にかかっても治らないような病人が出た時は、親戚や近所の人が集まり、神社の鳥居を一人一人まわるごとにカシの葉を一枚置いて快復を祈ったという。

○カシの木の根元がしめっていると雨になる（愛知・和歌山）。

○民間療法。肝臓病にはシロカシの葉を煎用する（徳島）。口の端が白くなる時は、カシの木のあわをつける（愛知）。

果樹　かじゅ・果実　かじつ

○小正月に、二人で果樹のもとに行き、一人が刃物で木に傷をつけながら「なるかならぬか、ならねば伐るぞ」と唱えると、他の一人が「なります、なります」と答え、傷口に小豆粥を塗る。こうするとよく実るという。この成木責めの呪術は広く行われていたもので、例は枚挙にいとまがない。宮崎県では、正月十四日の昼間、家のカキ・ミカン・ビワ・モモ・ナシなどの木を、ヤナギの枝で作った棒で叩きながら、「なれなれカキの木・ミカンの木……ならずは上ん山キキドン（ネズミ）かい、根っかい、葉っかい切って貰うど、千なれ、万なれ、年ぎりやんすな」と唱えたという。秋田県平鹿郡でも、小正月の夜、果樹に「伐るぞ」と言って叩くと多く結実すると伝えている。いずれも果樹を脅して果熟を約束させる呪的行事である。

○秋田県由利郡で、初なりの果実を採りに行く時は大きな入れ物を持って行くといい、千葉県では、果樹が初めて結実した時には大笊にその実を採り入れる、そうすると年ごとに多く実を結ぶという。山口県でも初めて結実した時は、少しの収穫にも大きな入れ物を持って行くという。大きな入れ物を用意することで、翌年の収穫の豊かであることを願ったものである。果実がなった時、大袋に入れ、重いまねをしてかつぐと翌年は多く実がなる（鹿児島県国分市〈霧島市〉）などというのも同じ心意に基づくものであろう。

○千葉県では、若い果樹の実らぬ時には、他の実る木の枝をこの若木に結びつける。これを、嫁をもらうといい、翌年から実がなるという。これを結ぶことによって、実りを得ようとする一種の伝染呪術である。

○岡山県では、亥の子の日に藁槌を果樹に下げると結実多しという。

○果実をすべて収穫せずに一つだけ残しておく風は広い。山口県阿武郡では、これを木守り（きまぶ）といって一個残しておくと翌年よく実るといい、高知県高岡郡では、一つ残しておく果実をとみといい、これは盗んでもよいとする不文律がある。

○果物を手玉にとると翌年実がならない（秋田・福井・山口・福岡）とか、果物を投げると翌年実らない（鳥取・島根）という。

○果実に指をさすと、果実が腐る（秋田・長野・愛知・広島・福岡）とか、さした指が腐る（新潟県西頸城郡）といって忌む。

○節分に雨天だと果物は不作（愛知）とか、二月の社日に雨が降ると果実が少ない（徳島県板野郡）、或いは旧三月に雨が降ると果物は不作（愛媛県大洲市）という。八月十四日に雨降ると果物がならぬ（奈良県宇陀郡）ともいう。
○初なりの果物を食べると七十五日生き延びる（石川・奈良）という。果物に限らず初物によくいう俗信である。
○植えて一番初めの果物は食うものではない（山口）という。初物は水神様などの供物にするところからいうのであろう。熊本県玉名郡では、七夕さんに果実や野菜類の初物を供えると喜ばれるといい、鹿児島県国分市（霧島市）でも、果物を水神様に上げないで食べると、子供が溺れたり災難があると伝えている。
○果実を火にくべると、実らなくなる（鳥取）、七代貧乏する（広島）。種を火にくべると罰が当たる（広島）、といって忌む。山形県庄内地方では、忌む理由を、火の神様が嫌うからと伝えている。
○三重県度会郡で、果樹を屋敷内に植えることを嫌う。徳島県板野郡松茂町でも、屋敷内に果樹を植えると、果実が成熟して落ちる頃には、その家に死人が出るか、もしくは落目になるという。
○双子になった果実を妊婦が食べると双子を生む（秋田・栃木・福井・和歌山・鳥取）というのは、その形状からの単純な連想である。異形の果物を食べると子供に異常が出る（長野・山口）とか、丸い果物を懐中にすれば子供の頭に丸い瘤ができる（福島）というなども同じことである。
○なり木の豊年は台風の当り年（宮崎）とか、木の実多ければ暴風雨のある兆（福井・広島）という。大風が吹くと思われる時には風害を受けても実が少なくならないように、あらかじめ多くの実をつけるだろうという考えからいわれたもの（『新説ことわざ辞典』）という。
○果実を食べた夢を見ると、凶（岡山）、病気になる（福島県郡山市）、腹を病む（長野）。時ならぬ果物を食べる夢を見ると凶事がある（大分県宇佐地方）。果物の多くなる夢を見ると親類から死人が出る（石川県鹿島郡）。
○木の実が多く実ると翌年は豊作（山形）。
○民間療法。初なりの果物は夏痩せを防ぐ（愛媛）。
○その他の俗信。果物の木は植えた人が死んでよい実がなる（広島県山県郡）。閏年に果樹を接ぐと肉親が死ぬ（愛知県南設楽郡）。婚礼の日、花婿が手斧で果樹を伐るまねをすると嫁の居つきがよい（高知県中村市〈四万十市〉）。七夕祭の朝は他人の果物を取ってきてもよい（愛知）。双子の果物や二股のダイコンなどはまず恵比須さんに供えた。

榕樹 がじゅまる

○沖縄では、屋敷内には吉日にガジュマルを植える、ガジュマルの古木にはキジムナーが生じるという。鹿児島県沖永良部島でも、ガジュマルの古木にはケンモン（怪物）が住むからといって伐ることを忌むが、もし伐る場合には、釜蓋をかぶせると祟りがないという（神木とされている木を伐る場合も同様にする）。
○ガジュマルの気根（地上の茎から生ずる根）が芽生えたら梅雨上がりである（鹿児島県喜界島）。
○ガジュマルは屋久島や種子島を北限とする木であり、沖縄には次のような民間療法がある。ガジュマルは傷つけると白い乳汁を出すが、この汁を腫物につけると治る。ガジュマルの内皮を煎じて飲むと解熱や婦人病に効き、また流産の出血止めにもよい。

柏 かしわ

○カシワの木を植えると財産がふえる（群馬）、植木にはカシワを喜ぶ（長野）、カシワは新芽が出ても落葉しないから喜ぶ（福岡）、という。
○マツは公、カシワは伯で、カシワとマツは姉妹木であり、神社仏閣には百木の長として門閭の守護木として珍重するが、屋敷内には植えない（鳥取）。即ち、民家には過ぎた木として忌む。『和漢三才図会』にも「松と柏は以つて百木の長たり。凡そ万木皆陽に向ふ。柏独り陰木にして西を指すこと猶鍼の北を指すがごとし。故に字、白に従ふ。白は即ち西方なり」とある（時珍本草に拠って記したもの）。

○癲癇はカシワの木の下に連れて行き、鎌で着物を裂き、ヨモギのもぐさで全身をたたき、着替えさせる（北海道）、節供の日にカシワの葉をしまっておくと薬になる（愛知）、などの民間療法が伝わる。

○なお、柏を古来カシワと訓んでいるが、柏はヒノキ・サワラ・コノテガシワなどの常緑樹をさす。「松柏」と熟して、色を変じない木の意となる。これに対し、カシワはブナ科に属す落葉喬木である。

蔓　かずら

○カズラの類が屋敷にあるとその家は他人の厄介となるが、これはカズラが自分だけでは生長でき難いことによる（鳥取）。それでカズラを庭木とするのを嫌う。小庭にカズラを植えるとその家を巻き倒す（佐賀）とは、現実面からの戒めであろうか。

○カズラは伐るものではない（和歌山）、夏山に行ってカズラを裂くとヘビが出る（山口）、と、カズラを伐ることを忌む。また、薪とすることも禁じられ、釜にカズラを焚くと病気になる（岡山）、夜、カズラを薪に焚くな（山口）、という。

○恵比須様はカズラを嫌う。網場でもらった魚をカズラで縛って持って帰る者にはやらぬこと（共に広島）。

○カズラは熱冷ましによい、ジフテリアには「頬が八丁（腫っちょう?）とはけしからん、今年の夏の大土用の丑の日に太ったカズラの根を切れば枯れていくぞよ、アブラオンケンソワカ」と庖丁で頬の腫れたあたりをあちこちさせながらまじなう（共に愛知）。

酸漿草　かたばみ

○カタバミは路傍などに自生する多年草であり、

その葉を陰干しにし、煎じて内服すれば、痔（埼玉）、淋病（山口・高知）、肺炎・胃腸病・皮膚病（高知）に効あり、という。また、生の葉を揉んだり砕いたりしたその汁を疥癬（岩手）、あせも（愛知）、虫刺され（岩手・山口）、眼病（秋田）に、外用薬として用いる。

桂　かつら

○屋敷内にカツラを植えてはいけない（秋田）、カツラは天狗のすむ木だから屋敷内に植えない（鳥取）。

○鳥取では、カツラの木は人の踏む所には板や閾にも使用しない。秋田では、橋材にカツラを用いるとすぐ流れるが、これは川の神の大蛇がカツラに触れると動けなくなるためである、と、いずれも人に踏まれる場所への使用を禁ずる。

○カツラの木の芽が赤くなると種播きをする（宮城）。

○カツラの樹皮を他のものと調合した生薬は、コレラの薬（栃木）、精神病や神経病の薬（新潟）として奇効を発揮するという。

南瓜　かぼちゃ

○冬至にカボチャを食べる風は全国的で、この日に食べると、中風にならない（北海道・青森・岩手・秋田・山形・宮城・栃木・群馬・茨城・千葉・埼玉・神奈川・新潟・石川・富山・長野・岐阜・静岡・愛知・滋賀・京都・大阪・奈良・三重・和歌山・兵庫・岡山・鳥取・広島・山口・香川・愛媛・徳島・福岡・佐賀・大分・宮崎・熊本）、風邪をひかない（岩手・秋田・山形・福島・群馬・埼玉・千葉・新潟・山梨・岡山・山口・香川・福岡）、夏病みしない（岐阜・愛知・福井・山口・愛媛）、病気をしない（秋田・宮城・福島・福井・山梨・和歌山・兵庫・福岡）、腹に虫がわかない（岐阜・長野）、伝染病にかからない（福井）、長生きする（岩手・熊本）、運がよい（兵庫）、災難をのがれる（石川）、火事を防ぐ（福岡）、小遣いに不自由しない（宮城・群馬・岐阜・滋賀・大分）などという。カボチャは冬には珍しい野菜であるところから、神供の意味があったらしく、群馬県群馬郡倉渕村〈高崎市〉では、冬至にはカボチャを煮て神棚に供えてから食べるといい、これを食べないと腹わたが腐ると伝えている。カボチャと共に、この日にコンニャクを食する風も広い。

○しかし、冬至から後のカボチャは食べるものではない（長野県安曇地方）といい、冬至を過ぎてカボチャを食べると中風になる（秋田）とか、或いは冬至過ぎのカボチャの中はヘビになる（秋田県仙北郡）などという。

○同じような意味で、カボチャに年越しさせるな（群馬・新潟・岐阜・山口）ともいい、カボチャに年を取らせると、病気になる（新潟）、死人が出る（石川県鹿島郡）、カボチャの中にヘビが入る（秋田・熊本）といって嫌う。また、年越しカボチャを食べると、中風になる（富山）、病気になる（宮城）、馬鹿になる（秋田）、腫物が出る（新潟）、ともいう。カボチャは寒さに弱く、冬至を過ぎる頃から腐り始めるため、越年させて腐らせることを戒めたものであろうか。

○なっているカボチャを指さすと、落ちる（長野・愛知・京都・大阪・奈良・和歌山・香川・愛媛）とか、腐る（秋田・宮城・福島・石川・富山・長野・岐阜・愛知・広島・高知・大分・佐賀）、或いは腐って落ちる（栃木・福井・長野・大阪・奈良）といって忌む。沖縄県国頭（くにがみ）郡では、カボチャの実り初めに指さして見ると、実らずに引き込んでしまうといい、高知県幡多郡では、指さすと腐って落ちるので、握り拳で数えたりするという。

○また、カボチャに指をさすと指が腐るといって嫌う土地もあり（石川・三重・和歌山）、石川県鳳至郡では、誤って指さした時は歯でその指を噛み、唾をつけるという。

○カボチャができすぎると、不幸がある（京都・兵庫・愛媛・高知）、悪いことがある（秋田・岡山・愛媛）、凶事の前兆（宮崎）、人が死ぬ前兆（石川・高知）、災難が入る（岐阜）といって用心する。また、異常に大きなカボチャのできるのも不幸の前兆（大阪・愛媛・高知・長崎）という。愛媛県小田町〈内子町〉で、特別大きなカボチャができると不幸があるといって近所に分けて食べる、というのは災厄を分散する意味であろう。高知県では、果樹や野菜の異常豊作を別れ作といって凶兆としている。

○他にも、カボチャが一節に二つなるのは不吉（宮崎県西諸県郡）とか、トウボラ（カボチャ）が屋根を越えるとよいことがない（山口県大島郡）という。秋田県北秋田郡で、屋根の上にカボチャを這わしてはならないというのは、カボチャに限らず蔓物によくいわれる俗信である。

○カボチャの栽培を忌む家や土地は各地に見られる。秋田県南秋田郡には、カボチャを植えると病人が絶えぬという家があり、新潟県新発田市の某マキでは、かつてはマキ全体でカボチャを作らなかったという。佐賀県東松浦郡のある集落では、カボチャが育たぬといわれており、その理由として、昔この地を支配していた善い地頭が、一夜悪者に攻められカボチャ畑に逃げたが、カボチャの蔓に足をとられて転び、殺されたからと伝えている。

○カボチャの蔓はよいが、しかし、時期はずれに見ると悪い（大分県南海部郡）という。

○カボチャの蔓の多い年は大風が吹く（秋田・宮城・群馬・新潟・長野・愛知・和歌山・熊本・宮崎）。カボチャの花が多く、蔓が伸びすぎていると暴風雨になる（広島）。カボチャの蔓が早く枯れると早く雪が降る（岐阜）。カボチャの葉が早く枯れると大雪の兆（同県）。カボチャの末なりが早いと秋冷が早い（広島）。カボチャの夢を見ると大風が吹く（愛知）。

○食合せ。カボチャと、ドジョウはよくない

（愛知・佐賀）、ドジョウはあたる（秋田・新潟）、ウナギは中毒する（秋田）、シバエビはよくない（山形）、タニシはよくない（大分）、てんぷらは中毒する（秋田・大阪）、ウサギの肉は中毒する（秋田）、バナナは中毒する（同県）、カキは中毒する（同）、カラシは中毒する（同）、キノコは腹痛（同）、ナスはよくない（同）、トコロテンは胃病になる（茨城）、こけらのない魚は、中毒する（秋田）、マグロは悪い（山形）。熊の胆は悪い（秋田）。

○民間療法。カボチャを食べると、顔が黄色になる（秋田）、十年前の病が出る（同県）、頭がのぼせる（愛知）、血のめぐりが悪くなる（広島）。妊婦がカボチャを食べると、禿頭の子が生まれる（秋田）、流産する（宮城）、身が冷える（佐賀）、子供にくさができる（宮城・福島）、しゃべれない子が生まれる（宮城）。カボチャの種を焼いて食べると馬鹿になる（秋田）。七月中にカボチャを食べると悪病にかかる（同県）。カボチャの虫食いを食べると悪者になる（長野）。高血圧にはカボチャを食べる（島根）。不眠症にはカボチャを多食する（熊本）。下痢にはナンキンの蔓から出る汁を飲む（福井）。陰干しにした種子を黒焼きにして粉末にし、虫くだしとして服用する（高知）。マムシにかまれた時は傷口を切って毒を吸い出し、生カボチャの汁をつける（兵庫）。ハチ刺されにはカボチャの茎の汁をつける（愛知）。熱冷ましには、カボチャの末なりをすりおろし、これを布に延ばして耳下から喉にかけて湿布する（愛媛）。

○その他の俗信。カボチャの尻の大きいのはまずい（愛知）。カボチャが実り始めた時には、家でカニやエビを焼いてはならない。焼くと実らずに枯れてしまう（沖縄県国頭郡）。妊婦がいるとカボチャが腐る（秋田）。カボチャを盗まれたとき、盗人に見立てた案山子を立てておいて竹槍で突き、山へ送った。カボチャが高い所になれば落ちない（愛媛）。カボチャを切る時に手を切ると手が曲がる（茨城）。婿を貰った家ではカボチャを植えない。もし植えるとその子が娘ばかりで、また婿を取るようになる（山形県庄内地方）。カボチャは新築の年に播かないと永久に播けない（秋田県南秋田郡）。八十八夜にカボチャを播くと大きくなる（山形県東田川郡）。カボチャなどの蔓物は身上のよい所から貰うとよい（長野県飯田市）。

萱　かや

○カヤの穂の多い年は悪疫が流行する（京都）、カヤの穂が赤く出ると、その年は赤痢が流行る（青森・岩手）、悪病が流行する（新潟）、病人が出る（宮城）、ともいい、長野では、八月二十七日のカヤ箸のお年取りに赤い穂のカヤで麵類を食べると赤腹を病むから白い穂のカヤで箸をこしらえる、といって、やはり赤い穂を忌むべきものとする。カヤの穂が耳に入ると口がきけなくなる（秋田・新潟）、とは、穂で鼓膜を損なうことを戒めたものであろうか。

○カヤの葉にくびれが出た年は嵐が襲う。例えば、くびれ目が一か所の時は一回、二か所の時は二回というように、くびれ目の数に等しく嵐が来る（福島）。同じことをカヤの葉の節の数だけ台風が来る（徳島）、カヤに節があるとその数だけ時化がある（三重）、カヤの穂に横縞の出る数でその年の嵐の日数がわかる（群馬）、カヤに大きな筋があったら大きな台風が来る（和歌山）、と、カヤの葉や穂の節などでその年の台風の数や程度を予測する。群馬では、カヤの穂の出が少ない年は大風があるという。冬に冬囲いのカヤの葉が動く時は峠を越すな（山形）、とは吹雪の兆との意であろうか。カヤの青いうちに雪降ればその年の雪は少ない（広島）とは、初雪早ければ根雪が遅い、と同趣の俗信である。

○民間薬として、カヤの根を煎じて飲むと小便の通じが良くなる（新潟）、下痢にカヤの根を煎じて飲む（鳥取）、下痢にはカヤ・カンゾウ・キササゲ・ニラの根をすって用いる（香川）、オコゼに刺された時はカヤの若葉を味噌に入れて煮、その汁で患部を温める（石川）、などの療法がある。

○呪術的なものでは、七月二十七日にカヤの箸で御飯を食べると腹の病によい（長野）、七月朔日にカヤを刻んで入れた粥を食べると腹薬になる（宮城）、ダイシッペイといって、十二月末に一本のカヤを三角形に折り、一角を水引で縛ったものを作り、節分の豆を炒る時、最初にこれでかきまわすと病気にならない。疱瘡にかかったら、カヤを四角に編み、その四隅を荒縄で結んで軒に吊し、赤い紙でボンデンを作ってのせておき、三本辻の道祖神のところに出す。また、カヤで簀を編んでワラを結わえて赤色の疱瘡神の幣束を立て、四隅に紐をつけて赤飯をのせ、四本辻・三本辻に棒に吊して疱瘡神を送り出す（共に群馬）。ものもらいができた時は便所の屋根からとったカヤで松明をつくり、本人の体を火祓いする。さらに、小石を一個拾って糸で縛り、道ばたの石垣に吊り下げておく。他人がこの石を取ったらものもらいは治まる（沖縄）、などの予防や治療が伝わる。

○カヤの生育に関する自然暦として、カヤの穂が出るとカワザイ（魚の名）が釣れる（山形）、カヤの穂の出る頃アラが盛んに釣れる、カヤの穂が飛び散る頃には雄ジカがたらぶ（共に宮崎）、ヤチ（カヤ）取りとダイコン取りとは前後している（新潟）、などの俚諺がある。

○年中行事に関するカヤの民俗として、次のような伝承がある。九月十日のお祭の朝、うどんをつくり、青カヤの箸で食べ、それ以前はカヤを箸として用いない。ただし、この祭が何の祭かは不明である（群馬）。秋に山に行ってカヤを取って来てこれで箸を作り、神様に上げる（千葉）。正月の三日目に田植初めといって平年二本、閏年三本のカヤをさす（徳島）、小正月にカヤ・マメガラと、煤払いに使った藁十二本

（閏年十二本）を雪の上にさして田植のまねをする（秋田）、といった豊作祈願をする。

○五月節供にヨモギとショウブと共にカヤを飾る所もある（和歌山・鳥取）。高知県土佐清水市では、五月節供の夜に、ちまきを包むカヤの根元を上にし、葉先が下になるようにくくり、屋根を葺く形に投げ上げるが、その時に「五月五日女子の家」と唱えるという。また、夏越の大祓などに茅の輪を厄除けとするのは全国的に見られる神事である。

○以上の他にも次のような俗信がある。カヤを衣につけて忘れ貝を拾えば憂いを除く兆（新潟）。山で弁当を開く時にはカヤを切って箸にするが、食べ始めには一箸を山の神にささげ、食事が終わったらこの箸を折って捨てる。

榧（かや）

○カヤには秋に広長円形の種子が熟し、この実は油をしぼったり菓子の原料とする他、食料にもされるが、滋賀では、カヤの実をたくさん食べると瘡ができる、といい、秋田では、カヤと茶は腹痛を起こす、という。脂肪分の多いせいであろうか。

○カヤの実は民間薬としても広く用いられ、十二指腸虫（岩手・宮城・徳島）や蛔虫の駆除剤とする（宮城・福島・栃木・埼玉・岐阜・京都・香川）、カヤの実を黒焼きにして黒砂糖と混ぜて服用すると風邪や喘息に効く（熊本）。カヤの実を喘息の薬とするのは宮城も同様、リュウマチにはカヤの実を煎じて飲む（岩手）。カヤの実は痔病に効く（岐阜）。夜尿症にはカヤの実を炒って食べる（宮城・栃木・福井・愛知）。『閑窓瑣談』に「榧は気味甘くして毒なし、常に食すれば五痔を治し、虫を去り、寸白を治し筋骨を強くして栄衛〈血気〉の行よく、眼を明にして身を軽くし陽根を強くす」とある。また、榧酒は疝癪・寸白に効く（『本朝食鑑』）。

○ものもらいができたら、八月十五日にカヤの木を取り、それで目を三度なでると治る（奈良)。

○以上の他、カヤの俗信・習俗として次のような伝承がある。カヤの木を焚くと家の神様が嫌う(愛知)、カヤの木を薪にすると恵比須様が嫌う(高知)。節分にはカヤの木の葉を切って恵比須様に供え、豆を炒る時それを入れる。そして、一か月ずつ十二の消し炭をこしらえてそれを混ぜ、「福は内へはいらっしゃれ、鬼は外へ出ろ」と言って撒く。寝る時はこれらを枕の下に敷いて寝ると良い夢を見るという(福井県三方郡)。カヤは「実も木も諸木に勝れたる物なり」(『農業全書』)、というように良木とされ、これを焚くことについては「火に燻じてもって蚊を避くべし。蚊は其の香を悪んで去る。蜈蚣は其の香を喜びて慕ひ来る」(『和漢三才図会』)、とあり、蚊いぶしに広く用いられた。

○『月庵酔醒記』に、カヤの実は弘法大師が唐から船載したとき、糸に貫いて持って来たので、それで頭に針の痕がある。指二本でひしぎ砕こうとしても砕け難い。左巻きの実を懐中していれば、毒薬を盛られた時、ひとりでに砕けて音を立てる、とある。

辛子菜 からしな・辛子 からし

○正月の餅とカラシナとを一緒に煮て初午の日に食べると一年中お金に不自由しない、初午にカラシナを食べると小遣銭に困らない、またお金がたまる(共に愛知)。

○カラシはカラシナの種子を粉末にした香辛料であるが、民間薬としても使用される。カラシを温湯で練ったカラシ泥は、神経痛(山梨・高知・鹿児島)、リュウマチ(埼玉・高知)、打撲傷(山梨)の薬として患部に布で貼る。胃痛にカラシ泥を貼る、喉の痛みには匙二杯分のカラシを御飯茶碗の湯で溶き、布に浸して首に巻き、十五分ほどでとる(共に石川)、肺炎には、カラシで湿布する(千葉・山梨・石川・香川)。瘧(おこり)にはカラシの中へ鍋墨を少し入れて頭のおどりの上につける(奈良)。疝気には小麦粉にカラシを入れて練り、痛むところに貼る（大阪）。コレラにかかり、吐いたり下痢が激しく身体が冷えた時は焼酎一、二合中にリュウノウまたはショウノウ一、二匁を入れて温めたものを身体にすり込み、カラシ泥を心臓・下腹・手足へ貼り、約一時間毎日貼り替える、カラシ・小麦粉を等分に混ぜ熱した酢で固く練り、木綿に塗って貼る、カラシを温湯で練って塗るなど、いずれもコレラの薬である（栃木）。卒中で目まいがしたらカラシ湯に膝から下をつけて医者を待つ（茨城）。『巷談奇叢』によれば、疝鬼は醴酒を好み、芥子を嫌う。患者が醴酒を飲むと、疝鬼は腰や腹を襲撃するが、芥子を食えば疝鬼は陰嚢に潜伏する。疝を病む者は宜しく芥子を常用するがよい、とある。

○カラシは薬用として用いられる反面、食用を忌む俗信もある。カラシとフナは痔が起きる（秋田）、カラシとエビは大毒（茨城）、いずれも食合せである。『長生療養法』などには、芥子と兎を食すれば悪病になる旨を載す。

○カラシあえを食べると流産する（広島）、カラシは産後すぐ食べてはいけない（愛媛）、と妊産婦のカラシを食べることを禁ずる。『歌摘録』には、「実からしは血をこそやぶれ脚気にも中風にもいむふかくつ、しめ」とある。

○カラシの花盛りにキツネがきっと里に来る（福岡）という。キツネの子はこの頃から成長し、親ギツネはそのためにニワトリを狙って人家に近づく。

○四五ノミ六七カ八九ハエ十シラミ（長崎）、といってノミは四、五月頃が最盛期だが、カラシができるとその舟（莢）に乗ってノミは他所に行く、という（長崎）。

烏瓜　からすうり

○愛知県で、カラスウリの種を財布に入れておくと銭がたまるといい、佐賀県佐賀郡川副町〈佐賀市〉では、ゴーイ（カラスウリ）の実を麻袋に入れて、誰にもわからぬように床の下に入れると金持ちになるという。カラスウリの実が大黒に似ているため縁起がよいとされたものか。

○民間療法。しもやけには、カラスウリの汁をつける（岩手・宮城・福島・栃木・茨城・千葉・埼玉・神奈川・山梨・富山・愛知・静岡・奈良・山口・福岡・熊本）、カラスウリをつぶして一昼夜以上湯または酒に漬けたものを塗る（宮城・栃木）、カラスウリの焼酎漬を塗る（愛知）。静岡県志太郡岡部町〈藤枝市〉の荒神さまはしもやけの神として知られている。願をかけて治ると、三年間カラスウリを供える。

○心臓・肝臓にはカラスウリの根とサルノコシカケを共に削って飲む（福島）。カラスウリの根を煎じて飲むと、婦人病によい（熊本）、便秘に効く（岐阜）、利尿薬になる（岩手）、癌に効く（宮城）、胃潰瘍が治る（同県）。咳止めにカラスウリの種子を煎じて飲む（岩手）。

○火傷には、カラスウリをつける（岐阜）、カラスウリの茎から出る液汁を煮つめたものを塗る（熊本）。疣をとるにはカラスウリを煎じて飲む（愛知）。血止め・切り傷にはカラスウリをつける（石川）。カラスウリの果肉で手足を洗うと肌を美しくする（栃木・愛知）。子供の吹出物はカラスウリの根の煎じ汁で洗う（宮城）。

枳殻　からたち

○カラタチは植えた人が死んでから実がなる（秋田）、ネコユズ（カラタチ）を植えるとその人が死ぬ（岡山）、家の周りにカラタチを植えると家が空になる（人が死に絶える）（群馬）、と、カラタチの植樹を忌む。「空」「絶つ」の音通を嫌ったものか。

○カラタチは晩秋に果実が熟するが、この実は外用や内服の民間薬として用いられ、ひびにはカラタチの果実の汁をつける（千葉）、腫物や吹出物などにはキコク（カラタチ）を輪切りにして乾燥させたものを煎じて飲む（鹿児島）、心臓病にはカラタチの実を煎じて飲む（栃木）、秋に取っておいたキコクの実をつぶして飲むと胃の薬になる（長野）、キコクの実を黒焼きにして飲むと梅毒に効く（大阪）。栃木にも、カラタチを主原料とした梅毒の民間薬がある、などという。東京では、カラタチの実を煎じて髪を洗えば毛ジラミが全滅する、という。また、実以外でも、血の道にはカラタチの根を乾燥して煎用する（徳島）、ゲズ（カラタチ）のとげで腫物を刺して膿を出すとその後が化膿しない（熊本）。カラタチのとげで膿をしぼり出すとよい（栃木・奈良）、などの民間療法がある。

花梨　かりん

○カリンとダイダイを家の東へ、カシを表へ植えるとよい（愛知）、屋敷の前にカリン、裏にカシは庭木としてよい（広島）、屋敷内の特定の場所へカリンを植え置くを吉相とする。鳥取でも、カリンは堅い木で、また「借りぬ」の意味から屋敷内にあるとよい、というが、逆に長野県北安曇郡では、カリンを屋敷へ植えるな、とこれを忌む。

○カリンの果実は初冬に黄熟して芳香を放ち、民間薬として用いられる。煎じて飲むと腎臓病（埼玉）や肺結核（香川）に効く。糠漬にすると脚気の薬（石川）。陰干しにしたのを煎じて飲むと肋膜炎の妙薬（奈良）。咳止めにはカリンの実をおろして熱湯を注いで服用する（熊本）。しもやけにカリンをつける（岩手）。夜尿症に、カリンの実を焼いて食べさせ（長野）、また、煎じて飲む（愛知）。

【き】

木　き

(1)　**植えてならぬ木　植えてならぬ方角**

○新潟県東蒲原郡では、屋敷内に植えてはいけない木はない、という。しかし、屋敷の木は特別に考えられ、植えてならない木がたくさんある（神奈川）のが、むしろ通例だった。とげのある木は植えない（秋田・滋賀・熊本）。鳥取では、とげある花は仏教で調伏に使ったもので、仏法ではとげある木やその花を嫌うという。二岐の木を植えると繁昌しない、門前に花木を植えると家運が傾く（共に秋田）、裏門に成り木を植えるとその木で首吊りが出る（愛媛）、実の成る木を植えると病人が絶えない、落葉木は不可（共に広島）と、これらを忌む。

○屋根より高く伸びる木も嫌われ、屋敷内の木が屋根よりも高くなるとその家は繁昌しない（家運が傾く、不幸になる）（秋田・神奈川・長野・富山・愛知・福井・和歌山・山口・佐賀）、病人が出る（宮城・広島）、家の人が大抵は死ぬか、不幸が続く（大阪・佐賀）、主人が負けて失職する（広島）、宅地の入口に大木あれば家運が衰える（秋田・佐賀）、という。

○屋根棟より上に伸びると凶兆とする例は実に多い（山梨・岐阜・長野・滋賀・鳥取・愛媛・鹿児島等）が、逆に愛媛県上浮穴郡のように、庭の木が屋根より高くなると良い、という所もある。広島では、植木屋の木を買って植えると植木屋の女中の怨みがついてくる、とこれを庭に植えることを忌む。鳥取では、門内の中央に木を一本植えると「困」の形で家が困窮する、門の入口や玄関の正面に木を一本だけ植えると「閑」となって家が衰える、と、それぞれ文字の連想からこれを嫌う。これも古くからいわれた事で、『蔭涼軒日録』にも「凡そ方庭に一本を植うるは必ず忌むことなり。所以は、是窮困の困の字なり」とある。

○鬼門（丑寅・東北）には木を植えて中央に神を祭るとよい（秋田）、とげのある木を艮（東北）の方に植えておくと災難にかからぬ（茨城）、鬼門の方角には必ず木を植えておかなければならない（宮崎）、と、鬼門の木を厄除けとするが、この反面、丑寅の方に高い木がある と祟る、鬼門に木を植えるとその家に不事があ る（共に奈良）、とこの方角への植樹を忌む所 もある。

○裏鬼門や他の方位に関しても、それぞれ次の ようなことをいう。西南に木が茂る時はその家 の者で旅に出ている人が病気をする。病門には 常緑樹を植えて福門は開いておく（秋田）。病 門の方へ大木を植えれば病気が尽きない（福 島）。母屋より高い木を東に植えてはいけない （埼玉）。家の西に大木は植えぬもの（長野）。西 南には木を植えない（群馬）。乾（北西）に大 きな木があるとその家は栄えない（愛知）。香 川県では、家でも木でも東が低く西が高い方が 財産はたまる、という。

○邸内の木の茂るはよく、家運繁昌の兆（富 山・和歌山）、という。逆に枯れるのは凶兆と され、庭の木枯れるは不吉（秋田・宮城・新 潟）、庭の木に勢いがないと竈に煙が立たない （秋田）、庭の木が枯れると財産が傾く、家が滅 びる（秋田・富山）、木が枯れる（枝が下が る）と病人が出る（長野・広島）。枯れた木を そのままにしておくと病人が出る、大木が枯れ るとその家の人が病気をする、家の大木が倒れ るとその家はつぶれる（共に愛知）、庭のなり 木が枯れると誰かが死ぬ（奈良）、屋敷の木が 枯れると死人が出る（富山）、などという。愛 知では、お宮の木が枯れると悪い事がある、と これを凶兆とする。

○屋敷の隅の木を伐るな（秋田）、庭木を伐る と災難がある（岐阜）、垣根の木を伐ると荒神 様がとがめる（広島）、と、屋敷内の木を伐る を禁ずる。青森県三戸郡では、屋敷内の木は見 るために植えたものであり、立木に見るは 「親」という字になるから、木を伐ることは親 を斬ることになる、という。

○以上の他、次のような俗信もある。家の前に 木があり溝堰があれば災難がある、家の土台の下に木の根が入ると病人が出る（共に秋田）。庭の木を移し植える時は塩を撒くとおとがめがない（愛知）。門に植えてある木に接ぎ木するは凶（徳島）。垣根にマキを植えると身代が減る（広島）。

○墓地の木の根が骨壺に当たると病人が出たり気がふれる（広島）、木の根が死人の体に食い込むとその家から死人が出る（佐賀）、木の根が白骨の目に入るとその子孫の目が見えなくなる（大分）など、墓の傍への植樹を忌む。和歌山では、墓の石碑よりも傍の木が大きくなれば、その家は土地を去るか成功できないといい、秋田では、墓の木が枯れれば誰か死ぬという。

木　き

(2) 伐木を禁ずる日　生木に釘　伐ってならぬ木

○山の神の日に木を伐るな（宮城・群馬）、山の神の日に木を伐ると怪我をする（山形・愛媛）、彼岸中日には生木を伐るといけないので山仕事を休む（福島・栃木）。この他にも特定の日を山入り禁忌とする伝承は多く、山の神様の日に山に行くと山の神様に立木のうちに数え入れられて帰れなくなる（鳥取。同趣のことを、山形は十二月一日、岡山は正月九日、宮崎は一月と十二月の二日として、共にこの日を忌日とする）、八日は木の孕み日だから山に入って木を伐ってはいけない（群馬県群馬郡。同様の理由から、同県利根郡では正月十七日、長野では二月十八日または二十五日をそれぞれ禁忌日とする）、二月九日は木種おろしだから山に入って木を伐ってはならない（秋田）、月の十七日に山に入ると天狗の怒りに触れる（山梨）、月の七日から十五日にかけては木は伐らないが、月夜には木の皮と身の間に虫が入るからである（和歌山）。山泣き木泣きという日があり、この日を知らずに伐った木は根の方が枯れずに伐り口の樹皮が内側に巻き込んでいる（高知）、などという。

○この他にも、祟りがあるとか、怪我をするといって山入りを忌む日に、月の七日（愛知）、月の十二日（群馬）、月の十六日（宮崎）、午の日（宮城）、社日（宮城。社日は春分・秋分に一番近い前後の戊の日で、この日に山入りすると枝で目を突いて失明する）、八専（香川・愛媛。八専は、壬子の日から癸亥の日までの十二日間のうち丑・辰・午・戌の四日を間日として除いた残りの八日で、この八日は上の十干と下の十二支の五行が合う。この期間は雨が多いといわれる）、正月・五月・九月の二十日（愛媛）、二月十六日（秋田）、三月二十一日の弘法大師の縁日（新潟）、十二月十六日（大分）、などがある。これらの伐採禁忌に対し、高知では、正月二日或いは四日のヤマノクチアケに生木を伐らずに供物をすると、一山が山の神の惜しみ木になってしまう、といい、この日は木を伐らねばならぬ日とする。

○また、不浄の身の人も、出産のある時は亭主は木を伐ってはいけない（岩手）と、伐採や木工を忌む。

○山入りの時、沖縄では、「虎三山　縁が人　外山三百　三十　三巾　中山三百三十三巾　内山三百三十三巾　合して九百九十九巾ぬ内や　大屋長屋　当らし給んなー　高どうい木にん当らし給んなー」と唱えごとをするが、この呪文を唱えて山に入ると自分の望む良い木がとれ、伐採時に怪我することもなく無事帰宅できる、という。奈良では、山の木を伐る時は必ず御神酒を山の神に供え、その後で自分が戴くが、これをしないと怪我人が出るからと、山入りにはこの儀式をするという。また、木を伐り倒した後の切り株には剣木と呼ばれるササクレ（木のもとが裂けたもの）が残り、これは伐り揃えておくものといわれている。これを伐り揃えておくと芽出しがよい（兵庫）、伐り揃えておかないと山の神が怪我をする（高知）、などがその理由である。木を伐り倒したら山の神が最初に座るのだから、すぐにその株に座ってはいけない、木を伐り倒した後に斧でその株をたたいてはいけない（長野）。

○山で木を伐る時には、日の当たってきた方へ刃物を向けてはいけなく、やむをえぬ場合は他の木に当たってから伐るのが日天様に対する礼儀だ。山仕事をする人は夜に刃物を研ぐを忌む。どうしても研ぐ時は木を伐るまねをする（共に和歌山）。

○立木に釘を打つと指が痛む、頭が痛む、庚申様が祟る、父が死ぬ、庭の生木に釘を打つと病人が出る（以上愛知）、生木に釘を打つと病気にかかる（和歌山）、木に釘を打つとその家に死人が出る（奈良）、木に打った釘に皮がかぶると親が死ぬ（長野）、生木に釘を打つとよくない（富山・高知）、という。釘を打つ以外にも、木の皮を剝げばその人は裸になる、生木に刃物で傷つけると病気か切り傷をする（共に秋田）、生木に傷をつけると親の死に目に会えない（愛知）、生木に傷をつけると生傷が絶えない、病気にかかる（富山・愛知）、と、立木に傷つけるのを禁忌とする。

○前項の禁忌は、立木を傷めないための現実面での戒めであると共に、呪咀（じゅそ）の方法との関連が考えられる。即ち、人をのろうには、のろう家の方向に向けて祈り釘（鍛冶屋でつくる角ばった釘）を生の木に打ちつける（群馬）、のろいには神木に釘を打ってのろう（長野）、木の切り口に馬糞紙を置いて、その上にのろう人の似顔を描き、その人の年齢の数だけ五寸釘を打つ（広島）、のろうには頭のない釘を四十九本作り、山の木にのろう人の形を彫ってそれに釘を打つ（山口）、丑の刻詣り等でのろいの釘を立木に打つなどの風俗がある。

○伐ってはならない木を伐ると水神さんのいきあたり、いきあいに合う、また荒神さんの祟りなどといって腹が痛むが、その時は祈禱をしてもらう（兵庫）。伐ってはいけない木といわれるものは多く、まず、神社境内の木を伐ってはいけない（宮城・群馬・茨城・神奈川・新潟・三重・和歌山・愛媛・徳島・宮崎）、お宮の木を伐ると、神罰がある、祟りがある（千葉・富山・愛知・奈良・鳥取・宮崎・沖縄）、腫物ができる（秋田）、手が折れる（愛媛）、腹が痛む（愛媛・香川）、病気になる（愛知・高知・宮崎）、命を奪われる（愛媛）、洪水がある（山梨）、などと、神社の木を伐るを忌む。山の神を祭った木（神木）や山の生木（御神酒を上げて祭った木）を伐ると祟る（愛媛）、山の神の木を伐ってはいけない（高知）、山の神の木を伐ると病気になる（三重）、深山伐採の時は山の神を祭ってから伐り、この木は伐り残しておくが、後に知らずに伐ったりするとひどく祟られる（熊本）、という。大分では、神木の落ち枝を拾ってはいけない、と、これさえも慎むべきこととされている。

○幹が二本や三本に分かれている木も神木とされる。峰（尾根）の三つ股、沢の二つ股は十二様（山の神）や天狗様が登っているから伐るな（宮城・群馬県勢多郡・栃木）、ソリの三股、クボの二股、中ッピラの五本立ち（峰の三股、沢の二股、中腹では五本蔟生している木）は十二様の惜しみ木だから伐るな、尾根の二股、沢の三股は十二様や天狗の止まり木だから伐らない（共に群馬県利根郡）、尾根や沢の三股や二股の木を伐ってはいけない（富山）、峰の三股は山の神の止まり木だから伐るな（福島）、山頂の三股の木は伐ってはいけない（群馬）、山の三股の木は山の神の住む木だから伐ると祟りがある（群馬・栃木・新潟・岐阜）、二股の木は神木だから伐るものでない（福島・新潟）、南北に二股に分かれ、その間を太陽の光が東西に通る木は日通しといって伐らない（岐阜・愛知県北設楽郡・和歌山）、東西に二股の木は日通しといって伐ってはいけない（愛知県西加茂郡）、木の幹が中間で錫杖のように分かれた木は錫杖木と呼んで大切にする（高知）。

○高知では、同じ種類の木二本が上方でくっつきあっているのを股木と呼び、神の休み場とか休み木などといい、伐採を忌む。マドギと呼ばれる木も、十二様（山の神）の腰かけとか天狗が住んでいるとかいい、神の惜しみ木として伐採の禁忌をいう（秋田・群馬・岐阜・富山・徳島・高知・愛媛）。一口にマドギと呼ばれるものでも、その形は各地で異なり、木が重なり合ってくっついた木（群馬）、枝がひっついている木（愛媛）、二股に分かれた幹が上方で再びついて間が窓のようにあいた木（岐阜）、幹や株に大きいウト（穴）のある木（徳島）、幹に穴があいていて向うが見えるような木（高知）などの種類がある。

○また、特別な枝振りの木やその他の特定の木も伐ることを忌む。即ち、特定の大きな木を伐ると祟りがある（富山・愛知・愛媛）、老木を伐ったり傷つけると祟りがある（奈良）、ねじれた木は伐るな（和歌山）、一の枝（一番下の枝）が東を指している木を伐ると怪我をする（群馬）、枝振りのよい木は天狗の止まり木（高知）、山の頂上の木は天狗の木、山のテヒキギ（二本の木の枝が片方についている木）は神様が住む木、尾の肘木（ひじき）（肘を曲げたように枝の曲がっている尾根の木）や洞の枠木（山の窪地にある根元から四本に分かれて生えている木）は天狗様がいる、ママコエダ（枝が上の方に向いて伸びている木）は山の神が休まれる木（共に岐阜）、上が平らな枝振りの木は神様の休み木（愛知）、ホテ木（小枝がたくさん出て箒のような木）・ツリ木（枝と枝が癒着した木）・トリイ木（鳥居のように枝が幹の部分に癒着した木）（共に高知）やユトウ木（高知では木の幹から出た枝が曲がって上方の幹にくっついて湯桶のようになった木。徳島では時々山爺が登っている木をいう）は、伐ってはいけない、枝が片側だけについている木は神の惜しみ木だから伐らない（徳島）、斧の頭で二、三度たたいた時にボコボコ鳴る木はハネヤスメノ木といって山の神の木なので伐ってはいけない（愛媛）、などである。

○伐ってはいけないとされている木を伐採する時、その祟りを除くための呪術呪文として次のような伝承がある。「葉が落ちる、枝が落ちる」といって伐ればよい（愛媛）。一の枝（一番下の枝）が東向きの木はただ伐るとその人が怪我をするので、傍から小さい木を引き抜き、それを植えてから伐る（群馬）。二本が途中でついて一本になった木や三股の木は神様の木。どうしても伐る場合は、斧を木に立てかけて神様に頼んで来、後でそこへ行き、斧が倒れていれば伐ってもよいが、倒れていない時は神主にサカキを立てて移してもらい、木を伐る時斧で木を三回たたき、たたくことによって神様に他に移ってもらう。山の頂上の木は天狗の木だが、仕事を終えて帰る時に斧を立てておき、翌朝斧が倒れていたら伐ってはいけない（共に岐阜）。神や仏の木を伐る時は立木の根元に斧の頭を地面にして立てかけておき、手を合せて拝み、「悪い時は斧を倒してください」と願う。斧が倒れない時は許しがあったとして伐る（長崎県壱岐）。大きな木を伐った時は木の祟りを防ぐために、切り株の南側に立って斧を三回打ち込む（兵庫）。老樹大木をむやみに伐り倒すと悪い事が起こるから、なるべく避けるが、どうしても伐らねばならぬ時は卜占をしたり祈禱してもらってから伐る。伐った後には細い枝を立てておかなければいけない（熊本）。

○「木六竹八塀十郎」とは、木は六月（旧暦）に竹は八月に伐ると性がよく、土塀は十月に塗るのが長持ちするという意で、同趣のことわざには、木六竹八アヤメは五月草野又六は今が斬り時（福岡）、木六竹八石二月今が弁慶の首の斬り時（長崎県壱岐）がある（草野又六とは筑後川を堰（せ）いて灌漑の利を図った人。民衆はその一時的負担を嫌い、むしろ又六を斬って役を免れようと落首などを行ったが、又六はこの風刺に屈せず、幾度かの洪水に妨げられながらも大堰の修築に成功したと伝える）。

○植樹の方では、二月（旧暦）の社日が接ぎ木の真旬（ましゅん）（和歌山）、接ぎ木は彼岸前、彼岸に挿し木をすればよくつく（共に愛媛）、二月の投げ木三月の挿し木（長崎。二月（旧暦）には地上に投げても活着し、三月（旧暦）は地中に挿すだけで繁茂する適季である）、十月の投げ木（佐賀。旧暦十月頃は植え替えの最適期であり、この時季は投げ植えても育つ）、などの俚諺がある。なお、接ぎ木の際、別の木に接ぐと気がふれる（福島）、木を植える時に自分の影法師を埋め込むと焼死する（山口）、とこれらを忌む。

木（き）

(3) **木と民俗療法　社寺の木　天候判断　木の夢**

○民間療法。三河では雷の落ちた木で作った楊枝を使うと虫歯にならないという。また、雷の落ちた木で撫（な）でるとか、その木片を口にくわえたり楊枝にしてつついたりすると歯痛が止まる、という。雷の落ちた木を虫歯の痛み止めとする所は多い（秋田・群馬・栃木・新潟・富山・岐阜・愛知・石川・三重・奈良・和歌山・福岡）。また、虫歯に雷の落ちた木を削って煎じて飲むと治る（栃木）、虫歯には落雷した木の生皮を痛む歯でかむ（島根）、という。とげのある木に針を通した糸を巻いてくると虫歯の痛みが治る（秋田）、庭の木の葉に裁縫針を突き刺せば歯痛が治る（石川）、サイトヤキ（小正月に飾りや注連縄を焼く火祭）で使い、燃え残った木を歯につけると痛みがとれる（静岡）、などの呪術もある。

○虫歯の薬とされる他に、雷の落ちた木の木片を抱いて寝ると瘧（おこり）が治る、また、枕の下に敷いて寝ると子供の夜泣きも止まる（共に新潟）、雷の落ちた木でさすると瘧が治る（愛知）、ともいう。生の木を焚くと切り口から水分が出るが、この汁は、あくち（子供の口辺にできる腫物）（北海道・新潟・福井・和歌山・島根）、吹出物（富山・福井）、面疔（富山）、たむし（愛知）、瘡（滋賀）、しもやけや凍傷（栃木・神奈川）、口内炎（新潟）、の薬として患部につける。
○眼病には木の燃えさしを井戸の中に逆さに吊しておくとよい、眼病にはお宮の木の股の水をつける（共に青森）。疣ができたら切株の上にたまった水をつける（山梨・宮崎）。子供の歯ぎしりは木の枝のすれ合いを直してやるとよい（福岡）。茶碗に水を入れ、木を十文字にのせ、中央に火の燠をのせて四か所から水を飲むとしゃっくりが治る（石川）。
○神社の木は拾って来ても焚いてはいけない（新潟）、神社の境内の木は決して焚かぬ（岐阜）、お宮の森の木を焚くと神罰がある（奈良・鳥取）、雷の落ちた木を家で焚くな（静岡）、雷の落ちた木を薪にすると腰の病気になる（愛知）、寄り木（漂着した木）を焚くと鍋が腐る、三股の木を焚くと祟る（共に新潟）。
○また、木を真ん中から燃したり逆さに燃やすと死人が出る（宮城）、真ん中から燃やすと最も燃えは良いが身上が持てない（群馬）、薪は逆さにくべるな（新潟・福島・徳島）、木を逆さにくべると逆子が生まれる（栃木・福井・愛知・香川）、商人は木を元より焚かないが、これは元（資本）を捨てない意味による（鳥取）、木を焚く時は元から燃やし始めないと元がなくなる（福島県南会津郡）、木の末をくべると逆子が生まれる（長野県西筑摩郡）ともいう。
○これとは逆に、木を末からくべることは先を止めることになるからいけない（群馬県利根郡）、ともいう。富山では、囲炉裏に平日生の木を焚くと病人が出る、という。薪ではないが、新潟では、御盆の迎え火・送り火に川木は焚くものでない、とこれを忌む。
○木の根を掘り取らずに建てた家で、柱がその根の埋まっている所に立つと年ごとに一人宛死人が出る（秋田）。また、建築に用いる木やその使われ方では、落雷した木は家を建てる時は使えない（秋田）、落雷した木で家を建てると出世しない（岡山）、枯れ木、風折れの木、雷の落ちた木は家屋の材料に忌む（山口）、鳥が巣をつくった木で建築してはいけない（秋田）、桁と柱に違った木を使うと気がふれる（岩手）、柱を立てるのに木を逆に使うと家に凶事がある（佐賀）、と、共にこれらを凶事とする。また、便所は古材か盗んだ木または貰った木で造るもので、新しい木は使わない（秋田）、新しい木ばかりで家を建てると二、三年内に凶事がある（茨城）という。だが一方では、船舶や倉庫に用いた古材を住宅に使っていると病人が絶えない（秋田）という例もある。

○伐ることさえをも禁忌とする神社・寺・墓・鬼門の木は、家屋の建築材とすることを当然禁じられ、神社の木は家屋建築に使わない（禍い起こるとも）（秋田・宮城）、神社の木を家屋に使うと栄えない（福井・滋賀・福岡・宮崎）、丑の刻詣りの釘などが入っているから神社の木は建築材によくない（茨城）。寺や墓地の木を使わない。使うと不幸になる。（秋田・宮城・富山・福井・滋賀・福岡）、鬼門先の木を伐って新築または修繕に用いれば家に祟りあり（石川）、という。これに対し、逆に、墓場の人口は増える一方だから墓地の木は建築材として使うとよい（茨城県筑波山麓）、という所もあるが、少数派である。

○寺の近くの木や縁起の悪い木は船板に使えない（高知）、船材には神社の木、お寺の木、二股の木は使用するな（宮崎）、という。

○縊死人のあった立木や桁を除かないと再びその所で縊死する者がある（秋田）、縊死人のあった木は根こそぎ焼かないと、そこから生え出た木がまた人を呼ぶ（岐阜）、人が木に登って過って落ちた時は、その木をそのままにしておくと同じ木からまた人が落ちるから伐らなければならない（山形）。

○木の根元が温かければ雨が近い（福島・埼玉）、高い木に風があり、葉が裏を見せる時は翌日雨（岡山）、木が泡を吹き出すと雨が近い（鹿児島）、山の木の葉が裏返しになると風が吹く（長野）、木の芽が多く見えれば暴風雨の兆（広島）、木の芽が出ると霜がおりない（山形）、山の木の葉が早く色づくと雪が早い（長野）、秋山の木の水分が少ない時は大雪の兆（島根）、秋の彼岸に木を伐りその切り口に樹液多く流れ出るは大雪の兆（広島）、山の木の落葉しないうちに初雪多く積もる時はその年大雪の憂いなし（山形）、木を伐る時にその音が遠くへ聞こえる時は天気がよい（富山・福井）、以上木に関する天候占いである。なお、山に行ってわざと木を折って騒ぐと雨が降る（山形）、という。

○木や草の根元の雪が円く溶ければその年は豊年で、北側だけ残れば凶作（青森）、春の木の芽の萌出（青く見える程度）が中土用まで来ればその年の作は心配ない（山形）。

○大きな木を抱いた夢を見ると近日中によいことがある（秋田）、高い木に登る夢を見るとよいことがある（富山）、木の種を蒔く夢を見る時は子孫繁昌する（長野）、木が茂っている夢は慶び事がある（広島）、と木の夢を吉夢とする。島根では、「寝るぞ根太（ねだ）頼むぞ棰木（たるき）何事あっても起きよ棟木」と唱えて寝ると夢を見ないといわれ、沖縄では、悪い夢を見た時は東の方に向かって、「悪い事は木や草に算盤の珠は自分に」と唱えるとよい、との悪夢払いの呪文が伝わる。

木　き

(4) 呪文　木登り　禁忌伝承

○木に関する呪術・呪文として次のようなものがある。雷除けには「大木のもとより小木のもと」と唱える（群馬）。しびれがきれた時は額（或いは額と鼻と顎の三か所）に唾を三度つけ「しびれしびれ木へ登れ」と唱えると治る（長野）。溺死者が見つからない時は俵に木の小片を結びつけて川へ流し、それが廻って止まった所を探すと見つかる（秋田）。山で転んだ時は、そこから木の枝か何かを持って帰らねばならない、そうしないと自分の霊が抜け出てしまう。古い木にはキジムナー（木の精）がすむが、これが降りられないようにと木の股に釘を打ち込む。また、キジムナーが早く来て火を出さないようにと、妖怪日には道の辻や大木の下で子供たちが鼓を乱打する（以上沖縄）。○群馬では、木に登る時は「エンヤゴンベ、エンヤゴンベ」と唱えながら登る、という。また、神社境内の木から落ちると死ぬ（秋田）、神木に登ると落ちる（奈良）、木から落ちると馬鹿になる（愛知）、といい、秋田では、三人で一緒に登ると一人が落ちる、真ん中の者が落ちる、若い者が落ちるなどといって、三人で一本の木に登るを嫌う。女が木に登ると雨になる（愛知）、女が木に登るとその木は大きくならない（鹿児島）、とこれを嫌う。愛知・石川では、相撲を木の上から見学すると力士が怪我をする、とこれを慎むべきこととする。鳥取では三隣亡の日に高い木に登ると必ず落ちる、という。○神木を三回めぐると生首が出る（鹿児島）、古い木を目をつぶって五回半廻ると大蛇が見える、木の杖を二本つくと足が腐る、畳をたたく時は同じ木でたたいてはいけない、むしろは木とタケでたたかないもの、寒のうちに木や庭に石油をこぼすと年内に火難に遭う（共に愛知）。一本の木から三臼はつくるな（和歌山）。真昼間植木に水をかけるな（奈良）。○普段の食事に木とタケの箸を混ぜて使うな（不吉）（神奈川・愛知・和歌山・山口・愛媛・福岡）、というのは、葬式の作法に通じるからである。即ち、忌み明けの餅は一升桝の上で切り、木とタケの箸ではさみ合って食べる、木とタケの箸ではさむのは死んだ人のまね（共に愛知）、などといわれ、野辺送りの膳に供える箸や骨拾いの時の風習から嫌われるものである。同趣の禁忌で、高知では、子供が木のカンコ（木を折り曲げて鍵状にしたもの）で土を掘るを忌むが、これは、新墓を掘る時は木のカンコで墓の四隅の土をかき集め、紙に包んで荒神さんを呼び、墓地や畑の傍に保存しておく作法があるためである。

○以上の他、次のような俗信・俚諺がある。雷に裂かれた木は雷除けになる（栃木）。日の出と同時に生まれた子供には名前に木の名をつける（青森）。女性が木を跨ぐと早く妊娠する、節分にワカギ（小正月の飾りに用いる木）を焚いてあたればいつまでも若い（共に秋田）。正月にワカギを迎えると、その年中薪に不自由しない（隠岐）。一本の木に異種の木が寄生しているものを縁木（えんぎ）と呼び山の神の木として大切にし、縁結びの木として願をかけることもある（高知）。「二月の大雪木の股裂き」とは、果樹等の枝折れに注意せよとの意（山形）。「大木こけても地につかぬ」とは、財産家は倒産しても皆無にはならない、との意の俚諺（奈良）。木が芽吹く頃の霖雨を、長崎・鹿児島では、キノメナガシと呼ぶ。また、木の芽時には人の気持が動きやすいというが、特にこの頃の精神的に不安定な人を、木の芽だち（和歌山・広島）、木の芽おち（広島）、木の芽つわり（和歌山）、などと呼ぶ。和歌山には同様のことは秋季にも起こる、との意で、木の葉落ち、という言葉もある。新潟では、キノメホグレに三年前の病気も出る（古傷がいたむ）、という。

桔梗　ききょう

○屋敷内にキキョウを植えてはならぬ（秋田）、キキョウを家に植えるのは不吉の前兆（愛知）といって忌む。キキョウを植えると家が三代と続かぬ（兵庫県加東郡）ともいう。キキョウは、盆に精霊を山野から迎える花であるところから、日常、屋敷内に植えることを避けたものであろう。長野県上水内郡では、盆花とはキキョウ・

アオイ・ハギなどで、盂蘭盆以降なら採ってきてよいといわれている。

○千葉県我孫子市日秀ではキキョウを忌み嫌い、村内には一本のキキョウもなく、キキョウの紋をつけた嫁婿は離縁にさえなったといわれる。土地ではその理由を、昔平将門が妾桔梗の前を愛し、日夜酒色にふけったまま藤原秀郷に討たれたためと伝えている。

○キキョウの花は、植えた主人が引っ越した後、そのあとに住む主人には顔をそむけて咲くものという（『月庵酔醒記』）。

○民間療法。キキョウの根を煎じて飲むと、喘息に効く（群馬・富山・長野・愛知）、咳止めになる（岩手・宮城・群馬・埼玉・富山・愛知・岡山・鳥取・香川・長崎・鹿児島）、肺病によい（香川・高知）、婦人病によい（高知）、喉の腫れに効く（富山）。扁桃腺にはキキョウの根にカンゾウを加えて煎じた汁でうがいをしながら飲む（山口）。睾丸炎に効く（岩手）、キキョウはあらゆる病気に効くが、キキョウに限らず一般に紫色や青色の花は何でも薬になる（岡山県苫田郡）。

菊　きく

○キクは盗んで来て植えるとよく活着するが、貰ったのは枯れてしまう（福島県南会津郡）。盗んで植えるとよく育ち、また盗まれた方のもよく育つ（秋田県雄勝郡）。同県由利・平鹿郡では、貰って植えると、呉れた家のキクは次第に消え、貰った方のキクもまた育たないという。

○家の南側にヒナギクを植えると縁起が悪い（広島県山県郡）。カブトギクを屋敷に植えると、病人の絶え間がない（鳥取県八頭郡）、野ギクを植えると、火事がある（島根県安来市）。妊娠十月目にキクが生えると塔婆になるといって忌み、川向うへ捨ててくるものだという。或いは川向うから饅頭を買って来て三叉路に捨てればよい（茨城県稲敷郡）。

○五月（旧暦）中に、白ギクの根を食べると、白髪が少なくなるという。九月九日、菊の花で醸した酒の香りは、頭痛に不思議に効く（『極奥秘伝まじない秘法大全集』）。
○冬至にキクの殻を焚いてカボチャを煮て食べると中風にならない（秋田県鹿角郡）。冬至にキクを焚いた火にあたると、達者になる（同平鹿郡）。冬至の日にキクとソバギを焚くと火事にならぬ（愛知）。寒にキクを焚いてあたると風邪をひかぬ（秋田）。大晦日の晩、キクの枯枝を焚くと病気をしない（佐賀県武雄市）。節分の日にキクの葉を燃やしてあたると風邪をひかない（京都府口丹波地方）。正月にキクの葉を焼いて嗅ぐと風邪をひかない（長野県北安曇郡）。
○仏壇に供えたキクを取り替える時に、そのキクを干しておき、枕に入れて寝ると頭痛が治る（山形県新庄市）。
○モノ神様に線香とキクを供えると吹出物が治る（香川）。
○菊の節供の日、浅草観音に詣でてキクを供え、代りに仏前のキクを受けてくると、逆さ事を受けない（『日本風俗志』）。
○小児のひきつけには、キクの葉を揉んでその汁を飲ませる（長野県上田市）。
○鼻血にはキクの葉を揉んで栓をする（山口）。
○喉の病気にはキクの葉を塩揉みにし、その汁を飲むと咳が治る（大阪）。キクの花を煎じて飲めば咳止めになる（埼玉）。
○産婦にはキクの葉或いは花を煎じて飲ませるとよい（『秘伝妙薬いろは歌』『いろはわけ救民妙薬集』）。
○キクの花を氷に浸したもので目を濡らすと目がよくなる（秋田県雄勝郡）。キクを食べるのもよい（秋田）。
○野ギクを入れた風呂に入ると冷え症に効く（埼玉）。
○疥（はたけ）にはキクを塩で揉んでつける（群馬県邑楽郡・山口）。

○いんきんには、キクの根を煎じてその汁を塗る（山口）。

○白痒には、キクの葉の汁とキハダ粉をつける（香川県三豊郡）。

○虫刺され、またハチに刺されたら、キクの葉を塩で揉んでつける（栃木・茨城・群馬・静岡・山口）。

○キクの葉を揉み、その汁を傷口につけると傷が治る（埼玉）。

○キクとカラシは中毒する（秋田県仙北郡）。

○キク類の草花を空へ投げ上げ、地上に落ちた時、表が出れば晴れ（飛騨）。

○キクの花が早い年、白さが多い年は米豊作。早く色が落ちるのも豊年（広島）。

木耳　きくらげ

○煎じて飲むと便秘に効く（福島）、煎じて飲むと痔の薬（香川）、生のまま飲むと淋病や消渇の解毒をする（栃木）、耳の病には井戸に生えるキクラゲの露を耳につける（群馬）、などの民間療法があり、『大和本草』には、「治痔」と見える。

○カモとキクラゲは食合せ（岩手）。カエデに生じたキクラゲを食べると気がふれる（栃木）。

○キクラゲを懐に入れると悪い（愛媛）。

木豇豆　きささげ

○キササゲには長さ三〇センチくらいのササゲに似た果実がなるが、これを陰干しにして刻み、煎じて飲むと腎臓病に効くという（岩手・茨城・埼玉・新潟・長野・京都・岡山・香川・徳島・熊本・鹿児島）。

○キササゲを屋敷に植えておくと落雷しない（秋田・栃木）。新潟では、キササゲをカミナリキササゲと呼ぶ。

羊蹄　ぎしぎし

○ギシギシはウマノスカンポ・ウシノスカンポ・ウマズカシなどとも呼ばれるタデ科の多年草であるが、ギシギシの根の汁を塗ると諸種の皮膚病に効がある（岩手・宮城・徳島）。ギシギシの根をすってタムシにつける（大阪・長崎・沖縄）、根のすり汁と酢を混ぜてタムシに塗ると卓効あり（奈良・大分）、と外用薬とする他、内服薬としても、便秘にはギシギシの根の砕き汁を飲む（宮城・新潟・沖縄）、生葉を雑炊に入れて食べると緩下剤となる（沖縄）、などの民間療法がある。

○ギシギシは鬼が食うもの（岡山）。

茸（きのこ）

○茸でも珍しいものは魔除けになる（静岡）、という。例えば、マンネンタケがそうである。マンネンタケはマサミタケまたはジュミョウタケ（愛知）・マゴノテ（兵庫）・マゴジャクシ（マゴノシャクシ）（高知）・サイワイダケ（岡山・熊本）などとも呼ばれるサルノコシカケ科の茸で、家の門口に下げておくとよいことがある（滋賀・兵庫・岡山）、玄関の上に魔除けとしてかける（新潟）、戸口に下げると病気しない（熊本）、朝見ると縁起が良く家が栄えるから玄関の上に飾る（愛知・岐阜）、恵比須さんに供えると幸運に恵まれる（高知）、といって、幸運を呼ぶ茸とされている。これは霊芝（れいし）ともいわれ、「霊芝は王者の徳、草木に至れば生ず（孝経援神契）、王者の徳、山に至れば生ず（白虎通）などいひて、種類数多あり、日本紀にはこれを食して、命長きことを記され、延喜式には祥瑞の部に収められたり」（『古今要覧考』）、「……丹波にては首途（かどで）を祝ひて是を鐀（おく）る、伊勢にて万年たけといひて、正月の辛盤（なおらい）に飾り、江戸にてはネコジャクシといひ、仙台にてはマゴジャクシといひて痘瘡を掻くなり」（『日本山海名産図会』）、「本朝にも亦古（いにしえ）は以て祥瑞となせり」（『和漢三才図会』）、などの記述もある。

○家の鴨居に茸が生えると不吉（秋田）、炉に茸が出ると病気が治らない（岩手）、と、家屋内の茸を共に凶兆とする。また、茸狩りの夢も、茸を摘んでいる夢はよくない（千葉・三重・福岡）、茸の夢は二日間の不幸（宮崎）、茸狩りの夢は親類の誰かが死ぬ（長野）、茸狩りの夢は死人が出る（山口）、と、いずれも凶の夢占をする。

○トンビタケの豊かな年は日照り続きになるからトンビタケをヒデリタケとも呼ぶ（山形）、ランプの笠に茸ができると明日は雨（栃木）、と天候を占う。また、ナバ（キノコ）早ければ雪早し（広島）、ナバの早かと秋早い（熊本）、ともいう。茸は気象条件に敏感で、夏の終りでも低温で雨が多いと早く発生する。こういう年はイネの実入りが悪く、従って、ナバの多かとケカチ（飢渇）年（熊本）、ともなる。

○茸には有毒の種類があり、色濃厚で光沢があり、空気に触れて変色するのは毒茸、笠と柄が真直ぐに裂けないものは毒茸、というが、「曲がり鉄砲」と唱えて食べれば毒茸でもあたらない（栃木）、どんな茸でも名前をつけて食べると中毒しない（石川）、有毒茸でもナスを入れて煮ると毒にならない（滋賀）、といった中毒の予防呪術が伝わっている。

○不幸にして食あたりを起こしたときは、砂糖湯をたくさん飲んで吐瀉する（山梨）、ナスの蔕（へた）を煎じて飲むか黒焼きにして食べる（大分）、などの毒消しをする。

○クワの木に出た茸を食べると中風にかからない（群馬）、茸類の早生を食べると長生きする（山口）、と予防薬や長寿薬とする他、次のような民間療法が伝わる。扁桃腺には茸を煎じて飲む（宮城）。シシダケは熱冷まし（栃木）。東向きに生えたヒラタケは中風の薬（鳥取）。中風にはクワの木に出た茸とニワジロを煎じて飲む（山口）。サルトグラという茸を削って飲むと解毒剤になる（山梨）、ウメやサンキライの根に生えるキノコはかすみ目・鳥目に効く（山梨）。中耳炎には、コエキノコの汁を垂らす（岩手）、またクリの木に生えるクリタケを水に漬けておき、しぼって一滴ずつ耳に入れる（岡山）。クワの木に出る茸を焼いて粉にして油で練ったものは火傷の薬になる（群馬）。マグソダケは血止めの妙薬（山梨）。血止めにはケムリタケの粉をつける（福井）。
○二股の茸を妊婦が食べるとお産が軽い（山口）、と妊婦には奨めるが、出産が済んだ後では、産後にシメジ・マツタケ・シイタケなど生の茸を食べてはいけない（福島）、と生食を禁ずる。秋田では、子供が痲疹（はしか）のときに茸類を食べると病気が重くなる、という。
○茸は食合せの種類が多い。茸とてんぷら（秋田・茨城・岡山・広島・鹿児島）、茸とカラシ（茨城）、茸とホウレンソウ（秋田・神奈川・富山・大阪・鹿児島）、神奈川では命にかかわるという。茸とホウレンソウとウシの肉はカイチュウが発生する（秋田）、茸とトリやキジ、茸とウズラは一命にかかわる（共に秋田）、茸とアサリ（秋田・大阪）、茸とハマグリ（岩手）、茸とエビ（秋田・茨城・大阪・佐賀）、茸とコヌカは命にかかわる（山梨）、などがそれである。
○以上の他、次のような俚言・俗信がいわれる。茸狩りに行く時は味噌汁を吸って行くと茸が多くとれる（岡山・山口）。茸狩りに行くときナス漬をおかずに持って行くと「なし」で収穫がない（山形）。イワタケ採りが命綱を木に縛りつける時は、くくり節を三節にしジャコ二つを挟んでおくが、これは天狗は生臭いものを嫌い、くくり節は二つしか解くことができないからである。また、命綱で断崖を降りる時は「赤イワシいんま食た」と唱える（高知）。茸を指させばその指が腐る（和歌山）。ホコリタケが目に入ると失明する（岡山）。
○名月に雨が降ると稲杭に茸が出る（山形）。「茸に塩」（長崎）、とは「青菜に塩」と同意の俚諺である。
○群馬では、三コを食べると死ぬ、という。三コとは、言葉の下に「コ」のつくもの三つの意で、例えば、茸・キナコ・タマゴ、などである。

黄蘗　きはだ

○キハダの皮は何の病気にも効く（長野）、といわれ、民間薬として広く利用される。吹出物・腫物にはキハダを煎じて洗う（北海道・山梨・徳島）。捻挫や寝違いにはキハダの皮と小麦粉を酢で練って貼る（長野・京都。捻挫に同療法を施すは福井も同様）。打ち身にはキハダの皮を煎じた汁で湿布するか、酢などで練ったものを貼る（北海道・埼玉・山梨・岐阜・長野・静岡・愛知・福井・京都・和歌山・高知・鹿児島）、打ち身・腫物にはキハダの皮を入れた湯に入浴する（山梨）、骨折にはキハダの皮を酢で練ったものを貼る（新潟・高知）。外傷・出血にはキハダの皮が効く（石川・岐阜）。火傷にはキハダの粉を油で揚げて練ったものを使えば跡が残らない（福井。キハダの粉を火傷の薬とするは福島も同様）。やに目・ただれ目はミョウバンとキハダの煎じ汁で洗う（山形・富山）、病目（はやり目・流行性結膜炎）はキハダの煎汁で洗う（長野・石川・鹿児島）。口角炎にはキハダの皮をじかにつける（北海道）。口唇のただれはキハダの皮を煎じて用いる（宮城・福島）。口内炎はキハダの煎汁でうがいをする（鹿児島）。湿疹はキハダの内皮を煎じた汁をつける（山口）。リュウマチは、キハダを入れた風呂に入る（福島）か、煎じた汁を塗る（岐阜）。腹痛にはキハダの皮を煎じて飲む（新潟・富山・長野・愛知・高知）。長野・愛媛には、キハダの皮をかんだり粉末を飲む療法もある。キハダの皮を煎じて飲むと下痢止めとなる（滋賀）。胃にはキハダの皮を煎じて飲む（岩手・山梨・新潟・岐阜・長野・滋賀・三重・鳥取・岡山）、根を煎じて飲む（愛知）。キハダの実は咳止め（長野）。風邪にキハダを煎じて飲む（鹿児島）。肺炎・肺結核にはキハダの内皮を粉末にして飲む（山口）。キハダの皮の煎じ汁は解熱剤になる（北海道・埼玉）。喉の痛みにはキハダの内皮の粉末を喉に吹き込む（北海道)。

黍 きび

○節分のキビ餅を食べると中風にかからない(静岡)、中秋名月にキビ団子を十二個供えて家族で食べると中風にならない(大阪)、痲疹(はしか)にはキビを煎じて飲む(石川)、キビを煎じて下痢の薬とする(沖縄)、というような民間療法がある。

○キビが高く根を張ると大風の予兆(石川・鳥取・島根・徳島)。キビの幹が長いと大雪(広島)。キビの葉が白く生えると親戚に不思議がある(青森)。朝露のある時にキビの草をとるな(広島)。三十男に物言付け無用、七月キビに手入れするな(鹿児島県喜界島)。

○キビを作ると権現様が嫌う(長野)、という。飛騨地方では、キビを作らぬ由来として、次のような話を伝えている。昔、魚とりの上手な嫁がいた。どうして魚をとるのかと不審に思った夫が、キビ畑に隠れて見ていると、嫁はヘビになって淵へ入って行った。夫は思わず「キビ悪い」と声を出した。それ以来、その村ではキビが生育しないようになった。

胡瓜 きゅうり

(1) 天王信仰による禁忌　胡瓜加持　その他

○キュウリを禁忌作物として栽培しない地域は全国に分布する。いずれも天王信仰(祇園信仰)との関係によるもので、京の八坂社(祇園)の神紋は瓜の紋を用い、氏子がキュウリを食べると祟りがあるといわれた(『本朝食鑑』)。祇園信仰の普及と共に各地に分社が勧請され、キュウリの禁忌が広まった。煩をいとわず掲げると、天王様を祭る家ではキュウリを作らない(秋田・宮城・福島・栃木・千葉)、八坂神社の氏子はキュウリを栽培しない(秋田・千葉)、キュウリが天王様の紋所に類似しているから栽培しない(福島)、祇園さんの紋(東京・兵庫・岡山)、八坂神社の紋(新潟)だからという他、疫病が流行してその撲滅を祈願した時にキュウリを禁忌作物とするように誓ったから作らない。天王様に誓願（福島・群馬）、祇園様に祈願（千葉）、ヤマトタケルノミコトがキュウリの蔓にからまり、ゴマの稈で目を怪我したからキュウリは作らない（福島）、天王様はキュウリが大好きで、畑で食べている時に蔓で目を傷め失明したのでキュウリは作らない（鳥取）、天王様がキュウリの蔓で助けられたことがあるのでキュウリを作らない（新潟）、などの由来譚も伝わる。キュウリを禁忌作物としていない所でも、祇園さんの日にキュウリ畑に入るとキュウリが腐る（京都）、六月十五日（天王様の祭日）にはキュウリ畑に入らない（鳥取）、と、キュウリ畑に入るをも忌む。

○栃木県上都賀郡では、稲荷様があるとキュウリは作れない、という。

○キュウリを食べると家に不幸が起きる（千葉）。このように病気とか祟りなど単純な理由から食べないというのではなく、栽培の禁忌と同様に、天王様を祭る家ではキュウリを食べない（秋田・茨城・兵庫）、祇園様の氏子はキュウリを食べない（鳥取・高知・愛媛）、キュウリは切り口が天王様の紋と同じだから食べてはいけない（千葉）、キュウリの切り口は祇園様の紋に似ているから信仰者は食べない（山口）、と、天王信仰との関連をいう所は多い。天王信仰との結びつきを語る由来譚として、スサノオノミコトが敵に追われた時キュウリ畑に隠れて助かったので食べてはいけない、もしこの禁を破ると流行病がある（宮城）、スサノオノミコトが戦をされて喉が渇いていた時、老婆からもらったキュウリはしなびてはいたが、喉が渇いていたから大変においしかったので、それでキュウリは天王様のオシミ（愛惜する物）になっている（千葉）、などの伝承がある。

○普段は食料としても、天王神社の祭日までは禁忌食物とする所や、その祭日には食べることを忌む所もある。即ち、八坂神社の祭礼が済むまでキュウリを食べてはいけない、六月十五日に釈迦に供えるまではキュウリを食べない、七月十五日前にキュウリを食べると赤痢になる（共に秋田）、六月十日（旧暦）牛頭天王祭に初なりのキュウリを供えた後で川へ流すが、この日までキュウリを食べてはいけない（宮城）、天王様の祭日前にはキュウリを食べない（宮城・埼玉）、六月十五日（旧暦）の天王様（一之矢神社）のお祭まではキュウリを食べない（福島）、八重垣神社の紋がキュウリを切った形に似ているから祭礼が終るまでキュウリは食べない（千葉）、祇園様の日にキュウリを食べると神のご利益がなくなる（山口。広島では腹病が起こるという。祭日にキュウリを食べることを忌むのは、京都・島根・愛媛・宮崎・長崎・熊本も同様）。また、秋田県下では、八坂神社の氏子は神に捧げないうちはキュウリは食べられない、初キュウリを水に流さないうちに食べると祇園様（または天王様とも）の罰が当たる、という。青森・群馬・新潟・千葉でも同様に、初なりのキュウリを天王様に供えてから食べる。山形でも、人が食べる前に天王様に供えるといって川へ流す。逆に、新潟県新発田市では、七月十五日の天王様の祭礼の日にだけキュウリを食べ、他の日には一切食べなかったという。

○福島では、キュウリの輪切りを食べない。佐賀では、祇園様の御紋がキュウリだからキュウリを輪切りにしてはいけない、という。これについて、諸書に記すところを摘記すると、「祇園の神胡瓜を社地に入ることを禁ず。土生（うぶすな）の人之を食ふを忌む。八幡（やはた）の神鳥肉、御霊の鯰（なまづ）、春日の鹿食ふときは則ち為に祟（たゝり）を被る。理の推すべからざるの類も亦少からず。蓋（けだ）し祇園の社棟、神輿（みこし）、瓜（くは）（音寡）の紋を以て飾りと為す。瓜は胡瓜を切片（へぎ）たる形と以為（おもい）て之を忌むか。愚の甚しき者なり。瓜の紋は乃（すなは）ち木瓜（もつくは・ぼけ）（果木の名）の花の形にして、織田信長公の幟文（しるし）なり。信長当社を再興して其の紋を用て後記となるのみ」

(『和漢三才図会』)、「俗談に、祇園の御紋は瓜の紋とて、胡瓜の切口なるによりて、氏子これを食へば口ふくれ、または瘧をふるふといふこと甚だ誤れり（略）、さて又胡瓜は、本草綱目に、多く食すれば瘧を病み、瘧熱さかのぼり、瘡疥を発すとあれば、祇園の氏子ならずとも、人によりてあたること有るべし、若し神紋にて祟りありとせば、巴は水を象れる紋なれば、水をも飲むまじや」(『夜光璧』)、「西山公仰られ候、黄瓜をば一名胡瓜といふ、又癩瓜といふ、此瓜甚穢多し、食して仏神へ参詣すべからず、又毒多して能少し、いづれにしても植べからず、不可食との仰也」(『桃源遺事』)、などと見えている。

○キュウリの初なりを牛頭天王へ供えると熱病にかからない（福島）、牛頭天王の祭日に供えた初なりのキュウリを下げて食べると腹をこわさない（群馬）、祇園社の祭の頃キュウリ二本を平たく切って背中にこすりつけると中風にかからない（三重）、六月朔日に神主が供えたキュウリを子供が食べると病気をせず達者になる（和歌山）、赤痢の時は津島神社にキュウリを食べないから治してくださいと願をかける（長野）等々、キュウリに関連した呪術療法にも天王信仰との結びつきがみられる。

○香川では、キュウリに名を書いて拝んでもらい、それを抱いて寝ると病気が治る（三豊郡）、病気の時はキュウリを持参して拝んでもらい、そのキュウリを地下の湿気ある所に埋めておくと、その腐敗とともに病気が治る（大川郡）という。キュウリ加持の習俗が年中行事化した例として、土用の丑の日にキュウリに氏名と年齢を書いて奉納すると災難と病気が避けられる（愛知県豊明市）、土用の丑の日にキュウリに自分の干支と年齢と病名を僧侶に書き入れてもらい、お経を上げてもらうと病気が治る、このキュウリは寺の境内か畑の隅に埋める（香川県高松市）、などがある。

○また、大阪では、キュウリをその年の数（平年は十二本、閏年は十三本）を買い求め、白紙に姓名を書き「河童大明神殿痔を治し下されー」と手紙を添えて自分の家から南の方の川へ流すと痔が治る、といった。『耳袋』にも「痔疾呪の事」として、「寛政八年予初めて痔疾の愁ひありて苦しみしに、勝屋何某申けるは、小児の戯れながら胡瓜を月の数もとめて、裏白に書状を認め姓名と書判を記し、宛所は河童大明神といへる状を添て川へ流せば、果して快気を得と教しが、重き御役を勤る身分、姓名を、右戯れ同様の中に記し流さんは不成事也と笑ひしが、三橋何某も其席に有て、我も其事承りぬ、併大同小異にて胡瓜ひとつへ右痔疾快全の旨願を記し、河童大明神と宛所してこれも姓名は記す事也といひ、何れも大笑を成しぬ」とある。

○キュウリを食べて魚釣りや泳ぎに行くことを禁忌する俗信がある。即ち、キュウリを食べて魚釣りに行くと魚がかからない（京都・奈良）、キュウリを食べて泳ぐと溺れる（富山・奈良）、キュウリを食べて泳ぐとカッパに引き込まれる（秋田・岐阜・石川・奈良・広島・愛媛）、キュウリの頭を食べるとカッパに引き込まれる（福島・岐阜）、キュウリを食べて川に入るとカッパに肝を取られる（新潟・岐阜）、キュウリを食べて川に入るとカッパに臍を抜かれる（新潟）、キュウリを食べて川へ入るとカッパが尻を抜く（群馬・岐阜）、キュウリを食べながら泳ぐとカッパが出てくる（群馬）、という。

○これを避ける法として、キュウリの初なりを川へ流せば溺死しない（千葉・和歌山。富山も同様であるが、人の知らない間に川へ流すという）、キュウリに姓名を書いて川へ流すと溺死しない（富山。和歌山も同様であるが初キュウリに限る）、キュウリの初なりを池・川に捨てるとカッパに引き込まれない（奈良）、初キュウリ（または梅雨の間のキュウリ）に姓名と年齢を書いて川へ流せば泳ぎに行ってもカッパに捕らえられない（石川）、などの呪術を行い、秋田では、キュウリの種はカッパを除ける、という。宮城・奈良では、キュウリは初なりを川へ流してカッパに供えた後でないと食べない、という。

胡瓜（きゅうり）

(2) 民間療法 まじない その他

○火傷にはキュウリの汁を患部につける、とは全国的に行われる療法である（岩手・秋田・群馬・栃木・山梨・新潟・富山・岐阜・長野・愛知・石川・福井・滋賀・大阪・兵庫・岡山・香川・徳島・高知・愛媛・大分・宮崎）。日射病にかかった時には、キュウリの芯を湯に入れ、頭の軸から足の裏まで洗う（青森）、キュウリの芯を揉んでこめかみか額につける（群馬）、キュウリをすりおろして頭に塗る（千葉）、キュウリの汁を体に塗る（山形）、キュウリのおろし汁を背筋から足の裏まで塗りつける（福島）、キュウリのおろし汁や種（または種の塩揉み）を足の裏へつけるか種を食べる（群馬）、キュウリの葉を塩で揉んで頭にのせておく（埼玉）。キュウリの葉の塩揉みを背中・掌・足裏に塗る（山梨。足裏に貼るは福島・群馬も同様）、キュウリとシソの葉を揉んで食べる（群馬）、生のキュウリを食べる（埼玉）。

○火傷や日射病の他にも、以下のような民間療法が伝わる。汗疹（あせも）にはキュウリの汁を塗る（千葉・愛知・奈良・愛媛・大分）。切り傷はキュウリの汁をつける（福井）。風邪に伴う発熱はキュウリをすって足の裏に貼る（神奈川）。キュウリの葉を塩で揉んで足の裏へ貼ると解熱になる（愛知）。疥癬にはキュウリの汁をつける（新潟）。中耳炎にはキュウリを少し乾して中がドロドロになったものを濾して耳にさす（長野）。キュウリの葉や茎を陰干しにしたものを入れた湯に入浴すると神経痛に効く（山形）。ハチに刺された時はキュウリの汁をつける（新潟）。腎臓病による手足のむくみや利尿には、キュウリの雄花（北海道）、キュウリの根（埼玉・大阪・岡山）、キュウリの蔓（長野・京都）、を陰干しにしたものを煎じて飲むと効がある。キュウリは利尿の効あり、また血液を清める働きがある（沖縄）。脚気にはキュウリの根を煎じて飲む（千葉）。脚気にはキュウリの実のしぼり汁や葉・茎の煎じ汁を飲む（高知）。食あたりにはキュウリの新芽をしぼって飲む（新潟）。婦人病にはキュウリの雄花が落ちたのを陰干しにして煎服する（北海道。キュウリの花を煎薬とするのは山形も同様）。淋病にはキュウリを煎じて飲む（岐阜）。

○キュウリに関する呪術的療法では、歯痛には初なりのキュウリを川へ流すと治る（愛知）、人のしゃっくりを止めるには「キュウリの花どんなんか？　お前隣から味噌盗んで来たんやろ？」と言う（奈良）、腓返り（こむらがえ）の時は「キュウリキュウリキュウリキュウリ」と唱える（和歌山）、などがある。

○キュウリとコンニャクは大毒（岩手・秋田・茨城・鹿児島）、キュウリと油（大阪）、キュウリと油揚（秋田）、キュウリと豆（山形）、はいずれも食合せという。

○キュウリの先を食べると腫物が出る（秋田・石川）、キュウリを食べると熱病になる（福島）、キュウリの煮つけを食べると肺結核になる、痲疹の時にキュウリを食べると全快後にも時々発疹が出る（共に新潟）、産婦がキュウリを食べると瓜肌となる（青森）、とキュウリを食するを忌む。その反面、キュウリに味噌をつけて食べると夏負けしない、土用中にキュウリの味噌汁を食べると腹をこわさない（共に秋田）、キュウリの初なりを食べると夏病みしない（広島）、とその効をいう。『歌摘録』には「きうりをばすにひたしつゝ食するなきんもつなりとかねてしるべし」と、酢揉みが毒だという。

○キュウリ栽培について、次のような俚言・俗信をいう。カキの葉一枚がキュウリの種三粒くらいを包める大きさになった頃にキュウリの種を蒔く（広島）、カキの若葉がキュウリの種を包めるくらいになった頃にキュウリを蒔く（愛媛）。キュウリを蒔くのに土用の土を三日かけろ（群馬）。キュウリの種を丑の日に蒔くと苦くなる（富山）。収穫については、キュウリなどのなり物をもぐ時は大きい入れ物を持って行くと翌年からたくさんなる（新潟）、キュウリを下向けにしてとると苦くなる（愛知・大阪）、という。また、キュウリの切り口を伏せておくと実がならない（愛知）。キュウリの初なりを指さすと指が腐る（新潟）、キュウリを数える（指をさす）と落ちる（長野・山口）。

○以上の他、次のような俗信がある。キュウリのトボイ花が咲くと不思議なことがある（千葉）。キュウリの蔓が多く巻きつくとその年は風が吹く（熊本）、キュウリの蔓の多い年は洪水がある（宮崎）、と蔓の多少で気候を占う。キュウリのおろし汁は色を白くする（栃木）、という反面で、キュウリをお汁に入れると貧乏神が寄ってくる（青森）、ひとりでに生えたキュウリを食べてはいけない（大分）、とこれらを忌む。七夕にキュウリを食べると大水が出る（新潟・愛媛）。キュウリの葉を蒲団の下に敷いて寝るとシラミ除けになる（山形）。味噌の中にキュウリを漬け込むと火災除けになる（京都）。盆にはキュウリの棚を取り払っておかないと精霊様がつまずかれる（佐賀）。初盆にキュウリでウシやウマを作っておくと死んだ人が来て爪あとをつける（島根）。

桐 きり

(1) 桐を屋敷に植えぬこと

○キリの木を屋敷に植えてはならぬ（福島県耶麻郡・長野県北安曇郡・愛知県北設楽郡・岐阜県揖斐郡・富山県下新川郡・福井県遠敷郡・奈良県吉野郡・岡山・鳥取）。屋敷内にキリはよくない（秋田県平鹿郡）、キリを植えると、病人が絶えない（秋田県雄勝郡・新潟県南魚沼郡・福井県遠敷郡）。病人が出る（新潟・岐阜・山口）。病気になったり不幸が起きる（岐阜）。家の土台がゆるむ（長野県更埴市〈千曲市〉）。梧桐はよいが普通のキリは病人が出る（香川）。ただし、島根県飯石郡では、梧桐を庭へ植えると病人が絶えぬという。岐阜県郡上郡では、風呂の近くにキリを植えてはいけないという。

○キリを忌む理由としては、それきりといって財産が上らない（秋田県山本・北秋田・仙北郡その他）。身上これきりに通ずる（福島県耶麻郡・群馬県利根郡）。キリは伐られるので、これっきりでよくない（群馬県吾妻郡）、キリは若いうちに伐るので、これを屋敷に植えると若死にする。伐る頃になると人が死ぬという（千葉）。

○家の北側へキリを植えると、着たきりになる（愛知県南設楽郡）。

○家より高くなるので悪い（愛媛）。位負けする。人間の生血を根が吸うので、家族の者が血色蒼白になる（鳥取）。キリの木が屋根より高く延びれば、その家から病人が出る（石川県鳳至郡）。家より高くなるのはよくない（愛媛）。

○キリの実生が屋敷に育てば家運が衰える（秋田県北秋田郡）。

○キリの木が屋敷に入ると家が滅びる（岐阜県吉城郡）。キリの根が縁の下に入るのは不吉（秋田県北秋田郡・広島県山県郡）。キリの根が床下に入るのを忌む。家の近くに植えると主人の命を取る（広島）。

○養蚕時には、キリの花やフジの花を家内に持ち込んではならぬ（宮城県気仙沼市）。

○右とは反対に、病気除けにキリを植えろ（秋田県鹿角郡）といい、屋敷のキリは火をよける（福島県耶麻郡）、女の子にはキリを植えよ（福岡市）という。ただし、女の子が生れたら、嫁入り時の箪笥材の用意のためにキリを植えるとは、諸地方でいい、また実行されてきたことで、屋敷内とは限らない。

○福島県大沼郡では、家の東にはヤナギ、西にキリ、南にモモ、北にインズ（槐か）を植えるとよいという。因幡では、「南にキリ、北にエンズイ、東にモモ、西にヤナギ」という。

○キリの木は焚かぬもの（鳥取・香川県三豊郡）。キリの木を焚けばネズミがふえる（群馬・長野・広島）。長野県北安曇郡で、「ネズミがたつ」という。キリの木を焚くと、銭が無くなる（佐渡）、子供に虫がおきる（三河）。キリの木をクドへ入れると気がふれる（高知）。

○新潟県栃尾市（長岡市）では、キリは松平家の家紋なので、昼中（ひんなか）に焚かない。桐下駄も履かない。

○キリの木の火でタラやイワシを焼いて食うとあたる（新潟県西頸城郡）。

桐（きり）

(2) 民間療法　桐に関する俚言

○キリの葉に包んだものを食べると、食あたりする（新潟県岩船郡）。

○土用の丑の日にキリの葉を便所の入口にさすと、厄病神が入って来ない（長野県北安曇郡）。

○メカイゴ（ミケゴ。ものもらい）になったら、立っているキリの木を後ろに背負って、「この目が治ればホオにだきます（普通にだきます）」と申上げる（群馬県邑楽郡）。

○疣を取るには、キリの木に向かって、「いぼいぼわたれ」と唱える（群馬県利根郡）。キリまたはサンショウの木に疣をうつすとよい（愛知）、キリの葉でこする（長崎県南松浦郡）、キリの葉を揉んだ汁をつける（岩手・群馬・奈良・熊本）。長野県安曇地方では、キリの木の枝の水をつける。これを疣を治すまじないといっているから、民間療法とはいいながら、呪術的なものと認識していたのである。

○瘧（おこり）（マラリア）には、キリの葉を煮て食う（福井）。キリの若葉のお和（あ）えは、瘧を未然に防ぐ（滋賀）。

○風邪には、キリの葉を煎じて飲む（長野）。キリの葉と砂糖を混ぜてなめれば、咳の薬（三河）、キリの木を黒焼きにしたものを粉末にして飲む（愛媛）。

○キリの実に甘草を加えて煎じ、解熱剤にする（高知）。

○ネズミにかまれた時は、キリの木を黒焼きにし、糊で練ってつける（岩手）。

○漆にかぶれた時は、キリの木を炭にした粉に油を混ぜて塗る（神奈川）。

○火傷には、キリの木の灰を飯粒で練って貼る（福井）、キリの木の黒焼きに木炭を混ぜてつける（岩手）。火傷には醬油をつけると、火ぼとり（熱気?）がやむから、それへキリの葉を乾かし、粉にしておいたものをつける（和歌山）。

○切り傷にはキリの葉を揉んでつける（埼玉）。『耳袋』に「血留妙薬の事」として、キリの若芽を黒焼きにしてつければ奇効があるとし、体中傷だらけの六部僧あり、仲間がその傷のいわれをたずねたところ、その答えに、「われらは昔盗賊だったので、度々負傷したが、キリの黒焼きで血を止めた」と語ったとある。

○骨折には、キリの炭を粉末にしたものを酒で飲む（高知）。

○腫物が熱をもち膿んだら、キリの黒焼きに糊を混ぜてつければよい（奈良）。

○たむし・みずむしには、キリの葉を揉んでつける（三河）。しもやけにはキリの木の花の汁を塗る（同）。

○キリの葉に玉砂糖をのせて食べると死ぬ（栃木県芳賀郡）。

○キリの花が多ければ、暴風雨（大風）（広島）。

○キリの花の多い年はイカが大漁（宮城）。青森県下北郡でも、イカが多くとれるという。群馬県富岡市では、たくさん咲くと豊年という。

○キリの花が咲きだすと、霜は降らない（会津）。

○キリの花盛り雨が降る（山形県最上郡）。キリの花が美しく咲くと大水が出る（同）。キリの花が多く咲いた年の夏は暑く、雨は少ない（山形県長井市）。
○キリの花の咲く頃に豆を蒔け（青森県下北郡）。
○キリの落葉が早い年は早冷（山形県庄内地方）。
○二百十日にキリのつぼみがダイズ粒くらいになれば、翌年は世の中に間違いがない（確実に豊年）という（青森県三戸郡）。

金鳳花　きんぽうげ

○疣にキンポウゲの汁をつけると取れる（長野・愛知）、キンポウゲの葉の絞り汁はみずむしに効く（埼玉）、という。
○キンポウゲの花が多いと大雪の兆（広島）。
○キンポウゲの花をとれば手が腐る（奈良）。

草　くさ

○土用の丑の日にとった百草は薬となる（新潟・滋賀・香川）、といい、滋賀では、この日に採取しておいた草を風邪などに煎じて飲む、という。切り傷などの止血には、七種または三種の草の葉を揉んでつける（群馬）、三・五など奇数種類の草の葉を揉んでつける（愛知）、草を七つにちぎってつける（長野・愛知）、草の葉を三つに折り、傷口を押さえて「クジクジクジ」または「親ノツワ（唾）ツワ」と三唱する（兵庫）。
○三種類の草を一緒に揉んでつけると血が止まる、という所は多い（秋田・宮城・福島・群馬・山梨・新潟・富山・長野・愛知・石川・大阪・広島）。三種の草の葉や揉み汁をつけながら唱え事をする所もあり、「父の血の道母の血の道父の血の道血の道止まれ、ナムアビラオンケンソワカ」を三唱、「伊吹山」または「伊吹山の血止めの薬」と三度唱えた後「アブラオンケンソワカ」と三唱する（共に長野）、「麻の下の三葉草つければ止まる血とまるアブラオンケンソワカ」を三唱（広島）といった呪文も伝わる。長野では、草の葉を幾重にも折って傷口につけ、「父と母との血の道は血の道止めるその血の道は」と唱えると止まる、ともいう。

○ハチに刺された時は三種類の草の汁をつける（富山）、子供の疳は火葬場より他人の知らない間に三種類の草を持って来て煎じて飲むと全治する（石川）、ハチに刺された時は三種の草の揉み汁をつける（富山）、鼻血には三種類の草を詰めればよい（秋田）、という。

○瘡（くさ・かさ）のできた時には、患部をなでた草をウシ・ウマに食わせ、また草神さんに草を一荷供えると治る（奈良）、牛神にウシの食物になる草を年の数だけ供えると腫物が治る（香川）、牛神様に草を上げて牛神様の水をつけると水疱瘡が治る（山口）、患部に向かって「土もなく水もたまらぬこの土地に何とて草が生えるものかな」と三唱して草刈り鎌で刈り取るまねをする（山形）、紙に「春の日の永きに草も刈り捨てんとく刈り尽くせ庭の夏草」と書いて藁とともに焼き捨てる（大阪）、などの呪術や呪文がある。

○ものもらいは細い草で縛り、それを火にくべてパチッという音がすると治る（鳥取）、疣は草で撫で、それをウマに食わせると治る（長野）、病人の年齢の数だけ違った種類の草を集め、その草の汁を器に入れ、その汁の上に三十三と書いて西に向かって飲ませると病気が治る（鳥取）、夜泣きには真野池（まんのいけ）に生える草を寝床の下に置く（広島）、鼻血が出た時は草の葉やチリ紙を折り畳みながら、「いんにが二、ににんが四、にしが八、にわかに止まるばしょうの血、ありがたや、アビラオンケンソアカ」と三回気迫を込めて唱え、お天道様の光を吸うつもりで息を大きく三回吸い込む、産児調節には毒草を女陰に入れる（共に愛媛）、という。

○イネの栽培では何度かの除草をしなければならないが、半夏（はんげ）には田の草取りをしてはいけない（栃木）、伏上り（ふせあが）には田の草をとらない（愛媛。島根ではイネで目を突いたらつぶれるともいう）、六月七日（旧暦）は祇園様の祭日だから田の草はとらない（新潟・高知。高知ではイネで目を突くと失明するからという）、山笠の十五日は田の草をとるな（福岡）、と田の草取りを忌む日がある。ちなみに、伏上りの伏とは酷暑の時節の意で、夏至後の第三庚の日を初伏（はつ）、第四の庚の日を中伏、立秋後の初庚の日を末伏（すえ）という。他に、田の草に関する俗信として、若い者が盛装して田畑の草をとると次が生えにくい（新潟）、田にくぼを入れると草が生えない（山口）、正月十六日に田の上で草刈りのまねをすると草が生えない（秋田）、だが、田植の時に歌を謡うと田に草が生える（秋田）、田植の夜、土間の掃除をしないと田に草が生える（石川）、田の草を七くら（七回）取ると姑が死ぬ（長野）、という。

○また、畑の草や草刈りについても、正月十四日の朝居間をきたなくしておくと畑に草が生える、五月五日の朝草刈りをすると病気にかからない（共に長野）、朝北を向いて草を刈ると手を切る（大阪）、月の四日に草を刈ると風が吹く（大分）、という。

○草の葉の露を手にのせて、よくのったら天気になる（奈良）、山の草がサラサラと鳴れば雨（山形）、草から水気が無くなると二、三日後に雨が降る（新潟）、朝露が山の草についていると夕立（群馬）、道草の葉にくびれができると台風が来る（長野）、道草のくくり切りの数でその年の台風がわかる（福岡）、草や木の葉筋が太いのは暴風雨の兆、青草（クサが枯れる前）に雪が降ればその年は雪が少ない（共に広島）、山の草が夏枯れしない年は秋冷が早く来る（山形）、などの天候占いが伝わる。また、草や木の根元の雪が円く溶けるとその年は豊年、北側だけ残れば凶作（青森）、と作柄を占う。
○草枯れ草先という言葉がある。草枯れ（秋）と草先（春）は、いずれも寒暖の初期で気候の変化する時期だから体の変調に注意せよ、の意である。栃木では、十二月十二日に十二歳の子供が「霜柱氷の梁に雪の桁雨の垂木に露の葺き草」と書いて台所に貼ると火の用心になる、という。同一の呪文を、茨城では火防の守りとして柱か門口に貼る。山形では就寝時か類焼の危険がある時に三唱すると火伏せになる、といい、香川では悪魔払いになるという。
○田の草取りの夢は凶（岩手・秋田）、草取りの夢は凶（兵庫）。
○以上の他、次のような俗信がある。屋根に草が生えるとその家が衰える兆（新潟・佐賀）、屋根に草が生えると不吉といってすぐ引き抜いた（福井）。白山神社境内の草を取ると身体に草（瘡）ができる（秋田）。河原の草花を植えると人が死ぬ（長野）、草の根をカラスに見せると根がつかない（和歌山）。不幸のある時にトゲのある草を家に持ち込むと友引きする（新潟）。炉に青い草を燃やすと苗代の苗が枯れる（石川）、毒草を焼くと衣裳持ちになれない（広島）。元結を解かないで外に捨て、その輪の中に草が生えたらその人は死ぬ（鳥取）。草に何かを結んで解ければ契の破れる兆（新潟）。草の根本に白い泡があるのはキジムナーの唾である（沖縄）。

草木瓜　くさぼけ

○長野・群馬などで、ジナシと呼ぶ。群馬県利根郡では、家のまわりにジナシの木を植えると、馬鹿の子ができる。ジナシの花を家に入れると火事になるという。梨に関する禁忌から延長されたものであろう。

葛 くず

○クズは秋の七草の一つであり、根から葛粉をつくるが、この葛粉や根を陰干しにして煎服すると、風邪などの発汗・解熱（岩手・宮城・富山・徳島）、頭痛（岩手）、腹痛（富山・高知・大分・沖縄）、下痢（福井・石川）、胃病（栃木）、酒の酔醒し（富山）、などに効くといい、打ち身には根を焼いて粉末にしたものを傷口につける（北海道）、という。

○ネギ（クズの一種）の花が咲いたらソバの種を蒔かなければならないという（対馬）。

樟 くすのき

○クスの大木を神木とする神社は多い。鳥取では、クスノキは神木なので人家に植えると位負けする、といい、和歌山・広島でも人家に植えることを忌む。また、クスノキを住居の建材に使用すると災難にあう（高知・鹿児島）、クスノキを燃やすとムカデが出る（島根）、とこれを忌む。その理由は、クスノキは自ら火を発すると考えられていたからであろう。『重修本草綱目啓蒙』には「又老樹火ヲ生ジ、自ラ焼ク、物理小識ニ、予樟老則出レ火、自焚不レ宜近二家室一ト云、先年城州八幡社外ノ老樟自ラ焼タリ、是脳アル故ナリ」とある（脳は樟脳の成分。樟脳はクスノキの幹・根・葉を蒸留して、その液を冷却し製造する）。

○クスノキに関して次のような民間療法や呪術がいわれる。クスノキを煎じて飲むと、心臓病（香川）・咳止め（新潟）に効がある。クスノキを入れた風呂に入ると、あせぼやリュウマチ（共に愛知）、冷え腹（奈良）に効く。妊婦はクスノキを枕の下に置いて寝ると安産する（秋田）。クスノキの皮を剝いでそれで楊枝をつくり、歯にはさむと歯痛は治る（大分）。

梔子 くちなし

○家の前にクチナシを植えると病人が絶えない（愛知）、クチナシを植えると子供のどこかに痣ができる（大分）、とクチナシの植樹を忌む。

○クチナシには晩秋に黄赤色の果実が熟するが、この実は薬用とされる。百日咳にはクチナシの実を綿にくるんだり黒焼きにして小麦粉で練ったものを喉に巻いたり、貼ったりする（埼玉・三重）。クチナシの実を煎じたものを飲むと、解熱（宮城・徳島）、黄疸（宮城・徳島・高知）、喘息や毒消し（岩手）、咳止めや不眠症（高知）、めまい（山口・徳島）、便秘（高知・熊本）、などに効がある。熱で口中がただれたとき（愛媛）、口腔中の傷（熊本）、扁桃腺炎（山口）、にはクチナシの実を煎じた汁でうがいをする。鼻血を止めるには、クチナシの実の黒焼きを鼻の中に吹き入れる（岩手）、または実を煎じて飲む（愛知・山口）。日射病にはクチナシの実の絞り汁を布に浸して貼る（山口）。クチナシの実や黒焼きを粉末にしたもの（または粉末を酒・卵・小麦粉などで練ったもの）を、打ち身・捻挫（群馬・栃木・茨城・千葉・神奈川・和歌山・高知）、神経痛（愛知・高知）、しもやけ（愛知・岡山・長崎）、ひび・あかぎれや、しらくも（山口）、切り傷（千葉・長崎）、などの諸症の時に患部に貼る。マツケムシに刺された時にもこれを貼ると痛みもなく毛が抜ける（千葉）、という。

○実の他には、捻挫にはクチナシの葉を粉にして塗付する（山梨）、打ち身にはサンシチ（クチナシ）の葉を揉んで貼る（神奈川）、コブができたときはクチナシの茎の汁を塗る（福岡）。

○病魔を避けるために、痳疹が流行する時はクチナシの枝葉を軒に吊しておくと病にかからない（千葉）、クチムキ（百日咳）の予防にはクチナシ・ホオ・白ナンテンの木を伐って来て、本人の握り拳の四指分の長さに切り、これを縄で束ねて腰に吊しておくとよい（東京）。風邪にはクチナシの木で杵形を作って腰に下げる（神奈川）、などのまじないが行われる。

椚　くぬぎ

○クヌギの葉が緑になるとモミを蒔く（広島）、クヌギが紅葉したらムギを蒔く（広島・香川・福岡）、クヌギの花盛りがヒエの蒔き時（群馬）、クヌギ林に褐色のウシを引き入れて見分けのつきにくいほどに色づいた頃にその木を伐ってシイタケの栽培にかかる（福岡）、などの俚言がある。

○クヌギの花が下向きに咲く年は春に大雪が降る（群馬）。

○クヌギの葉を煎じて飲むと、かぶれの薬（福岡）。

茱萸　ぐみ

○宅地内にグミの木を植えると破産したり病人が出る（秋田）、グミの木のある家は貧乏する（石川）、グミの木を植えるとヘビが出る（富山）、グミの木は憂いを喜ぶ（不幸がくる）（京都・鳥取）、屋敷内にグミの木を植えるとよくない（栃木・長野）。福島県会津地方では、グミの植樹そのものは禁忌でないが、グミの木は大木にするな、という。

○宮城では、グミなど匂いのする木は炉にくべない。グミの木を焚けば福の神が逃げる（秋田）、シブグミの木を燃やすと山犬が来る（栃木）、グミの木をくべると鍋が割れる（石川）、とグミの木を薪とするのを嫌う。

○グミの葉が早く落ちると早く雪が降る（山形）、グミの花盛りに風が吹くとイネの花盛りにも大風が吹く（和歌山）、グミの花が多く咲く時は豊作（山形）、タウエグミのよく実る年は豊作（新潟）。タウエグミとはナツグミのことで、熟果期が田植の頃であるためこう呼ばれる。

○グミの根を煎服すると風邪によい（熊本）、グミの小枝を煎じて飲むと心臓病に効く（北海道）、グミの実や根を煎じて飲むと胃腸薬になる、また便秘にもよい（岡山）、グミの葉を陰干しにして煎じて飲むと脚気の薬（茨城）、グミの実を焼酎に漬けたグミ酒を飲むと神経痛に効く（岐阜）、グミの皮を煎じて飲むと切り傷や吹出物が治る（鹿児島）。疣ができたらグミの枝と枝を紐で強く結びつける（不明）、などの民間療法や呪術がある。

○福岡地方で、「カナギ網の初卸しとヤマグミ」という。カナギ（コウナゴ）のとれはじめる頃にグミの蕾が吹き出す、の意である。グミの木で鎌の柄をつくるとあかぎれが切れない（山口）。グミは堅いので農具によく使用される。渋いグミを食べると便秘する（青森）。グミ取りに行くとアカヅラドンが出て来る（鹿児島）。グミの木から落ちると三年しか生きない（栃木）。

栗 くり

(1) 植栽禁忌 夢占・縁起など

○岩手県遠野市蓮華の九頭竜権現の御正体は、境内にあるクリの老木で、俗に化け栗、枕栗などと呼ぶ。昔は、女を人身御供に取った。その際、この木を枕の代りに女の頭をのせておいて食ったというので、枕栗と呼ばれる。

○遠野地方では、小正月の行事の一つに、ヤツカカシといい、クリの若木の枝（五寸ばかり）に餅・魚・昆布などの小さな切れをはさみ、これを家の入口や窓に挿して、悪魔除けにする。

○クリの皮を火の中へ入れると、火の神様が喜ぶ（富山県氷見市）。炉の荒神様はクリが好物で、トコロが嫌いである（新潟県西頸城郡）。クリの殻をたくと福が来る（秋田県雄勝郡）。

○屋敷内にクリの木があると栄えない（長野県北安曇郡）、クリを植えると家運を悪くする（新潟県南魚沼郡）、破産する（秋田県平鹿郡・秋田市）。家の前に植えるものではない（東京都町田市）。反対に、栃木県では、屋敷の四隅にクリを植え、四方にカシを植えると、長者になるという。九里四方貸しだらけの縁起だというが、実行はともかく、祝い直すための語呂合せであろう。

○厩の土台にクリの木を使うと、ダイバムシがわくから悪い（茨城県筑波山麓地方）。クリ材を門柱にしてはならぬ（秋田県平鹿郡）。ちなみに大蔵永常は『国産考』の中で、クリ材を丸太その他としてどしどし使用することを勧めている。

○クリの木は上道具に使うな（群馬県利根郡）。

○クリの箸は使わない（岐阜県揖斐郡）。クリ箸を一年間使うと長者になる（大分県日田郡）。

○ヒョウヒョウグリ（一つクリ）を置くと、泥棒が入った時、ヒョウヒョウと音を立てる（新潟）。

○高知県土佐郡では、クリ一升を桝に入れて斗掻きをかけて播くことを忌む。理由は明らかでないが、カチグリを正月の祝膳に用いるのも、日常主要の食品だった故のみでなく、神供としての意味で、桝は民家の年中行事では神饌の器にしばしば用いられた。

○クリの夢、クリ拾いの夢はわるい（秋田・岩手・群馬・埼玉・愛知・福井・滋賀）。クリの夢は不吉（愛知）、クリ拾いを夢に見ると、死ぬ（秋田）、人が死ぬ（群馬県多野郡・長野県北安曇郡・広島県比婆郡）。どこかで葬式がある（岐阜県郡上郡）、親が死ぬ（富山・広島県比婆郡）。クリが笑まない夢を見ると親類の人が死ぬ（栃木県芳賀郡）。秋田では、クリ拾いと魚捕りした夢を見た人は死ぬという。

○吉夢とする土地もある。クリを拾った夢を見ると、お産がある（子供が生まれる）（秋田・群馬・長野・岡山・広島）。身内に子供ができる（秋田）。クリを拾った夢、クリの夢を見ると孕む（青森・秋田・岩手・宮城・長野・広島）。親戚に妊娠する者がある（秋田）。

○二つグリ（双子グリ）を一人で食べると、双生児を産む（青森・秋田・岩手・宮城・福島・群馬・栃木・茨城・東京・神奈川・長野・新潟・富山・石川・福井・愛知・三重・滋賀・奈良・大阪・兵庫・岡山・広島・鳥取・島根・徳島・宮崎）。妊婦が二つグリ・三つグリを食うと双生児が生まれる（新潟）。半分ずつ食えばよい（岩手）。もし食ったら、寝所の窓から「双生児生んだッ」と叫ぶとよい（秋田県仙北郡角館町〈仙北市〉）。
○三つグリを食えば三つ子を孕む（山形市）。これらは二股大根、二つ芋、二子蜜柑と同様に類感呪術的な考えによる禁忌である。
○妊婦が、クリ・カキなどの渋のあるものを食べると、頭に渋のついた子を産む（秋田県北秋田郡）。
○産婦はクリ・ナシ等を食べてはいけない（秋田県由利郡）。
○東京都日野市上田の東光寺の薬師からお札と蠟燭をうけ、神棚にまつって安産を祈る。無事出産がすめば、クリの実が三つ入っているいがを持ってお礼に行く。東光寺の賽日は十月十一日で、参詣者はクリのいがを携える。
○名古屋市瑞穂区直来町の海上寺の本尊は、俗に乳花薬師と呼ばれ、綿花で乳の形をつくって奉納すると乳を授かる（多すぎる人は乳をお預けする）との信仰があり、心願成就のお礼には、クリを供える風習があるので、栗薬師とも呼ばれる。
○田に黄熱病が出ると、山からクリの木を取って来て、「奥山のクリの木男がしのび出て、いもうち女が寝ずに待つ」と唱えながら、その葉をさしておくとよい（滋賀県高島郡）。黄熱病防除のまじないには、クリとハギの枝を水口にさして、「山奥に霧や霞はかかるとも、いもちの母はござるまい」と唱える（京都府北桑田郡）。大阪府下でも、土用の入りにクリとハギを田にさして黄熱病のまじないをする。京都府下ではクリ・ウルシ・ハギ・サカキ・妙見スギ等を田の水口にさす。新潟県三島郡でも、水口にクリの青葉を立てるとよいという。
○クリのいがとヒル・ネズミサシを一つにくくって、家の入口に吊すと、悪病除けになる（長野)。

○正月のテガキ(三宝などにのせて米その他を年神に供える祝いの神供)に、クリの実三粒を飾る家がある(壱岐)。

○元日の雑煮にはクリを入れる。くり廻しがよくなるように(熊本県玉名郡)。

○正月中はクリの箸をつかうものだ。くり廻しがよくなるように(同)。クリアイがよくなるようにといって、クリの新芽を切って、真ん中の皮を残し両側の皮をむいて栗幣箸を作り、正月中はこれで食事する(佐賀県東松浦郡)。壱岐でも元日用の箸はクリでつくる。クリヘー箸という。煤払いにもクリの枝を用いる。

○正月四日、米穀取引商の初相場が立ったころ、その際神棚に供えたカチグリを財布に入れておけば金銭がたまるという(金沢市)。

○小正月の十五日の晩に曇った方角のクリの木は実がならない(岩手県遠野地方)。

○七月七日(七日ビ・七夕)に雨が降れば、クリの実に虫がつく(秋田・山形・青森)。

○七日ビに荒れるとクリがほしける(実が入らぬ)、降らないとクリは豊収(岩手県遠野地方)。

○盆の仏様にはイガグリの枝を上げる(壱岐)。

○夏の土用(丑の日)に水田の水口にクリとハギの枝を立てると黄熱病にかからない(京都府北桑田郡)。

○二百十日前にクリの実を食うと、大風が吹く(兵庫県佐用郡)。熊本県阿蘇郡阿蘇町(阿蘇市)でも、二百十日前にクリの皮をむけば大風が吹くといって嫌う。二百十日の後先(十日から二十日まで)に風が吹くと吹き続ける(吹かねば続いて吹かず)という俗信もあって、クリを食べるのも重大な問題である。

○九月九日にクリを食べないと、ウジになる(愛知)。重陽を栗節供といって、クリ飯を炊く風習は広い。高知県幡多郡では、お九日(くにち)さまと呼んで、白酒・お白餅(しろ)二重ね・クリなどを平たい石にのせて祭る。

○彼岸のうちにクリを取れば大風が吹く（岡山県久米郡）。

○旧暦十二月十三日は煤払。藁一握りの中にクリの枝二本と女竹二本とを入れて束ね、上から紙で巻いて苧でくくり、箕の上にのせて、荒神様の上を三度、炉の上を三度掃(はら)う。こうしてから、別の竹をつかって家中の煤を取る。右の藁束は輪形に曲げて大黒様に上げる。これをエビガネという（高知県幡多郡）。

○年取の晩にクリを食べると、くり廻しがよくなる（青森県三戸郡）。

栗（くり）

(2) 民俗療法

○漆かぶれには、クリの木の甘皮を煎じた液に浸けるとよい（岩手・山梨・佐渡・愛知・長野・広島）、クリの生葉を煮出した汁をつける（京都）。これを、タデル（安芸）、タレル（佐渡）、トウジル（信濃）、などいう。また、クリの皮の煎汁も用いる（岐阜・富山・山口）。櫨(はぜ)負けも同じ（愛媛・高知）。

○漆負けに、生グリの煎汁を塗る（岩手）、クリの葉のもみ汁を塗る（富山・埼玉）、クリの葉の風呂に入る（富山）、クリのいがを煮出した汁をつける（埼玉）。

○かぶれたら、その部分を油揚でこすり、その油揚を食べる（富山県下新川郡）。

○魚に中毒したときは、生グリを渋皮のまま食べる（山口）。シイ・クリ・食用茸を湯で振り出して飲む（岩手）。漢方の書には、クリと魚とは合食を禁じてある。腹脹(はらぶくれ)になるという。

○汗疹(あせも)には、クリの葉を煎じてつければよい（愛知）。

○火傷には、クリを粉にし、種油で練ってつける（飛騨）。熊本では、いがを黒焼きにし種油に混ぜる。

○できものや面疔には、クリの葉を焼いて、飯と練り合せ紙に塗布して貼る（富山）。吸い出しにも同様にする（同県）。ただし『日用諸疾宜禁集』には、クリは「癰疽付瘡癧漏丁瘡丹毒禁物」としてあり、「金瘡禁物」ともある。

○剃刀負けした時は、クリの葉か木を揉んでつければよく効く。霊元天皇の『乙夜随筆』に、「ケタレマケシタルニハ、栗ノ葉ニテモ木ニテモ、モミテ付ル、奇妙也。大工ノ持タルノコギリハ、サビル事ナシ。其子細、最初ニ栗ノ生木ヲ引テ置ケバ、其ノコギリハイツマデモサビル事ナシ、其子細也云々（風早物語）」と見える。錆止めに効くくらいだから剃刀負けにも効くのだという論理である。

○負傷などにより成歯が脱落した時は、青壮年の人ならば、時日のたたぬうちにクリのいがを黒焼きにし、その黒焼き灰を麦飯で練り混ぜてつけると、再び歯が生えてくる（奈良）。

○眼病には、クリを目に押しつけて、そのクリを川へ流す（宮城）。（ちなみに『日用諸疾宜禁集』には「眼目禁物」にクリをあげている）

○風邪の咳の薬に、クリの皮の煎じ汁を飲む（奈良）。

○疳の虫には、クリ（またはナラ）の木の中にいる白い虫（カミキリムシの幼虫）を焼いて食べさせる（福島）。

○クリの葉を夏の土用中に採取して陰干しにしておき、これを煎服すると、発汗解熱の効がある。

○出産の後、クリを食べると後腹を病まない（宮城）。

○クリの実を食うと丈夫になる（佐渡）。

○クリのいがが刺さった時には、牛糞をつければ抜ける（兵庫県養父郡）。

○生グリを食べると、できものが出る（群馬・茨城・愛知・岐阜・山口・高知）、瘡が出る（宮城・福岡）、頭にカンパができる（富山）、口瘡ができる（秋田）、瘡ができる（福岡）。高知県幡多郡で、「生グリ一つにかさ八十」という。

○クリの渋皮を食べると尻がつまる（奈良）。

クリにはタンニンを多く含むので、便秘のおそれはある。
○バングリを食えば吃音になる（滋賀県高島郡）。バングリはドングリのことか、生グリのことか明らかでない。
○『延寿撮要』に「栗と生肉と同食すべからず」とあり、『衛生秘要抄』には、生魚と合食すると腹脹れになる、とある。

栗

(3) 俚言　年占・天候予占

○クリの花が咲くと、梅雨に入るという土地は多い。クリの花はつゆの盛り（秋田）といわれる。福井県武生市〈越前市〉では、クリの花が咲くとつゆ入りで、ネムの花が咲くとつゆ明けという。「栗花墜」をツユリと訓ませる難読姓氏も昔から知られており、「墜栗の花雨」という言葉もある。
○クリの花が盛んにならねば、つゆは盛んにならぬ（秋田）、クリの花の盛りには雨天が続く（会津）、クリの花の多く咲く年は雨が多い（秋田）、クリの花盛りには雨が降る（長野）、クリの花盛りにはジョウバ石（藁打ち石）まで湿ける（山形）、山グリの花の多く咲く年は洪水がある（群馬）。クリの花がたくさん咲くと大風が出る（福井）、クリの花の白花の時、水が出る（山形）、などいう。
○これとは逆に、山形県の同じ土地（最上郡真室川町）で、クリの花が白くなると、入梅の湿気がとれる、と梅雨明けのしるしとする見方もあった。広島県では、クリの花盛りには晴れが続くという所もある。
○「雨グリ、日柿」ということわざがある（和歌山その他）。クリの開花期に雨がちだとクリの実はよく実る。カキは開花期に晴天続きでないとよく実らない。カキは開花時に雨続きだと花壺が腐るから結実が少ないが、クリの花は雨による損害を受けないというのである。大阪では「雨グリ日でり柿」という。奈良県吉野郡で、

○これとは逆に、茨城県久慈郡ではクリの当たり年は一般作物は不作だという。同じ事をクリの多くなる年は悪年（石見）、クリのたくさんついた年のイネは凶作（熊本）、クリの当たり年は一般作物は不作（茨城）などといっており、千葉県君津市では、クリの当たり年は台風が多いという。愛媛県上浮穴郡で、クリの花はヨゼンガキク（悪い）、カキの花はヨガヨイというのも同じ意味であろう。長野県上水内郡では、クリの花が土用になっても咲いている年は、農作物の作柄が悪いという。

○クリのなる年は大雪（福井県武生市〈越前市〉）。クリの渋が厚いと雪が多い（宮城）。クリが豊年の時は松茸がない（広島）、宮城県栗原郡では、クリの木にいるクマコムシが、根元の方にいる年は雪はあまり多くないが、上にいる年は雪が多いという。

○「田植半ばにクリの花」という（広島）。ク

「雨グリ日ガキ」というのは、クリのよく出来る年は多雨、カキの出来がよい年はひでりが多い意味だと説明している。同じことのようだが、天候の予占になっている点が違う。広島では、クリがたくさんなればカキが無いといって、晴雨については触れなくても、カキと対照する点では同じ見方をする。

○神奈川県津久井郡では、クリの花の咲く時に雨天がちだと、クリの実は豊作。その時、闇夜でもよいという。これは、闇夜にクリの花が咲いたら収穫が少ない（広島）、という俗信と同じ根拠によるもので、月齢が朔日前後の闇夜続きでも、雨続きの気象だったら多収だとの意味である。もっとも、同じ広島県で、月夜にクリの花が咲くと実が少ない、と正反対なこともいわれている。

○「クリの豊年、イネ豊年」という（広島）。同じ趣旨のことは宮城でもいう。長野県上水内郡では、クリがたくさんとれる年は天候がよい

リの花盛りに田植（岡山県真庭郡勝山町（真庭市））、クリの花の最中は田植の最中（鳥取県東伯郡）、ともいう。農村が活気に満ちる時節である。

○クリの花の咲くころはチチコ（アユカケ）の捕れ旬（しゅん）（和歌山県東牟婁郡）。

○クリの穂が垂れはじめると、ホトトギスが雛になる（京都比叡山付近）。いがグリが食えるようになると、カラスは子別れする（南飛騨）。クリの実が見えると川の魚（主にアユ）が下る（多摩川）。

○十一月にクリの木を伐った時、切り口から水が出れば、その冬は大雪。乾いていればあまり降らない（広島県比婆郡）。

胡桃　くるみ

○クルミの根が寝室の下に入ると病人が出る、クルミを植えると主人が死ぬ、クルミを植えると実のなる頃にその人は死ぬ（共に秋田）、屋敷内にクルミを植えると病人が絶えない（秋田・新潟・愛知）、また、病人に禍がある（宮城）、クルミは家運を悪くする（新潟）、クルミは人の血を吸うから庭に植えるな（長野）、クルミを廐の傍に植えるとウシやウマが繁昌しない（岩手）、などといって嫌うが、宮城では、門口にクルミの木を植えておくと悪魔払いになる、という。

○クルミのならないのは、牛を繋ぐとよく実る（『月庵酔醒記』）。

○クルミの殻を火にくべると火を吹く（燃える時に激しく炎を吹き出すこと）が、これを火の神様は嫌うから火にくべてはならない（山形）といっている。

○クルミは民間薬として広く利用される。クルミを殻（または実）のまま黒焼きにし、それに湯を注いで飲むと風邪（北海道・宮城）、咳止め（宮城・石川・徳島）、百日咳（群馬）に効く。クルミの実を粉末（または焼く）にして煎じて飲む（または酒で煎じる）と、下痢止め

（青森）、肺結核や肋膜炎（茨城）、便秘や血の道・疝気（岐阜）、強壮や駆虫（徳島）の薬となり、土用にとったミミズとクルミを煎じて飲むと冷え腹の痛みに効く（岐阜）。クルミの皮は食あたりによい（長野）。
○愛知では、みずむし・たむしにはクルミの汁（葉・皮、実を包む青皮の汁）をつけるという が、神奈川・新潟・石川でもこれらをみずむしの薬とし、打ち身・漆かぶれ（埼玉）、筋違い（石川）にも効き、痣につけると消える（群馬）、という。
○妊婦がクルミを食べると安産する（秋田・岐阜・愛知）、産前産後はクルミを煎じて飲むとよい（岐阜）、という。秋田では、クルミは来る身だからといい、妊婦がクルミを食べると可愛い子供が生まれる、ともいう。
○中風にはクルミを三個手の中でいつも揉む（北海道）、クルミを掌で握ったり離したりすると中風の予防になる（福井）、という。これは、有効な方法として他の地方でも行われている。
○クルミと酒は胃を害す（秋田・富山）。クルミとカモは中毒する（秋田）。クルミとキジは中毒（秋田・山形）。以上、食合せである。『月庵酔醒記』には「酒の後くるみをくへは血を吐」とある。
○勇士にクルミを持たせると帰って来る、出征兵士を出した家ではクルミと豆を茶碗に入れて水に浸け、帰って来るまで見ないでおく（共に愛知）。まめで来る身の意であろう。
○土用前にクルミの葉が枯れると水が出る（岩手）。クルミが多く実る年は不作（山形）。クルミのなる年はムギが豊作（香川）。

クローバー

○四つ葉のクローバーを見つけると幸福になる、とは広くいわれるが、秋田では、四つ葉のクローバーを枕に敷いて寝ると金持ちになる、三つ葉四つ葉五つ葉のクローバーをお嫁に行くまで袂（たもと）に入れておくと後で幸福なことがある、という。

○はやり目にはクローバーを湯に入れて洗う（三重・広島）、漆かぶれにはクローバーの葉の汁を塗る（熊本）、身体が腫れるときはクローバーを煎じてその汁を飲む（沖縄）、などの民間療法がある。

黒豆　くろまめ

○クロマメを煎じたものや煮汁は、百日咳（奈良・愛媛）、風邪（北海道・山梨・岐阜）、咽喉の痛み（長野・石川・岡山）、咳（栃木・新潟・愛知・石川・奈良・兵庫・岡山・愛媛）、喘息（山口）、熱冷まし（兵庫）、神経痛（埼玉）、疱瘡や性病（福井）、痲疹（はしか）（奈良）、疫病（長野）、中毒の毒消し（秋田・滋賀）、などに内服薬として用いる。狂犬に咬まれたときはクロマメの煎じ汁にオリーブ油を混ぜたものを傷につけて毒を除く（福井）、などの療法がある。

○クロマメを食べると声が良くなるとは広く言われ、栃木では、妊娠中にクロマメを食べると声の良い子供が生まれる、また、山口では、クロマメを食べると頭が良くなる、という。これらに対し、服薬中にクロマメを食べると死ぬ（秋田）といって忌む例もある。『私家農業談』（寛政元年）には「千金方に曰、一切（いっさい）の食物の毒に中（あた）りたるには大粒の黒豆を水にて煎じ幾度も用てよし。魚の毒に中（あた）りたるには弥（いや）よし」とある。

○クロマメを用いた呪術として、歯痛の時は人の知らない間にクロマメを柿の木の根元に埋める（福井）。クロマメの炒（い）ったものを地蔵様に年の数だけ供えると歯痛が治る（香川）。悪疫流行の時はクロマメを年の数だけ石の鳥居七か所に捨てに参ると疫病にかからない。豆朔日にクロマメを炒り、粢（しとぎ）と共に神仏に供え、そのお下がりを食べると田植時の冷え込みや下痢などの心配がない（共に兵庫）、めいぼができたときは井戸をのぞいて「大豆かと思ったらいぼじゃった」と言ってクロマメを井戸へ落とすとめいぼが治る（山口）、などの療法がある。
○クロマメの丈が伸びる年は大雪、クロマメが豊作の年は大雪（共に山形）、と気候の占いをする。⇩大豆

黒文字　くろもじ

○クロモジは楊枝をつくる木であるが、煎じてお茶代りに飲む（岡山）。民間療法としては、クロモジの皮を煎じて飲むと、風邪（愛媛）、胃潰瘍（福井・岡山。福井では生のまま噛むともいう）、胃癌（福井）、腹痛（北海道・高知）、脚気（岩手・徳島）、腎臓病（京都・高知）、肋膜炎・発熱・食あたり（共に高知）、中風や高血圧また動脈硬化の予防（北海道・高知）、などに効があるという。
○煎服以外では、打ち身には葉か皮を煎じたものを貼る。切り傷はクロモジで洗う（共に岡山）。外傷の止血には根皮を粉末にして散布する。疥癬の時はクロモジの根皮を粉末にして入れた風呂に入る（共に岩手・徳島）、二日酔いや食べ過ぎにはクロモジの枝をかむ（長野）。また歯痛にも、クロモジの葉をかむ（北海道）、クロモジの皮とサンキライバラの葉を煎じて口に含ませる（石川）。山梨では、歯の痛む人はムトウボウ（修験者）の墓に参詣し、クロモジで箸を作って供えれば痛みが止まる（山梨）、という。
○山で弁当を食べるときは必ずクロモジの木で箸を作って用いるが、使用後は必ず折って捨てる。そうすると、アマノジャクがこの箸を見て大きな口だといって恐れて逃げるという（島根）。

桑　くわ

(1)　くわばらくわばら　桑の木は神聖か不浄か

○雷鳴の際、「桑原桑原」と唱える（青森・福島・群馬・千葉・三重・兵庫・広島・香川・福岡等）のは、誰しも知るところ。ことわざにも「鳴神も桑原に恐る」といった。
○この唱え方には次の如きものもある。「遠く

のくわばら」を三回唱える（群馬県邑楽郡）、「くわばらくわばら山に登ってくれ」と三回（山形県飽海郡）。「くわばらくわばら、どうが（どうぞ）落じねでくれ」（山形）、「ここはくわばら」を繰り返す（岡山市）、「ここはくわばらですけ、信濃に飛んでくれ」（新潟県栃尾市〈長岡市〉）、「ここはくわんばらくわんばら、信濃へござれ」「くわんばらくわんばら、どうが雷さま山や天さあがってくれ」（共に山形）、「くわばら観音、くわばらかんのん」（千葉県東葛飾郡）。

○桑原は、憤怒の余りに雷となったといわれる菅原道真の生まれた地で、ここには雷は落ちないので、これにあやかるため唱えるのだという（群馬その他）。その桑原は、滋賀県高島郡朽木村〈高島市〉の桑原であるといわれるが、異説もある。大阪府泉北郡にある桑原の井は、昔この井へ雷が落ちた。上ろうとするところを村びとが寄り集まり、井の上に蓋をかぶせて、雷を責めた。雷は大いに苦しみ、将来永久にこの地に落雷しないことを誓った。それで以来、雷が落ちたことがない（『栗里先生雑著』）。佐賀県東松浦郡では、雷はクワの木で目を突いたので、クワが嫌いなのだという。

○雷の鳴る時は、クワ畑に入っていれば落ちない（群馬・岐阜・奈良・山口・愛媛）。佐賀県佐賀郡では、クワ畑に逃げ込めば、クワが雷の目を突くから落ちないという。

○クワ畑に逃げる代りに、クワの枝や葉を頭にのせていれば落ちない（秋田・福島）。秋田県雄勝郡では、「くわばらそうか、くわばらそうか」と言って、クワの枝や葉を髪にさす。佐賀県東松浦郡では、クワの木をかぶる。会津地方ではクワと薔薇を持っていれば怪我をせぬという。

○広島県庄原市では、ドンドロ（雷）の落ちた木の残り木（裂けて残った木片）を持っていれば落ちかからない、またクワの木を柄にしたこうもり傘もよいという。前者は、免疫と同じ考え方であろうか。

○家の周囲にクワがあると、落雷しない（熊本）。屋根にクワの木をさしておけば安全（広島・佐賀）、家の棟にクワの木を立てる（島根）。クワの枝を軒にさす（津軽）、かどにクワを立てる（岐阜）、クワの葉を軒に吊す（青森）。

○対馬では、家の大黒柱にクワの木を使うと落雷しないという。下県郡美津島町〈対馬市〉今里には、大黒・小黒を一本のクワから取って使ったという家があり、筆者も実見した。クワの大木は以前はあったものだという。

○和歌山県では、横槌と平鍬とを立て、「ここはくわばら落ちはせまい」と唱える。鍬と桑の語呂合せである。岡山県川上郡では、「ここはくわばら」と言って鍬を上向きにして出しておく。群馬県邑楽郡では、クワ畑に鎌を縛るという。理屈からいっても却って危険なはずで、現にクワ畑に鎌を持って入ると雷を呼ぶ（茨城・宮崎）といっている。しかしこれは明治以後の新知識らしく、もともとは昔の人には、鉄が落雷を起こすという考え方は無かったようで、邑楽郡の例に見られるように鎌を雷除けにする仕来りがあったと考えられる（諏訪信仰では鎌は風除けである）。

○群馬県富岡市では、「遠くのくわばら」を唱えながら、カマ神様（かまどの所に打ちつけた門松。どんどん焼きの時、焼かないでとっておく）を折って来て、これに火をつけて雨の中にほうり出すと、落雷しないという。このカマ神様も、同音の鎌から変化した理会であったかも知れない。

○舟のセミは、雷除けのためクワの木で造る（高知）。

○雷の落ちた畑にしめ縄を張っておくと、クワが枯れない（愛知）、という。聖域のはずのクワ畑でも、現実には落雷があり、そのための善後策も必要である。

○長崎県西彼杵郡では、草屋根の葺替えの時、クワの枝と塩俵とを、屋根の竹組の所にのせる。壱岐では、葺替えにも新築にも、棟の上に竹の弓とクワの小枝とを立てて、黍団子を供える。このクワも雷除けのためと思われる。なお、富山県東礪波郡では、煤と塩はクワの葉によくないというが、これは栽培上の問題であろう。

○クワの木から落ちると、大怪我をする（秋田・兵庫）、死病になる（鳥取）、三年目に死ぬ（滋賀・京都）、中風になる（秋田）、クワの木から落ちて怪我をすると治らない（愛知）。京都府北桑田郡では、クワの木は不浄木で、神様がおられないから、落ちると怪我をするという。往時のクワの木は、いわゆる高桑で、樹上に登って葉を摘むのが普通であった。

○クワの木は不浄木で、この根元に毛髪とか後産などの汚物を埋めた（京都府北桑田郡）。不浄木だから薪にしない。クワの木で御飯は炊かれぬ。お産の時の穢物を根元に埋める。月経を根に埋める（鳥取）。クワの木には神様はいないといって、後産の物をこの根に埋めた（若狭）。クワの木を焚くと縁が遠い（愛媛・広島）。産婦の余り乳はクワの木の株にあずける（高知県長岡・幡多郡）。

○クワの木を杖にしてはいけない（山梨県北巨摩郡）。クワ棒は死人の杖にするから、平常にクワ棒をついて歩いてはならぬ（長野県小県郡）。

○クワを不浄木とする信仰は、古い信仰だったのではあるまいか。雷火が被害と直結するようになったのは、むしろ人間生活の進歩の反映で、古くは雷は天の神であった。神聖な神であるから、不浄のクワ畑には落ちないというのが本来の形だったかと推量される。

○クワの木の箸で飯を食ったり、クワの木のすりこ木ですったものを食うと、身上をつぶす（福島県信夫郡）。

○反面では、中風にならぬまじないにクワの箸を用いる所が多い。また岩手県雫石地方では、すりこ木は必ずクワの木でつくれという。青森県下北郡では、クワ・朴・エンジュを建材に使うと、果報延寿といって縁起よしとする。反対に、クワとエンジュ（イヌエンジュ）を床に使うと火事になるといって嫌う所もある（高知県高岡郡檮原町）。

○すりこ木はクワを材料にするが、それには大きなクワの木がいる。そうしたクワの木を探しに行って見付けずに帰宅すると、その人は死ぬ。そのため、予め見当をつけておいてから行くようにする（新潟県北蒲原郡）。

○大豆を炒って紙にひねり、クワの木などに吊しておくと、風邪の神は出て行く（群馬県富岡市）。

○クワの木で目を突くと失明する（新潟県岩船郡）。雷がクワの木で目を突いたからクワ畑にいれば安全だという俗信との関係が考えられよう。

○赤児の墓にクワの木の六角塔婆を建てれば、次の子は無事に育つ（岡山）。

○クワデ（クワの枝）の皮をむくと、雨が降る（神奈川）。

○六月朔日をムケノツイタチといって、クワ畑に入ってはならない（宮城県白石市）。六月一日のキヌヌギツイタチには、人間の皮がクワの木にかかっているから、クワの木にさわるな（新潟県加茂市）。ヌケノツイタチにクワの木の下へ行くと魂が抜け出して、体だけ残る。それでクワの木を見るのも忌み、蚕には前の晩に給桑して、六月朔日は一日中給桑しない風があった（岩手県胆沢郡）。キヌヌギツイタチには人間もカイコやヘビのように皮を脱ぐ。クワの葉がかかると脱げなくなる（長野）。

○六月朔日・五月六日菖蒲の朝にクワの木の下へ行くと、衣をぬぐ（長野県安曇地方）。

○夏至の日にクワの木の下へ行くな。人間のむけがらがかかっていることがある（岩手県遠野地方）。

○炉の中にクワの木の根を十二並べ、その年の雨を占う。例えば六番目の根が早く焦げたら、六月は雨が多いとする（宮城県白石市）。

○クワなどを盗まれた時は、御幣を畑へ立てておけば盗人がわかる（長野）。

桑　くわ

(2) 桑と民俗治療　桑と自然暦

○疱瘡除けには、クワの木で瓢簞をこしらえて首へかける（和歌山県日高地方）。東京都青梅市の久道集落で明治末まで行われた疱瘡送りの行事にも、クワの木が用いられた。疱瘡をうえて（種痘）ヒトナナヨ（七夜）たったところで、棚を設けて幣束を立て、神主が拝んだのち、この幣束をクワの木にさらして川に流し、赤飯で祝った。

○痲疹（はしか）にも、クワの木で作った小さい瓢簞を腰に下げるなど身につけていると、かからない、或いは軽症ですむといわれた（和歌山県日高郡・奈良県五條市・山口県豊浦郡）。

○高知県幡多郡では、クワの木でこしらえた瓢簞を小児の背につけておくと、クツビキ（百日咳）にかからぬ、或いは息災だという。福井県では、クワの木を材料にして左手でこしらえた小さい木槌を腰に下げていると、百日咳がよくなる、或いはうつらないという。

○フルイコト（癲癇の発作）が起こると、クワの木を弓のように曲げて、これを病人にくくりつけ、「落とさぬと、ほどかぬ」と言って祈願する（島根県能義郡）。

○目こじきができたら、クワの芽に針を刺し、「あしたの朝までに治してくれ」と頼む（長野県更埴市（千曲市））。

○クワの汁は縮れ毛を治す（愛知）。クワの根を煎じて飲むと毛が生える（高知）。クワの葉、アサの葉を髪油に浸し、朝夕つければ脱け毛を止め、黒く長い毛になる（富山）。クワの白皮を四十匁煎じ、絞って粕を切った汁を塗ると、髪が抜けない（徳島）。『椎実筆』という書物にも「桑の皮四十匁を水にて煎じ粕を去り髪を洗へば、髪抜けず殖えるなり」とある由。アサの葉とクワの葉を乾かしておき、等分に混ぜて煮出した汁で常に髪を洗うと、縮れ毛は治る（『まじない秘法大全集』）。
○歯痛のまじないには、クワの根（株）に針を刺す（群馬）、歯をほじった針をクワの木にさすと、歯痛にかからない（愛知）。広島県庄原市では、落雷した木の残片をくわえると、歯のハシルのがやむという。虫歯には、クワの葉を焼いて水に溶いてつける（岩手）。
○中風の治療・予防に、クワは卓効ありという。クワの木で作った食器（椀・湯呑・盃・箸）を日常使用すれば、中気にならない（青森・秋田・福島・群馬・栃木・埼玉・茨城・千葉・神奈川・山梨・長野・新潟・富山・静岡・愛知・岐阜・福井・和歌山・山口・沖縄）。近畿以西の例が極端に少ないのは、採集の偏りによるものか明らかでない。
○仙台市岩切の青麻（あおそ）神社では常陸坊海尊がクワの箸で食事するよう教えたという中風除けのクワの箸を参詣者に頒ける。この縁起は文政六年刊の『塩松勝譜』に見えるという。
○クワの木ですりこ木を作って使用するのも、中風にかからぬ一法であるとする（秋田・山形・栃木・新潟・沖縄）。
○クワの実も中気によい（群馬・富山）。
○クワの木に生えた菌も中風・高血圧に効く（福島・群馬）。東京都多摩地方では、特に北向きに生えた菌がよく効くという。クワの木に生えている苔を煎じて飲む（富山）。
○クワの根または皮を煎じて飲む（秋田・静岡・長野・岐阜・富山・石川・滋賀・山口・香川・高知）。葉を茶の代りに飲む（山形）、新芽を煎じて飲む（埼玉）、胡麻を炒ってこれにクワの葉の陰干しを混ぜて粉末にして服用（岩手・栃木）。

○クワの皮を煮出して風呂に入れて入浴する（長野）。
○クワの木を焚いてあたると、中風に効く（福島）。
○子供の熱冷ましには、クワの葉を種油に浸して、その油を掌・頭・胸・足の裏に塗る。或いは、クワの芽を菜種油で揉んだ汁を、頭と足の裏に塗る（沖縄県八重山地方）。
○腹の虫下しに、クワの樹皮を干して煎じて飲む（岐阜）。ただし、佐渡ではクワの実を食べると、赤痢になるといい、佐賀では、サナダ虫ができるという。
○虫気の薬に、クワの木のテッポウムシを焼いて食べるか、水煎服用する（沖縄）。
○クワの根を掘り、上皮を煎じて飲むと、利尿・腎臓病に効く（岩手・高知・徳島）。
○神経病に、クワの皮が効く（岐阜）。
○脳貧血に、クワの若葉を白湯に入れて常用。またクワの木で作った枕・湯飲みを使用する（沖縄県八重山地方）。
○咳止めに、クワの根の上皮を煎じて飲む（岩手）。クヮーギ（クワ）の葉を炒ってクワ茶を作って飲む（沖縄）。
○便秘には、クワの根の上皮を煎服（岩手）。
○クワの木（ヤナギ・クサ木等にも）の幹にいるキクイ虫をあぶって、咳と疳気の薬にする（高知）。
○喘息には、サプナの根、カヤの根にクワの根の三種を陰干しにし、酒に入れて常飲する（沖縄県八重山地方）。
○打ち身には、クワの葉を煎じて飲む（埼玉）。
○疣は、クワの葉の汁をつけると取れる（群馬）。
○毛虫にかぶれた時は、クワの木の汁を塗れば、かゆみが治る（愛知・富山）。
○火傷には、クワの木の黒焼きを胡麻油で溶いてつける（岩手）。患部に植物油を塗り、その上をクワの根を焚いていぶす（栃木）。

○血止めには、クワの木のもとについているアズキ色の苔のようなものを取ってつける（群馬）、クワの根の白皮を貼る（岩手）。
○堕胎にクワの小枝を用いた（対馬）。
○青スモモとクワの実を合食すると腹痛する（秋田県雄勝郡）。
○クワの芽が長く伸びると、その年は大雪（新潟県長岡市）。クワの芯が伸びると大雪（石川県石川郡）。クワの木の生長よければ大雪（広島）。
○台風の後、クワの芽が早く出れば、次の台風が近い（沖縄県八重山地方・竹富島）。クワの豊作の年は暴風雨がある（群馬県利根郡）。ヤマグワの花が多く咲いた年は大水（福島県郡山市）。
○クワの葉が一時に落葉すれば必ず大雪（飛驒）。
○山グワの花が咲く年は、ダイズがよくできる（長野）。
○三月三日に雨降れば、クワの葉の出来がよい。
○日光様のお祭の日（旧四月十七日）に天気が静かだと、クワは安い（芽が生長する時期に風雨がなければ、クワの出来がよい）（群馬）。
○四ガ三ガ日（四月三日）に風が吹くと、クワが高くなる（愛知）。
○新潟県南魚沼郡で行われる繭・クワの豊凶占いは、正月の午の日以前の日数をクワの葉の数とし、二月初午の日までの日数を蚕の数とし、これによって蚕に比してクワが足らぬか、クワに比し蚕が足らぬかを占うものである。
○節供の四つ（十時頃）前にクワを採るな（長野県安曇地方）。
○朝摘んだままのクワをカイコに食わすな。朝露は薬にもなり、毒にもなる（岐阜）。
○接木の適期は、クワの芽が少し青んだ時（福岡）。
○クワのツバクラグチ（燕口）に畑打ち（新潟県栃尾市〈長岡市〉）。カイコも掃く。鹿児島県

薩摩郡でも、早稲グワの葉が燕口の時を催青期とする。（燕口は若芽の形がツバメの口に似ている状態）

【け】

欅　けやき

○ケヤキの芽がふぞろいに出ると晩霜がある（群馬・広島）、ケヤキの芽が早く出ると晩霜がない（宮城）、ケヤキの芽が一斉に出ると霜が来ない（宮城・長野）、ケヤキの葉が一斉に発芽すれば洪水がある（長野・広島）、ケヤキの芽がまばらに出ると日照りになる（長野）、と、ケヤキの葉の生長の遅速で気候を占う。ケヤキは南側と上位の枝から芽ぶくが、季節の進みがおそく急に暖かになると一斉に発芽する。山梨県北巨摩郡の某社では、境内にケヤキの巨木が二本あり、南を田木、北を畑木と呼ぶが、この二本の発芽の遅速で当年の田畑の豊凶を卜する、という。秋田では、ケヤキの根本が湿っていると雨になる、という。

○ケヤキの葉が平らに出るとその年は平穏（栃木）。

○ケヤキを囲炉裏にくべて二年たつとネズミがいなくなり、三年焚くと目が見えない子が生まれる（秋田）。新潟・滋賀でも、ケヤキを三年燃やすと失明するという。

○屋敷に大きなケヤキがあると後継者が育たない（茨城）。

牻牛児苗　げんのしょうこ

○ゲンノショウコは、現の証拠、験の証拠（飲むとすぐ効く）の意で、イシャナカセ（東京・山口）・イシャナカシ（愛媛）・イシャダオシ（京都）・イシャゴロシ（埼玉・東京）などとも呼ばれる。ゲンノショウコを飲むとどんな病気でも治る（愛媛）というほどで、下痢・胃腸・

腹痛・赤痢の他、嘔吐（宮城）・便秘（新潟・石川・鹿児島）・肝臓（神奈川）・利尿や膀胱炎（和歌山・山口）、風邪などの発熱・頭痛（岐阜・長野・愛知・岡山・高知・香川・鹿児島）、胸のつかえ（群馬）、心臓病（島根）、肺結核（高知）、肋膜炎（高知）、高血圧（岐阜）、鎮静剤（徳島）、脚気（愛知・高知）、婦人病（高知・福岡・熊本）、虫下し（栃木・群馬・長野）、日射病（滋賀）、ひきつけ（愛知）、吹出物（新潟・香川・山口・高知）、切り傷（岐阜・高知）、ハチに刺された時（群馬）、みずむし（愛知）に効くといい、痔にはゲンノショウコの風呂に入る（滋賀）、神経痛には煎服するか風呂に入る（新潟・岡山・山口）、咳には生汁を飲む（長崎）。即ち、万病の霊薬視されている。

○ゲンノショウコは五月五日の朝に採って陰干しにする（岩手）、ゲンノショウコは土用の丑の日の四つ（十時）前に採ると効く（群馬）、という。また、花の咲きはじめが一番薬効のある時期とされ、特に土用の丑の日に採って陰干しにすると効く（青森・山形・群馬・栃木・茨城・千葉・埼玉・山梨・神奈川・富山・岐阜・長野・愛知・京都・山口・香川・福岡・長崎）という。

【こ】

楮（こうぞ）

○島根・広島では、コウゾの丈が長く伸びると大雪の兆、丈が伸びないと雪が多い、と占う（丈高きを大雪の年というは長野も、丈の低い年は雪多しというは岐阜・福井も同様）。他にも、コウゾが早く落葉すれば雪が早い、コウゾの葉が巻けば暴風雨の兆（共に広島）、夏にコウゾが葉を巻くと大風が吹く（岐阜）、と風雪を予測する。

○疳の虫には、コウゾの木にいる虫を黒焼きにして食べる（山口）。ハチに刺されたときはコウゾの葉を揉んでつける（富山・岡山）。疣ができたら地蔵にお詣りして、その傍にあるコウゾの葉をとって、その汁をつけると疣が治る（新潟）。コウゾを束にして神様に供えると中耳炎にご利益がある（埼玉）。シノイ（コウゾの皮を剝いで蒸したもの）で雑煮を煮て食べると健康である（岐阜）。

小梨　こなし

○桷（ズミ）の方言名。長野県北安曇郡で、コナシの花が多く咲けば陽気が悪いという。ナシに関する俗信から連想されたものらしく、愛知県北設楽郡では、石梨（ヤマナシ）がたくさんなった年は風が吹くという。秋田県仙北郡・鹿角郡では、ヤマナシが多くなると不作という。

辛夷　こぶし

○コブシの花が多い年は豊作（秋田・山形・宮城・福島・群馬・新潟・岐阜・長野・福井・滋賀・京都・広島）、コブシの花が少ない年は凶作（山形・福島）、コブシの花が上を向いて咲くと豊作（山形・宮城・長野）、コブシが下を向いて咲くと不作（山形・長野）、コブシの花が赤くなって散る年は米のとれが良く、黒くなって散る年は米のとれが悪い（新潟）、コブシの花が多い年は豆の作柄が良い（山形・長野）、コブシの花が咲かない年は豆が不作（長野）、と花の咲き具合でイネや豆の作柄を占う。逆に、秋田県仙北郡には、コブシの花がよく咲く年はイネの作が悪い、という所もある。また、コブシの花が上向きに咲けばその年は旱魃、下向きに咲けば雨で、横向きに咲くと風が吹く（秋田・山形・宮城）という。これに対し、山形では、コブシの花が上向きなら日照りで、下向きは雨、横を向いて咲くとその年は晴雨の中間（西村山郡）、コブシの花が上向きは大雨で、下向いて咲くと旱魃（新庄市）、という所もある。

○コブシの花を家に入れると親が早く死ぬ、コブシの花を家に入れると味噌が腐る、コブシを庭に植えるとウマが痩せる（以上秋田）、コブシは火を招くから家の内に持ち込むな（福島）、と植樹や屋内への持ち込みを禁忌とする。

○コブシのつぼみを煎じて飲むと、頭痛や腫物（岩手）、胃病（山形）に効く。コブシの花を陰干しにし、カンゾウを混ぜて用いると精神病によい（岐阜）。コブシの実は下の病に効く（滋賀）。青森県三戸郡では、白血・長血などの婦人病にはコブシの花や白ツツジを煎じて飲むとよいという。

○以上の他、次のような俚言・俗信がある。コブシが咲くとイワシがとれる（新潟）。コブシが咲くと苗代作りを始める（山形・宮城・福島）、コブシが咲くとダイズを蒔かねばならない、コブシの花盛りはゼンマイの盛り（共に新潟）。コブシが咲くとジャガイモを蒔く（長野）。コブシの花が咲けば田打ザクラも咲く（広島）。コブシの花が多く咲く年は世の中が良い（岐阜）。

牛蒡　ごぼう

(1) 植栽禁忌　播種期に関する制約

○ゴボウを屋敷に蒔くと、長患いが絶えない（福井）。ゴボウ葉が宅地にあると、病人が絶えない（長野）。宮城県宮城郡には、栽培を禁忌する作物の一つにゴボウを挙げる集落が二集落（竹谷・桜渡戸）あり、栗原郡にもある。その他、或一マキで、または或家で、ゴボウを作らぬという例は、秋田・福島・千葉・新潟などにあり、新潟県南魚沼郡六日町〈南魚沼市〉の井口家では、ゴマとゴボウを作ると不幸があるといった。明治になってから、大神宮様にお参りして、ゴボウを作ってもよいようにしてもらったという。

○「小麦の花盛りはゴボウの播き旬（しゅん）」（群馬）といい、また「ゴボウは遠山の雪が消えたら播け」（新潟）という。「ゴボウの種播きは柿の葉三枚」という言葉もある。カキの若葉が三枚ほど開いた時が適期だというのであるが、もちろん地方地方での遅速があり、むしろその期間帯の幅は広い。ただし、土地土地で、何月はいけないという禁忌が強く見られ、それが他地方の禁忌と反発し合う形になっている。即ち、二月・三月・四月のうちのどれかでなければならぬと、土地ごとにいい、その反面で指定以外の月を極端に嫌う。その結果、全体を総合すると、互いに否定し合うことになり、農事の指導としては不合理といわざるをえない。従って、その原因は農業上の理由とは別のところにあるのである。

○四月の播種をきつく嫌う所がある（群馬・奈良・広島）。これを死にゴボウといって（福島・群馬・長野・愛知・岐阜・大阪）、この月播いたゴボウは葬式用になるといい、三月か五月に播く。三重県名賀郡では、四月ゴボウ播かぬものという。岐阜県揖斐郡では、三月中に播けなかった場合は、土の中へ種を入れておいて、播いたことにした。宮城県刈田郡では、四月過ぎゴボウといって、四月は播かない（味噌も四月過ぎは避けた）。以上の他にも、仏事用になる（食べない人ができる）から、四月に播いてはならぬという例は、岩手・東京・新潟・京都・大分などに見られる。

○これに反して、三月を嫌う土地も多い（福島・群馬・埼玉・茨城・兵庫・宮崎・長崎）。三月ゴボウを播くと、葬式ゴボウになる（静岡）、悪いことがある（富山・愛知）、人が死ぬ（三河）、火に祟る（三河）、不時がはいる（山口）、憂いゴボウになる（同上）、供養になる（北九州市）、忌物となる（佐賀）、という。福島では、三月ゴボウ産婦に食わすなといい、三月にゴボウを播くのを忌んだ。愛知では、三月ゴボウは死にゴボウという。大分県日田郡では、葬式ゴボウになるから、二月のうちに播いておくという。

○山口県佐波郡では、三月のほか、八月に播くことも、不時がはいるといって嫌う。

○また、三月ゴボウは特に子持ちや妊婦にいけないという土地がある。妊娠中に三月播いたゴボウを食べると産が重い（福島・栃木県芳賀郡）。三歳の子を持っている時は、三月ゴボウを播くな（三河）、という。

○山口県大島郡では、いつ播くにせよ「三月十日」と言って播くと不作がないという。つまり、元は三月以外の播種を嫌った名残であって、四月か二月を忌む風習があったことを示している。そして明治改暦以後、旧二月を新三月に、旧三月を新四月にという具合に一月ずらすことになった一面、旧暦時代の言葉を依然使用する所も多数残って、以上のような混乱が生まれたものと認められる。

○宮城県伊具郡では、二月と四月（旧暦）は四二ゴボウといって、ゴボウの播種を嫌う。高知県土佐清水市では、二月にゴボウの種を播くのを忌む。高岡郡でも同じく忌む。

○しかし、二月の特定の日を播種によい日とする言い慣わしもある。ゴボウは初午に播けという所もあるが、広島では、旧二月九日に播けばよく出来るといい、群馬県多野郡では、二月二十三日に播けばゴボウの当たりという。壱岐では二月二十一日がよいという。なお同地では、ゴボウは月の始めか終りの無月のころに播くがよいといわれており、師走の二十九日に播けばよく根がいるといった。愛媛県北宇和郡では「ゴボウは春秋の彼岸に播け」という。

○群馬県利根郡ではゴボウは早く播いた方がよいといい、雪が消えるとすぐ播種する。どこでも概して早め早めに播こうとしたようであるが、土地土地による気候と農事慣習によって、遅速があるのは当然であろう。とにかく適期をはずさぬよう戒めたのが右の禁忌であろう。二・三・四月というのみでは特に旧暦とことわってない報告も、だいたい旧暦と見なしてよいであろうが、農耕の実施の上では太陽暦に置きかえて、三月を四月と改めた例が多かろう。ゴボウは仏事の御馳走に欠かせない食物であったために、以上のように種々の禁忌が生まれたものと思われる。
○春の土用を避ける土地もある。土用にゴボウを播けば、葬式のゴボウになる（新潟・奈良）、食べない人ができる（福島）、死人を出す（石川）、という。越後には、「土用ゴボウ死にゴボウ」ということわざもある。それで春土用前に播くようにした。
○愛媛では、ゴボウは彼岸に播けという。佐賀では、彼岸に播くと、二股になって悪いという。
○三河南設楽郡の鳳来町〈新城市〉では、丑の日にゴボウを播くと人が死ぬという。同じ土地で、奇数の日に播くと枝がさくという。
○虚空蔵菩薩を祭る時は、ゴボウを植えない（秋田）。
○ゴボウ四本播くと死ぬ人が出る（宮城）。
○ゴボウやニンジンを播いてその上を跨ぐと二股になる（秋田県山本郡）。ゴボウのように縦ザクに播く作物を、横に跨ぐと、枝が多くできてよい物はとれない（群馬県利根郡）。
○ゴボウが出来ると人が死ぬ（福島・富山）。
○ゴボウとニンジンを一緒に播いてはいけない（静岡県御殿場市）。その意味は、葬式用の食物をそろえるのを嫌うか。
○ゴボウは二か所に播くものではない（静岡県御殿場市）、二か所に播くと仏事が多い。必ず一か所に播け（鳥取県東伯郡）。
○ゴボウの種を播いてそれが生えないと、播いた人は三年以内に死ぬ（京都府丹波地方）。発芽しにくい作物だから、丁寧に播けという戒めかといわれる。
○山口県大島郡で、ゴボウは播く時、長着でどろっこどろっこ（そろそろ）播くと、長いゴボウができるという。
○ゴボウは北あぜに播いてはならぬ（栃木）。北の畑の端に作ったら死ぬ（奈良県吉野郡）。

畑の北端に作ってはいけない。やむをえない時は、ゴマかキュウリなど別の作物を植えて、その次にゴボウを作る（東京都東村山市）。
○三河では、ゴボウを播いた隣へ芋を植えるなという。
○ナシの花盛りにゴボウの種を播くと、その種は消える（和歌山県北部）。
○梅雨の時ゴボウの草を取ると、ゴボウは皆枯れてしまう（広島）、梅雨に肥をやると、ゴボウは消えてしまう（同県）。
○ゴボウを掘る時古葉をいけこむと、黒ゴボウができる（愛知県南設楽郡）。
○ゴボウを連作すると、カキの木ゴボウになる（三河東部）。反対に、ゴボウを同じ土地に二年作らぬ者は馬鹿ともいう（『俚諺大辞典』）。
○ゴボウは四つ切りにせぬもの（奈良県山辺郡）。味噌漬のゴボウは食べるものでない（佐賀県小城郡）、ゴボウを味噌漬にすると病人が絶えない（大分）。以上を通じて、ゴボウへの禁忌には、葬式・仏事用食品としての顧慮が著しく見られる。味噌漬にするのを忌んだのも、葬礼用の食品を常備することを嫌ったのであろう。しかし、換金作物としてのゴボウの価値は高く、神奈川県津久井郡では、ゴボウを一反歩作れば、その売り上げで一反歩の畑が買えるとさえいった。

牛蒡（ごぼう）

(2) 民俗療法　その他

○ゴボウの種子は、腫物や瘡（くさ）などの吸出し薬として昔から知られていた。『山海名物図絵』にも「牛房の実を大力子と云ふ。ねぶと腫物に其の実を一粒のめば、早速腫物（しゅもつ）の口あきてうみを出すなり」とある。また「はれ物はゴボウの種子を一つ飲め、口ふっ切りてうみぞみな出る」という歌もある（茨城）。富山・岐阜でも一粒のめばよいといっているのは、やや薬が効きすぎた感がなくもないが、何ぶんにもにがいものなので、嚙みつぶさず呑みこむようにしたという（群馬）。とにかくゴボウの種子を丸呑みにするという報告が中部地方を中心にかなり広い範囲から集まっている（栃木・茨城・東京・静岡・山梨・新潟・富山・石川・岐阜・愛知・三重・奈良・岡山）。石川県石川郡では、飲んだゴボウの種ができもののところへ出て膿を破るのだといい、東京都武蔵野市でも、ヒョウソは頭のない腫物なので、ゴボウの種を食べることによって腫物が吹き切られると、どうやらメス代りと受け取られる言い方をしているところを見ると、粒のまま呑むのが秘訣だったようにも思われる。

○新潟県南蒲原郡では、ゴボウの実をなめるというが、呑み下さぬとすればまじないであろう。南魚沼郡では、ゴボウの種を飲んだ後、ドクダミで吸い出し、口があいたところでその周りへ水仙の球根をすったのを塗布するという。山梨では、腫物にゴボウの種を煎じて飲む。

○群馬県勢多郡では、痲疹にはゴボウの種を三粒飲ませるとよいという。同県邑楽郡や栃木・奈良では、痲疹に種子を煎じて飲ます。薬種としての認識が深まるとともに、煎服するのが当然のように考えたものかもしれない。

○その他ゴボウの種は、粉末にして少量ずつ常用すると、むくみを取る（山口）、母乳が少ない時なめるとよい（新潟）、種六粒を手にのせて、「乳が出ますように」と唱えながら乳房を揉む（京都）、お産の時、ゴボウの種子を飲むと安産（栃木）、後腹が痛む時に飲ませるとよい（福井）、堕胎に煎じて飲んだ（静岡）。汗疹に飲む（三重）。メボシに、その数だけ飲めばよい（山梨）。とげが刺さった時、三粒嚙むと痛みが止まるという（京都）。

○アイヌは、ゴボウの葉をあぶって患部に貼り排膿薬とする。切り傷には葉を揉んでつける。沖縄では葉を黒焼きにして髪油で練って軟膏を造り、湿疹に塗る。長崎では肝臓病に葉を擂って飲む。胸のつかえには、ゴボウの葉の汁を採み出し、塩を少し入れて湯で飲む（富山）、痳疹には伊勢エビの殻とゴボウの葉を煎じて飲むと発疹を促進する（福岡）。なお、ヤマゴボウの葉も、水気が来て体が腫れた時に食べると効くという（岐阜）。

○生のゴボウ（根）をおろし金ですりおろすか、たたいてつぶし、その汁を諸病の薬にする。生汁を腫物につける（新潟・山口）、ゴボウの生汁を飲めば流行病にかからない（長野・佐賀）。寛政の『私家農業談』（富山）によれば、ゴボウの生汁を茶碗に半分ずつ二度飲んで、さらにクワの葉一握りほどを火でよくあぶり、黄色になる時、茶碗四杯の水に入れて煎じ、約半分になるまで煎じたものを一飲みにする。こうすると汗をかき、流行病に効く、とある。疱瘡に飲ませる所もある（宮城・福井）。風邪にはゴボウの生汁に味噌を加え、熱湯を注ぎ、冷めないうちに飲む（福島）、吐気に生汁を飲む（神奈川）、咳止めには生汁に鰹節と刻みネギを入れ、熱湯を注いで飲む（宮城）。虫垂炎・盲腸に生汁を飲めばよいと、北海道・岩手・宮城・長野・静岡・香川などでいう。青森では、ヤマゴボウのおろし汁を飲むと、盲腸炎をちらすのに効があるという。疥癬に塗ると効く（新潟）。熊本では煎汁を塗るという。産前産後にゴボウをあぶって食べると、肥立ちがよい（飛騨）。産後にゴボウの味噌汁を飲むと髪が抜けない（佐賀）。

○食あたりには、ゴボウの蔕（へた）を干したものと、マンネンダケとサクラの木の皮を一緒に煎じて飲む（木曾）。

○発熱には、ゴボウの皮を飯粒で練ってつける（鹿児島）。

○ゴボウは熱を冷ます（奈良）。

○栃木県芳賀郡では、ゴボウを食べるとお産が重いといい、埼玉では妊婦にゴボウは禁物とする。

○ゴボウと鮎は禁食。腹痛になるという。天正五年の『身自鏡』には「海亀に莧(やまごぼう)なを食は生(ママ)飯鱚(きす)も同じ嫌物也」とある。「なを食は」は「猶食へば」で、菜を食う意ではない。

○ゴボウを食うと、精が出る（愛知）、背が大きくなる（愛知・富山）、走り合い（競走）が強くなる（同）、助平と笑われる（長野）、屁が出る（津軽）、うそつき（ゴンボウコキ）になる（三河）。これらは栄養食としてのゴボウに対する評価とみられる。福島では、産後食べてよい食品の中に、ゴボウ（味噌漬を含む）をあげている。

○餅が喉につかえた時は、ゴボウを逆にして先で突けばよい（秋田県仙北郡）。

○ゴボウの葉が裏返しになると近く雨が降る（愛媛）。

○牛房は弘法大師が唐から盗んで来たという。大師が或山里に宿ったところ、その家の主は三十歳ばかり、息子は八十歳ばかりだった。その理由は、主は本当は百余歳なのだが、延命草を常に食しているので若く、息子は嫌って食しないので老いかがまってしまったのだという。その草は、窓の近くに植わっていた。大師は主の目をごまかして、牛の綱を解き、その尾に房のように付いた草の実を取って日本に持ち帰った。それで名を牛房というのだそうな（『月庵酔醒記』）。

胡麻　ごま

(1) 栽培を忌む家と村　氏神の怪我　護摩と胡麻

○ゴマを栽培してはならないという家筋、或いは氏子集落は甲信越から関東・東北にかけて分布が密で、西日本では佐賀・大分の二県の例を見るのみであった。ゴマにあわせてササギ・麦・イモなども、それぞれ作らない。そのいわれとして、氏神様がイモの葉或いは麦稈で滑って、ササギの蔓でつまずき転んでゴマで目を突いたから、というふうに語っている。以下、地域別に掲げると次のようになる。

○岩手県九戸郡野田村は、昔、ゴマを作って食べて死んだ人があるので作らない。秋田県仙北郡西木村西明寺〈仙北市〉ではゴマ・アサ・イグサを植えられない。山形県村山郡・置賜郡・最上郡・庄内地方では、ゴマを植えると神様からとがめをくうという。屋敷内に植えては悪いともいう。宮城県黒川郡大和町山田では、ゴマ・トウモロコシは作らない。宮城郡にはゴマの栽培または食用を忌む慣行がある。栗原郡花山村坂下〈栗原市〉の三浦家では、ゴマを食べることは差支えないが、作ってはならない。先祖が移住して来た時に食物が無く、ゴマを播いたが、他家のはよく育つのに同家のは育たず、次の年も同様だった。そのうち播いた人が大病して死んだ。福島県耶麻郡猪苗代町の木地小屋には、ゴマを栽培してはならない家がある。同郡山都町〈喜多方市〉の出雲神社はゴマが嫌いだから、同町一ノ木ではゴマを作らない。昔、誰かが塞の神を燃やした、鎮守様はその火に驚いて起き出して行って、ゴマの木で目を突いて失明し、井戸に落ちてしまった。それで井戸も掘らず、塞の神も焼かない。同町館ノ原などでは、ゴマを干して脱穀する時に、誤ってゴマ稈で目を突いて失明した母親があった。神様からゴマを作るなとのお告げがあり、付近の二、三軒の家では今も作らない。南会津郡舘岩村〈南会津町〉では、権現様がゴマの稈で目を突かれたので作ってはならぬ。同村水引の氏神は山の神で、昔、十六ササギの蔓につまずいてゴマ稈で目を突いたのでゴマを作らない。それで山の神は目が見えず、氏子も片方の目が細いといった。同村川衣の氏神諏訪様にも同様な伝えと禁忌がある。檜枝岐村の鎮守はサトイモの稈につんのめってゴマ稈で眼を突いたので氏子はこの両種を作らず、氏子の片方の目が細い。買って食べる分には差支えないという。

○須賀川市の大栗・狸森の両集落には、家々で禁忌作物が定まっている家筋が多い。ゴマ・ケシ・サンショウ・キビ・ニンニク・ニンジン・

ハスイモ・モロコシ・フッキ・アワ・ヘチマ・キュウリ・アオイなど十余種に及び、中で頻出度の多い一つはゴマである（それらは一家に一種類が大部分だが、一家で二種、或いは三種の禁忌作物を持っている家もある）。

○群馬県吾妻郡嬬恋村田代では、浅間の神がイモで滑ってゴマで目を傷つけたから、ゴマは作られない。イグサ（野ゴマ）で代用する。浅間山の見える所では、ゴマとサトイモは作るな、ともいう。北群馬郡榛東村では、ゴマを作ると目が悪くなるといって作らない。ただし阿弥陀様はゴマが好きなので供えてよいという。利根郡片品村では、武尊様の氏子はゴマとサトイモを作らない。武尊様は片方の目が不自由な神様だといわれ、氏子も片方の目が小さい。同村菱沼でも、氏神日光様がイモ稈につまずいてゴマで目をつっついたので、この両種を作らない。武尊大明神と合祀されている保多賀御前は、もとは内裏に仕えていたが、勅勘を蒙りこの地に逃れ、土地の者に襲われて五十騎ほども打たれ、山窟に逃れて御座入に居を定めた。土地の者に種々の生業を教えた。或時道ばたの畑のイモ稈で滑り、ゴマ稈で眼を痛めた。里人がいたわって眼は快復したが、結局病気のため九月の中の申の日に世を去った。以来、同村花咲ではイモとゴマを作らない。栃木県塩谷郡栗山村〈日光市〉でも、春日様の氏子はゴマを作らない。上都賀郡では、田原忠綱がゴマの木に登って目を突いたからといってゴマを作らぬ家がある。茨城県多賀郡高岡村〈高萩市〉でも、ジュウドノ様が昔ササゲの蔓につまずき、ゴマの稈で片目を突いた。それで氏子は片方の目が小さく、ゴマとササゲを植えない。真壁郡真壁町赤浜〈桜川市〉にゴマを作らぬ家があり、同町酒寄でもジュウニ（エゴマ）を作ると伝染病になるという。東京都清瀬市・東久留米市にも、家例によりゴマ・キュウリ・カボチャ・スイカを作らず、作ると重な人が死ぬと伝えている家がある。

○山梨県塩山市〈甲州市〉の玉宮神社の祭神が白馬から落ち、ゴマの葉で目を痛めたといって、同市竹森では白馬を飼わずゴマも作らない。北巨摩郡高根町清里〈北杜市〉の日吉神社の祭神についても玉宮と同じ伝説があり、禁忌も同じ。同郡大泉村小泉〈北杜市〉の六所神社の神もゴマで失明したので、氏子がゴマを播くと失明する。長野県上水内郡小川村桐山では沢の宮神社の神がゴマで目を悪くしたので、作らない（食べるのは勝手）。更級郡信州新町権田の産土神はゴマが嫌いだから植えない。北安曇郡美麻村湯ノ海〈大町市〉の産土はゴマと赤いモロコシが嫌い、大町市宮本の神明様もゴマで目を突かれたので、ゴマを作ることを禁じられた、それで作らない。飯山市倉本地区は明神様の氏子なのでゴマを作ってはいけない。新潟県新発田市滝谷の阿部氏の諸家ではゴマを作らない。加茂市土倉・長谷の田浦姓ではゴマとヘチマを植えない。同市大谷の石動大権現の氏子はゴマを作らない。石動様はゴマで目を突いて失明した。旧暦四月十四日の朝、氏子が寄って石動様の掃除をし旗を立てる。同地区の諏訪様の氏子もゴマを作らない。お諏訪はゴマの切り口で足を怪我したという。南蒲原郡下田村北五百川〈三条市〉では、神がゴマで目をつぶしたので、目の悪い人はゴマを作ってはならないという。栃尾市上塩・山葵谷〈長岡市〉の人は片方の目が細い。鎮守様・諏訪様・羽黒様・守門様・毘沙門様は麦稈で滑り、ゴマ稈で目を突いたのでゴマ・麦は作らない。南魚沼郡六日町永松〈南魚沼市〉の桐生家では、ゴマを作ると家のうちに間違いが起こるといって作らない。数代前に同村小川から嫁をもらって以来始まった禁忌である。小川の産土神熊野様と、永松の産土神諏訪様とが角力をとり、熊野様はゴマの葉で目を突いて負けた。それでゴマを嫌われるのだという。六日町〈南魚沼市〉の井口家でもゴマとゴボウは作らなかった。大和町浦佐〈南魚沼市〉の池田家では、もとはアサ・ゴマ・トウマメを作らなかった（今は作る）。なお、浦佐地区では、十二社の氏子はゴマを作ってはならぬとされた。長岡市でも、屋敷にゴマを作ると、不幸時のゴマになるといって嫌う所がある。

○西国の事例については報告が極めて少ない。大分県で、ゴマを植えると目が悪くなるといい、佐賀県では、死人が出るという。またゴマとナスを並べて植えれば死人が出るという。

○ゴマを禁忌とする理由は明らかでないが、密教の護摩への連想からであろうか。ゴマで目を突くのは神のみで、仏は差支えないと考えられていたようであることも、この想像を助ける。

○ゴマを播くと火難にあわぬ（愛知・富山）というのも、護摩の本尊不動明王との結びつきを思わせる。

○命日にゴマを炒ってはならぬ（秋田県山本郡）。

○四十九日まで、ゴマを食べてはいけない（大分県南海部郡）。

○六三除けのまじない。ゴマを炒って、このゴマが生えるまでに申上げるという（群馬県邑楽郡）。意味が明らかでないが、炒ったゴマが生えるまで寿命を保つように願うのであろうか。六三除けというのは、年齢（数え年）を九で割り、残った数により病気の部位を知るというものであるが、各地でかなりの変化があったようである。

○ゴマを炒る時、もしゴマがはねないと、その人は死ぬ（秋田県由利郡・福島県相馬市・新潟）。

○ゴマを炒る時、パチパチはぜると天気がよくなる（山形・愛知・富山）。

○頰かむりしてゴマを炒ればはじけない（岡山・山口県大島郡）。

○悪い夢を見た時は、ゴマ三粒を火にくべると、悪夢は消える（石川県石川郡）。

○栃木市伊吹山観音の縁日には、戦前は参詣者が持ち寄ったゴマ稈やヨモギを境内で焚き上げた。その火で炙った手で腹を撫でると、安産をするといわれ、妊婦の参拝が多かった。これは護摩の加持の一種であり、少なくとも主催者はそう考えていたであろう。

○山梨県東八代郡八代町高家〈笛吹市〉のシャブキ婆さんという風邪の神に、ゴマを石で叩き割って供えると風邪が治る。中巨摩郡白根町上八田〈南アルプス市〉のシワブキ婆という石神にも、炒りゴマとお茶を供えて、子供の風邪平癒を祈る。この石は行き倒れた老婆の墓じるしという。甲西町塚家〈南アルプス市〉の社吹大明神も古墳といわれている。百日咳の者がネギの種やゴマを供えて祈る。

○落ちゴマが生えれば、新仏が立つ（秋田県仙北郡）。

○ゴマを播いて発芽せぬと、その家に不幸がある（山形県置賜地方）。

(2) 民間療法など　播種の禁忌

○ゴマと食合せの食品は、タニシ（岩手）、タコ（佐賀）、イワシ（壱岐）で、壱岐ではゴマ稈の火で焼いたイワシを食べるのもよくないという。『衛生秘要抄』には「胡麻与韮蒜（令疾血脈）」とある。血管系の疾患を起こすという意であろう。

○章魚とゴマは食合せで、腹痛を起こす（秋田県北秋田郡）。『衛生秘要抄』には、「ゴマと韮蒜を食えば血脈を疾む」とある。

○疣取りには、ゴマの花をすりこむ。塗る、なでる、つける、こする、汁をつける、揉んでつける等、土地ごとに表現は違うが、要するにゴマの花を疣に当ててこする意味である（秋田・福島・群馬・福井・愛知・大阪・対馬）、特に北向きに咲いている花（福井・大阪）、最初に咲いた北向きの花をすりつける（奈良）、という所もある。その他、ゴマの花をサトイモの葉にたまった朝露につけて疣をこする（石川）とも、朝日の出る前にゴマの花を塗る（群馬）ともいう。また、誰も見ていない時に取って来て、人目の無い所で疣をこする（福島・愛知）、こすったあと土中に埋める（群馬・岡山）。そうすると土の中で腐るにつれて疣は治る（香川）。『耳袋』には、「黒胡麻をいぼの数程かぞへて土中へ深く埋め置き、右くされ候得ば、いぼも失せ候なり。深く埋るは、芽を出さずくさらするためなり」とある。

○ゴマの葉を揉んでその汁をつける方法も行われる（三河・石川）。七夕の朝、ゴマの葉で疣をこすると落ちる、ともいう（愛知）。また、ゴマの葉を煎じてつける方法もある（三河）。

○七夕の朝早く田の切り口へ行き（遠い田へ行って、とも）、ゴマの葉で疣を洗いながら、「この田には入りません」と言って、葉を田に捨て、その田には入らないようにする（三河鳳来町〈新城市〉）。

○黒子を取るにも、ゴマの花を揉んでつけるとよい（群馬）。ゴマの花とヘビのぬけ殻を飯粒で練って、黒子に塗る（広島）。

○腫物には、ゴマを一粒丸呑みにすると、口が開いて膿が出るようになる。二粒飲むと口が二つ開くといって、一粒以外は飲まない（神奈川県秦野市・横浜市）。ゴマ油を塗る方法もある（栃木）。

○漆かぶれに、ゴマをすってつける（群馬）。ゴマ油を塗る（山梨）。

○ゴマ三粒と酒一口を毎日飲めば、コレラにかからない（石川）。

○半年ほど黒ゴマや薯を食べると、記憶力がよくなるという。

○毎日ゴマを一粒ずつ食べると、目が明るくなる（福井）。ゴマをたくさん食べると、目がよく見えるようになる（広島）。

○寒三十日ゴマを食うと病気にかからない（秋田）。

○ウゴマ（ゴマ）の料理は結核患者の強壮剤と

くなる。塩ゴマにして毎日少しずつたべるのもよい（沖縄）。肺病には黒ゴマ・ニンニク・鰹節・味噌一合を炭火で練って毎食たべる（岩手）。明治十四年の『まじないの事』と題する控にも同じ処方が出ている。大和の添上郡の伝承という。

〇痲疹にはゴマを煎じて飲めばよい（福島県南会津郡）。

〇口熱には生ゴマを煎じて飲む（沖縄）。

〇大便の出ない時はゴマを食べる（愛知）。

〇乗物に酔わぬように、ゴマと塩とを包んで腹につけていればよい（長野県小県郡）。

〇ゴマをたくさん食べると、髪が赤くなる（広島・岡山）、頭の毛が抜ける（愛知）、白髪を防げる（宮城）。

〇傷のある人はゴマを食べると、傷口がまた開くから食べてはいけない（静岡）。

〇一年にゴマ三升食べると身代がつぶれる（愛知）。贅沢の戒めであろう。

〇「白ゴマは諸薬ぞきらふものぞかし、脾胃の毒なり歯こそ損ずれ」（寛永版『歌摘録』下）。

〇産後にゴマ・アズキを食べると、黒い斑点ができる（宮城）。

〇「ゴマの遅播き、アズキの速種」といわれる。対馬では「アズキの早播き」という。福島県大沼郡では、ゴマは鍬入れに播くと、作柄がよいという。鍬入れとは普通、正月の農始めの儀式をいうが、それでは早すぎて現実的でない。同じ県の南会津郡では、「ゴマは宵節供に青空を見て播け」という。宵節供は、秋田県などでは九月十九日（中の節供）の前夜をいうが、それでは時期外れになる。

〇大阪府枚方市では、七月二日以後はゴマを播いてはいけないという。

〇ゴマは播く人の性を嫌う（秋田）という。厚播き・薄播きに偏ると、それが作柄に直結する、との意味か。

〇ゴマを播く時に、多い少ないといってはいけなない。発芽が悪くなるという（横浜市）。三浦三崎の漁民が、魚がデカイ、小さいといってはいけないというのと符合する俗信である（魚の大小をいわねばならぬ時の忌詞は、アニ、オトウト）。

○ゴマを播く時尻をからげると、収穫が少ない（兵庫県佐用郡）、ゴマが尻からげになって実が少ない（山口県大島郡）。ゴマを播く時は裾を引きずって播くとよく実る（愛知）。愛媛には、「ゴマは長尻に播け」「長びり（長い畝）にまけ」ということわざがある。種子が細かいので、均等になるよう丁寧に播け、という戒めであろう。

○女がゴマを播くと下の方から実がなる。男が播くと上の方からしか実がならぬ（和歌山県有田郡）。下から実れば収穫が多い。やはり、丁寧な女が播くのをよしとするもの。

○『農業全書』に、「胡麻を夫婦にて同じく播けば実多しと云へり。是れ妄言に似たる事といへども、陰陽変化の理り、しふべからず」とある。陰陽うんぬんはとにかく、やはり女房と共に睦まじく、ゆっくり播くのがよいというのが、原義であろう。

○ゴマを植えたあとにダイコンを植えると、苦くない（岡山）。

○赤城山へ後ろ向きになってゴマを播くと生えがいい（群馬県利根郡）。

○ゴマはもらって播いてはよく出来ない。盗んで播け（佐賀）。

○ゴマを播く時に塩を混ぜると生え具合が悪い（三河）。ゴマ塩への連想か。

○ゴマ稈で疵をすると膿む（新潟県南蒲原郡）。

○ゴマなどの油を採るときに焚く火は、必ず便所の近くの汚れた木を少し持って来て焚いた（広島県比婆郡）。

○漆かぶれにゴマをすってつけるとよい（群馬）。

○ゴマのよく伸びた年は、大雪（新潟県西頸城郡・福井県武生市〈越前市〉)、ゴマの茎の高い年は大雪（広島）。

○ゴマの収穫多い年は大雪（広島）。「日照りゴマ」とことわざにいうほどで、夏期好天が続くと収穫が多い。ただし、冬期大雪になるとは限らない。

米 こめ

(1) 米と霊 葬礼の作法

○米は天照大神の御眼である（香川県三豊郡）。一粒の米に三柱の神様がはいっている（新潟県西頸城郡）。米には三体の仏様が宿る（三豊郡）。米は日本人の命の糧であるとはいうものの、米を常食する階層が、全人口の何分の一かを出ないという時代が長く続いたのである。常民にとっては米は祭の神供であった。貴いはずである。お米を粗末にすると眼がつぶれるとは、至る所でいった戒めであるが、失明するという以外にも、お米をこぼすと火事になる（広島県山県郡）、お米をこぼして拾わぬと失明する（新潟）、米を弄ぶと一粒の米もない貧乏人になる（秋田）、米粒を踏むと顔が腫れる（広島県山県郡）、米粒を踏んだり捨てたりすると失明する（秋田市）、遊んで食うて寝るとお米の神様に叱られる（佐渡）、米粒を井戸に落とすと蛭(ひる)がわく（岐阜県揖斐郡）、米踏みして怪我すると治らぬ（滋賀県高島郡）、などという。新米を食うと禿頭になる（千葉）というのも、米を尊重する意味であろう。佐賀で、米粒を横に食べると肥えるというのは、罰則か否か不明。横に食べる、も寝て食う意か明らかでない。沖縄では、天の神様は米一粒を一俵とみている、だから米粒を庭に捨てると、その者を貧乏にしてしまうという。新潟県西頸城郡では、ごぜんさま（仏前へ供えた御飯）を食べると、一日の罪が消えるという。祖神に供えた神供の意味である。岡山では、米を一粒拾う人は、神が三日護って下さるという。

○佐渡の赤泊村〈佐渡市〉では、彼岸には必ず米の粉で団子を作って仏様に供える。これは彼岸がすんで仏様があの世へ戻るとき持たせてやる意味である。或家で忙しさに取りまぎれて団子を作らなかったら、その家の仏様だけは長い稲株をわさわさと背負って家を出て行ったという。

○米に字を書けば不吉事あり（和歌山県一般）。米を囲炉裏に入れると火玉が出る（宮崎県西諸県郡）。お洗米を踏めば、とげになって刺さる（愛知県北設楽郡）。いずれも、米の神聖なことを示す俗信である。

○婚礼の時、新夫婦に米粒を授けると、子供がたくさん生まれる（広島県山県郡）。

○盆に米を搗くと、仏さまの頭が痛むといって嫌う（高知県高岡郡）。

○生米を食べると、馬鹿になる（新潟・岡山・広島）、虫がわく（熊本）、アオ（腹に虫がたかる）になる（新潟）、シラミがたかる（福島）、口がくさくなる（広島・壱岐）、乳が出なくなる（岐阜県高山市）、黄疸になる（秋田・宮城）、顔が青くなる（岡山）、婿入りの時イヌに吠えられる（山口県大島郡・和歌山県日高郡）。これらの禁忌は、作業中に米をぽりぽり噛む者への警告らしい。婿入りというのみで嫁入りが無いことも、その想像を強める。もっとも、妊娠中に米の粉を多く食べると、粉のついた児を生む（岡山市西大寺）という例があるが、これはつまみ食いの場合とは違う。

○塩をもって浄めを行うのと同様に、米にもその力があると信じられた。埼玉県入間市では、旗などを立てるための穴を掘る時、塩と米を少し撒いてから掘ると怪我がないという。佐賀県東松浦郡鎮西町〈唐津市〉では、赤子のむつきを初めて洗う時は、川へ行って塩と米を撒き、川の水を汲んで来て釜の中でかき廻す。河童除けのためという。岐阜県揖斐郡では、炉で魚を焼いた後には塩をかけて浄めるが、火には塩、井戸を浄めるには米を使う。

○米の量りが悪いと、鼻の低い子が生まれる（富山県氷見市）。米を量るに、上から押さえると、背の低い子が生まれる。或いは、鼻の低い子が生まれる（福井県若狭地方）。正反対のことをいっているようだが、前の例は、強欲を戒めるもの、或いは為政者本位の教訓、後者は、処世の技術を教えるもので、いずれも信仰とは無関係と思われる。

○糯米を蒸す時、竈の火を火吹竹で吹くと、田植どきに雨が降る（山口県阿武郡）。福井県小浜市で、竹の筒を吹くことを禁忌とし、米が高くなるという。類例が少なすぎて、直接の関係の有無を判断することをえない。

○お米一升を炊くものではない（千葉県市川市）。平生米は桝でかき切りにするのを忌む（高知県南国市）。枕飯は一升すり切りの米で炊く。また、桝でかき切って炊く。四升米を炊くものではない（新潟県南蒲原郡）ともいう。親の葬式のとき四升の赤飯を届けるので、四升米を忌む。どうしても四升炊く必要のある時は、桝で四升量ってから、一つかみだけ足すか減らすかしなければいけないという。

○米を磨ぐ時、二人でしてはならぬ（埼玉県越谷市）。これも、葬式の際の作法として忌むものと思われる。お米を磨ぐ時、三回以上手で揉むものではない（群馬県利根郡）。

○二人で米を量ると双子ができる（大分県速見・日田郡）。やはり葬礼時の仕方であろう。

○人が死んだ時に作る団子は、米を洗わずにこしらえる（群馬県利根郡）。

○高知県幡多郡では、仕度の飯（死人に供える飯）は米三合である。クド（竈）を屋外に築き、ここで三合の米を別鍋で炊く。この飯の炊ける間に、死者の霊は信濃の善光寺へお参りに行ってくるのだといっている。同県吾川郡では、シニメシの米は洗わず、蓋をせず、鍋鉉（なべづる）を北向けにして炊く。クドは雨垂れ下に北向きに足で築く。このため平常は北クドや鍋の口を北向けにすることを忌む。

○空鍋に米を入れてあとから水を入れるな（対馬）。まず釜へ水を汲んでから米を入れよという教えである。この作法は西日本の各地で説かれ、釜に米を入れてから水を入れるな（鳥取県気高郡）、米を先に入れ、水をあとから入れると難産する（和歌山・宮崎・鹿児島）、後産が重い（広島）、馬鹿な子を生む（宮崎）、などいうが、東日本の報告例を見ない。恐らく東国では、米を先に入れることを異としなかったのであろう。

○高知県土佐清水市では、空の刃釜へ米を入れてはならぬ、出産してから、すぐ子ができるという。休む暇なく次の子を妊娠するのは、経済上大打撃である。このように釜へ米を先に入れるのは、西日本では葬式の飯の炊き方なのであった。例えば、福岡県宗像郡大島村（宗像市）では、枕飯を炊くには、門口に簡単な竈を仮設し、三人搗き米と称して三人で玄米を搗く。臼の中から出す時もトウシ（篩）を使用せず、箕で簸てそれを箕の向うから受け取り、量るにも枡を用いずに手で握り出し、空釜の中へ米から先に入れて、水をあとから入れる。和歌山県下では、死人があると、一合すり切りの米を空の鍋に入れ、後から水を入れて炊く。死者はそれが煮える間に、熊野の権現さんへ参って来ないと、閻魔様に拷問かけられるという。ただし、生前お参りした人はこの限りでないという。

○出漁の時、米や醤油をこぼすと、縁起が悪い。ただし酒はこぼしても悪くない（佐賀県佐賀郡）、京都府竹野郡では、デタチに米をまける（こぼす）と怪我をしたり不漁だったりするといって嫌う。

○刃物を竜ごん様（竜宮様のなまり）、海中に落とした時は、御岳行者にお札を作ってもらって、流し札をする（愛知県知多郡日間賀島）。広島県三原市幸崎町では、「金物落としたけに、許してつかわされ、竜ごん様」といって、神酒を海に注ぎ、枡に入れた米をばらまいて詫びる。

○四社大明神の宮、または大師様に参拝する時、米を投げて手で受け、丁半か、落ちた形により、いろいろの占をした（岡山県笠岡市白石島）。

○福岡県八女郡では、弘法さんの祟りにあえば、米麦その人に実らぬという。

米　こめ

(2) 米と世試し　米とまじない

○秋田県仙北郡では村により、作試しを大年の晩か正月十五日の晩に行う。一升枡に米を入れ、その上に早・中・晩稲と書いた紙を付した餅三個をのせ、上から臼を伏せておく。翌朝年男が臼を起こして、一番初めにワセ作試し、次が中の作試し、次にオクの作試しとして米粒の付着具合を見る。米粒が多く付いているのが、その年の作がよいと占う。臼の上にさらに若水を汲む桶をのせる所もある。青森県東津軽郡では十二月二十九日の夜、人の寝る頃に米占を行う。大臼を伏せ、その中に小盆へ白米を三つの山に盛って餅と共にのせておき、翌朝取出して早中晩の豊凶を占う。岩手県遠野地方で作占、或いは鍋の餅ともいって小正月に行われる予占の法は、膳の上に平らに白米を撒布し、その上に直径三、四寸の丸餅三枚を並べておく。この餅に早稲・中稲・晩稲の区別をしておき、上に鍋をかぶせる。夜半の十二時頃にあけて見て、米粒の多くついた餅によって、早中晩の品種を決定する。多少の相違はあっても、こうした方法が東北地方では一般的のようである。愛媛県上浮穴郡では、穀試しといって正月に茶碗の中に入れた水に米粒を落とし、沈んだら身入りがよいという。神社で行われる管粥・筒粥などの年占神事については省く。『日本民俗志』に記す方法では、白米三粒を紙に包んで行うとあるが、詳しくは不明、その時の呪歌はやや農民的といえないもので、「さぬかとるそのくましねの思ふこと、三つてふ数をたのむばかりぞ」とある。

近世の歌人などの詠んだらしい口吻が感じられる。

○米作・米価を占うための折目となる日がある。即ち、正月元日に雷鳴れば米黍熟す（『俚諺大辞典』）。正月が二十九日しかない時は不作（愛媛県上浮穴郡）。旧時の暦は、大の月は三十日、小の月は二十九日だから、年頭の月が小の月では豊作は見込みがたいというのであろう。山形では、「寒九（寒に入り九日目）の雨は米の上作」という（ただし、寒中に雨多ければ不作という所もある）。二月五日晴天なれば米麦下落す（『俚諺大辞典』）。立春の日東風が吹けば米や果物が豊作（岩手県遠野地方）。三月節供に雨が降ると米価は下落する（徳島・熊本）。三月虹を見れば米価、魚の価より高し（『諺語大辞典』）。三月の月蝕は米価高し（同）。五月節供に雨降れば凶作（広島）。五月旱すれば豊作といわれ、「五月旱に米買うな」のことわざもある。土用三郎（夏の土用の三日目）に降りこむと米相場は上がる（熊本）。「土用三郎は米の値定め」（愛媛）ともいう。土用に照りこめば豊熟するから米価は低下、雨続きなら不作になる道理である。土用の三郎五郎の雨は、米・スイカ不作（広島）。土用五番に雨が降れば米の値が上がる（減収）。土用降りがすれば米の値が上がる（共に長野）。土用に雨降れば米相場が狂う（愛知）ともいう。同じことを、土用入りと土用三郎に天気がよいと米は豊作（愛知）。土用中の三番・五番に西風が吹く時は米は凶作、夏の土用に東風三日吹きゃ米の相場が下がるともいう（穂孕期（ほばらみ）に東風や南風が吹くのは、太平洋方面の気圧が高く好天。西風は低気圧の通過に伴って吹くことが多いから、不作を招きやすい）。盆の十三日に天気よければ米の値が下がる（長野）。二百十日に風が無ければ米は箕で量れ。二百十日の雨は三粒でも相場にひびく。秋彼岸の初日が晴れなら上作（広島）。十日夜に天気よければ米がとれる（長野）。十月に稲光がすれば米の出来がよい（鹿児島）。十一月に雷鳴れば来春米価高し（『俚諺大辞典』）。十二月朔日風雨あると来春は日照りで、米高く、水が多く出る（岩手県遠野地方）。
○三日月が立てば（縦になると）、米相場は騰貴、または景気がよくなる、横になっていれば（平らかなれば）下落するとは、各地でいう（秋田・福島・千葉・新潟・山梨・和歌山）。山梨では、「ケンが高い」と表現し、播磨では、よく冴え渡ると騰貴という。晴天続きで旱魃による減収を意味するとの説がある。
○二十六夜の月が立っていると、米の値が上がる（山形県東田川郡）。
○お月さんに星が近づくと米価が上がる（山形県飽海郡）。
○雪道が低くなって消えると米が安くなる（豊作）、雪道が高くなって消えると米が高くなる（不作）（山形県西置賜郡小国町）。
○雷が多い年は米豊作。暑い夏に雷は多い。夏期高温なら、他の要因を別とすれば稲作はよい。
○冬寒さがきびしければ米は豊作。大後美保氏の『新説ことわざ辞典』によれば、事実上はこのようになっていないとのことである。
○往時は投機の第一は米相場であった。通信機関の無い時代であるから、産地の気象状態や作柄予想を敏速にキャッチして、買いか売りかを決定する必要がある。そういう人たちの間で、基礎知識となっていたことわざがある。「大和豊年米とらず」は、その一つ。奈良県の水田は水利が悪いので、この国で水が十分な年は、他国では多雨による低温で不作だということ。「紀州豊年米取らず」ともいう。「播磨旱魃米買うな」は、兵庫県が好天続きで豊作の年は、同じ太平洋高気圧の勢力圏に入る他の多くの地方も同様であるから、米は値下がりと見るのである。
○米をうるかす（水に漬けて軟らかにする）と、米が赤くなった場合や、朝飯が赤くなったりするのは、よくない事の知らせである。そうした時は、ハヤリ神などへ行って伺ってくる（宮城県刈田郡）。
○米を以て行うまじないには、特に糯米が使用される。広島県神石郡では十二月一日に膝塗りといって、糯米を炊いてこれを箸で膝に塗りつける。こうすると足の病気にならないという。香川県の塩飽本島（丸亀市）では幼児の疳の虫は、糯米一合で炊いたカンノユを浴びせるとよいという。
○糯米は祭祀用の米であるから、対応にも特別な配慮が要求された。岩手県一関市では、餅石といって白餅のような石を家の中へ入れると、その年は糯米がとれなくなるといって嫌う。高知県高岡郡では、糯米をその日に浸けてすぐ餅についてはならぬという。四十九日の餅にそうするから。産婦が糯米のクサダ（藁を柔らかくして綿代りに入れた蒲団の一種）に寝ると、寝汗をかく（青森県八戸市）と、ついに藁にまで及ぶ。
○「もち米を多く食ひては気をふさぐ、又は眠りのさしいづるもの」という歌が、寛永版の『歌摘録』という書にある由。いわゆる腹にもたれるということだけか、神供の米だからむやみに食べるものでないという意味か、古くは後者の意味が重かったのではあるまいか。
○妊婦が生米（或いは、とぎ米）を食べると、生児の頭にシラクモができる（秋田）、子供が米汁を被って生れてくる（宮城県気仙沼市）、産児の頭にツブツブができる（山口市付近）。
○子供が夜泣きすると、母親に米を少し飲ませると治る（愛媛）。
○産婦に力をつけさせるためには、生米をかませる（福島）。分娩が終ると直ぐ、チカラゴメと称して生米を十粒食べさせる（岡山県児島郡）。産婦が気が遠くなった時は生米を与える。夜食には挽き粉、寝る前には生飯よりは茶漬か粥の方がよい（広島）。以前は、産婦は分娩後一週間は座っていた。その間に、気がトローに（遠く）なることがよくあった。その時にはキゴメ（生米）をかませた（岡山県小田郡）。
○寒ざらしにした米を、水を切って夏までとっておいて粥にすると薬になる（加賀）。
○正月三日に米・麦・豆・アズキ・ヒエの五穀を食べると、その年は元気（愛媛）。
○米俵の米を他に移した時、俵の底をたたくを忌んで、「塩がます塩がます」といってたたく（高知県土佐郡）。米をたたいて追い出すのは悪いので、塩叺（しおがます）としてたたくわけであろう。
○人が死亡したことを隠語で、「豊後へ米を買いにいった」（高知県幡多郡・土佐清水市）、「広島へ米を買いにいた」（幡多・高岡郡）、「遠い所へ米を買いにいた」（室戸市）という。長崎県・愛媛県今治市では、「広島へ煙草買いに行く」という。通常の旅立ちのように、なるべく、さりげなく表現しようとする意図から出た隠語である。
○越後赤谷郷（新発田市）の猟師は、山小屋では米など三升という数を嫌う。里の葬式に三升仁義という風習があるから。
○阿仁のマタギの山言葉で、米をクサノミという（秋田県北秋田郡）。『北越雪譜』にも、米を草の実、味噌をツブラという山言葉を記している。
○生米に玉子は食合せ（『いろはわけ救民妙薬集』。山形）。生米と松茸を同時に食えば死ぬ（石川県鳳至郡）。米のとぎ汁で茸を洗って食べると、死ぬことがある（飛驒）。米の上に置いた松茸を食べると中毒する（石川県珠洲郡）。鹿児島県国分市（霧島市）では、タケノコと生米が悪いという。
○米を磨ぐ夢を見ると、縁談がある（宮城）。
○水に落ちてハナ（カビか）がついた米を食べると労咳になる（山口県大島郡）。
○朝米を搗くと荒神様が驚く（高知県高岡郡）。
○サンゴ米（散供米）は必ず一度に握るもの。

いったん握ったら減らしてはならない（千葉県長生郡）。

○申の日に新米の食べ初めをすると、食い過ぎる（秋田県雄勝郡）。

○裁ち物をする時は一升枡に米を入れて道具と共に飾り、襟上げの所にその米を三粒三か所に置く（長崎県壱岐）。

米　こめ

(3) 米の力　まじないと療法

○米を作れぬ山地の村で瀕死の病人の耳元で、竹筒に入れた米を振って音を聞かせるという話は、一種の語り草になっているが、それは作り話ではなかったようだ。大分県日田郡の山村で、竹の筒に古米を入れて振ると病気が治るといい、群馬県富岡市では、風邪をひいた時、竹筒の中に米を入れて揺すり、その音を聞いて治ったという話がある。もとは米のもつ霊力に対する信仰に基づいた行為であったのが、山村の貧困を語る話にすりかわったのである。

○ダリにつかれて腹がすき歩けない時は、米という字を掌に書くと、歩けるようになる（三重県熊野市）。ダリはお茶を好む。ダリとは、祀ってくれる者のない魂がひっつくのをいうのだとされているが、やはり米という字を掌に書けば動けるようになる（和歌山県有田郡）。山で急にだるくなると、ダルにつかれたといって、弁当の残りの飯を一口食べるか、無い時には、掌に米という字を書いて三回なめると元気になる。山中には、よくダルにつかれる場所として知られる曰くつきの場所があった（同県東牟婁郡）。

○急に体が痛くなったり足が立たなくなったりする。タユーさんに拝んでもらうと、ロクサンにかかっているといわれることがある。同じ症状の時は、多くは行逢いの神さんに行き当たった時に起こるといわれ、特にチョーズ（便所）の神の行逢いが最もひどいという。半紙を二つ折りにして白米少しと一文銭または釘を包んで扱苧で結び、痛いところをそれでさすりながら、「行逢いの神さんなら、どうぞこれへついて上って下さい」といって、その人のホケ（呼気）をかけ、神棚へ上げる。
○糯米一合分ほどの餅を六つに切り、その一つずつで痛いところをひそかに撫で、「六三さまなら川へ流れて行ってもらいたい」といい、人に見られないように川へ流し、後を見ずに帰る（栃木）。六三除けには、自分の年の数だけの米を紙に包んで痛いところをさすり、神棚へ上げてから川や井戸に入れ、「この米のほとびないうちに、この六三を治して下さい」と拝む。年を九で割った余りの数によって、どこが悪いかを知る。一・三は足、二・六は脇腹、五・七が肩、四腹、八股といい、割り切れるのを総身六三という（群馬県富岡市）。
○米を使ってする疣取りのまじないは、アズキと似ている。疣の数だけの米粒を井戸の中へ投げ入れておくと米が腐り、次第に治る（富山県氷見市）。疣の出来た人の年の数だけの米を、人が見ないうちに池に入れる（同）。井戸に米を持って行って祈る（長崎県五島）。疣の上に米粒をのせて井戸の中に落とし入れる（長野）。疣の出来た人の知らぬ間に、疣の数だけ米粒を井戸へ入れる（石川県羽咋郡）。生米で疣をこすったのち、井戸へ落とす（秋田県山本郡）。糯米を疣の数だけ下水に入れておけば、米が腐る頃落ちる（青森県三戸郡）。
○米粒を疣の上に置いて刃物でその米を十字に切ったのち溝の中に捨てる。その米が腐れば疣が落ちる（大分県南海部郡）。長崎県北松浦郡でも、作法は同じだが、その米粒をニワトリの食わぬホカ山へ埋める。けだし、四文字に切る真似をするのは、いわゆる十字を切る形であるのはもちろんだが、いま一つには疣は大きくなると、四つに割れるので、その連想もあるであろう。その他、米で疣をこすったのち、流し溜めに埋める（群馬）、米で撫で雨垂れの所に置く（同県）、人に見つからぬように米粒を埋めておく（富山）。疣の数だけの米で疣を撫で、その米を床下に投げ入れる（茨城）。長野では、疣神様の雨落ちの所の小石を一つ借りて来て撫で、治れば倍にして返す。群馬県利根郡では、米粒に〆を書いて紙に包み、その紙で疣をこするか、三回撫で、腐りやすい所に埋める。同県邑楽郡では、米の芽を抜いて、それで疣をつつく。

○長崎県西彼杵郡では、盆の精霊舟を流すとき、「疣で苦しめられております。精霊舟で持って行ってやって下さい」といって、疣を舟にはさんで移す真似をする。

○福島県郡山市では、各所に板碑を祭ってあるので、これに土団子を供え、板碑を菅縄で縛ってから、碑に疣をすりつける。疣がとれると米団子を上げて縄を解く。

○お稲荷様へ米粒をいける（群馬県利根郡）。疣をなでた米をお稲荷様へ上げ、「さかなの骨を三年食べないから治しておくれ」という（同）。疣に米をこすり「えぼえぼとれろ、この米が芽を出すまでにとれろ」といって、フッと吹く（同）。疣地蔵にお米を上げて申上げる（同県邑楽郡）。地蔵様に米を上げれば、それが無くなるまでには治る（長野県安曇地方）。

○石灰と囲炉裏の灰とを混ぜ、これに糯米を加えて練り、堅く蓋をして暗い所に置き、糯米がやわらかくなったら取出して、疣の上にのせる（愛媛県上浮穴郡）。

○魚の目にも同様なまじないがある。玄米三粒をヨウノメにつけて「ヨウノメ食え、アビラウンケン」と三回唱える（埼玉）。魚の目の上に白米一粒を押しあて小刀の先で米の上に「十」の字を書き、下水か溝に捨てれば、その米の腐る頃魚の目は全治する（『まじない秘法大全集』）。

○魚の目には、米を縦に二つに噛み割って、流しの下に捨てて腐らせる（群馬・岡山）。

○肉刺（まめ）を治すにも、米の芽をほじってその米を人に踏まれない場所に埋める（群馬県邑楽郡）。

○ヨシ（体にぶつぶつができるもの）ができたときは、米とお茶・線香などを盆にのせて、人の通る所へ持って行く（長崎県北松浦郡宇久島）。

○ものもらいのまじないには幾通りかある。第一はアズキを用いるのと同じ方法で、井戸に米一粒落とせば全快する（千葉県香取郡）、米一粒井戸へ入れ振り向かないで帰る（同銚子市）、井戸に米粒を落とし「あったらバガ（ものもらい）おどした」といって後を見ず帰る（岩手県陸前高田市）。井戸へ米三粒投げ込み、音が聞こえたら治る（神奈川県三浦地方）。米を七粒紙に包んで川へ流す（山梨）。

○米を三粒道へ投げておくと、それを踏んだ人にメボがうつって自分は治る（広島県山県郡）。メボイト（ものもらい）には米三粒を袂に入れる（島根県邑智郡）。人知れぬ間に障子の枠に米一粒ずつをのせ、「メボイト帰れ」といえば治る（同）。食塩を手に持って大便の落としを往復またいで、「ノメ（ものもらい）だと思ったら米だった」と唱えて、手の塩を臍へすりこむ。これを三回繰返せば治るという（山梨）。一銭銅貨（十円玉）一個と米少々を着物の袂の底に入れ、その夜ひそかに外に出て「ヘンドしてこい」といって銭と米を投げ出す（徳島）。出雲では「米をやるからメボイト帰れ」という。

○いま一つは、厄払いや病気治療に行われる七軒貰いといわれるのと同じ方法を、麦粒腫についても行うもので、近隣から米を貰い集めてそれを食べるもの。麦粒腫をものもらいと呼ぶいわれも、これであろうという。多くは橋（小溝・川など）を渡らずに七軒の家から米を一握りずつ貰い集めて炊いて食べる（長野・山梨・岡山）。家数は三軒とする所もあり（秋田・新潟・岡山）、軒数に定めのない土地もある（長野・和歌山）。長野では、メコンジキ（ものもらい）を治すには、三軒の家からフクイ（ふるい）で米を貰い集め、これを炊いて食べる。山梨では、七軒貰いといい、東向きの家七軒から米を貰い集める。島根県飯石郡では、向こう三軒両隣をみすぼらしい恰好をして米一粒ずつ貰い歩くか、米以外の物も貰い歩き、これをまとめて患部をさする。和歌山県西牟婁郡では、ものもらいのことをメバチコ・イモモライという。何軒かから米かイモを貰うと治るという。長野県安曇地方では、メッコジキには乞食から米を貰って食べるとよいという。秋田県雄勝郡・平鹿郡では、向こう三軒両隣から米粒三粒ずつ貰って噛んでつければ治るという。

○はやり目には、色紙で御幣を作り、米と金を一緒に置く（群馬）。

○歯痛には、米を三粒飲めばよい（愛媛県上浮穴郡）。対馬では、米のとぎ汁を口に含めばよいといった（『楽郊紀聞』）。痛む歯の上に、南無阿弥陀仏と三度唱えながら、新しい筆で米という字を一字書く（大阪府豊中市）。

○目痛の時は、米を白紙に包んでくくり、痛む目に当てたのち、一文銭の穴に通してその包みを三辻に下げる。以前は、そうしたのが三辻・四辻によく下げてあったもので、睨んで通らないと、こっちにうつるというので、睨んで通った（広島県比婆郡）。

○風邪の流行する季節には、地蔵さまや道祖神に小麦粉や米の粉を振りかけてお化粧してやると、風邪をひかない。洗米やダイズのおひねりを供えて子供の息災を祈る（長野）。

○百日咳のまじないには米一合を床の間に上げ、その米を病気の子だけに食べさせる（神奈川）。

○子供が病気の時は米粒を紙に包んで息を吹きかけ、浜へ行って後ろ向きに捨てる（香川県三豊郡）。トラコーマにかかったときは、米とトウガラシを手拭に包んで道へ置くと、拾った人にうつり、自分は治る（栃木）。病気の時、桟俵に洗米をのせ、線香をとぼし、これに病人の息を吹きかけたのち道に捨てておく。人に伝染して病人は治る（岡山県旧上道郡）。

○病気・怪我の祈願には、年齢と同数の米粒を井戸へ投げ入れ、井戸神さまに「この米のほとびるまでに（ほとびないうちに、とも）、治してくれ」と頼む（群馬県富岡市）。

○頭をぶつけて瘤ができた時、母が急いで生米をかんでつけてくれたことは、今も記憶にある。群馬・神奈川・新潟・愛知・愛媛・長崎県五島などで同じことをいう。特に、糯米をかんでつける所もある（群馬・愛媛）。その時、「この子のこぶにならんで鬼のこぶになれ」（新潟県栃尾市〈長岡市〉）、「こんぶこんぶ止まれ」という（長崎県西彼杵郡）。瘤ばかりでなく、打ち身に生米をかんでつける（青森県三戸郡・千葉）、できものにつける（三重）、火傷につける（福島）、という所もある。石川では糯米を使う。飛騨では、米の粉を練って塗る。埼玉では、火傷に限らず米のとぎ水をつけると膿まないという。冷やす効果があることは疑いないところであろうが、瘤ならば遅かれ早かれ治るはずである。

○黒子を取るには、白米を水に浸しておき、その水をつける（群馬）、米粒を酢酸で冷やしてそれをつける（同）。

○疥も、米のとぎ水で洗う（群馬）。

○瘡蓋には、米のとぎ汁を塗る（岡山）。

○痣には、米粒をかんでつける（群馬）。

○喪家では葬式が終ったのち、近所七軒から米をもらって来て生米をかむ（香川県観音寺市）。生命力の衰えを近隣の合力によって補充しようとするものである。いわゆる七軒貰いの呪法は、麦粒腫の他に、冷え・疝気（山梨）、瘧（長野）等にも行った。戦時中は、出征の日の朝各家から一粒ずつ集めた米で粥を炊いて食べて行くと武運長久だといった（大阪府枚方市）。千人針と同様の信仰である。産見舞に米を持って行くのも、単なる祝の手土産ではなく、ヒダチ米（福島）、力米（群馬）という名でも知られるように、七軒貰いの贈答化した形と見られる。
○漆かぶれには、米をかんでつければ治る（秋田）、生米をつぶしてつける（三河）、糯米をすりつぶしてつける（福島・佐渡）、すりつぶしたのをよく練ってつける（北海道）。また米のとぎ汁の一番目を捨て、二番目を沈殿させたのに晒布（さらし）などを浸し、温めてから湿布する（同）。
○疔には、白米にイネの節三つを混ぜ、焙烙で真っ黒になるまで煎って粉末にしたものを水で練り、それを綿にふくませて腫物にかぶせ包帯をしておくと、根までとれる（栃木）。
○みずむしには、糯米をかんで唾と共につける（沖縄）。
○腎臓病には糯米の苗を煎服する（熊本）。
○寝小便には、自分で洗米を祈りながら団子にして食べる（金沢市）。膀胱炎には米のとぎ汁（一度こぼして二番目のもの）に黒砂糖を入れて飲むと効く（北海道）。
○寝ぼけた時は、生米をかませれば治る（長野）。
○物を食べ過ぎた時は、生米を一粒か二粒かんでのみこむと治る（富山）。
○米糠は炒って肺病の薬にする（滋賀）、腰痛には、熱いうち袋に入れて患部にあてる（山口）。
○痲疹（はしか）には、糯米の粥を食べさせると、早く出てこじれない（愛媛）。
○母乳不足には、玄米を煎じて日に何度も飲むと、不思議に乳が出る（飛驒）。糯米の飯や粥を食べる（備後）、米のとぎ水を捨てずに鍋に入れて煮込む。その飯を一粒も残さず食べると乳が出るようになる（青森）。三夫婦揃った家から米五合を借りて来て一升にして返せば、乳の出ない人も乳が出る（長野）。
○母乳不足の女は、七軒ボイトウということをする。七軒の家々から一握りずつ米を貰い歩いて食べる（広島）。

○後産が下りない時には、藁打場の米粒を拾ってのませるとよい（会津）。

○舟に乗る前に、一升桝に米を入れて海水で洗い、竜神さんに供えておくと、無事に帰れる（三重県鳥羽市）。

○船に酔わぬまじないとして、生ダイコン、ぬれ米をのむとよい（宮崎県延岡市）。

米　こめ

(4) 自然暦と米

○「古米は腹薬」という（佐渡）。二、三年貯蔵した米をさす。寒搗き米は腹薬になるともいう（同）。新米は病人に毒、古米は腹薬（広島）。栄養上の理由からいうように聞こえるが、愛知では、初米を食うと人に憎まれるというから、即物的な教訓ではなかったことが知られる。

○米がよく出来る年は、カキが落ちる（広島）。米が多くとれる年は、シイの実は少なく、米の少ない年には多い（愛知）。

○浅ダレイチゴ多ければ米豊作（広島）。カンプラ（バレイショ）が当たった年は米は不作（福島県耶麻郡）。シャシャブ（秋グミ）のなる年は米が豊作（香川県大川郡）。

○天の川が頭の上に来れば新米が食える（和歌山県西牟婁郡）。夕食時頭上に天の川が来る頃は新米が食べられる頃（秋田県鹿角郡）。

○冬至から米一粒ずつ日が延びる（群馬県多野郡）。

○ダイコンのいい年は米不作（新潟）、ダイズのよい時は米が不作（宮城）という。

○耳たぶに米がのる者は福人だ（播磨）、という。大金持になる（愛知・山口）、とも。三粒のると、長者になる（広島県比婆郡・島根県浜田市）、立身する（同安来市）、などいう。米粒がのるくらいの凹みがあるのが、福耳の中で最も吉相だといわれる（高知県幡多郡）。金沢市では、米が二粒のれば福耳という。⇩稲（いね）

昆布　こんぶ

○夜コブを焼くと庚申様が泣く（奈良）、夜コブを焼くと貧乏神が来る（山口）、という。福井では、コブを夜焼くことは「ヨロコブ」を焼くことになるからいけない、というが、夜ならずともコブを焼くを禁忌とする所がある。コブを焼けば貧乏する（千葉・福井・京都・奈良・大阪・和歌山・鳥取・山口）、コブを焼いて食べると貧乏する（富山・愛知・大阪・兵庫・広島）、福の神が逃げる（福井）、七代貧乏する（兵庫・広島）、福の神が飛んで出てしまう（奈良）、コブを焼くと罰が当たる（京都・鳥取）、しほ神さん（海神か）が罰を当てる（福井）、庚申様が怒る（奈良）、コブを焼いて食べると天神様が泣く（大阪）、書が拙くなる（兵庫）、などがそれである。

○逆に愛知では、コブを焼いて食べると物忘れをしない、髪の毛が黒くなる、という。また、夜にコブを食べると慶事がある（兵庫）、夜のコブは見逃すな、食べると良い事がある（山口）、というが、福井では、夜コブを食べるのは「ヨロコブ」の縁起である、と、「悦ぶ」方の意味に解しており、ものは言いようである、との感が強い。新井白石は『東雅』の中で「倭名抄に（中略）昆布をヒロメとも、エビスメともいふ、（中略）ヒロメといふは、其濶きをいふなり、エビスメとは、蝦夷地方より出るをいふなり、俗に昆布を祝ひの物なりなどいふは、ヒロメの名に取りしなり、ヨロコブの義なりなどいふは、近俗に出でし所なり」と述べている。

○富山では、コブを食べていると中風にならない、と予防薬とする。民間薬としては、胸やけにはコンブをなめるか焼コブを食べる（北海道）、神経痛の時は生のコブを焼いて患部につける、風邪にはコブに味噌を入れ熱湯を注いで飲む（共に秋田）、喘息（富山）、中風や高血圧（栃木）にはコンブを食べる。動脈硬化症には根コンブを濃く煎じて飲む。梅毒には、根コンブを濃く煎じて飲む（共に山口）、瘧（くさ）には一斤のコブを一升の水に投じ二合くらいになるまで煎じつめて飲む（沖縄）。

○難産の時はコブで腹をなでる（北海道）、悪疫流行の時はニンニクとコブとスルメを一緒に包みに入れて入口の軒に下げておくと、その伝染を防ぐことができる（青森）。汽車の酔いを防ぐにはコブを帯の間に入れて乗るとよい（奈良）、という。

○コンブを食べると髪が黒くなる、とはよくいわれるが、愛知・兵庫・岡山・山口では、妊婦がコブを食べると髪の黒い子供が生まれる、という。逆に、岡山・広島ではちぢれ毛の子供が生まれる、と妊婦がコブを食べることを忌む。また、産婦は百日間コブを食べるな（秋田）、産婦がコブを食べると腸が溶ける（群馬）といい、禁忌食物とする。

○食物としてのコブに関して、次のようなことがいわれる。コブを食べて寝て松前の夢を見ると腹痛を起こす、ウシの夢を見ると死ぬ。コブの筋（みみ）を食べると嫁のもらい手がなくなるといって女子は食べない（共に青森）。十二歳くらいまでコブを食べないと骨膜炎にはならない（秋田）。コブを食べると色が黒くなる（群馬）。コブを食べて水を飲むと腹痛になる（大阪）。コブは「ヨロコブ」の意味から葬式の料理には使わない（秋田）。

○コブの出来のよい年はイネが不作（山形）。雷の時はコブなど臭いものを火にくべる（北海道）。

○一度絶えた情交を元へ戻すにはコブを一尺ほどに切り、真ん中に相手の姓名と年齢を書いて水に一週間浸しておき、人にわからないように川に流す（奈良）。

○コブ巻きを煮る時には、梅干を三粒その上にのせて煮ると早く軟らかになる（福井）。

【さ】

皀莢　さいかち

○サイカチを植えると、災難除けになるとか、流行病が入らない（秋田）という。同県平鹿郡では、サイカチの実を門口に結んでおくと悪魔を払うという。岐阜県吉城郡でも、サイカチの実を家の前に吊しておくと災難除けになるという。

○秋田県平鹿郡では、門前にサイカチの木があると病人が絶えないというのに、河辺郡では、屋敷内にサイカチを植えると妻勝になるといって嫌う。また、サイカチの実を焚くと気がふれる人が出る（同県仙北郡）ともいう。

○長野県で、サイカチの実がたくさんなるようだと陽気がよいという。

○民間療法。リュウマチには、実を干して煎服する（埼玉・熊本）、サイカチで湯をたてて入る（山梨）、サイカチに生ずる菌を煎じて飲む（東京・山梨）。疝気にはサイカチの実を煎服する（熊本）。実を煎じて飲むと利尿剤になる（岩手・新潟）。かゆみ・みずむしは干したサイカチの実の煎じ汁に患部を浸す（山口）。淋病には、実を湯に入れて入浴する（山梨）、皮を煎じて飲む（岩手）。手の皮がむけて薄くなった時は、サイカチの実の未熟なものをつぶして塗る（栃木）。

榊　さかき

○サカキを燃やすと悪いことが起こる（千葉県木更津市）。山ではサカキを伐ってはならない（和歌山県西牟婁郡）。山でお茶を沸かす時にサカキの木をくべるな（東三河）。朝山へ行ってサカキを伐るな。伐ったら、神の許しを乞わねばならぬ（三重県度会郡）。山仕事をする時、最初にサカキを伐ると、その日、怪我をする

（和歌山県東牟婁郡）。高知県幡多郡・中村市〈四万十市〉では、谷サカキ・うねサカキを山の神の止まり木といって伐採を忌む。

○サカキは神の木、シキビは仏の木であるから屋敷に植えると死人が出る（滋賀県甲賀郡）。民家に植えると位負けする（鳥取）。サカキは神の木だから俗家には不可。ただし差支えないという所もある（広島）。便所など汚い所に植えると罰が当たる（富山県中新川郡）。

○船材にサカキを用いることを忌む。足で踏んだりするので罰が当たる（愛媛県越智郡）。

○暴風襲来時、生石山（和歌山県有田郡金屋町〈有田川町〉、生石山興善寺）のサカキや大峰登拝の杖を立てると被害がない（和歌山）。

○蒲団の下にサカキを敷いて寝ると吉夢を見る（和歌山）。

○夜道のさびしい時は、「朝がらや日がらや峠を越す時は、サカキ葉にのって、腰には女神の子なれば夜道嫌わんアブラゴンゲンサマカ」を三度唱えればよい（広島県双三郡）、なお「ひがらがおがらのタオ越す時は、神の子ならば夜道きらわんアブラオンケンワカ」と唱える所もある（庄原市）。どちらも詞形がくずれているが、もとはサカキの枝を手にするか腰にさして、神の子なればと宣言することにより、狐狸その他の魔物を避けるものであったろう。

○子供が夜泣きをするのは、怪物が子供の血を吸うからだといった。これを止めるには、塞の神にサカキと米を持って参る（隠岐）。

○ものもらいを治すには、神明のサカキ、クド（竈）のスサ藁（泥に塗りこめてある藁）、小柄杓の柄などで目をさする（福岡）。

○神事にサカキを用いることはいうまでもないが、個人祈願の例を二、三あげる。重病人の平癒祈願に血縁者が百度参りをする際には、サカキの葉百枚を持ち、鳥居と神前をはだしで往復し一回に一枚ずつ供えた（茨城県那珂郡）。急病の時は茶碗に水を盛り、サカキと米粒三つぶを入れて、これに息を三度吹き込む。これを持って門口に出て、後三回吐き出す。その間、後を見たり、話をすることは厳禁。終って海または川溝に流す（香川県香川郡）。
○鳥取県八頭郡などでは、サカキの代りにヘンダラ（シャシャンボ）を祭事用に使うこともある。神棚のお花にも、マツかヘンダラを平生は使う家がかなりあるらしいが、好まぬ者も多いという。

桜（さくら）

(1) 植栽禁忌　民間薬としての利用　俗信

○サクラを民家の庭木にするものでない（和歌山・山口・佐賀・熊本）、内庭に植えるな（和歌山県東牟婁郡）、屋敷に植えるな、散ってしまう（紀伊北部）、屋敷に植えると家が栄えない（熊本）、病人が出て家運が衰える（鳥取）、庭木に植えるとそのサクラが枯れた時、家が滅びる（愛媛県上浮穴郡）、サクラやモモは一本だけ植えてはいけない（長野県更埴市〈千曲市〉）。広島県の一部では、サクラ三本植えてはならぬという。
○品種を限定して忌む所もある。シダレザクラは寺で植えるものだから、民家には悪い（長野県更埴市〈千曲市〉）、八重ザクラを門口に植えると家運が傾く（静岡県藤枝市）。ウコンザクラを植えると縁起が悪い（愛知県丹羽郡）。
○金沢市寺町の月松寺の大ザクラを伐ると、祟りがある、気がふれる。高知県長岡郡本山町の聖神社の傍にあるサクラと松とは伐ってはならぬ。この類は他に多かろうが、サクラは生長もはやいが、朽ちるのもはやいので老木や大木は少ない。小式部内侍が藤原教通の通いの間遠くなった頃、サクラの精と夜もすがら語り合ったという名木の精の物語（『今物語』）はサクラにふさわしい。
○箒（ほうき）ザクラといって、山ザクラの枝が箒を立てたように簇生しているのがある。ホテギともいい、山の神の性根がはいった木として伐採を忌む（高知県吾川郡）。秋田県仙北郡では、種蒔きザクラを家の中へ入れると火事になるという。

○サクラは焚くことを忌む（壱岐）。サクラの木で餅を蒸せば貧乏する、雑煮餅をたくのに用いると家が絶える（広島県比婆郡）。この地方では、サクラは建築材として良材であり、このようなよい木を薪にするようでは家が絶えるのも当然である、と説明している。

○ただし、サクラを用材にするのを忌む風もある。神奈川県津久井郡では、サクラは花があまりにもろく散るから、家木（建築材）としては嫌う。岩手県気仙郡では、サクラ・ツバキ・ホオの木は船材にしない。鎌・鉋などの柄にはサクラの木はいけない（群馬県富岡市）、鎌柄にすると深傷をする（新潟県長岡市）。

○妊婦がサクラの木に鎌を掛けると難産する（奈良県宇陀郡）。

○サクラの皮は、魚にあたった時の薬（埼玉）、咳の薬（佐渡）という。サクラの樹皮を煎じた汁は諸種の病気に効くといわれるが、最も広く行われるのは魚の中毒である（秋田・茨城・神奈川・長野・岐阜・高知）。毒消し（山梨）、嘔吐・下痢（神奈川）、胃病（長野）にも煎用する。岩手県稗貫郡では吹出物が甚だしい時ヒキザクラの皮を煎服する。その他、癪（愛知）にも用い、アイヌは喉の痛みにエゾウワズミザクラの皮を煎用する。

○魚中毒に樹皮をかんでその汁を飲むと効く（埼玉）。サクラの根・皮をすって胃腸薬として飲む。また枯木を削って毎日飲めば肝臓によい（長崎）。

○茸中毒に、サクラの実の陰干し、または皮を粉にして水で飲めばよい（岩手）。子供の夜泣きにサクラの皮（またはタチバナ）を削り取って粉にし、馬セボ（廐の入口の横木）についたアカをとってきて煎じて飲ませる（岐阜）。

○樹皮の黒焼きも用いられる。魚中毒に、木の皮を焼いた灰を飲む（岡山）。樹皮の黒焼きを砂糖湯で飲むと船酔いが治る（福井）。寛政元年の『私家農業談』に、「痢病には山桜の皮黒焼・茶、等分粉にして白湯にて用ひてよし」とある。樹皮はじんましん・皮膚病・解熱等に偉効を奏する（『本朝経験考』）。

○サクラ漬も、魚の中毒に煎じて飲めば効く（奈良）。

○打ち身・くじきには、サクラの葉をすって焼酎で練り、痛むところへ塗っては乾かし、乾かしては塗り、これを繰り返すうちに忽ち快癒すると。葉がない時は皮を粉にして用いてもよい（『耳袋』七）。

○痛み除けに、「古の奈良の都の八重桜根も葉も立切れて枝も枯れかし」という歌をよみながら、痛むところを指で渦巻のように廻しながらなでる（岩手）。

○岐阜市芥見の願成寺の中将姫のサクラの枝葉を産婦に持たせると安産のまじないになるというので、桜葉安産の御守を出す。

○宮城県加美郡宮崎町〈加美町〉一帯では、三月初酉の日にサクラの木の下で年寄りたちが集まって酒盛りをする。中風にかからないという。

○サクラのかげに居れば落雷の憂なし（和歌山県日高郡）。

○サクラの咲いた夢は凶、散る夢は吉（秋田県平鹿郡）。群馬県利根郡では、サクラが咲く夢は世間の評判がよいことを示すという。

桜　さくら

(2) 気候の指標　農漁業の目安

○サクラの木に、時なしの花が咲くのは変事の起こる前兆で、縁起が悪い（群馬県新田郡）。サクラが返り咲きする時は不思議がある（秋田県鹿角郡）。

○毎春サクラ前線が話題に上っても、作柄と結びつけた報道は見られないが、往時は、サクラの開花の遅速は、年間の気候を予占する指標として大きな意味をもっていた。サクラの花の色が薄ければいつまでも寒い（広島）、サクラの花が遅いとその年は寒くなる（千葉県長生郡）。サクラの花が早い年は冬も早く来る（大分県西国東郡）。八十八夜に咲くサクラがこれより遅れると陽気が悪い（群馬県吾妻郡）。サクラの返り花が咲く年は寒さが厳しい（東三河）、根雪が遅い（山形県米沢市）。

○三月（旧暦）サクラに紅あれば作よし（山形県西村山郡）。蕾がふくらんで紅くなり、開花が早い年は陽気も早く、米は豊作になるというもの。各地で豊作の予兆として挙げるものでは、例年より早く咲く年（山形県庄内地方・大分県西国東郡）、よく咲く年（岐阜県恵那郡）、サクラの白花の多く咲く年、または花の色が早くあせる年（『新説ことわざ辞典』）、一斉にぱっと散る年（福島県耶麻郡）、彼岸ザクラが上向きに咲く年（広島）、などである。長野県上水内郡では、よく咲く年または花の色のよい年は、アズキがよくできるといい、サクラの芽がそろって出る年はおくれ霜がなく、作がよいという。

○これに反し凶作の予兆は、山ザクラの遅咲き（広島）、下向きに咲く年（宮城）、芽が不ぞろいの年は晩霜があり、麦・小麦が不作（群馬県新田郡）などという。

○サクラの花は農事の指標で、各地に種播きザクラ・田打ちザクラなどの名で目標になるサクラがあった。特に東北地方には多いようで、山形・宮城県の種播きザクラの報告が多い。佐渡・広島でも種播きザクラと呼ぶ。田打ちザクラについては津軽で、これが早く咲く年は作がよいという。秋田県鹿角郡の田打ちザクラはサクラその物ではなく、コブシの方言であるが、この開花期に水田作業の着手として田を打ち始める。

○長野県上水内郡には麻播きザクラというサクラがあり、これが咲くとアサの種播きをした。鳥取県八頭郡では、山ザクラが咲いたらアサを播かねばならぬという。福島県信夫郡では、コブシが咲くと種籾をおろし、種播きザクラが咲くと種を播く。コブシの花が咲けば田打ちザクラも咲く（広島）。

○その他の作物についても、サクラが目安になる。早咲きのサクラが咲いたら孝行イモ（サツマイモ）の種をめやす（発芽させるための処理をする）（対馬）、愛媛県北宇和郡でも山ザクラが咲くと（四月四、五日ごろ）甘藷の種を伏せよ、という。香川県の小豆島でもサクラの開花を見てイモ種を伏せる。徳島県那賀川上流地方では、山の中腹までサクラが咲き上がったら甘藷の苗の植付けとナスの種おろしをする。

○福岡県八女郡では、山ザクラの咲いた時は、裸麦の孕む時だという。

○サクラの花に毛虫がついたころカッコウが渡ってくる（宇都宮市）。

○山のサクラは漁村でも指標である。サクラが咲くと、志摩では海女が働き出す。和歌山県西牟婁郡では、八重ザクラの蕾ができ始めるとマグロが回遊してくる。飛驒の白川ではサクラの花盛りの五月のマスが最も美味とされたが、今は昔語りである。桜鯛といって、タイの豊漁、美味なのもこの頃で、瀬戸内海では水温摂氏九度になるとタイが入り込んでくるといわれる。桜鰆（さわら）という語もある。鰆という字形の通りに、紀州の古座港の辺りでは、サクラの花盛りにサワラがよくとれ、味もよいとされている。鰤（ぶり）は鹿児島県甑島（こしき）では、サクラの散る頃多くとれる。ただし鮒（ふな）は、サクラの咲く頃になると卵を持ち始め、まずくなるという。

○春先に吹く風をサクラゴチといい、これが吹くと晴天（岡山県邑久郡）。山形県最上郡では、旧三月の吹雪をサクラ吹雪という。

○サクラの木でタコを茹でると皮がむける（とける、とも）（広島県比婆郡）。

○サクランボウを食べると、尾が生える（奈良）。

○壱岐では、三月の節供にサクラの花を神様に差し上げ、町家では大枝を桶などに入れて庭に飾る。

○対馬では、蚕をサクラの葉で飼うことが、嘉永の前あたりから始まったという（『楽郊紀聞』）。

○サクラ伐る馬鹿、ウメ伐らぬ馬鹿という。壱岐では、サクラは伐るとシケて（元気が悪くなって）生長せぬという。伐った部分から腐り、木が衰弱するもとになる。これに反しウメは余分なずばえ（すわえ）や老枝などを伐り取る方がよい。ただし、これは園芸上の助言で、信仰とは関係ない。

柘榴　ざくろ

○ザクロを家のまわりや内庭に植えてはいけないとする禁忌は、かなり広い範囲に行われている。福島・群馬・千葉・神奈川・静岡・愛知・三重・和歌山・大阪・鳥取・山口・佐賀・熊本等の諸県で嫌う。具体的な制裁については、ザクロは主人をねらい、病人の唸り声を聞きたがる（秋田県南秋田郡）、病人が出る（岩手・宮城）、病人が絶えない（秋田・長野・新潟・鳥取・山口）、頭痛持ちが絶えない（岐阜・広島）、運が悪い（愛知）、凶事がある（山口）、血を見るような事が起こる（長野）、身が裂ける（熊本）、などがある。その他、ザクロの木が家より高くなると、家が栄えない（鹿児島）、漁師の家でザクロを植えると、首吊りして死んだり、家が潰れたりする（千葉）、ザクロがよく実ると借金をする（愛知）、ザクロを植えると、マンが悪い（鳥取）ともいう。

○ザクロの花を仏壇に供えることを嫌う（栃木）。

○ザクロが嫌われるのは、鬼子母神が人の子を取って食うという伝説（次条）に基づいて、人肉の味がするというザクロを供え、また鬼子母神の手に持つ吉祥果とはザクロであり、神紋もザクロである等の理由によるのであろう。鳥取県岩美郡では、ザクロを屋敷に植えるのを忌む理由として、鬼子母神または弁天様がザクロの木に腰掛けている、それで伐ると祟るという。弁天様が同列に扱われているのが珍しい。
○奈良東大寺二月堂下の若狭井脇の鬼子母神は安産の神として信仰され、ザクロを描いた絵馬を上げて祈願する。鬼子母神は鬼神王の妻といわれ、千人の子があった。人の子を取って食ったが、仏に最後の児を隠され戒められて、子の無い女に子を産ませ、安産・育児の守護を誓ったという。京都市下鴨の鬼子母神も子授けの御利益があるといい、願果たしにザクロの絵馬を奉納する。金沢市でも鬼子母神に子授けを祈るために、柄杓を供え、達者に成長するようにザクロを供える（子を欲しない時は、底ぬけ柄杓を奉納する）。
○鳥取では、ザクロの実は若仏が好む、或いはザクロの実は死人の香がするという。
○ザクロを植えると繁昌するという所もある。秋田県雄勝郡では、ザクロ・ナンテンを植えるとその家は繁栄するといい、岐阜県揖斐郡でもザクロは吉木という。紀州北部でも屋敷内に植えるとよいといい、博多では門口に植えると子宝に恵まれるという。鬼子母の信仰が正と負と両面に現れた結果、一方では悪といい、他方では良しとするのであろう。
○ザクロの実の液で昔は鏡を磨いたので、鳥取などでは、大切な宝であるといっている。金属製の鏡の時代には、鏡の面が曇ると、鏡磨ぎにザクロの酸を用いて磨かせたが、水銀の使用が始まってこの事はやんだ。
○ザクロと甘藷は食合せである（愛媛）。ザクロと芋を食べれば黒血になる（佐賀）。
○歯痛には、ザクロの果皮をよくかむと、涎が出てきて間もなく痛みがとれる（石川・福井・滋賀・奈良・愛媛）。このために、ザクロの皮を糸でつないで干したのを保存しておいた。『耳袋』に歯の痛、口中のくずれたる奇法の事に「柘榴の皮を水に付てせんじ置、さてあま皮を取て痛所に入置ば、治す事端的也、即効の妙法の由」うんぬんとあり、ザクロは薬種屋で干したのを売っており、値段は安い物だ、とある。
○喉の腫れ痛みには、ザクロの葉を煎じてうがいをするとよい（山口）。
○昔はお歯黒の補修用にザクロの皮を用いた（新潟）。
○腹くだしにはザクロの皮・根に、カンゾウ・ヨモギの根を加えて煎じ、ドクケシの実を入れて飲む（岡山）。下痢にザクロの樹皮・実を煎じて飲む（宮城・岐阜・沖縄）。魚中毒（岡山）、しぶり腹（沖縄）にも効く。『長生療養方』にも、「下痢を療す」とある。
○腎臓（小豆島）、胃癌（対馬）にもよいという。
○ザクロの根を煎じて飲むと、十二指腸虫が下りる（丹波・大阪）。同じことは福島・島根・長崎でもいう。
○虫下し（条虫・回虫など）はザクロの根を煎服する（岩手・福島・群馬・栃木・茨城・神奈川・新潟・三重・兵庫・岡山・鳥取・島根・香川・愛媛）。根の他にも、木の皮（茨城・山口）、果皮（栃木・群馬・千葉・滋賀・愛媛）、葉（長崎）を煎じて飲む所もあり、鹿児島では、根皮・樹皮・果皮を乾燥して刻んだものを煎服する。また根にカンゾウを混ぜて煎用する方法もある（高知その他）。煎じ方は五、六時間水に浸しておき、弱火にかけて水が半減するまで煎じる（茨城）。
○茨城県では、ザクロの木の下で子供を遊ばせると、虫を封ずるとまでいう。虫とは、疳の虫である。疳・ひきつけに根を煎じて服用すればよい、とある。
○家畜やニワトリの虫下しにもザクロの根が用いられる（山口）。
○癲癇には、ザクロの皮を煎じて飲む。ザクロの木を持たせてもよい（群馬県邑楽郡）。
○高血圧にザクロの葉を煎用する（宮城）。
○咳止め・百日咳にザクロの実を煎じて飲む

（福島・新潟・山口）。喘息に果皮を煎用する（山口）。
○肺病にザクロの根を煎じて飲む（山梨・福井・高知）。ちなみに『衛生秘要抄』には、「ザクロは人の肺を損ず、多く食す可からず」とあるが、これは果実の方である。
○婦人病に根を煎服（栃木・高知）。淋病にザクロ、バンザクロの果実を氷砂糖で煎用（高知・沖縄県八重山地方）。
○子をおろすにはザクロの木皮・ホオズキの根・ショウガの根・生イカを煎じて飲む（埼玉）。
○ザクロとサツマイモを食べると、腹痛を起こす（秋田）。
○『続咒咀調法記』に、「男女ともによき薬の事」と題して「せきりうひ（ざくろのかは也）・もつかう・じやしやうし・ごしつ、右の四味とうぶんを粉にし唾にてねり、会合の時、玉茎にとろりとぬり、玉門の中へいる、とそのまゝ心うちやうてんになり、前後わすれてよき事、たとへんかたなし。此方を如意丹といふ」とある。参考のため。
○『歌摘録』に、「ざくろこそ精のもるをぞとむるもの、たんのどく也つつしみてよし」。
○しもやけに、ザクロの実を菜種油（またはゴマ油）に漬けておいたのを塗布する（静岡）。
○ザクロの皮を煎じて飲むと、手の骨折が癒る（愛知）。ザクロの果実を油漬にして火傷・切り傷の薬にする（高知）。
○ザクロの花が咲けば霜は降りない（広島）。ザクロの葉が萌えれば、もう霜はこない（山形県上山市）。ザクロの実らない年は雪が多い（福島）。
○ザクロに人糞を施せば、結実しない。
○ザクロの芽が出始めると蚕の掃立てにかかってもよい（栃木）。

笹　ささ

○ササの花が咲く（または実がなる）とその年

は凶作（山形・福島・新潟・岐阜・大阪・兵庫・広島・鳥取・高知・福岡）。タケとともに広くいわれる俗信である。福島県伊達郡では、ササの花が春に咲くと凶作だが、冬に咲いたら豊作という。ササの葉の枯れる年は禾本科作物は不作（秋田）、端午の節供のササ巻きを新芽で巻けないようだと冷害（山形）、ササの葉が小さいと作が悪い（新潟）。広島では、ササに花が咲けば野ネズミが増える、という。これは減収に通ずる。

○ササは各地の祭礼で行われる湯立の神事（大釜に湯を沸かし、その音で卜占をしたり、湯をササで参詣人の頭上にふりかける。湯の雫のかかった人は健康になり、このササをウシ・ウマに食わせると病気をしない、などという）に、神力の表示として幣束と同じように使われる。この神事に使ったササを、はやり目の患部にあてる（三重）、ものもらいには患部をつつくと（宮崎）眼病が治る、といわれる。

○湯立の神事と同趣の呪術として、疱瘡送り（疱瘡流し）をする所がある。種痘をうえて十二日目にその子にチョウペシをかぶせ、ササの葉に湯をかけて頭の上にふりかける。チョウペシの上にオガラを四本立て、芯へ赤い御幣を立てて赤飯をのせ屋根の高い所へ上げる（群馬）。種痘がうまくついたら、さんだらに炒った大豆をまいて子供を座らせ、もう一枚を頭上にのせ、ササで湯をふりかけ、その後赤い御幣をさんだらの真ん中に立てて、道祖神に納める（神奈川）。発病後十二日目に頭上にさんだらをのせ、ササを二本使って湯をふりかけ、その後、このさんだらを人目につく場所の大木にさげる（長野県飯山市）。種痘して十二日目に左綯いの縄に和紙を巻いた輪を三つ作り、一つは子供の頭上にのせ、他は足に一つずつはかせ、「疱瘡流れろ疱瘡流れろ」と唱えながらササで塩水か米のとぎ汁をふりかけ、終わったら三つの輪を屋根に投げ上げた（長野県上水内郡）。種痘をしたら清水をくんで来てササにつけ、「おじいさん、はよ、機嫌よう、いんでくれえ」と唱え、その後このササを赤飯のおにぎりにさし、サンドラにのせて四辻に置く（兵庫県朝来郡）。同県の多紀郡では、種痘七日目に二つのさんだらにササの葉ひとつかみを置き、水引を結んで赤飯とともに道端に送る。
○この他にも、疱瘡には酒をつけたササで患部を逆なですると早く治る（鳥取）、といい、兵庫では、痲疹や疱瘡にかかったら、一週間目にササの葉を湯につけて病人の上をふって清め、ユイキ（おにぎりの小さいもの）をこしらえて四辻に送る、またシロ水（米を洗った水）をササにつけてそれを体にふりかける、などの如く、ササは呪具として用いられる。
○東京都八丈島では、疫病流行の時はササの舟を作ってクサメという人形を乗せ、鉦や太鼓で囃したて、踊るような恰好で送ったという。これと同じように、流行病の送りにササを使った例として、「四百四病の神送り、はやり神、ぼうの神云々」と書いた紙をササに結びつけ、これを集落の入口に立てる（宮城）。痲疹が流行すると、さんだらの両側に白紙を巻いた縄をつけ、その上に白飯とササ二本を載せ、真ん中にシキミに白い御幣をつけたものを立て、太鼓と鉦を鳴らしながら「サンヨリサンヨリこれに乗っておじゃれ、サンヨリの滝へ流せ」と唱えながら宮に参り、次に親王の墓（惟喬親王陵墓という）に参り、最後にそれを川に流す（滋賀）、などがある。秋田では、悪疫流行の時は門口にササ・スギ・ナンテンの三種をつないで吊しておくと、「さあさあ過ぎたなんでもない」の意で防げるという。
○妊娠六か月になると、諸神に祈った後、近親の女性がタクサ（手草）として夏はハスかササを持ち、妊婦の体を打って祓い潔めた（北海道）。瘡（くさ）ができた時は、患部をなでた草やササをウシ・ウマに食わせる、という例は各地に多いが、福島では、ササの葉で瘡の上を祓い、「朝日さすころ、かの山の草の根を切って草をからす、葉を切って根を枯らす」または「このクサは川越え向うさ行きてあと見れば、水にてクサは流れる、流れてしまいばあともなし」と三度黙唱してササを川へ流すという。子供の虫封じには、軒下の小石をその子供の年の数だけ拾い、ササの葉とともに半紙に包み「虫封じ御守護」と書いて神棚に供える（群馬）。瘧（おこり）にはササの葉を曲げる（同県）。ササに包んだ団子を食べると夏病みしない（福井）。すべて痛い所はササの葉でさすると治る（愛知）。
○ササは民間薬として、次のように使われる。万病にササを煎じて飲む（宮城）。ササの葉を燃やすと形がくずれ黒い炭になる。下痢にはこれを一日に三回飲む（長野）。葉をつぶして青汁を飲むと肝臓の薬（山梨）、葉の煎汁は高血圧の妙薬（京都）。血止めにはササの葉を揉んでつける（岩手・宮城）。吹出物にはササの葉を黒焼きにして貼る（埼玉・富山）。はやり目・ただれ目にはササの葉と穴のあいている銭とミョウバンを一緒に煎じたものを飲む（山梨）。ひび・あかぎれにはササの幹の油を採りそれを塗布する（熊本）。
○以上の他、次のような俗信・俚言がある。ササの葉を焚くと子供が火傷をする（秋田）。ネブト流し（七月七日の早朝に川で水浴し、ササで身体を祓う行事）のササを畑に立てると虫除けになる（栃木）。ちなみにササを田畑に立てて虫除け（モグラ除け）とすることは秋田・長野も同様である。田へ刈敷を入れる時ササの葉を入れると田の神様の罰が当たる（長野）。青森では、大晦日の晩に煮えたっている鍋にササ舟を浮かべ、その舟がひっくりかえると来年も遭難があって集落に財産が入る、大晦日に他国の人を集落に入れないのは、その占いを見つけられないためだ、という伝承があった。一種の年占のように思われるが、なお詳細が明らかでない。ササが枯れるとシカが町近くに出て来る（和歌山）。

大角豆　ささげ

○ササゲは主として供養に使い、祝い事には用いない（壱岐）。
○七夕の日にササゲ畑に入ってはいけない（福島県南会津郡）。七夕様はこの日ササゲ畑に下りて逢っていられるから、入ってはならない（長野県北安曇郡）。朝四ツ時に入ってはならぬ、ともいう。
○盆の十六日にササゲ畑へ入るものでない（同安曇地方）。
○産後三十日間にササゲを食べると、血がはやくなる（佐賀）。
○蚊にくわれた時は、ササゲの葉をはりつけるとよい（佐渡）。
○ハチに刺された時は、ササゲの葉を揉んでつける（宮城県栗原郡）。
○船酔いに、ササギの殻を一度酒に浸してから黒焼きにして服用する（岩手）。
○とげ・踏みぬきには、ササゲを粉にして水に溶かしてつける（岩手）。
○貧血にはササゲ豆を多量に食べるのもよい（山口）。

山茶花　さざんか

○屋敷にサザンカを植えると貧乏になる（愛知県北設楽郡）、肺病になる（神奈川）。
○咳を止めるには、サザンカの花を乾したものを煎服する。白色が最もよく、一度に五輪ほどずつ用いる（神奈川）。
○オキナワサザンカの実を煎じて、食あたりの薬にする（沖縄）。
○サザンカがよく咲く年は漁がある（対馬）。
○カタシ（サザンカ）の花が咲く頃にメジロがあわただしくやってくる（鹿児島県甑島）。

薩摩芋　さつまいも

○サツマイモの花が咲くと、不幸がある（秋田・千葉・鹿児島）、不吉の前兆（千葉・愛知）、人が死ぬ（栃木）、凶作になる（壱岐）、という。サツマイモの花は、沖縄以外では咲くことが稀なため、日常と異なる変事の起こる前兆と考えたものであろう。

○東京都東村山市で、サツマイモは屋敷の西側の畑に作ってはならぬという。また、サツマイモを作ると不幸（葬式のごちそう）のてんぷらのしんになるといって禁作としている家もある（群馬）。

○サツマイモの花が咲くと雪が多い（新潟・広島）とか、カライモ（サツマイモの地方名）の子が下につけば雪になる（熊本）、という。また、サツマイモの蔓が這わないで立つのは暴風雨の兆（広島・沖縄）ともいう。

○鹿児島県喜界島では、雨の多い年はサツマイモは不作という。また、カンショの新蔓の挿し植えはヒラクチの出盛り（熊本）とか、苗床をつくるのはウメの花盛り（群馬）、などという。

○茨城県猿島郡では、新釜の鉄気を抜くにはサツマイモを煮るのが最上の方法だと伝えている。

○サツマイモの二つ連なったものを食べると双子を産む（鹿児島県国分市〈霧島市〉）とか、サツマイモを真二つに割ると双子ができる（広島県山県郡）というのは、その形から双子を連想したものであろう。

○民間療法。便秘にはサツマイモを沢山食べる（埼玉・石川・岡山・山口）。疣にはサツマイモの露をつける（群馬）。サツマイモを食べると母乳が出る（同県）。虫刺されには生サツマイモの汁をつける（岩手）。サツマイモをふかした時に下にたまる汁にしもやけを浸すと治る（神奈川）。緩下剤としてサツマイモの葉を豆腐とともに煮て食べたり、おじやに入れて食べる（沖縄）。雪焼けはカンショを煮た汁で洗うと治る（新潟）。火傷にはサツマイモをすってつける（福井・奈良）。カライモを食べると流産しやすい（長野）。病気の時にカンショを食べると薬が効かない（埼玉その他）。サツマイモの生を食べると、できものができる（群馬・愛知）、腹痛を起こす（熊本）。
○食合せ。サツマイモと塩辛は、胃病になる（秋田・鹿児島）、あたる（新潟）。ユズは中風になる（神奈川）。センブリは死ぬ（岐阜・岡山・広島）。ザクロは腹痛を起こす（秋田）。そのほか、食べ合せて悪いものは、サツマイモと、熊の胆（岩手）、カラシ（大阪）、アカガエル（大阪）、セメン円（新潟・大阪）などである。
⇩里芋（さといも）

里芋　さといも

○サトイモに花が咲くと、変事がある（宮城）、不吉（千葉・播磨）。兵庫県多可郡では甘藷についても同じ。サトイモの花咲けば凶年（秋田・山形・新潟・福岡・熊本）。福岡県筑紫郡ではサトイモ・琉球イモ（甘藷）に花が咲けば、世のソーモー（凶年）という。甘藷の方は、同じイモということからの延長か。
○サトイモに花咲けば、人が死ぬ（不幸がある）ともいう（秋田・栃木・茨城・千葉・新潟・三河）。その他、憂き事がある（大分）、国に大事がある（秋田）ともいう。鳥取県八頭郡では、縁の下にサトイモが生えて花が咲いたら、その家には病人の絶え間がないという。冬の間、縁の下にサトイモを囲っておいたわずかな残りを、うっかりそのままにしてしまった場合であろう。
○サトイモの花を豊作の兆とする所もある（秋田・三重・広島）。サトイモの花は旱魃気味の年に咲くことが多い。日照りに凶作なしの通り、米は豊作という論理になる。ただし、三河の鳳来町〈新城市〉では、サトイモの親イモを植えると花が咲く、といっている。
○サトイモの栽培を忌んで行わないという土地は少なくない（青森県三戸郡・群馬県沼田市薄根町）。長野県更級郡塩崎村長谷（いま長野市）の長谷（はつせ）観音は昔、サトイモの葉で目を突かれた。それで村民はサトイモを作ると目がつぶれるといって作らない。宮城県栗原郡花山村浅布〈栗原市〉では、昔、サトイモを作ったら一人死に翌年また死人が出て二代続いて亡くなったので昔から作らない。同村で、一軒だけイモノコ（サトイモ）を作らぬ家筋もある。それは昔イモノコを盗んだ人を殺したからだと伝えている。群馬県多野郡鬼石町〈藤岡市〉にも、サトイモ掘りの時、子供を掘り殺してしまったという伝えがあって、サトイモを作らぬ家があった。このように一戸だけ孤立的に禁忌を守る例では、福島県いわき市植田町の某家もそれで、サトイモが必要の時は隣家に頼んで作ってもらった。

○サトイモの栽培禁忌としては、ゴマとともに嫌うという例も多い。上州では、昔、浅間山と赤城山が喧嘩して、浅間がサトイモの茎の上で滑って転び、ゴマの茎で目をつぶして負けたため、浅間山の麓では、この両種は作れない（群馬県吾妻郡）。会津の檜枝岐でも、鎮守の神がサトイモのからで足を滑らせて転んだ時、ゴマで目を突いたから、氏子は遠慮してこの二つを作らないという。秋田県由利郡岩城町道川〈由利本荘市〉では御岳神社の忌物として、サトイモ・ゴマを栽培しない。三河の鳳来町〈新城市〉では、サトイモもゴマも栽培するが、この二つを並べて作るものではないという。

○サトイモ栽培の制裁には、サトイモを作ると病気になる（山形）、熱病になる（福島）、石になる（山形・宮城）、がある。

○おつぼ（壺皿）につかう野菜（サトイモ・ニンジン・ゴボウ）を同じ畑へ続けて作ると不幸を招く（愛知県鳳来町〈新城市〉）。葬儀用の食品が恒常化する、との意味であろう。

○サトイモを二か所以上植えてはいけない（千葉県君津市）。糯米を二か所に植えてはならぬ、という禁忌と同軌である。

○神奈川県津久井郡では、小麦畑にサトイモを作るな、という。「サトイモはオヒラダネ」といわれており、葬式の客膳のおひらに欠かせぬものとなっているが、小麦との関係がわからない。

○疣を取るには、盆の十五日の早朝、人に見られぬようサトイモ畑を走り抜ける。その時、イモの葉の露が疣につくと、不思議に落ちる（兵庫県宍粟郡）。七夕の朝サトイモの露をつけるとよいとは、福島・群馬・大分でもいう。七夕と限らず、イモの葉にたまった露で洗えばよいという（埼玉・三河）。

○蜂刺され・毒虫などにサトイモの茎の汁を塗るとよい（福島・千葉・三河・鳥取・高知）。葉を塗りつける（神奈川）、球根をすりつける（美濃）、つぶして塗る（飛驒・熊本）。富山では、マムシの毒にテテイモ（サトイモの親イモ）のつけ物を貼ると毒がとれるという。

○腫物に、サトイモにショウガを混ぜて貼る（沖縄県八重山地方）。サトイモの葉・茎を一晩酢に浸してから乾かし、黒焼きにして患部にまぶす（岐阜）。山形では乳腫れにサトイモをすりおろしたのを塗る。

○火傷に、サトイモをすりおろしてつける（三河・石川・滋賀）。高知ではタイモ（サトイモ）を煮てつぶし、小麦粉・ショウガを混ぜて、出物・火傷・神経痛などに貼る。

○打ち身・くじきには、サトイモをすりおろして小麦粉と練り合せ、紙・布に塗って患部に貼る（石川・福岡）。静岡ではこれに酢も混ぜる。群馬ではタダイモ（サトイモ）をトボウ口（家の入口）や固いドジ（地面）ですり、痛いところにつける。

○捻挫にも、すりおろしたのを貼る（埼玉）、小麦粉・酢も混ぜて貼る（茨城）。サトイモ・小麦粉を練って塗り、さらにドジョウの開いたのを貼りつける（三河）。

○神経痛・肩こりなどにも、すりおろしたイモを貼る（飛驒）、トウガラシを混ぜ、うどん粉で練って貼る（埼玉）。

○瘤・ぐりにはサトイモをすりおろし、等量のメリケン粉と、炒り塩二割とショウガを加えて混ぜ合せ、布に延ばして湿布する。かぶれやすいので、表面にオリーブ油または食用油を塗布する（愛媛）。

○歯痛には、サトイモをすりおろして痛いところへ貼る（群馬）。富山では、土間の人がよく通る所ですりおろして、紙に塗布し、頬に貼るという。奈良でも、すりおろして紙に塗って貼るのは同じだが、水仙も用いる。

○熱冷ましには、サトイモをすりおろし、うどん粉を練り混ぜ、足の裏に貼る（飛驒）。

○腎臓病には、サトイモと、その三分の一程度のショウガをおろし、酢と小麦粉を練り混ぜて腹部に貼る（栃木）。

○痔には、サトイモに卵の白身を練り混ぜて貼る（茨城）。

○油垢を落とすに、サトイモを茹でた湯で洗えば、よく落ちる（『耳袋』四、油垢を落す妙法の事）。

○盆の十六日はマイモ（サトイモ）の畑に入るな、川へも行くな（高知県香美郡）。十六日の朝のうちは田畑や川へ行くな。帰る仏たちが田イモ（サトイモ）の葉をかぶって川を頼りに帰って行くので、その仏に会って病気になったら治りにくい（同高岡郡）。

○大師講の日にサトイモを食わぬ（福島県郡山市）。

○種子蒔きが終わらなければ、サトイモは食ってはならぬ（茨城）。

○七夕の日にサトイモの露で墨をすり、字を書くと上手になる（三河・富山）。

○サトイモをきれいに洗うと、きれいな子を生む（三河）。

○サトイモの種子はもらって植えたのでは大きくならない、盗んで植えるとよく太る（宮崎）。

○イットイモ（サトイモ）は女の血を悪くする（津軽）。産後に食べると血が荒れる（宮城）。

産前産後にサトイモを食べると血あらしになる（茨城）。産後百日以内は食べてはいけない（埼玉）。妊婦は出産まで、サトイモ・柿を食べてはならぬ（木曽地方）。

○サトイモや芋がらを食べると、痲疹がかゆくなる（奈良）。

○カラトリ（ズイキ）を作ると不幸が出る（山形県村山地方）。

○ズキ（サトイモの茎）のみそず（雑炊）を食べ残すと、植え代を残す、という（新潟県新発田市）。田植作業を完了できない意。

○寒中にズイキを食べれば腹に虫がわかぬ（飛騨）。

○瘭疽には、ズイキイモをすったものを塗り、その上をヘビの皮で巻きつけておく（兵庫）。

○産後には赤ズイキの干したのを煮て食べさせる（福井）。産後に芋がらを食べると血がおさまる（大分）。産後一番に、寒晒（糯米とアラ米を寒中に粉にしたもの）の団子とズイキを入れた味噌汁を飲ます（岡山県阿哲郡・岡山市）。産後ズイキの味噌汁を飲むと乳がよく出る（福井・岡山）。初湯がすむと産婦に膳をしてズイキの味噌汁を飲ます。その時、川原の小石を皿にのせて膳に置く（岡山県上房郡）。七夜のうちに、ワリナ（サトイモの茎を乾したもの）のアカジク（赤茎）を入れた団子汁または味噌汁を産婦に飲ますと古血がおさまる（岡山市）。ズイキを鰹節のだしで食べさせてもよい（同）。

○サトイモは、田植歌を聞かないと芽が出ない（長野県北安曇郡・愛知県設楽地方・新潟県南魚沼郡）、田植の歌を聞いて芽を出す（新潟県栃尾市〈長岡市〉）。五月歌聞いて葉を出す（同東蒲原郡）。

○サトイモは鍬を嫌う（『新説ことわざ辞典』）。サトイモは乾燥を嫌う作物なので、このようにいわれるのであろうという。

○サトイモの開いた葉三枚は残しておけ（熊本）。

○サトイモの殻は煮えるまで蓋取るな（秋田）。
○サトイモ畑で大便をすると腫物ができる（石川）。
○サトイモの皮をむく時、手がかゆくなる人は、小イモを黒焼きにしながらむくとかゆくならない（鹿児島）。
○サトイモに風が吹くと、子がよく入る（福岡）。
○サトイモの茎をいけ込むとイモが腐る（三河）。
○サトイモ・フキの葉の中がペタァとしている時は、朝晴れていても雨になる、葉の緑に朝露がきれいにポツポツとつく時は晴れる（岐阜県郡上郡）。
○サトイモの根のもろい時は、早く降雪がある（飛騨）。
○秋はサトイモ・米がとれる時だから、十月死ねば後生がよいという（栃木県安蘇郡）。⇩薩摩芋（さつまいも）

仙人掌　さぼてん

○サボテンを戸袋の下に植えておくと、盗人が入った時戸をたたいて教えてくれる（福岡県北九州市）。
○サボテンを食べると、色付きの夢を見る（兵庫県養父郡）。
○サボテンに指さすとサボテンが腐る（愛知）。
○男児十五歳以前、金武扇といううちわ形のサボテンをおろしてその汁を飲ませると、成長してから放蕩者にならない（『まじない秘法大全集』）。
○サボテンをすりおろした汁は、諸病に効くといわれた。熱冷ましに、足の裏に塗る（宮城・愛媛）、熱のある部分に貼る（石川）、火傷につける（栃木・群馬・和歌山・鹿児島）、乳房の腫れたのに貼る（神奈川）、痔に貼る（福井）、よこねにつける（群馬）、痛み止めに塗る（福井）、疥（はたけ）につける（群馬）、鼻の薬にする（高知）、咳・百日咳に服用する（三河・河内・愛媛）、肺病・肋膜炎に飲用する（滋賀・山口・沖縄）。生の液を飲むのか、煎じて飲むのか不明だが、岐阜では煎じて飲む。脚気に服用（熊本・沖縄）。腎臓病によい（宮城）。リュウマチ・神経痛に、サボテンをおろして貼る（茨城）。

猿麻桛　さるおがせ

○サルオガセを寝床に入れておくと、安産のまじないになる（山形県米沢市）。

○身延七面山の山中の木の枝にかかっているサルオガセを、キリ草と呼んで、熱冷ましの薬として煎じて飲む（山梨）。

○サルオガセは利尿・腎臓病・咳止め・痰の薬として、煎服する（岩手）。頭痛（埼玉）、るいれき（徳島県那賀郡）の薬にもなる。

百日紅　さるすべり

○サルスベリを屋敷に植えると縁起が悪い（山口）。サルスベリは寺に植える木で、在家には植えないもの（群馬県新田郡・千葉県君津市・東葛飾郡、長野県更埴市〈千曲市〉・新潟県南魚沼郡・岐阜県郡上郡・丹波・丹後）。社寺以外の所に植えてはならぬといい、庭に植えるとその家に病人が出るといって嫌う（秋田）。群馬では、サルスベリはハチスと共に墓にある木だという。

○サルスベリの花が豊かに咲けば豊作（宮城）。サルスベリの花が遅い時は冷害（山形市）。

○サルスベリが北から開花したら寒が早く来る（鹿児島県喜界島）。

○黄疸に、サルスベリの木の皮を煎じて飲む（鳥取）。

○虱取りには、サルスベリ（花か、不明）の汁やカブト草の根の煎じ汁で洗うとよい（奈良県吉野郡）。

○毒虫に刺された時は、サルスベリ（葉か花か不詳）、クチナシ、キクの葉がよい（香川県小豆島）。

○サルスベリの花粉を吸うと喘息になる（宮城

県栗原郡）というが、特にそのような医学的作用はないという。

菝葜　さるとりいばら

○サルトリイバラの箸で食事すると、歯が丈夫になり長生きする（新潟・鳥取）。サルトリイバラの楊枝を使えば虫歯が治る（三河）。モンガクバラ（サルトリイバラ）の箸で食べると中風にならぬ（秋田県平鹿郡）。

○サルトリイバラを煎じてお茶代りに飲めば、強壮剤になる（香川県三豊郡）。『長生療養方』に、「主腰背寒痛、益血気、止小便利」とある。

○サルトリイバラの根は毒下しに効くとは、主として四国・九州地方でいう（山口・香川・徳島・高知・長野・熊本）。また、梅毒の薬だという（山口・徳島その他）。十月頃、根や茎を採取して煎じて飲めばよい（岩手）。土佐では一般にカラタチと呼んでおり、新芽・実・根を陰干しにして煎用（高知）。大分ではカンカラヒゲというが、根の他に、蔓・葉も煎服する。腰気にも効くという。対馬では、サンキラと呼んでいる（山帰来は、別種の植物だが、各地でサルトリイバラの俗称にもいう）。昔、梅毒になった人が村を追われて山へ逃げ、たまたまこの根茎を掘って食べたら治癒した。それ以来、山帰来の名を得たという。

○腫物にホテンドウ（サルトリイバラ）の根を煎用（山口）。

○その他、肺炎・脚気・腎臓病（高知）、咳止め（長崎）、腹痛（丹波）、眼病（鳥取）、神経痛（三河・美作）、痔（岡山）等に薬効があるという。なお以上は、腹痛にサルトリイバラの実を煎用する外は、すべて根を用いる。

○サルトリイバラの赤い実はしもやけの薬（鳥取）。

○サルトリイバラの根にいるサルトリグイという虫は、子供の疳によい。この虫を焼いて粉にして飲ませる（美作）。⇩山帰来

猿腰掛　さるのこしかけ

○サルノコシカケを玄関に吊しておくと、魔除けになる（栃木・兵庫）とか、流行病が入らない（兵庫）といい、富山や愛知県でも、サルノコシカケを戸口に置くと悪いものが入ってこないと伝えている。特に大きなものがよい（兵庫県養父郡）という。疫病退散などのために戸口に物を下げる俗信は多いが、この場合もサルノコシカケの異様な形に呪力を認めたものであろう。

○民間療法。癌には、サルノコシカケを煎じて飲むとよい（青森・岩手・山形・福島・茨城・山梨・福井・長野・静岡・岡山・高知・大分）、特にウメの木にできたものが効く（茨城・福井・長野・岡山・大分）。胃癌にはサルノコシカケを煎じて飲む（宮崎・山口・長崎・鹿児島）。高血圧にはサルノコシカケがよい（宮崎）。中風にはサルノコシカケを煎服する（富山・和歌山）。心臓病にはサルノコシカケを煎服する（岐阜・高知）。喉に骨の刺さった時はサルノコシカケでさすると治る（愛媛）。

椹　さわら

○屋敷内にサワラを植えると、不運や病人が絶えない（秋田県仙北郡）。屋敷内のサワラが家の屋根より高くなると、病人が絶えない（秋田）。

山帰来　さんきらい

○サルトリイバラに似るが、とげがない。ただし、サルトリイバラをサンキライと呼んでいる地方も多く、サルトリイバラとして報告された資料の中には、サンキライと共通の薬効をいうものが多く、両者が混同されている可能性が多い。サンキライの根を土茯苓（どぶくりょう）といって梅毒の良薬とする（サルトリイバラの根を梅毒薬とする報告はサンキライの誤りであるか、或いはサンキライを誤ってサルトリイバラの名で使用しているか、いずれかの場合を考慮しなければならない）。

○土茯苓は梅毒薬のほか、ひきつり・骨痛・悪疾に効き、汞粉（はらや）の毒を解す（『和漢三才図会』）。

○サンキライの根を煎じて飲むと腎臓に効く（山梨）。

○婦人病にサンキライやサルノコシカケを煎じて飲む（神奈川）。

○かゆいものができた時には、サンキライを煎じて飲むがよい。これは性の強いものだから、一枚ミシロを動かずに（安静？）養生せぬと、腹を下げる（山口県大島郡）。ただしこのサンキライには、イバラの方言と注がある。

○沖縄県八重山地方では、下げ薬（逆上の鎮静薬）に、サンキライ・ブタの頭・カヤの根・タイシ（野イツコ）の根を煎用する。或いは、ブタの頭・サンキライ・ヒンヅマメを一緒に煮て食う。⇩菝葜（きるとりいばら）

三七　さんしち

○原因不明の腫物にはサンシチの根を煎服する（沖縄）。婦人病・子宮病にはサンシチを煎服する（同県）。打ち身にはサンシチの葉の搾り汁がよい（静岡）。サンシチの葉を風呂にたてて入ると保温の効がある（奈良）。フグの中毒にはサンシチの葉を食べるか葉を搾って飲む（千葉）。切り傷にはサンシチをつけて血止めにする（岡山）。

山椒　さんしょう

○サンショウの木に葉が触れると枯れる（山口・福岡）とか、ヘビや縄が掛かると枯れる（広島）という。ヘビがサンショウを好むという伝承は古く、『和漢三才図会』に、「蛇山椒ノ樹ヲ喜テ来タリ棲ム。反鼻（クチバミ）最モ然リ」と見え、山陰地方に伝わる昔話「蛇女房」では、大山の赤松池にすむヘビにサンショウの実を持っていって頼むと願いごとが叶うと語る。ヘビが穴に入った時にはカエルの中にサンショウを二、三粒入れて誘（おび）き出せばよいという（『渡辺幸庵対話』）。

○サンショウの木の下で歌をうたうと木が枯れる（秋田・福井・兵庫・山口）とか、木に登って歌うと、木が死ぬ（福井・兵庫）、その人が死ぬ（鳥取県八頭郡）、といって忌む。また、歌をうたいながらサンショウを摘むと木が枯れる（京都・奈良・和歌山・兵庫・広島・福岡）といい、愛媛県北宇和郡では、サンショウの木の下で泣くと栄えるが、歌うと枯れるという。岡山県では「山椒太夫さんは昔から辛い、今はわかえでなお辛い」と歌いながら若葉を摘むと木が枯れる、と伝えている。

○サンショウを屋敷内に植えることを忌む俗信も多い。サンショウを植えると、病人が絶えない（秋田・山形・福島・群馬・福井・愛知・広島・福岡）、不幸がある（秋田）、災難が起きる（長野）、長男が死ぬ（長野県更級・埴科郡）、貧乏になる（群馬・岐阜・愛知）などという。特に屋敷裏に植えるのをうらざんしょ（売財産に通ずる意もあるか）といって嫌う（茨城県久慈郡）土地がある。鳥取県で、もし屋敷に植える時は人の寝息の聞こえる所に植えてはならぬという。また、サンショウの木の後ろに物を作るのはよくない（愛知）、ともいう。

○サンショウは実まきにせよ（愛媛県北宇和郡）とか、盗んで植えねばつかぬ（島根県安来市）といい、移植すると辛味がなくなる（山口）、という。松の下のサンショは食うものでない（愛知）、ともいう。

○漢方では蜀椒といい、健胃・整腸に効ありとして用いられる。全体に独特の芳香があり、果実は香辛料に利用され、枝の皮は食品となる。幹は強くて折れにくいところから擂粉木（すりこぎ）に利用される。サンショの木の擂粉木で味噌をすると魔除けになる（愛知・長崎）、とか、長生きをする（新潟）、という。

【し】

樒（しきみ）

○富山県中新川郡で、シキミは縁起の良い木でないので屋敷には植えないといい、広島でもシキミを俗家に植えることを忌む。他にも、この木を忌む例は、千葉・東京・神奈川などに見られる。シキミは、古くは神に捧げられたが、のちに仏に供えられるようになったもので、仏事や葬式に用いられる植物であるところから、日常、家の周りに植えることを嫌ったものであろう。

○栃木県安蘇郡田沼町〈佐野市〉では、死人が出ると神様へシキビを上げるといい、また、ひどい毒だから墓などへ上げると何もいたずらしないという。高知県幡多郡では、墓にさしたシキミが芽を出して勢いのよいのは、死者があの世で幸福である証拠と伝えている。有毒植物で葉に強い芳香があることなどから、邪気を払うと信じられ、『善庵随筆』に「山家ノ人ノ話セルヲ聞クニ、樒ハ香気アリテ、狼ノ忌嫌フコトノ甚シケレバ、新葬ノ地ニハ必ズ此木ノ枝ヲ折リ立テ、塚ヲ発（あば）クノ患ヲ防グコトノヨシ」と見え、『閑窓瑣談』にも「山近き畑にて、猪猿の類が畑物を取らざる様に、多く樒を植ゑ、又は掘りて置く。芋などに樒の枝を折りて蓋とし置けば、獣来りて取る事あたはずといふ」と記している。

○奈良県吉野郡では、水向けといって血縁者・知己が死者の唇をシキミの葉でうるおしてから後に、棺の釘づけをするといい、和歌山県では、死水はシキミの葉で血の濃い者から順に水をつけるという。大阪府では、一本花を立てることを嫌うが、これは、死人があるとその枕元に一本のシキミを立てることに由来している。

○香川県小豆郡豊島には、シキミとキジが育たぬという。昔、平家の残党がこの島のシキミの林に身を隠していたところ、その中からキジが飛び立ったため源氏方に発見され討ち取られた。落人は「シキミ育つなキジ立つな」と呪って死んだため、今でも一本もないという。

○民間療法。シキミの木で天秤棒を作ると肩が痛まない（福岡）。瘧（おこり）の時は、川にシキミの葉を百枚流せば治る（千葉県東葛飾郡）、寝ている病人の蒲団の下に枝を入れておく（群馬県邑楽郡）。舟酔いのまじないにシキミの葉を臍の上にのせる（和歌山県東牟婁郡）。いんきんには葉の煎じ汁で洗う（山口）。疣にはシキミの水をつける（高知）。栃木県下都賀郡大平町蔵井〈栃木市〉の関口恭次郎家では、六部に教えてもらったという眼薬を伝えている。処方は呂眼石十匁、滑石五匁、黄蓮二両目、永楽銭十二文、シキビの葉十二枚。このシキビの葉には墨で「八幡大菩薩」と書く。それを水一升に入れ、半分になるまで煎じたあと、一晩中八月十五夜の月を映しておく。この水で目を洗うとよい。『閑窓瑣談』には「本法寺の境内に在る熊谷氏の墓へ願をかけ、其墓の水を眼病に用ひ平癒するも、樒の水の徳なるべし」と見える。

しけ草　しけぐさ

○チカラシバ（力芝）の地方名。シケグサの葉の節が多ければ暴風雨になる（広島）、その節の数だけ暴風雨が来る（香川・愛媛）とか、シケグサの葉に縒りがかかったら、その数から一つ引いただけ台風が来る（鹿児島県大島郡）という。また、香川県三豊郡詫間町では、葉の白いシケグサが生えると、シケになると伝えている。⇨芒（すすき）

地縛　じしばり

○イワニガナの地方名。新潟県栃尾市〈長岡市〉では、「ジシバリの黄色い花に播きもん」という言葉があり、この花の開花期を豆やアワ播きの目安としている。

○民間療法。ジシバリの汁は耳だれ（中耳炎）に効く（栃木・長野）。

羊歯　しだ

○和歌山県東牟婁郡で、シダの箸で飯を食えば病気になるという。

○福岡県八女郡では、ヤマドリシダをヤマドリが食う頃は肉に臭気があり、食うに堪えないという。

○民間療法。打ち身・捻挫には、どぶ川の五つ葉のシダの陰干し一つかみを一升の水で半分になるまで煎じて飲む（山口）。

枝垂柳　しだれやなぎ

○石川県江沼郡で、シダレヤナギを植えると貧乏になるという。

○民間療法。シダレヤナギの葉を煎じて飲めば子供が授かる（新潟県岩船郡）。瘧疹の時は患者の寝ている部屋でシダレヤナギをいぶしたり、煎じて飲む（栃木）。⇩柳（やなぎ）

地梨　じなし

○クサボケを長野・群馬県などでジナシと呼ぶ。ジナシを家のまわりに植えると、馬鹿な子ができる（群馬県利根郡）、土地がなくなる（長野県更級・埴科郡）。赤いジナシの花を家に入れると火事になる（群馬県利根郡）。ナシが無しに通じるところから、土地や家が無しになるとして嫌うもの。⇩梨（なし）

柴　しば

○シバと呼ばれるものは、一種類の植物ではなく、山野に生ずるあまり大きくない雑木の類、或いは多少大きな木だったらその枝などの称である。どこででも簡単に手に入り、燃料にし、また祭祀用に用いられた。

○シバを根の方からかまどに入れて燃やしてはいけない（奈良）。そのようなことをすると、逆子ができる（兵庫県宍粟郡）とか、貧乏する（和歌山）、という。福島県大沼郡三島町では、シバのねじきい（ねじれた木のことか）は不幸事のないように朝のうちに燃やすという。

○シバを神の依り代としたり、神に手向ける信仰も広くみられる。島根県松江市旧大庭町の神魂(かもす)神社では、正月の頭渡しのあと、オシバサマといって二間くらいのサカキをたてるという。愛媛県上浮穴郡では、山の神のいる所の木のシバを取ると罰が当たるという。鹿児島県肝属郡高山町〈肝付町〉では、猟師が山中に泊まる時は入用の場所をシバでうちまわり、山の神から借りて領するという。長崎県の五島や対馬、鹿児島県の悪石島などには峠や路傍に柴折神とよばれる小祠があって、そこを通る者はシバを手向けていくという。また、高知県では峠道で柴折様にシバを供えて通ればひだるがみに憑(つ)かれない、と伝えている。

○民間療法。夜尿症には仏様に供えたシバを煎じて飲む（鹿児島）。口かさにはシバを燃やして切り口から出る泡を、人の見ていない間につけると治る（山形）。

芝　しば

○岐阜県高山地方で、シバクサに節ができると、その年は大風が吹くという。

○民間療法。歳の夜にシバを焼くと下の病に効く（高知県長岡郡）。⇩青芝(あおしば)

馬鈴薯　じゃがいも

○長野県や広島県で、ジャガイモの豊作は他の農作物の不作といい、福島県南会津郡では、バレイショの当たり年は餓死年という。また、ニドイモ（ジャガイモの地方名）を食べて釣りに行くと魚がかからぬ（奈良）とか、夕焼にジャガイモの花を取ると虫がつく、とも伝えている。

○岡山県川上郡では、畑から掘ってきたジャガイモを洗って乾かして皮をむき、そのむけ具合がよいと天気がよいという。

○民間療法。火傷には、ジャガイモをすってつけるとよい（北海道・青森・宮城・福島・茨城・群馬・埼玉・千葉・東京・山梨・新潟・富山・石川・福井・長野・愛知・鳥取・香川・愛媛・鹿児島）、切って貼りつける（新潟）、ナツイモ（ジャガイモの地方名）をすりおろして油をかきまぜたものを塗りつける（同県）。はやり目はジャガイモの汁で眼を洗う（広島）。生のジャガイモをすって飲むと血圧が下がる（岡山）。ひびには、ジャガイモをワサビおろしでよくすってつけると痕が残らない（茨城）。咳の湿布には酒・ジャガイモのすり汁、ほうろくで煎った塩などを用いる（福岡）。ジャガイモは高血圧・卒中・中風などによい（岡山）。病気の時バレイショを薬と合せ食べると治らない（秋田）。これはサツマイモと同軌である。

石南花 しゃくなげ

○屋敷内にシャクナゲを植えてはならぬ（徳島）といい、植えると難儀する（熊本）、とか病人が絶えない（奈良・広島）、という。その理由として、奈良県吉野郡では、シャクナゲは墓や宮に多いためと伝えている。兵庫県城崎郡竹野町〈豊岡市〉では、四月七日に山に入ってシャクナゲを採り、八日にこれを竹いぼにさして庭先に立てる。このように、シャクナゲの花を神の依り代として用いるところから、日常身近な場所に植えることを嫌ったものと思われる。○群馬県利根郡では、シャクナゲの木で作った物差（ものさし）を使って仕立てれば、どんな悪い日に裁ってもよいという。長野県南佐久郡では、シャクナゲで人を叩いてはいけない、と伝えている。○民間療法。シャクナゲの杖を用いると中風にならない（秋田県北秋田郡）、シャクナゲの木で作った擂粉木を用いると長生きする（同県山本郡）、シャクナゲの盃を用いると中風にならぬ（同県平鹿・雄勝郡）。中風には、シャクナゲを煎じて飲むとよい（富山・愛知）、葉を七、八枚陰干しにしたものを細断し茶の代りに飲む（滋賀）。血圧降下には、葉を煎じて服用する（青森・宮城・埼玉）。みずむしにはシャクナゲをあぶって撫でる（新潟）。淋病には花を掘って、て飲む（同県）。春の初めや秋に根を煎じ水洗いして乾燥させておいたのを煎じて飲むと、腹痛・下痢・腰痛・婦人病に特効がある（青森）。シャクナゲは虫除けになる（愛媛）。

芍薬 しゃくやく

○兵庫県宍粟郡山崎町〈宍粟市〉では、シャクヤクの花があると病人が絶えぬという。

○民間療法。腹痛には、根を煎じて飲む（山形・茨城・富山・愛知）、葉を煎じて飲む（岐阜）、ヤマシャクヤクの根・フキの根・クズの根を混ぜ合せたものを煎服する（北海道）。シャクヤクの根の煎じたものは、癪に効く（愛知）、消渇によい（同県）、婦人病に特効がある（熊本）、癲癇（てんかん）の発作を防ぐ（神奈川）、心臓病によい（香川）。風邪にはシャクヤクの根・カンゾウ・シソを煎じて飲む（岐阜）。子宮病には白いシャクヤクの花片を採って白砂糖に少しずつ浸して服用するとよい（熊本）。日射病にはシャクヤクの根とキキョウの根を一緒に煎じて飲むと初期ならば散る（山口）。

棕櫚 しゅろ

○シュロを屋敷内に植えることを忌む土地は多い。埼玉県や岡山県で、シュロを植えると病人が出るといい、群馬・大分・佐賀県では貧乏になるという。他にも、家が栄えぬ（福岡）、天蓋の音がする（和歌山）、血を吸う（兵庫）、などといって嫌う。広島県沼隈郡では特に家の後ろに植えることを忌み、盗人が入るという。また枯れれば家は倒れる、ともいう。この理由を、長野県下伊那郡松川町では、シュロの木は鐘撞き棒にするものだから庭に植えないのだ、と説明している。

○シュロの木が家より高くなると、不吉（兵庫・香川・鹿児島）、家が絶える（群馬・石川）、その家の人が死ぬ（愛知）、といって忌む。また、シュロを燃やすと、口のきけない子が生まれる（沖縄県国頭郡）、七代貧乏する（和歌山県東牟婁郡）、釜の底が溶ける（長崎県壱岐）、城を燃やすようなもの（福島）、といい、和歌山県西牟婁郡でもシュロとウメの木は焚かぬものとしている。

○大分県大野郡では、酔漢がシュロの木に触れると枯れるという。『月庵酔醒記』に、棕梠が枯れるのをとめるには、酒を掛ければ生き返る、とあるのとは逆である。

○シュロの皮を焼いたら歯が痛くなる（愛媛）。

○シュロの栽培を忌む俗信の多い中で、屋敷にシュロの木を植えると幸福になる（富山・愛知）とか、シュロ千本あれば、一人で一生暮らせる（神奈川県津久井郡）、長者になる（広島）、といって喜ぶ例もみられる。棕梠縄の原料として売れ、現金収入をもたらすので、このようにいわれたものであろう。

○民間療法。中風には、シュロの葉を煎じて飲む（茨城・栃木・愛知）、シュロの実とカンゾウを煎じて飲む（滋賀）、シュロの根・クワの根・バショウの根の三種を煎じて飲む（京都）、木にできる茸を煎じて飲む（和歌山）。高血圧には実を煎じて飲む（福井）、青い葉を煎じて飲む（愛媛）。脚気には実を煎じて飲む（大阪・熊本）。流産の出血を止めるには、シュロの皮を束ね灰にならぬように焦がし、白湯に振り出して飲む（沖縄）。血止めにはシュロの毛を短く切り鼻の中へ入れる（岩手）。白血病には皮を黒焼きにして飲む（岐阜）。ものもらいができた時はシュロの毛で涙腺をつついて出すと治る（広島・愛媛）。

春蘭　しゅんらん

○岐阜県吉城郡で、ジジババ（シュンランの地方名）の花をとると翌日は雨が降る、という。

○民間療法。ひび・あかぎれには、シュンランの根を焼いてどろどろになったものをつける（山梨・京都・岡山）、花を焼いて患部につける（静岡）、根を乾燥したものを削り、飯粒と練り合せてつける（奈良・愛媛）。血止めには実の中の白い部分を塗る（熊本）。根を喀血の薬として氷砂糖と共に水で煎じて飲む（沖縄）。消化を助け、痛みとなるしこりを除く作用があるので、生で食べるとリュウマチ・神経痛によい〈神奈川〉。一部では花を乾燥して桜湯のようにして飲む。

生姜 しょうが

○ショウガを栽培しないという例は各地にみられる。作ると、悪いことが起きる〈群馬・大阪〉とか、病人が絶えない〈茨城・岡山・広島〉、などといって忌む。愛知県では、家の庭で栽培することを嫌う。禁作の理由として、群馬県勢多郡北橘村下箱田〈渋川市〉の某家では、ショウガを作ったところ当主が病死したため、以後作らないという。また、筑波山麓には、矢踏み稲荷様がショウガ畑で寝ていた時に矢で射られ、矢を踏んまえて逃げたという伝承があり、今でもショウガを作らない土地がある。金沢市二日市町の波自加弥(はじかみ)神社の生姜祭は六月十五日に行われ、神供にショウガが用いられる。ショウガ市(いち)の立つ祭礼では、いわき市の船渡八幡神社、東京都港区芝大神宮・福岡県太宰府天満宮などが有名であり、市で買ったショウガを魔除けにする所もある。

○岡山県や広島県では、作りつけている家なら差支えないが、初めて作ると、とかく変事があると信じられている。魔性を持つもので、作柄がよいと不思議に病人を伴うといわれ、農家で死人が出たあとなどにその年の作を振り返って「ショウガができすぎた」などと噂をすることもあったという。これは、異常豊作を凶兆とする俗信の一つで、カボチャが多くなる年は不吉、などという例と同じものである。

○愛知県南設楽郡や熊本県玉名郡で、ショウガは田植の声を聞かないと芽が出ない、というのは、田植の頃に地上に発芽することをいったものであろう。

○妊婦がショウガを食べると、ショウガ指の子が生まれる〈岐阜・広島〉という。他にも、ショウガを食えば馬鹿な子を生む〈福島〉、馬鹿になる〈千葉・岡山・広島〉、目の赤い子が生まれる（岐阜）、流産する（広島）。女が食べると肌が荒れる（愛知）。夜、ショウガを食べると中風になる（秋田県河辺郡）、という。ショウガの食べかけは食べるものではない（愛知県北設楽郡）ともいう。

○民間療法。風邪には、すりおろしたショウガに熱酒を注ぎショウガ酒にして飲む（山梨）、ショウガ湯がよい（愛知・山口）、氷砂糖と生ショウガを煎じたものを寝る時に飲む（徳島）、ショウガをすりおろし、これにダイダイの搾り汁と砂糖を加え、熱湯を注いで飲む（山口）、ショウガをすって腹に塗りつけると効く（富山・愛知）。咳には、生ショウガの搾り汁を熱湯に注いで飲む（鳥取）、生ショウガ湯にサボテンをおろして飲む（大阪）、根茎をおろして黒砂糖と煎服する（沖縄）、干しショウガ三匁を酒二合半に浸したものを一合ずつ用いる（徳島）、生ショウガをおろしてタオルに包み首に巻く（沖縄）。喘息には干しショウガを粉にして飲む（栃木）。百日咳には、ショウガに砂糖を加え、時々なめる（群馬）、ヒネショウガをおろして布に包み喉にあてる（神奈川）。

○神経痛にはサトイモをおろし、生ショウガ汁を少し加え、ムギ粉を入れてよく練ったものを貼る（北海道）。肋間神経痛にはショウガを五百グラムすりおろし、その汁の倍の水を加えて、これを約半分まで煮つめたものに布を浸し患部を湿布する（山口）。

○暑気あたりには皮のままおろし、大匙七、八杯の熱湯に入れて飲むとよい（神奈川）。

○しもやけには、ショウガをすって熱湯に入れ、患部をその中に浸す（茨城・愛知）、葉を煎じてつける（愛知）。癲癇（てんかん）には根をおろした汁を飲ませる（福井）。肩のこりにはショウガをおろしてつける（奈良）。

○胃痛にはショウガ二匁、サトイモ二個をおろし、うどん粉を少量混ぜて水で練り、紙に延べてみぞおちに貼る（香川）。凍傷には生ショウガの葉の陰干しを煎じて飲む（岐阜）。吐気をもよおした時は熱湯にショウガ汁を注いで飲む（沖縄）。痰には干しショウガ・クルミを粉にして用いる（徳島）。しゃっくりにはショウガの汁を飲む（同県）。

○はやり目には、ショウガを叩きつぶした汁を清水に溶かし、その水で洗う（福井）。目が赤くはれた時はショウガの汁を少しさす（徳島）。かすみ目には根をすり、その中にベニを溶かして目にさす（愛知）。打撲傷にはおろしたショウガに酒を混ぜて貼りつける（富山）。毛生え薬には生ショウガをおろし泡盛に混ぜて塗る（沖縄）。生ショウガを多く食べると吹出物ができる（栃木）。歩く時にふとももの擦れて痛むには、ショウガをおろして塗る（富山）。車に酔わぬためには生ショウガを紙に包み、布で臍の上にくくりつけておく（大阪）。

○食合せ。ショウガと、ブタは悪い（愛媛）。ショウガとウサギは霍乱を起こす（栃木）。『月庵酔醒記』に「しやうがと兎くい合すれば霍乱煩」と見える。

菖蒲　しょうぶ

○五月節供にショウブとヨモギを軒にさす習俗は全国的に行われる。その理由として、魔除けになるとか鬼が入ってこないという説明が普通で、枚挙し難いほど多い。一例をあげると、秋田県で屋根にショウブやヨモギをさせば魔除けになるといい、宮城県刈田郡では、ショウブが武器に見えて鬼が入ってこないという。他にも、厄除けになる（秋田）、病を除く（秋田・奈良）といい、愛媛県上浮穴郡小田町〈喜多郡内子町〉では、この日ショウブとヨモギを縛って屋根に上げると、火の災難をのがれると伝えている。三重県熊野市では、ショウブ・ヨモギを上げないうちは屋根に登ってはいけないとされている。ショウブを軒にさす風習は『蜻蛉日記』など平安朝の記録にも見えており、本来は、田植月を迎えて、香気の強い草で葺いた家の中で女性が忌み籠りをする行事だったといわれる。ショウブの形が剣に似ていることと、強い芳香によって邪気を払い、災いを近づけないようにしたものであろう。由来譚として「喰わず女房」などの昔話が各地に伝承されている。鬼に追いかけられた男がショウブまたはヨモギの中に隠れて難をのがれたと説く話である。

○五月節供にショウブ湯をたてる習俗も広い。ショウブ湯に入ると、ヘビにかまれない（茨城・新潟・長野・山梨）、ヘビの子が溶ける（静岡）、ヘビの子を孕まない（岐阜県高山地方）、ヘビに見込まれない（山梨県都留市）、魔物の子がおちる（秋田県仙北郡）、魔除けになる（福井）、などという。昔話「蛇婿入」では、その由来を、蛇の子を孕んだ女がショウブ湯に浴して子をおろしたことに基づくと説いている。以上のほかにも、ショウブ湯に入ると、丈夫になる（岩手・群馬・千葉・富山・長野・愛知・三重・香川）、病気にかからない（秋田・東京・新潟・長野・静岡・愛知・大阪・香川・佐賀）、夏病みしない（新潟・愛知・三重）、頭の病気を払う（山梨・山口）、腹痛が起こらない（富山・長野）、風邪をひかない（長野県北安曇郡）、勝負事に勝つ（愛知）、などの効能があるという。

○ショウブで鉢巻をする風も各地に見られる。五月節供にショウブで鉢巻をすると、頭痛を病まない（秋田・宮城・栃木・千葉・富山・福井・長野・静岡・愛知・大阪・和歌山・奈良・岡山・香川・大分・佐賀）、夏病みをしない（山口）、年中病気をしない（福岡）、虫がつかない（栃木）、という。古代宮廷でもショウブの葉を巻く風習があったといわれる。今日では民間療法となっているが、本来、忌みに服していることのしるしとして、信仰上の深い意味があったものであろう。その他、腹に巻くと一年中腹痛を起こさない（秋田）。腰に巻いて寝ると腰痛除けになる（京都）。病気の部分を縛るとその病気が治る（香川・徳島）、などという。
○五月節供にショウブ酒を飲むとよいという土地も多い。その理由に「蛇婿入」の昔話を伝えている土地もあり、ショウブ酒を飲まないとヘビを生む（愛媛県上浮穴郡）とか、女の子は特にショウブ酒を飲むとよい（同県越智郡）という。右のほかにも、この酒を飲むと、虫が下りる（富山）、キツネに化かされない（愛知県南設楽郡）。ショウブとヘビイチゴの酒を飲むと病気をしない（埼玉）。ショウブの根を吸って飲むと腹痛が起こらない（福井）。身持ちの女はショウブ酒を飲むとよい（宮城県白石市）、という。ショウブの呪力と薬効によって病気を治そうとしたものである。
○五月節供にショウブを敷いて寝ると、病気にならない（秋田県平鹿郡）、病魔を払う（青森県三戸郡）、瘧に効く（群馬）、夏中ノミに食われぬ（福島県南会津郡）、ノミの腰が折れる（愛媛県周桑郡）、という。
○秋田県仙北郡で、ショウブで耳をほると良い事を聞くといい、同県鹿角郡では、五月節供にショウブとタケノコを神に供え、それで耳をこすると良い事を聞くという。
○民間療法。便秘には根を煎じて飲む（福井）。ひきつけには根をすって食べさせる（長野）。焼米の粉をショウブの匙で食べると夏負けしない（福岡）。歯痛にはショウブの根とハッカ草・うどん粉を混ぜたものを貼るとよい（埼玉）。耳だれには、根をすった汁をつける（愛知）、根を結んでさしこむ（長野）。ショウブの根五寸とヤマユリの根二個、ニワトコの葉をすり、卵黄を混ぜて練り、患部に貼る（栃木）。いん疝気には葉の陰干しを煎服する（熊本）。いんきんには葉の煎じ汁で洗うとよい（山口）。創傷には根を細かく切ってつける（北海道）。床ずれには葉を陰干しにし飯粒と練り合せて貼る（石川）。打ち身には、根をおろして患部にすりこむ（同県）、根を酒に浸しイノコズチを混ぜて飲む（岐阜）。頭痛にはショウブを煎じ薬にする（北海道）。痛み止めには酒に漬けたショウブで縛る（石川）。胃の悪い時は根を煎じて飲む（北海道）。乳児の体調が悪い時にはショウブの根をおろしておどり（大泉門）にのせるとよい（福井）。五月節供の早朝、山に入りササの露をいただけば頭痛が治る（和歌山）。ショウブの根をおろした汁を飲むと、熱おろしになる（同県）、ジフテリアに効く（群馬）、瘧に効く（石川）、虫下しになる（同県）。腰痛には、ショウブ湯に入る（石川）。

○その他の俗信。ショウブを仏様に上げると悪い（新潟県南蒲原郡）。家の周りに植えるな、逆さ花が咲く（長野県北安曇郡）。ショウブの模様の着物は早死する（秋田県北秋田郡）。お節供のショウブをすぐ前の日に採るものでない（群馬県利根郡）。ショウブ・ヨモギを束ねて叩いて歩くと悪病が入らない（秋田）。ショウブは死と関係があって縁起が悪い（長野）。

○五月節供に屋根にさしたショウブとヨモギで胎児の性別を占う。ショウブが先に落ちると男、ヨモギが先だと女が生まれる、という（鳥取県八頭郡若桜町）。五月節供のショウブが早く萎えると豊年（秋田）。雨乞いに源平ショウブを持ってきて宮に供えて祈願すると雨が降る（山梨県東八代郡）。

沈丁花　じんちょうげ

○岡山市付近で、ジンチョウゲを庭木にすることを忌む。愛知県ではこの木を植えると病人が絶えないとか、この花は仏に供えるものでないという。

○民間療法。腫物には、葉をすりつぶし、飯粒・黒砂糖と練り合せて患部に貼る（鹿児島）。乳腫れには、葉（まわりの白いものがよい）を刻んで、ヤマユリの球根・黒砂糖・酢・うどん粉を混ぜ合せたものを紙に延ばして貼る（群馬）。

【す】

西瓜　すいか

○お盆に墓場のスイカを食べると病気しない（愛知）、スイカに塩をつけて食べると疲労しない（奈良）。

○民間療法として次のようなものがある。腎臓病およびむくみや利尿（北海道・宮城・栃木・茨城・埼玉・山梨・新潟・岐阜・長野・石川・京都・大阪・香川・徳島・高知・岡山・山口・大分・鹿児島・沖縄）、脚気（奈良）、肝臓病（大阪）、糖尿病（愛媛）、はやり病やリュウマチ（愛媛）、便通（栃木）、酒毒（沖縄）にはスイカを生のままで食べる。肋膜炎にはスイカの実は生で、種と皮はどろどろに煮て食べる（愛媛）。血の道にはスイカの皮を干したものを煎じて飲む（岩手・奈良）。スイカの皮を塗ると、あせぼができない（富山・愛知）、また、あせぼが治る（新潟・愛知）。

○スイカと食合せといわれるものに、てんぷら（秋田・福島・栃木・埼玉・千葉・神奈川・新潟・富山・福井・愛媛・福岡・佐賀・大分・宮崎）、油揚または油（岩手・秋田・福島・岐阜・岡山・宮崎）、そば（岩手・秋田・山形・富山・大阪）、茶（秋田）、酒（大阪）、熊の胆（茨城）、サンマ（秋田・新潟・富山・愛媛）、マグロ・氷（共に秋田）、タコ（山形）、ウナギ（秋田・大阪）、カニ（佐賀）、などがあり、脂肪食との合食を忌む傾向が窺われる。

○スイカの出来が良い年は台風が多い（宮城）、スイカの蔓が伸びれば暴風雨、スイカとアズキが早くできれば秋冷が早い（共に広島）。千葉では、冬に雷が鳴るとスイカがはずれる、という。スイカは暑さの続く年に豊作だが、気象的には、こうした年は台風の発生も多く暴風雨が多い。愛媛では、大きなスイカができたら良くない、とこれを異変の兆とする。スイカを指さすと腐る、スイカを叩くと中が腐る（広島）。

○「雨たんもれ雨たんもれよ。スイカも真赤に焼けてんや。雨たんもれ雨たんもれよ。雪の上のぢんごうよ。南京カボチャも皆やける。たんもれたんもれよ。雨降れたんぼれ。雲に滴もないかいな」。これは、奈良に伝わる雨乞いの唱言である。

忍冬　すいかずら

○スイカズラは風呂に入れて浴すると病気に効く（長野）といわれ、打撲傷にはスイカズラの花を入れて入浴する（熊本）。スイカズラの全草を入れた湯に浴すると、打ち身・腫物（山梨）、皮膚病（愛知）に特効がある。

○煎じ薬としては、茎・葉を煎じて飲むと、神経痛・リュウマチス（京都・香川・高知）、淋病（高知）、胃腸病（香川）に効く。花・葉を煎じて腎臓病・利尿（岩手）、根を煎じて利尿の薬とする（鳥取）。その他、利尿（岡山）、糖尿病（福島）、疝気（富山）、貧血・めまい（熊本）などの諸症状に用いる。

○外用薬としては次のようなものがある。目やにが出る時はスイカズラの葉を刻み、水に溶かした煎汁で冷湿布する（群馬・愛媛）。捻挫にはスイカズラの煎じ汁を塗布する（鳥取）。吹出物には実を油で炒ったものを塗る（兵庫）。外傷には根を煎じた液を塗布する（熊本）。『私家農業談』には「菌を食てあてられたるにハ、忍冬の茎葉を生にてかミ、汁をのミてよし。右、夷堅志に出ル方也」とある。

水仙　すいせん

○秋田では、屋敷内にスイセンを植えると病人が絶えない、といって忌む。

○スイセンの花が多い年は凶で、少ない年は吉（岐阜）、スイセンの花が多く咲けば凶作（広島）、と、花の多寡によって年の吉凶や作柄を占う。

○スイセンは「其の根、薬となす」(『和漢三才図会』)、スイセンの球根をすって足の裏に貼ると解熱の効あり(岐阜・愛知・福井)、消炎にはスイセンの根をすってつける(愛知)といわれるように、球根は解熱の民間薬として広く用いられる。乳腺炎(北海道・岩手・福島・栃木・茨城・埼玉・千葉・神奈川・山梨・岐阜・山口・高知・大分・鹿児島)、筋肉の痛みや腫れ(岡山)、打ち身(茨城・神奈川・山梨・愛知・香川・高知)、捻挫(茨城・島根・香川・高知・徳島・長崎)、接骨(神奈川)、腰痛(愛知・岡山・山口)、おたふく風邪(福井)、肺炎(北海道)、横根(群馬)などがそれである。また、吹出物の吸出しとしてもスイセンの根をすって貼る(茨城・神奈川・山梨・新潟・長野・静岡・愛知・福井・大阪・島根・山口・徳島・高知・鹿児島)。以上の他にも、歯痛(奈良)、神経痛(鳥取)、リュウマチ(新潟)、切り傷の血止め(徳島)、しもやけ(埼玉)、疥(はたけ)(皮膚病の一)(山口)、咳止め(京都)などには根をすって貼る。これには酢・焼酎・小麦粉・御飯粒・砂糖などと練り合せる例が多い。

○心臓病にはスイセンの根の汁を飲む(岐阜)。

(文庫版注・食用、接触とも中毒の危険性あり)

酸葉　すいば

○スイバの根の汁は、疥癬・たむし(岩手)、いんきん・たむし・湿疹(高知)の薬とし、香川でも、根・葉の汁を皮膚病全般の外用薬とする。福井では、茎の汁をみずむしに用いる。また、鳥取では、スイバを揉んで患部につけて膿の吸出しとし、島根では、根をすって卵と小麦粉とで練り合せたものがリュウマチに効く、という。新潟では、疳の虫にはスイバを焼いて食べさせる。

○スカンボウ(スイバ)を食べると赤痢になる(秋田)、ウシズイト(スイバの品種)を食べるとウシになる(福井)、といって忌む。スイバは若芽を生で食べたりその汁を吸うが、量が過ぎると害があるといわれる。

○六月一日にスイバの花を座敷にまくとノミ除けになる（宮城県登米郡）。白石市では、ムケノツイタチにノミをウマスカンポ（スイバ）の茎で打って殺すといっている。

杉（すぎ）

○屋敷の周囲にスギを植えると繁昌しない、スギで垣を作ると福が入らない（共に秋田）、三代続かない（佐賀）、屋敷内にスギを植えると家が滅ぶ（秋田）、といってスギの植樹を忌む。鳥取では、スギは神木なので人家の屋敷に植えると位負けをする、という。庭に一本スギを植えてはいけない（東京都八丈島・鹿児島）。門や庭に一本の木を植えると「閑」や「困」に通ずるといわれ、スギならずとも忌む所がある。

○スギが原因不明でいわれなく枯れた時は、その家に変った事がなければよいがと心配した（長野）、という。同様のことは、スギの芯が枯れるとその家は栄えない（岩手）、山のスギの芯が二、三尺ずつ枯れると必ず災難がある（新潟）、スギの立枯れを人に見られるのはよくない（愛知）ともいい、他の木と同じように、枯れるのを凶兆とする。

○スギの新芽がよけいに伸びると大雪になる（石川）、スギの葉が赤くなると大風が吹く（長野）、スギの葉が多く落ちる年は豊作（宮城）、スギの実の多い年は米が良くできる（山形）、と気象や作柄の指標にもされた。

○スギの脂（やに）は、火傷（岐阜）、中耳炎（青森）、ひび・あかぎれ（栃木・埼玉・神奈川・石川・長野・静岡・岡山・山口・高知）、吹出物（愛知）、歯痛（長野・愛知）に、患部につける。ねぶとには、スギのやにと胡椒を等分にすり合せてつける（徳島）。スギの葉は、煎じて飲むと淋病に効く（大分）という他、神経痛（京都・高知）、打ち身（高知・熊本）、そら手（山形）、しもやけ（山形）、湿疹や筋肉の凝り（高知）の治療にスギの葉を入れた風呂に入ったり、煮汁で患部を湿布する。また、火傷にはスギの新芽を揉んだ汁をつけると跡が残らないで治る（岩手・長崎）、スギの青葉を火にかけて出たやにを、とげを刺した所に塗っておくと、とげは次第に抜ける（山形）という。皮は、切り傷に揉んでつけると血止めになる（新潟）。みずむしには皮の煎じ汁をつける（愛知）、火傷には皮を焼いた灰をつける（岡山）、などの使い方をする。

○瘭疽には、スギの芯を一つかみとネギの白身同量を酒半分ほどで煮出して洗う（岩手）、捻挫にはスギの実を粉末にして飲む（高知）、などの療法がある。『私家農業談』にも「ねぶとの薬には杉脂胡椒等分にすり合せて付てよし」とある。

○宮城県刈田郡では、流行病の時はスギの葉とヨシを戸口に吊すか川端（洗い場）に置くが、これはスギとヨシを「過ぎてよし」と語呂合せにしたものだ、という。同様の呪術は茨城県行方郡にもあり、百日咳の時は、徳利にスギの葉（または徳利にスギの葉とヨシ二本）を挿して門口に掲げておくが、これは「とっくに過ぎた（または、とっくに過ぎたよし〳〵）」の意という。同趣の行き方でササ・スギ・ナンテンを呪物とする所もある。また病気除けには「流行餅」と呼んで、餅をスギの葉につけて野外でカラスを呼んで食わせる。流行病の時は餅を人数分だけ丸めてスギの葉に吊し、垣根などに挿して後を見ないで帰る（共に岩手）、流行病の時は家族数の餅をスギの葉につけて、他家の所に置いて来ると早くよくなる（宮城）、子供がひきつけると屋根に上ってスギの皮をむき、子供の名前を呼ぶ（静岡）、しゃっくりが出た時は茶碗に水を入れ、スギの箸を十文字に渡し四方から一口ずつ飲んで飲み干すと治る（和歌山）、などの呪術がある。

○以上の他に、特定の祠と関連するものとして、大日堂のスギの皮は万病に効く（秋田）、「いぼ稲荷」の森のスギの小枝はみな疣がついており、これで自分の疣をなでると治る（山形）、「治ったらスギを十二本植える」と言って十二様を拝むと疣が治る（群馬）、双子塚のスギの皮を煎じて飲むと安産する（山梨）、手力雄神社のお産のスギの枝葉は安産のお守りになる（岐阜）、児安神社の境内の大スギの皮をはいで持っていると安産できる（石川）、などの呪術がある。

○スギ・ヒノキの植え旬は彼岸の七三（和歌山）、というが、これはスギの苗を植えるには、春の彼岸の中日を中心として前七分後三分くらいが適期である、との意である。愛媛では、スギは水気を好く、といい、スギは谷に植え、ヒノキは尾根に植えよ、という。スギの花の風に散る頃は丸太の伐り旬（和歌山）、というのは、この時期を過ぎるとつわり（芽ぶき）過ぎて伐採には不適との意。スギの皮剝ぎは夏の土用（和歌山）とは、樹脂の分泌が盛んで皮を剝ぎにくいためであろう。

○以上の他、次のような俗信がある。横たわっているスギの木をまたぐと子供が授かる。大きい木を伐る時は山の神から木をもらい、その切り口にスギかカシの枝を立てる（高知）。スギは山の神の木だから伐ると祟りがある（大分）、スギを伐ると、きっと村だち（村の経営状態）が悪くなる（熊本）といい、祠を祭ってある山のスギを伐ったために、その祟りが全村にまで及んだ（福島）などの伝えは各地に多い。富山では、宮の神様はスギで作られているので、庭下駄や棺桶をスギで作らない（魚津市）、一本スギを三度廻るとキツネが出る（氷見市）、などの禁忌がある。スギの古木は白竜の化身として拝む（秋田）。群馬県勢多郡には、雨が降り過ぎた時には神社に昼間集まり、スギ・ヒノキをどんどん燃やし、日照りを乞う行事を行った。新潟県加茂市では、枝葉の残っているスギの葉つき塔婆（弔い明けに立てる、枝葉の残っている生木の塔婆）を杖にして行くと、どんな困難な所でも目的が遂げられる、という。ただし人目につくと効果はない、ともいう。

杉菜　すぎな

○ウルシに負けた時はスギナの汁をつける（神奈川・山梨・福井・鳥取）。汗疹やかぶれにスギナの汁をつける（愛知・岡山）。ハチやブユに刺された時はスギナを塩で揉んでつける（岡山）。腎臓病・利尿にはスギナを煎じて飲む（岩手・徳島）。

○スギナの根は竜宮の竈の前まで届いている（熊本県玉名郡）。スギナの地下茎は長く横走している。

菅　すげ

○スゲの笠を患者に被らせて日射病を治す呪術がある。即ち、スゲの笠を被せて北向きに立たせ、外柄杓（右手の場合は右側へ手を返すように、外へ向けて水をかけること）で水を三杯かけると治る。また、この時、笠から水が漏れば暑気であり、漏らなければ暑気でない（群馬）。病人にスゲ笠をかぶらせ、「アビラウンケンソワカ」と三度唱えながらその上から水をかける、笠を被らせ「テンジクノ、ホンダガワノミズトリテ、タチマチネツヲサマシケル、アビラウンケンサマ」と唱えて水をかける。できるだけボロの笠を頭にのせて柄杓で水をかけながら「大カクランカ、ヒガクランカ、小ガクランカ、アマガサノ、オオタワラノミズヲサラリト、ハライタマエ、キヨメタマエ、アビラウンケンソワカア（三唱）」を三度繰り返す（以上、共に埼玉）、破れていないスゲ笠を病人の頭にのせ、呪文を唱えながら上から水を注ぎ、水が笠を通して病人の頭が濡れれば治る（山梨）、などがそれである。なお、埼玉では、このまじないをして治ったならば、水の漏る笠に一から十までの数字を書く、という。

○福島県郡山市では、疣の治癒の祈願として次のようなことをする。疣神様の石にスゲを懸けて祈願し、治れば懸けたスゲを取り除く。各所の板碑に土の団子を上げてスゲの縄で板碑を縛り、疣を板碑にすりつけてくる。疣がとれたらコメの団子を上げて縄を解いてくる。

芒　すすき

○沖縄ではススキは魔除けに使われた。妖怪日には家の四隅の軒や家畜小屋、古木の下にススキで〆を作って立て、魔除けとする。毎年旧八月九日の朝、ススキを結んで家の四隅の軒にさし、屋敷内の四隅と諸道具に結び、男女老幼髪に挿して悪疫災難を払う。

○畑に種を蒔いた時は、ススキの茎でサン（ススキなどを結わえつけた一種の魔除け）を結び、アールマイヌノールフキと唱え、子の方向に向かってさしだす。そして、所有者であることの印として茎は畑にさしておく（沖縄）。

○六月八日に長いタケにススキ・カヤの葉などをつけて庭先に立て（これを花くずと呼ぶ）、人やネコが失踪した時はこの花くずを焚き、煙のゆらぐ方向を見て行方不明の者を捜した（福井県三方郡）。

○民間療法。疣は、十五夜の時に飾ったススキの切り口についた露で洗う（埼玉）。十五夜のススキで髪をくくると髪の毛が長くなる（鹿児島）。川すそ祭のススキで患部を撫でると治る（兵庫）。根を煎じて風邪薬にする。

○以上の他、次のような俗信がある。ススキの穂が赤い時は、赤痢（秋田）、悪疫（石川）が流行する。ススキの穂が耳に入ると耳が聞こえなくなる（富山・福井・愛知）。ススキの葉に節ができると、台風が来る（長野）、節が二つあると二回、三つあると三回来る（群馬）。十五夜のススキを門口にさしておくと麦が豊作となる（神奈川）。ススキは根元一寸が肥になる（愛知）。

滑莧　すべりひゆ

○正月三日間スベリヒユを食べると福が訪れる（山形）、スベリヒユを家に下げておけば不幸の事なし（岡山）、家の戸口にかけておくと魔除けとなり、それが枯れずに生長すれば家の主人に大運が向く（熊本）、おたふく風邪の流行の時は、スベリヒユを軒端に吊せばよい（岡山・広島）。岡山では、スベリヒユを門に吊すと落雷しない、という。

○スベリヒユの汁で疣をすり、その草を土中に埋めておけば、それが腐る頃に疣は治る（長野）。陰干しにして煎じて飲むと利尿薬となる（長崎）。葉は茹でて味噌あえにして食べると緩下剤になる（沖縄）。

○鳥取では、スベリヒユをトンボクサと呼ぶ。これはスベリヒユにトンボがとまっていることを見立てたものという。

李（すもも）

○秋にスモモの花が咲くと大雪（岐阜）、スモモが秋開花すれば暴風雨（広島）、と、狂い咲きを異常気象の予兆とする。また、スモモは厄神除けとして鬼門に植える（新潟）。その反面、山から大きなスモモを拾ってくると親類の誰かが死ぬ（群馬）といって忌む。

○打ち身には塩漬のスモモを焼いて白い灰にならないうちに粉末にし、御飯粒と練って患部に貼る（秋田）。ノドケ（ジフテリア）にはスモモの塩漬を食べさせると、スモモが喉を通った分の穴だけ食物が通る（神奈川）。咳止めにはスモモの砂糖漬を食べる（愛知）。喉の痛みには焼いて白湯につけて飲む（香川）。『秘伝妙薬いろは歌』には「わきがには、すももの木とめうばんを、せんじた汁で洗ふのが妙（みょう）」とある。

○スモモとの食合せに、サバ（秋田・栃木）、ウナギ・クワの実・餅（秋田）、などがある。スズメ・蜜は特に気をつけるものとされ、スモモとスズメは落命する（秋田）、「すももにすずめの食合せは慎むべし」（『いろはわけ救民妙薬集』）、「すもゝをば多く食すなきよねつ（虚熱・微熱）さす。すゞめや蜜をきらふものなり」（『歌摘録』）、「（スモモと）雀肉蜜、右合食スレバ五臓ヲ損ス」（『庖厨備用倭名本草』）、

「李と雀肉、大なる漏血を行なう」(『衛生秘要抄』)、などという。

【せ】

石菖　せきしょう

○セキショウの地下茎は節が多く、鉛筆くらいの太さがある。この根は煎服すると、強壮剤(香川)、声のしわがれの薬(愛知)、となる。また、鼻血には根を叩いて鼻に栓をする(山口)。ひきつけには根をおろしてなめると止まる(新潟)。神経痛・打ち身・筋の痛み(高知・大分)や関節炎・腰痛(福岡・大分)には、根を湯に入れて入浴したり、煎じた汁を患部につけたり飲んだりする(神経病にセキショウと他の草とを入れた風呂に入浴するのは山口も同様)。沖縄では、咳止めにセキショウを用いる。

『秘伝妙薬いろは歌』にも「たんとせき治する薬は、せきせうのね、ききょうのねとこみせんじのめ」とある。

○以上の他にも、次のような民間療法が伝わる。女性の下の病気にはセキショウ・スイカズラ・オバコ・ドクダミを束にしたのを入れた風呂に入浴する(岐阜)。しもやけはセキショウの陰干しを煎じてつける(福岡)。打ち身・くじきには黒焼きを酢でのべる(栃木)。骨折・打ち身・肉離れには揉んでつける(神奈川)。打ち身には生薬を刻んだ湯に患部を浸す(大分)。挫傷には葉の煎じ汁が効く(熊本)。眼病には、根を細かくして水で冷やしておいて洗う(群馬・兵庫)、セキショウの根とキワダの皮を煎じて飲む(群馬)、セキショウと穴の開いている銭とともに煎じた汁で目を洗う(山梨)、茎を煎じて飲む(熊本)。『嬉遊笑覧』に「五色の砂石を布き水を貯へ石菖を植ゑれば眼の薬なり。邪気を避くるなり」とあり、これは観賞即治療らしい。

○石菖は、酒をかけると枯れる、下戸の草である（『月庵酔醒記』）。

銭草　ぜにそう

○たむしには、ゼニソウを塩で揉んでその汁をつけるとよい（三河）。

○瘡に、ゼニソウと甘草を煎じて飲ませる（奈良）。

○腹痛に、ゼニ草が効く（木曽地方）。なお、ゼニソウ（あるいはゼニクサ）の学名、また各地で同一植物をさす名であるか、明らかでない。

芹　せり

○厄年にセリを食べると、厄負けする（福島）とか、祟る（和歌山）といって忌む。特に、四十二歳の者はセリを食べてはならない（青森・千葉・福井・島根）とする例が多く、この歳にセリを食べると死ぬ（福井県遠敷郡）といっている土地もある。その理由として、セリは四十二年目に尻をかえる（生える場所をかえる）から（島根県隠岐島）とか、四十二年にして絶える（青森県三戸郡南部町）ためと説明している。江戸時代の『関秘録』に「芹は四十二年めにつきる。仍て四十二の厄年に芹を喰わぬ人も有なり」とあるのと同旨である。

○秋田県鹿角郡では、十一歳の子供はセリを食べてはならぬという。

○五月のセリは食べてはいけない（埼玉）、夏のセリは毒だから食べるな（秋田）という。夏のセリにはヒルが卵を産みつけてある（秋田県平鹿・雄勝郡）ためという。『本朝食鑑』にも、セリが有毒なのは、ヒルが卵を産みつけ、ヘビ・マムシ・トカゲが溺糞（大小便）をつけて葉・茎を汚すためだとあり、今日の伝承と共通する説明をしている。『歌摘録』（寛永版本）には「せりはたゞ神をよくやしなふぞ三八月はしよくすべからず」とある。

○セリを家に入れるな（青森・秋田）といい、セリは四十八節だから家に持ち込むと、若死する（秋田県北秋田郡）とか、運が尽きる（同県由利郡）という。

○セリを禁食としている土地もある。その理由を新潟県新発田市三光では、昔、三光の天王様の御神体がセリの中に落ちたからといい、同市桑ノ口では、同集落の御神明様の紋章がセリなので、集落の者はセリを食べないと伝えている。

○民間療法。セリを食べると、三年前の古疵が出る（秋田）、十年昔の古疵が出る（長崎）。咳止め・痰にはセリをきざんで飲む（岩手）。風邪の時はセリを煎服する（沖縄）。セリを食べると黄疸に効く（神奈川・岐阜）。妊婦はセリを食べてはならぬ（群馬・岡山）。産後百日間はセリはよくない（福島）。歯痛の時は、セリをよだれの出るまでかみしめる（福島）、セリの絞り汁をつける（鳥取）。頭痛にはセリを塩で揉み、少量を額にあてて結う（岩手）。神経痛で痛む時は、大セリの根を黒焼きにして酢を少し入れ、飯を練って貼る（山形）。はやり目にはセリを塩漬にして湿布する（宮城）。セリは目に悪い（同県）。血止めにはセリをはる（神奈川）。はたけにセリを揉んで、つける（群馬）、腫物につける（石川）。

栴檀　せんだん

○食事をする部屋からセンダンが見えると病人が絶えない、センダンは人の呻き声で茂っていくから屋敷の周囲にセンダンを植えると年中病人が絶えない（共に鹿児島）、庭に植えると家運が傾く（静岡）、屋敷内に植えると火事になる（宮崎）、屋敷に植えてはいけない（香川）。鳥取では、センダンは獄門の時に打首をかける木だから屋敷内に植えてはいけない、という。福岡でも、センダンは棺桶にする木だといって忌む。

○また、センダンは竈へ持ち込まない（愛知）、焚木にしない（香川）、建築材に使用しない（鹿児島）。しかし、センダンの棺を用いれば冥途の道が明るい（岡山）、という。

○なお「センダンは二葉より芳し」といわれるセンダンは香木のビャクダンであり、このセンダンではない。このセンダンは「和名ヲアフチ（棟―おうち）ト云、近俗センダント云、栴檀ニハ非ズ」（『大和本草』）とあるオウチである。オウチを梟首の木としたことについては、「日本古来罪人ヲ梟首スルニ此木ヲ用、ユヘニ佗(た)材ニ不レ用、罪人ノ首ヲ棟ノ木ニカケシ事、源平盛衰記等ニモ見エタリ」（『大和本草』）、「又本邦古ハ棟ノ木ヲ以テ梟首ノ桁トス、故ニ首ヲアフチニサラスト云」（『重修本草綱目啓蒙』）、とある。

○愛知では、センダンの木をからげておくと病がセンダンに移って病気が治る、木に朝早く縄をかけると瘧(おこり)が治る、木をからげておくと瘧がおちる、木で疣をこすると治る、などの民間呪術が行われた。

○漢方ではセンダンの実を苦楝子と称して種々の病気に用いるが、民間でも、ひび・しもやけには実の果肉をつぶして塗る（または、煎じたり、黒焼き、酒とともに煮た汁で洗う）（愛知・滋賀・大阪・岡山・高知・福岡・鹿児島）。風邪で咳のひどい時や便秘には実を煎じて飲む（神奈川）。疝気には実を煎じて飲む（熊本）。実以外では、虫下しに皮を煎じて飲む（群馬・埼玉・山口・熊本・鹿児島）、腹痛に皮を煎じて飲む（石川）、疥癬に皮を煎じて塗布する、下痢止めにはセンダンの葉を煎じて飲む（共に熊本）、便秘にはセンダンの葉の煎じ汁を服用する（愛媛）、葉を燻べてその煙に当てるとたむしが治る（高知）、という。

○ウナギの川のぼりはセンダンの花盛り（熊本）。センダンが花をつける初夏の頃にウナギが海から川を上ってくることをいう。

千振　せんぶり

○センブリは千回振り出しても苦いという意味の名で、腹痛・食あたり・胃腸の薬として広く使われるが、それ以外にも、生まれたばかりの赤ん坊に一日だけセンブリを飲ませると産水を吐き、毒出しになる（岡山）、解熱剤（愛媛）、風邪薬（鹿児島）、虫下し（群馬・京都）として用いられる。痙攣にセンブリを薄めたものを飲む（静岡）、はやり目には煎汁で目を洗う（愛知）、葉をあぶって腫物に貼ると膿が出る（新潟）、などの療法もある。京都では、センブリを一度にたくさん煎じて飲むと流産する、といってこれを堕胎薬にしたという。

○センブリはリンドウ科の二年草であるが、これを採取する時期については、土用の三日目の四つ（十時）前、朝露のあるうちに採って干すとよく効く（群馬）、土用の丑の日（千葉・長野・山口）、九月の末（群馬）、花をつけないうち（秋田）、などという。また、ウマに踏まれたセンブリは効き目がない（秋田）、海の見える高い所のセンブリでないと効き目がない（岡山）、という。

○豆とセンブリは中毒する（秋田）。センブリとジャガイモは中毒する（福岡）。

薇（ぜんまい）

○愛知県丹羽郡で、ゼンマイをつかむと瘧（おこり）になるという。理由不明だが、ワラビにかたちが似ているところから、同様な神秘感を与えたものか。地中から生え出る姿が、霊界からの出現のような感を抱かせたのであったかも知れない。

○お産の時食べると、血のめぐりがよくなる（群馬県吾妻郡）。ただし、新潟県中蒲原郡では、ゼンマイは産屋（おびや）があいてから食べるものだといっている。

○痲疹（はしか）には、ゼンマイ・ワラビは大毒（文久二年『痲疹食物吉凶心得書』）。

○煎じて脚気の薬にする（高知県吾川・長岡郡）。ゼンマイの綿を煎じて飲むと脚気の薬になる（青森県三戸郡）。

○ゼンマイの綿は血止めによい（富山・三重・高知）。乾しておいて使用する。

○コブシの花が咲くと、山へゼンマイ採りに行ってもよい（越後）。

【そ】

蘇鉄　そてつ

○ソテツを屋敷内に植えることを忌む土地は多い。ソテツを庭に植えると、よくない（和歌山）、位負けする（福岡）、病人が絶えぬ（愛媛）、貧乏する（香川）、という。広島県では、花咲き実れば、亭主が死ぬ（佐伯郡能美町〈江田島市〉）、病人が絶えぬ（安芸郡江田島町〈江田島市〉）、貧乏になる（安芸郡蒲刈町〈呉市〉）、といって嫌う。山口県では、邸内に植えると初めは家が栄えるが、最後には一家離散する、と伝えている。

○岡山県では、ソテツは鉄分を好くので釘などを打ち込むところから嫌われるのだといい、長崎県壱岐では、生きたソテツに釘を打てば歯痛が治るという。また、千葉県館山市では、折れた針はソテツの根元に埋めるとよい、根が針を通すからという。ソテツが鉄を好むとの伝承は古くからあったらしく、『和漢三才図会』に「鐵丁ヲ以テ其ノ根ニ釘(ウテ)バ則チ復活ス」と見える。

○民間療法。切り傷には葉の汁を飲む（鹿児島）。血止めには、実を粉末にして患部につける（同県）、古釘を踏んだ時は葉の黒焼きをつける（岐阜）。ソテツの毛に幹から出る粘液をつけて傷口につけ布で包む（沖縄）。心臓病には実七匁半を煎じたものを一日三回服用する（香川）。下痢には実をきざみ煎じつめて食前に飲む。粉末にしたものを飲んでもよい（鹿児島）。肺病・子宮病・心臓病には種子を煎じて飲むとよい（高知）。

○ソテツは食料の乏しい南方地域では大切な救荒食であった。ソテツを食べる時、鍋の真ん中から煮えはじめたら食べてはいけない、中毒を起こす（沖縄県国頭郡）。ソテツの実の団子を食べれば百日食べなくてもよい（大分県宇佐地方）。

蕎麦　そば

(1) 植栽禁忌　蕎麦は毒という流説　俗信一束

○厚木市市島では、ソバを栽培しない。永禄十二年、三増峠の合戦で敗れた甲州兵の一部が、退路を誤って南へ逃げ、市島まで来た時、一面に花咲いているソバ畑を海と見間違え、絶望して自決したからだという。ソバの花盛りの強い印象から生まれた伝説であろう（神奈川）。福島県白河市の白石マケ（一族）でも、ソバを作らない。先祖が伊達家に追われてこの地へ逃げて来たが、夜の闇の中にソバの花が家の裏一面に白く咲いているのを見て、海だと思って降伏したからだという。また、埼玉県熊谷市・蕨市などには、ソバの栽培を忌む所がある。

○岩手県遠野地方の小正月の行事ヤロクロでは、家の主人が枡に入れた豆の皮やソバの皮を撒きながら、屋敷の入口と玄関の間を三度往復しつつ「ヤロクロ飛んでくる。銭コも飛んでくる。馬コ持ちの殿かな、ベココ（牛）持ちの殿かな。豆の皮もほがほが、ソバの皮もほがほが」と大声で歌う。

○美作南部（岡山県勝田郡）の農村では、雨乞に因幡との国境にある那岐山（なぎせん）に登る。この山の中腹にある池にソバを投げ込むと、雨が降る。池の主がソバを嫌うからだという。

○キジとソバは合食を禁ずる。犯せば肥虫を生ずと『衛生秘要抄』に見え、『延寿撮要』には、寸白虫を生ずとあるが、近代はいわぬようで、幼時キジ蕎麦を食べた経験がある。最も多い食合せの相手は、タニシである。秋田・山形・栃木・茨城・佐渡・佐賀・鹿児島等で、大毒、或いは腹痛、胃病を起こすという。ソバとナツメも腹痛をひき起こす（千葉・愛媛）。これは富山の薬屋が配った食合せの表にもあったもの。

ソバとギンナンも悪い（大阪）。

○秋田県下では、ソバと食合せの食品を数多くあげている。曰く、「鶏肉、カニ、シジミ、てんぷら、黒砂糖乃至玉砂糖、大根おろし、ところてん、氷水等」である。ソバとシジミを食い合せると髪が抜ける、ソバと大根おろしは大病を起こすという。ソバに大根おろし・てんぷらが不可となると蕎麦屋諸公は途方にくれることであろう。てんぷらをあげるのは、脂肪分が多い点でキジと共通するからであろう。秋田・大阪・鹿児島ではソバとクジラを食合せとする。クジラといっても、皮についた脂肪の部分である。『延寿撮要』にイノシシの肉とソバを同食すれば、熱風を発し眉鬚落つ（佐渡でもこの両者は敵薬という）とあるのも同じで、往時の一般日本人は脂肪分の勝った食物に対しほとんど無抵抗で、簡単に下痢症状を起こしたらしい。その他、沖縄でソバとウナギ、佐賀でソバとナマコ、岩手でタヌキを食合せとしている。

○右の合食禁に登場するソバのほとんどは、いわゆるソバキリであり、ソバムギ乃至ソバ粉ではないと見るべきである。ソバキリは、筆者が識る限りでは『慈性日記』の慶長十九年二月の記事に現れるのが最も古い。それ以前はソバ粉はソバ掻き、またはソバ餅にして食したのである。『衛生秘要抄』（延文六年）、『延寿類要』（康正二年）の記事が後人の書き加えでない限り、両書に登場する「蕎麦」は、ソバキリのソバではない。もちろん近世以後は、ソバといえばソバキリをさすのが普通である。

○瘤（こぶ）ができたら、タニシをつぶしたのをソバ粉で練ってつける（宇都宮市）、タニシとソバ粉を練ってつけると治る（長野県安曇地方）。産褥熱には、ソバ粉をタニシで練って、足のひらにつける（群馬県邑楽郡）。ソバとタニシは食合せだという一方で、こういう取合せがあるのは面白い。

○荒和布（あらめ）は、ソバを解（げ）す妙薬。或人が、アラメを茹でた鍋を使ってソバを茹でたところ、溶けてまとまらなかった。もともと、アラメにはそのような成分があるのだと、『耳袋』にある。同様のことは多田義俊の『南嶺子』にも見え、ソバを過食して腹痛になやむ病人にアラメを煎じて飲ませて卓効を得たことを記している。

○ソバは毒になることがあるという。この説は古来、時々行われた。『多聞院日記』天文十二年五月二日の条に、青ソバを食べて嘔吐した例、唐瘡に悩んだ例などを記している。もっとも、同じ日記に、青ソバを客膳にも供している事実があるから、どこまで信用していたものかは明らかでない。高田与清は『松屋筆記』巻七十八に、右の記事を引いて、青ソバとはソバの葉のことであるとし、今も古ソバ粉を新葉の汁で練り調じて新ソバに見せかける業者があるから、用心が必要だと述べているが、与清らしからぬ誤りで、青ソバとは早刈りのソバのことで、ソバの青葉のことではない。江戸時代に入ってからも、ソバには毒があるとの風説が行われて、ソバを食う者がばったり絶えてしまったことがある。一度は明和六年の春のことで、「すべて下り蕎麦粉に毒ありとて喰ふものなし。久しからずして其事止む」と『半日閑話』十二に見える。下りソバ粉とは、上方方面から買入れたものをさす（なお、安永年間にも同じ風説が流布したと記す書物があるが、記憶により後に記したもので、『半日閑話』を正しいとすべきであろう）。二回目は文化十年五、六月に同様の事態が発生した。ソバを食すると死ぬという巷説がひろまり、六月になると蕎麦屋の客はとだえ、商売は上がったりになり、ついに休業する店も出て大いに困窮した。この流説を打ち消すため、芝居の中でわざわざ役者がそのことをしゃべる場面を設けたほどであった（七月中村座上演『短夜仇艶書』『文月恨鮫鞘』）。『豊芥子日記』によれば、或人の話として、タニシを使ったソバには毒がある、綿を作ったあとに蒔いたソバにも毒があると記し、その妄をわらっている。

○妊婦はソバ粉・ソバキリを食べてはならぬ（岡山県邑久郡）。身持ちにはソバが毒（佐渡）、流産する（新潟県南蒲原郡・島根県安来市）、胎盤が腐る（秋田県平鹿郡）。これらはソバキリについていうものだが、便宜上ここに加えておく。福島県耶麻郡では、ソバ湯を飲んでも流産するという。産が重い（北海道）、そばかすのある子が生まれる（山口県阿武郡）、ともいう。また産後も七十日は血が冷えるから食べてはいけない（岡山県川上郡・愛媛）という。

○百日咳などの流行病がひろまってきたら、ソバとアワを紙に包み、それにテンゴッパ（ヤツデ）を添えて、ジョウバグチ（入口）に吊しておく。ソバまで来てアワずに帰るというまじないであり、もしかかっても、テンゴッパ（天狗の葉・羽）で追い出してしまおうという意味（神奈川県相模川下流域）。群馬県利根郡でも、赤痢などの流行病の時、ソバとアワを門へ一サクずつ蒔く。ソバまで来たがアワしないといって厄病神が退散するという。宮城でも疫病が流行る時、門口にソバとアワを煎って埋める。

○ソバの六稜（六つ角があるもの）と、波銭（二十一波あるもの）と、セキゾロ（ウラジロの葉）の三いろを巾着または銭入れに入れて持っていると、必ず勝負に勝つといわれたが、今は絶えた（滋賀県高島郡）。ソバには金を吸い寄せるという俗信がある（『日本風俗志』）というから、そうした考え方であろう。二十一は賽の目の合計である。

○ソバがき上手にはよい嫁（婿）が来る（広島）。

○なまけたソバを食えば耳ご（耳だれの出る病気）になる（広島）。

○ソバを常食にすれば貧乏になる（広島）。ソバを平日の食料とせず、晴の日などの特別食とする土地は多かった。平日に食べるのは晴と褻の区別を紊す行為だからいけないのである。

○ソバを家畜に食わすと流産する。これは妊婦に対する禁忌の延長か。『耳袋』七、蕎麦は冷物といふ事の条に、ソバは冷え物なのでソバをくう鶏は玉子を産まない、とある。これも妄説であろう。

○ソバを食べてすぐ風呂に入ると中気になる(群馬県利根郡)。江戸でも同じことをいったようである。

○新築の便所でソバを食うと中気にならぬ(愛知)。

○あたり腹(食べ過ぎ)に、「ゆうなれゆうなれゆうなれや、ソバ畑の肥になれ」と、腹をなでながら唱えればよい。また「疵になれ糞になれ、ソバ畑のこやしんなれ」という村もある(対馬)。

○博多地方のまじないの唱え言に「油うんけん、ソバのかす、猫八幡大菩薩」という。

蕎麦 そば

(2) 民俗療法 自然暦の中で

○歯茎から血が出る時は、ソバ粉を生練りにして塗る。お歯黒のようにするので、「ソバカネつける」という(北海道)。

○耳が鳴るのには、生のソバを削ってとがらせて耳へさしこんでおき、たびたび取り替える(奈良県添上郡)。

○しもやけには、ソバ粉を焼いてその煙にかざすとよい(山口)。

○火傷には、ソバの粉を黄色に焼いてつける(岩手)。

○竹などのとげにはソバの粉をつける。竹山にソバを作ると、竹は絶えるというからである(対馬)。

○ソバは身の冷える(熊本・宮城)。熊本では、冷えるとは消化不良の意味だろうという。ただし、山梨では冷え・疝気などにソバがきを食べるとよいという。

○脚気(大阪)・下痢止め(愛媛)にソバ粉を食べる。

○糖尿病にソバを食べる（北海道）。
○高血圧には、ソバ（またはソバ粉）を食べると、下がる（宮城・山梨・徳島）。ソバ殻を入れた枕をすると血圧が下がるともいう（山口）、中風によいという（静岡・愛媛）。静岡では、まだ花が咲かないうちにソバの葉をとって、アカザの葉と茹でて、おひたしにして食べると中風除けになるという。『長生療養方』に、「精神ヲ益ス。葉ハ耳目ヲ利クシ、気ヲ下グ」とある。
○ソバを蒔く適期については種々の諺がある。ソバマキトンブといって、トンボが鍬の柄の高さに飛ぶ時を待って蒔く（和歌山県西牟婁郡）。広島県でも同じことをいう。群馬県勢多郡では、ソバマキトンボ（赤トンボ）が飛ぶ時がソバのホンシン（本旬）だという。和歌山市では、シビトバナ（曼珠沙華）の咲く時がソバの播き時。すばる星をソバマキ星と呼ぶ土地もあって、「すばるまんどき粉八合」などという諺が流布している。すばる星が南中した時がまん時であるという解釈、八つから七つの間が真ん時で、その時にすばるが真上に来れば適期であるという説が対立している。粉八合は、一升の実から粉が八合とれる意であるが、これを豊収とする所と、本来なら粉と殻と各一升とれるはずだから減収だという説とがある。「すばるまん時夜八月」というように、旧暦八月には、すばるの南中が午前四時頃に見られる（静岡）。壱岐では「すばる天上夜八合」といい、旧八月には、宵から現れたすばる星が真天上から一、二間ぐらい過ぎると夜が明ける。いずれにしても、旧八月を秋ソバの播種期としたことを示す諺である。肥後では、ソバは盆提灯見て種子おろせ、という。盂蘭盆以降に播けというもので、一か月ぐらい早いことになる。
○「ソバは二百十日まで土の中」（肥後）といって、二百十日以前に播かぬと実らないという。ソバ播は二百十日の朝飯まで（茨城）、ともいう。青森県三戸郡となると播種期がずっと早く、土用三日前にソバ播けば、二百十日の風に当たらないという（土用三日は土用に入って三日目の意味）。「八月暴風ソバの惑いになる」といって、しゃれにもなっているが、秋ソバの播種期を決めるには、二百十日・二百二十日の台風を大いに考慮した。東日本では土用を目安にする地方が多く、秋ソバは土用三日をかけて播け（福島県大沼郡）、中の土用の三日目に播くと作がよい（同南会津郡）という。関東地方は少し遅れ、秋ソバは土用の砂を三日かぶせればよい（群馬県吾妻郡）、土用明けの二日ぐらい前、五日、六日、八日ごろに播く（同）、秋ソバは土用のうちに播け、播いてから七十五日たったら、見ずに刈れ（同）、など、土用中ならいつでもかまわないとする所もある。これが鹿児島となると、ずっと遅くてもよく、「アワは土用のうち、ソバは彼岸うち」となる。

○群馬県利根郡では、春ソバは五月二十一日から二十二日に播くとよくとれるというが、同じ郡で、越後沢山の残雪がコブタ雪七つになれば、ソバの播きどきともいう。長野県上水内郡では、たけ山（北アルプス）にソバ播次郎が出たら、ソバを播けという。大黒岳、或いは梨ノ木山の雪が、鍬がらを担いでいる人と、ソバを播いている人の形に残るのをソバ播次郎という。

○ソバは山地で作れ（愛媛）、山で作れ（山口）。

○ソバは黒犬の寝たほど播けといい、厚播きがよい。

○ソバは子の日に播かない（愛知県南設楽郡）。

○ソバは、種子の一隅が土に入っていれば根が出る（対馬）というほど、発芽力が強い。

○ソバ播く時は水汲みにも会うな、といって、ソバは乾燥を好む（熊本）。ソバ播きは水汲み女に会えば戻れ、ともいう。

○ソバの播き外しは、倉が建つ（宮城）。

○神奈川県津久井郡では、「薬師大根に観音ソバ」といって、土用が明けてから十二日目にダイコンを播き、二十二日目にソバを播くとよいだから。

という。十二日は薬師、二十二日は観音の縁日

○ソバは七十五日で鎌を持って行け（岩手）、七十五日したら口にはいる（対馬）。昔、或罪人が十二月二十日に明日は斬首されることになり、死ぬ前に希望をきかれると、ソバを食べたいと言った。役人はその罪人のためにソバの種子を播いてやった。収穫まで七十五日かかるので、罪人の命は七十五日延びた。それから、初物を食べたら七十五日（八十日ともいう）長生きするといわれるようになったと（対馬）。なぜ、十二月二十日というのであるか、明らかでないが、或いは、冬至の意味かとも考えられる。愛知で、冬至の日にソバ殻を焚くと火事にならぬという例がある。

○ソバは黒粒三つぶら下がれば、刈ってもよい（青森県三戸郡）。早目に刈らぬと脱粒して失敗する、との警告であろう。

○ソバ刈りに指を切ると曲がる（高知県高岡郡）、ソバを刈る時に手を切ると手がゆがむ（兵庫県佐用郡）。

○ソバは刈られたことを三日知らない（青森県三戸郡）。刈ってからも丈が延び、実がいるというのである。

○富士山の雪が山腹より下まで多い時は霜が遅く、頂上にのみ雪がある時は、霜が早いといって、ソバの刈取り時期をこれにより加減する（神奈川・静岡）。

○餓死ソバといって、旱魃の年にはソバがよくできる（神奈川県津久井郡）。

○閏年にはソバを播くとよい（愛媛県上浮穴郡）、閏年にソバがよくできる（同県伊予郡）。

○ソバが豊作だと、その年は大雪（島根）。ソバの丈が長く伸びると大雪（新潟・福井）。ソバの花がよく咲く年は大雪、とも。ソバの花が早く咲く年は冷害がある（群馬）。

○ソバの花の多い年は実がよい（三河）。ソバの花がよく咲けば豊年（『新説ことわざ辞典』）。

ソバの花よければ米もよし（広島）、反対に凶ともいう（同）。山形県庄内地方では、豆とソバの豊作の翌年は米も豊作だという。

○秋ソバのよい年は、秋上げが悪い（新潟）。夏ソバよければ秋凶作（『新説ことわざ辞典』）。

○春のソバがよく出来る年は、秋ソバの出来もよい（長野県上水内郡）。

○ソバの花が早く咲けば大雪（広島）。

○ソバの花が上向きに咲けば大雪（同）。ソバの高できは大雪（同）。

○ソバの芽が皮をきて出る年は大雪（同）。

○ソバの花見て蜜を取れ。秋ソバの花盛りに赤蜂の巣をとれ（長野県下伊那郡）。

○秋ソバの花盛りにカニが下り始める（宮崎県西諸県郡、福岡県三井・朝倉郡）。

○秋ソバの花が咲きそめるとモズが出てくる（福岡）。

○ソバの花が咲けばアユが下り始める（広島）。

○ソバが実る頃キジが肥える。これをソバキジという（佐渡・広島）。

○ソバの実が黒くなるとキジバトが来る（福岡）。

○新しいお鉢の臭気を取るには、ソバ粉を少し入れて熱湯を注いだのち、冷たくなったらよく洗うとよい（茨城）。

○下肥（しもごえ）の中にソバ殻を入れると、肥がよく効く。

○苗代にソバ殻を踏み込むと、くせがつかない（兵庫）。

蚕豆　そらまめ

○香川県三豊郡で、ソラマメはかのつく日（二日、三日など）に播いて、ちのつく日（ついたち）（一日、十一日など）に播いてはいけないという。ちのつく日に播くとあかて（葉に赤斑を生じて萎縮する）がはいるといって嫌う。『譬喩尽（たとえづくし）』にも「蚕豆を蒔く日は日（にち）を嫌う。日（か）という日蒔くべし」とある。ちに血の連想が働いているためか。

○ソラマメの播き時については、ソラマメは九月九日（旧暦）前後に播け（鹿児島県大島郡）、とか、九月の彼岸までに植えるとよくできる（広島）、などという。

○奈良県山辺郡で、ソラマメの皮を剝いて食べると、死んでから石の皮を剝がされるという。ソラマメに限らず豆類によくいわれる俗信である。

○広島県で、ソラマメに虫が入れば霜といい、徳島県撫養地方では、ソラマメが豊作の年は麦が不作と伝えている。大阪府三島郡では、ソラマメは雷を恐れるが、畑にケシを植えておくと雷が鳴っても恐れずよく育つという。ソラマメの花盛りに雷鳴は凶作（広島）ともいう。

○民間療法。しもやけ・あかぎれにはソラマメの葉を揉んで少量の塩を混ぜ患部に貼る（神奈川）。産後ソラマメを食べてはいけない（佐賀）。ソラマメと川魚を食合せると中毒する（熊本）。

大黄　だいおう

○ダイオウの根皮を乾燥させたものは、健胃剤・瀉下剤として漢方医薬に用いるが、民間療法として次のようなものがある。たむし・はたけなどの皮膚病には根や葉のすりおろしたもの（所により酢や塩で練る）をつける（群馬・静岡・愛知・福井・奈良・岡山・山口・香川・熊本）。吹出物にダイオウを小麦粉や酢で練ったものを貼る（愛知・香川）。癰疽は熱湯で振り出し冷ましてから塗る（岩手）。胼胝（たこ）には茎の汁をつける（奈良）。腹痛（青森・岩手）やのぼせ（徳島）に煎じて飲む。中風・高血圧に葉を煎じて飲むか、茹でたり味噌汁にして食べる（栃木）。リュウマチには根を炒って食べる、性病には煎じるか粉薬にして飲む（共に島根）。『私家農業談』には「大便の閉たるには、牽牛子・大黄・桃仁右三味粉にして赤飴糖をのべ是を包、長く丸し肛門にさしてよし」とある。○瘧を治す呪術。人の知らぬ間にダイオウの葉に縫い針を刺し、「ダイオウの神様神様、もし瘧をおとしてくださったら針を抜いてさしあげます」と唱える（長野）。

大根　だいこん

(1)　播種の禁忌　節日と大根

○収穫の時季により春・夏・秋ダイコンがあり、播種期が相違するが、俚言では、作りイモ（ジネンジョの栽培）の実が熟した時に播く、ワセの穂の出る時がダイコンの播きしお、木坂祭（対馬）。八月五日）のあと播く（共に福岡）、七夕の雨で播く（鹿児島）、旧七月二十五日に播く（宮崎）、「ツカ」のつく日（二日・三日・四日・五日）に播く（大分）、四日ダイコン・六日ダイコン・八日ダイコンといって土用が明けて四日・六日・八日目に播くとあたる（福島）、土用の露を受けて三日してから播く（栃木）、十二日は薬師ダイコンの縁日だから土用が明けてから十二日目に播く（神奈川）、などの伝えがある。○タネダイコンの移植は師走の丑の日がよい。タネを採ったダイコンの殻は人の踏む往来の真ん中に捨てるもので、火に焼いたり、溝の中に捨ててはいけない（共に長崎）。六日にはダイコンのタネを採るな（岡山）。○土用の入りにダイコンを播くな（新潟）、土用に播いたダイコンはかたい（新潟）、土用ダイコンは半日に播くな（長野）と、土用に播種するのを嫌う。土用の中でも、福岡県北九州市では、土用の四日と九日に播くと死人に使うダイコンになる、と四と九を忌む（長野も同様に、「しなくな」といって土用の四日・九日を忌む）。さらに、土用の丑の日も種播きの禁忌日で、衣ダイコン（皮だけ厚い）になる、苦くなる（共に新潟）、曲りダイコンになる（青森・宮城・新潟・長野）、赤いダイコンになる、葬式用になる（共に山形）、その家に死人が出る（千葉）、不作になる（福島）、自分の家でそのダイコンが良くできると集落のダイコンは不作（北海道）、などという。

○丑の日は土用ならずとも種播きを忌む所は多い（福島・長野・鳥取・愛媛・高知）。丑の日に播くと、苦いダイコンになる（富山・石川）、曲りダイコンになる（愛知）、虫がつく、黒いダイコンになる（共に和歌山）、二股ダイコンになるか生えない（秋田）、葬式用のダイコンになる、または死人がある（秋田・千葉・愛知）、丑の日にダイコン種を播くことを三度すればその人が死ぬ（和歌山）、という。

○以上の他にも次のような禁忌伝承がある。子の日にダイコンを播くな（鳥取）、葬式用になる（千葉）。卯・辰の日はダイコンを植えない（宮城）。巳の日に播くと葬式用になる（高知）。午の日に播くとよくできない（岩手。午の日を忌むは秋田・東京も同様）。午の日に播くと葬式用になる（高知・愛媛）。戌の日に播くとよくない（佐賀）。月夜に播くと、中がすく（広島）。

○二股のダイコンはくずダイコン（群馬）、と嫌うが、ダイコンの種を播く時に、柵を跨いで播くと二股ダイコンになる（群馬）、指の間から播くと二股になる（富山）、妊婦が播くと二股が多い（和歌山）、女子が播くと二股になる（熊本）、という。また、辛いダイコンも、怒って播くと辛いダイコンになる（富山・愛知）、早く播くと辛くなる（大分）、といい、逆に、ダイコンを播く時に褌をはずして播くと大きなダイコンになる（秋田）、正直者が播くと味の良いダイコンになる（徳島）、という。要するに、ダイコンを播く時は男子が丁寧に播けということか。

○山梨では、ダイコンは身延の御稚児の顔を見たくて伸びる、という。それは十月十三日前後の御会式をさす。ダイコンは十月の闇に太る（島根）、冬至までしか太らない（長崎）と、いずれも秋ダイコンが十月中旬頃に急に生長することをいう。十月でも、特に十日夜（とおかんや）（旧暦十月十日）はダイコンの年取りとも呼ばれ、十日夜についた餅の杵音が高いと太る（栃木）、十日夜の藁鉄砲の音を聞いて育つ（群馬・栃木・長野）、十日夜の年をとらせると一晩で大きくなる（長野）、十月二十日はダイコンがメラ〳〵音をたてて太る（鳥取）、という。従って、ダイコンは年取りが終ってからとり入れる（新潟・長野）、ということになる。藁鉄砲は十日夜にモグラ除けなどのまじないに使う、縄で藁を巻き立てた棒のことで、地面を打って豊穣を祈る。

○十日夜にはダイコン畑での仕事を禁忌する習わしがある。ダイコンの年取りにはダイコンを食べず畑にも入らない（宮城）。ダイコン畑に入らない（福島）、十月十日に畑に入るとダイコンが育たない（茨城）、ダイコンの年取りに畑でダイコンの割れる音を聞くと死ぬ（岩手・秋田・福島）、十月二十日にダイコンの太る音を聞くと病にかかる（鳥取）、などともいう。

○亥の子の日も十日夜同様にダイコン畑に入るのを禁忌とする伝承があり、亥の子の日にはダイコン畑に入るな（島根・広島）、亥の子の日の午後は入るな（岐阜・山口）という。亥の子に入ると、ダイコンが腐る（栃木・滋賀）、ダイコンが太らない（兵庫）、ダイコンにトウがたつ（愛媛）、裂け目ができる（滋賀・兵庫・鳥取・愛媛）などといって忌む。そして亥の子にダイコン畑でダイコンの太る音を聞くと耳が聞こえなくなる（京都）、亥の子に畑でダイコンの割れる音を聞くと死ぬ（鳥取・広島）、亥の子の晩にダイコン畑に入ると疫病神につかれる（鳥取）、といって戒めた。亥の子は十月（旧暦）の亥の日の亥の刻に餅を食べて無病のまじないとする中国の俗信に基づき、わが国でも平安朝以来行われたものであり、地域によっては十日夜と亥の子との交錯が見られる。十日夜や亥の子の日以外では、半夏生の日にダイコン畑に入るな（愛知）、彼岸にダイコン畑に行くとダイコンが腐る（栃木・富山・滋賀・奈良）、社日（秋の社日は秋分に近い戌の日）にダイコン畑に入るな（愛媛）、恵比須講の日にダイコン畑に入るとダイコンが腐る（愛知）、冬至の晩はダイコン畑で音がする（和歌山）、などがある。このように、晴の日に関連してダイコン関係の俗信が多い理由は、これが神供として主要な物だったからであろう。

○ダイコンの葉を苗代に入れると虫がつかない（愛知）。

○ダイコン畑の虫除けには、七夕飾りに用いたタケを畑にさすとか、また、そのタケを川に流す（栃木）、という他に、次のような呪術が伝わる。ダイコン畑にモモの枝をさすと虫がつかない（長野）。施餓鬼の旗をダイコン畑に立てると虫がつかない（長野・京都）、その旗には有難いお経が書いてあるために虫が寄りつかない（京都）、という。五如来を立てておくとダイコンの虫除けになる（愛媛）。玉置山のお札をダイコン畑に立てる（奈良）。神主から虫除けのお札をもらって畑に立てるとダイコンに虫がつかない（群馬）。

○『楽郊紀聞』には、「大根に虫の付くには、多葉粉（たばこ）の骨を煎じたる汁を、根にそゝぐ事の由」とある。

○ダイコンを朝早く播くと虫がつかない（愛知）。二百十日前にダイコンへ肥をすると虫がつく（長野）。

○元旦に最初に来る人が男ならダイコンはよくできる（栃木）、ダイコンを干して葉が赤くなると来年のダイコンは不作（石川）。山梨県北巨摩郡では、雨が大坊の山から尾白川を越して来る年はダイコンがよくできる、と雨の降ってくる方向によって作柄を占う。
○逆に、ダイコンの作柄による観天望気では、ダイコンの豊作は雨が多い（広島・山口・愛媛・沖縄）、ダイコンの根が長ければ寒さが厳しい、または大雪（長野・広島）、ダイコンの割れる年は大雪（または雪の降るのが早い）、ダイコンの花が秋咲く年は大雪（共に新潟）、葉が秋に伸び過ぎるのは深雪の兆（福島）、茎が立てば雪が早い（岐阜）、のようにして雨雪や寒さを予測する。
○ダイコンがよいとその次の年は稲作がよい、と青森県津軽地方ではいう。これに反し、ダイコンのよい年はコメが不作（新潟）、ダイコンの太る年は家運が悪い（長野）、とダイコンの豊作を必ずしも歓迎しない所もある。
○昔、産土神がダイコンにつまずいて倒れ、茶の木で眼を突いたので、ダイコンを作らない（千葉）。生駒の聖天さんを祭る家ではダイコンは作らない（滋賀）。
○元日の朝囲炉裏へ足を出すと二股ダイコンができる（群馬）、女性がダイコン畑に小便をするとダイコンが割れる（山口）。
○以上の他、次のような俚言・俗信がある。ダイコンがよくできた年は医者が儲からない（愛知）。衣類に油がついた時はダイコンの汁を絞って滑石の粉を入れて洗う（富山）。ダイコンの汁を障子につけると明るくなる（奈良）。ダイコンを火にくべてはいけない。ただし寺ではくべてもよい、同年齢の者が死んだ時はダイコンを二切れ切って耳をふさぐ（共に宮城）。子供の厄年の厄除けにはドンドアライ（左義長）の時ダイコンの輪切りとお金を歳の数だけ火の中に投げ込む（長野。道祖神に投げる、ともいう）。正月十一日に船にダイコン・コメ・酒を供えると豊漁（石川）。

大根　だいこん

(2) **大根卸し　民俗療法**

○ダイコン卸しを辛くする方法として、力を入れてする（秋田）、怒ってする（長野）、気短の者にすらせる（山口）という。辛子は短気の人に練らせろというのと同軌である。セーナ（流し場）の方に向かってする（福島）、「大根の辛味なきは逆に末の方より揩るべし冬の大根も辛味出す」（『椎の実筆』）、という。逆に、群馬では、ダイコンをおろす時に馬小屋の方に尻を向けてすると辛くない、という。

○魚類とダイコンは中毒する（秋田）。ダイコンおろしの残りは虫がわくので後で食べるな（宮城）。

○鳥取県東伯郡では、秋の亥の日にダイコン類を食べると小遣銭に不自由しない、といってダイコンを食べる。逆に、忌む日としては、十日夜にはダイコンを食べない（秋田・宮城・新潟）、大黒講（三月七日と十一月八日で、子の日とも呼ぶ）にはダイコンを食べず、ダイコンという言葉さえも忌む。この日にダイコンという言葉を使わないで七年過ごせば長者になれる（長野）、との伝承がある。

○神様に供えたダイコンを生臭物と一緒に食べると目がつぶれる（秋田）、とこれを忌む。

○大黒様に供えた二股ダイコンを若者が食べると力がつく（青森）、神に供えたダイコンを味噌漬にした物は腹薬になる（宮城）、産後血の上った者が食べる（岐阜）、などというが、その反面、妊婦（女性）が二股のダイコンを食べると双生児を生む（岩手・秋田・栃木・滋賀・和歌山・山口・徳島）と忌む（岩手では、半分ずつ食べればよいともいう）。

○山口では妊婦がダイコンを多く食べると白髪の子やほやけ（あざ・ほくろ）のある子が生まれる、という。漁師はダイコンの漬物のひげ根や端の部分を口にするのは不吉（高知）、ひげ根を食べると雪崩の下敷になる（島根）、尻尾を食べると体が小さくなる（秋田）、と食べることを忌む。逆に、ダイコンの尻を食べると出世する（福井）、という所もある。

○正月料理のダイコンを丸く切るのは、家が丸くいくためである（奈良）という。七五三の料理もダイコンが出ないと整わない（広島）、と、慶事に使われるが、普段でも、ダイコンの一切れ、三切れは皿につけるな（愛知）、ダイコンの漬物三切れを皿につけたり食べたりしてはいけない（石川・鹿児島）、とこれを忌む。一切れ＝人切り、三切れ＝身切りに通ずるから。

○民間療法の面では、歯痛に頬に貼るか、かみしめる（群馬・山梨・愛知・石川・岡山・徳島）。中耳炎には耳の中に汁を入れる（岩手・宮城・長野・愛知）。鼻血には汁を浸した布で栓をする（山口）。肩の凝り（山口・高知）、にきび（宮城）、かぶれ（新潟）、しもやけ（長野・大阪・福岡・高知）、火傷（宮城・福島・新潟・愛知・石川・京都）、かまいたち（山形）、切瘡（香川）、打ち身（埼玉・山梨・岐阜・長野・石川・福井・愛知・岡山）、骨折（新潟）、神経痛（山梨）、扁桃腺（長野）にダイコンおろしをつける（奈良）。日射病にはダイコンおろしを足の裏や背中につける（群馬・栃木・埼玉）。胸やけにダイコンおろしを食べる（宮城・群馬・埼玉・岐阜・石川・高知）。瘡には黒焼きを油に混ぜてつける（奈良）。

○ダイコンの汁や煎じ汁による療法として、咳止め（宮城・栃木・新潟・長野・静岡・愛知・鳥取・岡山・高知・愛媛・鹿児島）、風邪（福島・茨城・新潟・富山・岐阜・愛知・福岡・京都・香川）、百日咳（群馬・愛媛・熊本）、喘息（山形）、気管支炎（高知）、腹痛（愛知）、消化不良（徳島・大分）、胃病（埼玉・富山・滋賀）、赤痢（石川）、ジフテリア（高知）、ひきつけ（岩手）、痲疹（山口）、などがある（いずれの場合も、蜜・砂糖などを入れて飲み易くする所が多い）。腎臓には凍ダイコン（切干し）を食べる（宮城・香川）。解熱には、寒三十日間便所に入れておき、さらに三十日間水に入れておいて乾かしたダイコンが妙薬。また三か月間便所に浸して乾かしたダイコンをのむ（秋田）、ダイコンおろしの湯を飲む（岩手）、ダイコンおろしを額につける（福島）、とよいという。頭痛には、しぼり汁を二、三滴鼻の穴へ注ぐ（愛知・香川）、額にダイコンおろしをつける（宮城・岐阜・石川・福井）、汁を飲む（岐阜）。盲腸炎にはダイコンおろしを当てて冷やす（山口）。脚気にダイコンおろしを食べる（石川・大阪）。中風には七月七日に播いたダイコンが効き（長野）、ダイコンのおろし汁や煎じ汁を飲み（岩手・高知）、また、しびれた所にひく（岩手）。つわりには汁を飲み（茨城）、産後の傷には煎服したり傷口につける（新潟）。夜尿症の子供には湯釜が音をたてないように釜の中に入れたダイコンを後で取り出して食べさせると治る（東京）。寒の入りに湯ダイコンを食べると寒気に負けない（秋田）。てんかんが出たら頭からおろし汁をかける（福井）。餅の食べ過ぎ（広島・熊本）や喉につまった時（北海道）にはダイコンおろしを食べる。豆腐・てんぷら・餅・酒の毒消しや食べ過ぎ飲み過ぎにダイコンを食べる（新潟・沖縄）。ダイコン漬のカブサ（茎のつけ根の部分）を食べると髪がよくなる（秋田）。ダイコンの青い部分を食べると髪の毛が黒くなる（不明）。足の病気には二股ダイコンを道祖神に供える（茨城）。産後、秋ダイコンは汁も実も十五日間は食べない（福島）。

○ダイコンの種を用いる民間療法。種を一粒ずつのめば旅の水もあたらない。煎って粉末にして小さじ三杯を一日数回飲むと咳止めになる（共に愛知）。腹痛には粉末にしてのむ（山口）。腎臓（茨城）、風邪（長野）、破傷風（福岡）には煎服する。百日咳には粉にしてのむ（広島）。

○ダイコンの葉を用いるもの。痔（茨城・石川・愛知）、神経痛（栃木）、冷え症（茨城・山口）、産後の養生（福島・石川・福井・岡山）、婦人病（山口・大分・沖縄）、にはダイコンの干葉の腰湯がよい。子供の寝冷えには陰干しにした葉を煎じて飲ませる（岡山）。解熱には青葉を頭の前後にあてておときどき交換する（茨城。福井では干葉を用いる）。しもやけ（京都）、あせも（愛媛）、痔（岩手・埼玉・岡山）、目の傷（愛知）には干葉の煎じ汁を患部にあてる。

大豆　だいず

⑴ 播種の時期　炒り豆の俗信　大豆と蓼

○マメ播きカッコウといわれ、カッコウが渡って来る頃が播種の好期とされる。マメ播きウグイ（青森）、とは田名部川に若ウグイが遡上する頃がマメの播き時の意。他にも、ハトが鳴きだすと豆を播く（新潟・長野）、カノコの花が咲いたら豆を播く、バラの花粉で豆を播け、ホオの花盛りはダイズの播き旬（共に群馬）、ダイズの播き時はサクラ（ヤマザクラ）の花が一番よく知っている、サクラの花が咲きかけたらダイズを播くと間違わない（熊本）、ダイズはユリの花を見て播け、ダイズはソテツの雄花を見て播け（共に鹿児島県大島）、などの俚言が行われている。また、滝山の雪が消えたら豆を播け（山形）、大源太山の豆播き入道が杖をついている形になったら豆を播く、武尊山に鬼の手が出た時がダイズの播き旬、浅間山の逆さ馬の首が切れたら豆を播け（群馬）、一之貝山の「いの字」形に豆播き（新潟）、のように、特定の山の残雪を目安にすることは、稲の下種の場合と同様である。ダイズは暦の中の日（小満に播くとハトに食われない（群馬）、ダイズは旧三月三日前後一週間内に播け（鹿児島県大島）、とは暦日からの豆の播き時期である。

○群馬県利根郡では、ダイズを播く日を毎年違えないとハトが皆食い荒らす、と、毎年同日に播くを忌む。

○播種の禁忌日の具体的な例としては、庚・辛に播くな（栃木）、ダイズを午の日に播くとウマに食われる（熊本）、午の日に播くと出来が悪い（熊本・大分）、申の日に播いてはいけない（長崎）、地火の日には豆を播かない、満月（月夜）に播くと実が入らない（共に宮崎）、半夏生に播くとハゲマメになる（山形・大分）、半夏生過ぎの豆は播くな（愛知）、などという。半夏生過ぎには梅雨も明け、土壌水分が少なくなるので、株立ちも悪くなる。

○ダイズは日陰にも耐え、主作物を傷めないので、麦・クワの間作や水田の畦畔にも栽培される。ただし、苗代の畦にダイズを作ってはいけない（鳥取・愛媛）、苗代の畔にダイズを播くと、その人が死ぬ（新潟）、忌七日の豆腐になる（佐賀）、葬式用の豆になる（兵庫）、葬式米ができる（大阪）、長男の目が見えなくなる（高知）、と、苗代の畔には栽培することを忌む。また、水田の畔からとれたダイズを種にするな（宮城）、ともいう。

○ダイコンを作った後に豆を作ると出立ちの豆といって人が死ぬ（長崎）。

○豆を播く時に播く畦をとばすと、孫ができる（宮城）、子供ができる（福島）、という。一般に畦はずしは、不幸があるからと、忌むべきこととされている。

○豆を植えたら芽が出るまで山に行かない（島根）。豆類は地の中で七回ひっくり返ってから芽が出る（大阪）。

○豆は天気の良い日にこなさないとみんなウバ（虫が食ったようになり、なかなか煮えず、煮ても固くて食べられない）になる（群馬）。南木曾に雨が降り出したら豆を出して干せ（長野）。月夜に豆を干すと虫がつく（広島）。イモムシを殺すとダイズが不作（宮城）、ダイズの葉を畑に入れると虫がわく（愛知）、ダイズやアズキをコンブと煮ると翌年のダイズが不作（鳥取）、雨天にダイズ畑に入るとサベー（作物につく白い害虫）がはいる（鹿児島県大島郡）。

○旧十月に雷鳴はげしければ翌年は豆に種なし（青森）、九月十五日に雨が降るとダイズがはずれる（福島）、ヤマグワの花が咲く年はダイズがよくできる（長野）、などの作柄占いが行われ、宮城では、ダイズのよい年はコメが不作というが、山形では逆に、ダイズとソバの良い翌年はイネも豊作、という。

○ダイズが平年より長く伸びた年は大雪（秋田・山形・新潟・島根・広島）とは、ソバの高できは大雪、キビが高く伸びた年は大雪、などと同類の天気俚諺である。ダイズの根がよく張った年は深雪（山形）、ダイズの出来が良い年は大雪（新潟・島根）、田の畔に作った豆が豊作の年は大雪（新潟）、豆がらのパチパチとはじけて燃える時は晴れ（熊本）、という。棺桶にダイズを入れると雨がやむ、とは三河地方の晴天祈願のまじないである。

○ダイズは皮をむかずに食べるものという。即ち、豆の皮をむいて実だけを食べると、地獄で鬼に石の皮をむかされる（群馬・福井・愛知・三重・奈良・大阪・兵庫）、地獄で石を食べさせられる（愛知）、登山した時迷子になる（群馬）、着物が着られず裸になる（秋田・山形・福島・群馬・新潟）、貧乏になる（鳥取）、お嫁に行く時裸で行く（新潟・愛知）、お嫁に行く時裸足で行ったり雨が降ったりする（共に群馬）、などという。贅沢は罪悪だという戒めであろうか。また、節分の豆の皮をむいて食べると、鬼に舌を抜かれる（福島）、お嫁に行って姑に裸にされて帰される（群馬）、腫物ができる（和歌山）、などともいう。

○青森県三戸郡では、豆を火にくべると大黒様にとがめられるという。豆がホド（囲炉裏の火）にころげて入った時、豆は「手が焼けても燃さずにとってくれ（火傷をしてでも、豆を火から取り出して燃さぬようにせよ）」と言うものだ、といわれる。群馬でも、豆を火の中にくべると火傷をする、と忌む。

○家人が旅に出ている時、留守宅で豆を炒ると道中で足にまめをつくる（愛知・大阪）、といい、秋田でも、家で豆を炒らないのは留守中の作法、という。

○旅立つ時は、豆とクルミの御馳走をする（秋田）、豆とクルミを懐にして行く（福島・長野）とは、まめで来る身の意か。石川では、子供を旅に出す時は一粒の豆をバスケットの中に入れてやれば道に迷わない、丙午生まれの女性が嫁に行く時は嫁入り道具の長持の中へ豆一升を入れて行くと不幸は起こらない、という。お嫁に行く時はお正月の炒り豆を残しておいて、「炒り豆の生えるまで再び戻るな」と言ってお嫁さんの背中に投げる（愛媛県上浮穴郡）、とは、「羝乳せば（雄ヒツジが子を産んだら）、乃ち帰るを得ん」の謂か。

○正月料理に豆を食べたり、豆がらを焚き、またその火で雑煮などをつくる風習は、年中まめで無病息災を祈ってのものであるが、新潟では、正月の豆を煮る時にその豆を食べると苗代にスズメが入る、といい、愛媛では、正月三十日間は豆を食べない、という。

○中秋の名月に豆を供える習わしがあり、この豆に関して次のような俗信がある。女性が食べると縁遠くなる（秋田）。この豆を食べると一年中まめ（丈夫）である（愛知）。家に不幸のあった時、この豆を味噌の中に入れると腐らない（佐賀）。

○次のような俚言・俗信が行われる。豆の花盛りにはミョウゼン（魚の名）が釣れる（山形）。十月の豆がら北風（鹿児島県大島郡沖永良部島）。秋ダイズの収穫時（十月頃）に北風が吹くと豆のサヤがカラカラとはじけるところから、この頃の北風をこう呼ぶ。見た豆三粒（秋田）。これは、人に見られた食べ物はたとえ豆三粒でも分けて食べるもので、夜の豆や炒豆は、少しでもいいから食べさせてやらないと仲違いする、の意である。

○豆を煮る時タケの皮を入れて煮ると軟らかく煮える（山口）。タラの子を煮る時は豆を三粒入れると砕けない（福井）。豆類をとぐ時は、まず水を桶に入れてから豆を入れる。水を先に入れないとお産が重い（栃木）。

○三日（さんじつ）（毎月の朔日・十五日・二十八日。幕府の式日であった）に豆の飯を炊かないと貧乏神が舞い込む（茨城）。豆がらをこぼさず食べると長者になる（兵庫）。他人の畑の豆を一本いためると自分の家の豆が百本いたむ、豆の花が咲くと水泳ぎをしてもよい（共に新潟）。豆を拾う夢は吉夢（岡山）。川の水に顔を入れ「ネブタ流れろ、豆の葉とまれ」と唱えると眠くならない（山形）。三日月の時豆を祭ると金銭の不自由なし（愛知）。ヤカンの中に豆を三粒入れて湯をさし、柄杓ですくって、すくうことのできた者には幸福が来る（茨城）。建前の晩のシラカイ（白粥）に入れた三粒の豆に最初に当たった人は一番先に建前（新築）をする（奈良）。

大豆　だいず

(2) 節分の豆

○節分に撒く豆を炒る時、手で炒るとささくれができない（宮城）、豆がらを燃やして炒ると達者（まめ）で暮らせる（群馬）、という。節分の豆はよく炒れてないと災難がある（青森）、節分の豆を炒る時は一粒でもこぼすと角が生える（群馬）、炒り加減をみるために摘んで食べると災いが起こる（岐阜）、釜の中をのぞいてはいけない（高知）。

○滋賀県高島郡では、節分の豆を炒る時、「ノミの口を焼きましょう、シラミの口を焼きましょう、アブの口を焼きましょう、マムシの口を焼きましょう、悪い虫の口を焼きましょう」と何度も繰り返し、その度ごとにカヤの小枝を一本一本くべてゆくと、その年一年は虫やマムシの害はなくて済む、という。高知県幡多郡では、節分の豆を炒るにはトベラの枝を燃やし、「爺ん麦（モギ）ぁええモギ、婆（バァ）んモギゃワリいモギ」と唱え、後で残ったトベラの枝を麦畑にさすとよく麦ができる、という。これら、焼嗅がし・トベラ焼き・虫の口焼きは、節分の夜などの行事として、全国に広く分布するもので、一例を掲げた。

○家族の者が外出している時は豆撒きを行うな（岩手）、節分の豆は魔除けだから狩人は撒かない。犯せば獲物がとれなくなる（秋田）、天然痘で死者の出た家では撒かない（高知）、節分に撒いた豆を拾ってはいけない（福井）、と、節分に豆を撒いたり拾ったりすることを禁じる仕来りが一部にはある。

○節分に撒いた豆を踏むと、足の裏にまめができる（東京・奈良・愛媛）、吹出物が出る（愛媛）。節分に撒いた豆を敷いて寝ると、腫物や疣ができる（山口）。

○節分に豆をその年の月数だけ用意し、これを一月～十二月と定め、その焼け具合で年間の天候・吉凶・豊作・豊漁などを占う所は多い。地域による占い方に相違はある。たとえば、正月の豆が白く焼けるとその年は照り年、何月と定めた豆が火を吹くとその月は風が吹き、黒く焼けると降り月（共に群馬）、白く焼けた時は天気良く、半々に焼けた時は前半の十五日は天気悪く、後半は天気良し。七・八月にあたる豆が白く焼けるとその年は豊作。全部黒くなれば豊作で三・四月の豆が煙ると三・四月は風が強くその年は不作（以上秋田）、豆が白く焼けるとその年は風の日が多く漁がない、黒く焼けると天気は荒れて漁がある（島根）、七粒ほど焼き、黒くなった豆が白くなった豆より多いとその人に災難がある（栃木）、火にくべて火を高く吹くとその年は雷が多い（滋賀）、などがその例である。豆を焼く方法の他に、節分の豆を撒く時土間に箕を置き、箕の中に多くたまるとそれだけ豊作（青森県下北郡）、節分の豆をとっておき、団子を茹でた湯に入れ、沈めばその年は豊作で、浮けば凶作（福島県南会津郡）、節分の豆を十二粒拾い、湯飲み茶碗に入れ、浮くと晴れで、沈むと雨が多い（長野県諏訪郡）、なの豆占いもある。

○節分に撒いた豆を拾い集め、自分の年齢の数だけつかむと良いことがある（不明）、節分の豆を枡の中から一つかみして自分の年齢と同数だと良いことがある（その年は幸運）と、一年間の運・不運を占う。愛知県南設楽郡では、節分の時の一つかみの豆が偶数なら長生きするといい、静岡県天竜市〈浜松市〉では、節分の豆を一つかみし、それを二粒ずつ食べていって最後に二粒残るのは良く、一粒は悪いとされ、娘さんの場合だと、二粒残ると今年は相手が見つかると合着をもらい、一粒だと今年も一人暮らしだと肌着をもらう習わしがあった、という。

○節分に自分の年齢と同数の豆を食べると無病息災とか果報持ちとかとは全国的にいわれているところである。滋賀では、自分の年齢よりも一つ余分に食べると丈夫でいられるという。また、自分の年齢より一粒多くとって年齢と同数を食べ、一粒は後ろに投げる風習の所もあった。

ところが、群馬では、節分に自分の年齢よりも多く食べると早死する、といって忌む。

○節分の豆を茶釜に入れてその湯で茶をいれ、これに豆が入っていると縁起がよい（東京）。節分の豆を福茶にして飲むと大福が授かる（群馬）。

○豆撒きの豆を四辻に捨てることによって厄払いをする習わしも古い。年越しや節分の時、豆と一緒に年齢数だけのお金（十九歳なら十九銭）を包んで（豆だけを包む所もある）四辻に送り出す（群馬）。福井でも、厄落としと称して同じ事をするが、大歳に行うか節分にするかは家によるという。また、四辻からの帰り道は、後を振り向くと鬼がついて来るからと、振り向くのを忌む。厄年の人は節分の晩に年齢と同数の豆を紙に包み、火吹竹とともに四辻に捨てると厄が落ちるが、その後で振り向くとまた厄がついてくるので、振り向いてはいけない（山口。滋賀では、豆に一円を包み同様にする）。節分には豆に石を混ぜて炒り、その晩家族の年の数だけの豆を四辻に捨て、「道のふちの道陸神さん、家族が息災でいられますように」と祈り、往復とも人に会わないようにする、或いは夜の河原で十二個または十三個の石を拾って豆に混ぜて炒り、厄年の人の年齢数の豆を四辻に捨てる（共に高知）。

○『宗長手記』大永六年（一五二六）の節分の条に、「京には役おとしとて、年の弐をつつみて、乞食の夜行に落として取らする」と見えており、『芸苑日渉』に「立春前一日、之を節分と謂ふ。（略）、老幼男女豆を啖ふに歳数の如くし、加ふるに一を以ってす。之を年豆と謂ふ。街上に疫を駆ふ者有り。児女紙を以って年豆及び銭一文を包裹し之に与ふれば、則ち祝寿駆邪の辞を唱へて去る。之を疫除と謂ふ」と見える。

○節分の豆は、魔除けになるから身につけておくと災難を防ぐ（青森・秋田）、襟の中に一粒入れておくと魔除けになる（愛媛）、山に持って行くと道に迷わない（青森）、山に行く時持って行ったり、食べてから行くと怪我をせず災難除けになる、初めて山に行く時二、三粒食べると怪我をしない、旅に出る時持って行くと禍がなくまた船酔しない、舟が霧のために方向が不明の時は節分の豆を撒くとよい（以上秋田）、仏滅の日に山に行く時は持って行くと怪我をのがれる（山形）。初めて山や海へ行く時は節分の豆を持って行って山または海に供える、漁師が海に出て海が荒れた時は節分の豆を海中に投ずれば静まる（共に島根県隠岐）。

○初雷の時に節分の豆を食べると落雷にあわない、という所は多い（山形・福島・群馬・栃木・茨城・埼玉・山梨・岐阜・長野・静岡・愛知・石川・滋賀・京都・奈良・岡山）。滋賀では、その月の二十日頃に食べると雷が落ちない、ともいう。他にも、初雷の時に節分の豆を食べると、悪難を免れる（高知）、事故にあわない（徳島）、健康になる（岐阜・静岡）、風邪をひかない（愛知）、中風にかからない（滋賀）、などといわれる。初雷の時に節分の豆を食べる事は、『時慶卿記』慶長十年二月廿五日の条に、「晩ニ雷鳴、入レ夜ハ光オビタゞシ、初雷ナレバ節分大豆ヲ用」と見え、『貞丈雑記』に「節分の大豆を取りて置きて、初かみなりの時くひつむ事今の世のならはし也」とある。

○群馬県吾妻郡では、雷除け用の豆を保存するのに紙に豆を包み、煎る時に箸として使ったヨシで三角形をつくり（これを三角マナクと呼ぶ）、一緒に縛ったものを囲炉裏の鉤に吊しておいて、雷をおどす。これをカギンサマと呼ぶ。

○一年に三度豆を撒く年は作が悪い（宮城）。一年に三度豆を撒く年は豆が豊作（福島）。一年に三度の豆撒きとは、年越しの豆撒きと二月および閏二月の二度の節分をさしていったものである。

○以上の他、次のような俗信がある。節分の時に産婦にその豆を食べさせるとその数だけオド（次の子供）が遠くなる（青森）。味噌を作る時に、節分の豆を入れると味噌が変らない、夢見の悪い時は節分の豆を三粒食べる（共に秋田）。節分の豆を播いて芽を出すのは不吉（福島）。土用の丑の日は杭を打つを忌むが、どうしても打つ場合には節分の豆を穴の中に落としてから打つと土用の神様が退いてくれるので打ちやすい（和歌山）。「豆は焼けたか焼けないか」と言いながら食べると腸をこわす（こわさぬの誤りか）（栃木）。

大豆　だいず

(3)　まじない　民俗療法と大豆

○赤ん坊が泣き叫ぶが病気がわからない時は、母親が生の豆をかんで判断する。かんでも生臭くない時は病気ではない。生臭い時は病気だから、かんだ汁を赤ん坊に飲ませると治る（新潟）。群馬でも同様の呪（まじな）いをするが、赤ん坊の腹が、生臭くないと腹以外が悪い、という。子供が生まれた時「この子が驚風（スジ）を病まないように」と言ってダイズをコウラ（焙烙）で炒ったのを紙に包み、川裾に掘り込めて「この豆が芽が出るまで子供の驚風が出ないように」と拝む（山口）。子供が生まれた時、豆の枝とウルシのお椀で産湯を沸かすと、まめ（丈夫）で育ち、ウルシにもかぶれない（愛知）。

○疫病・風邪・疱瘡・痲疹のまじないに豆を使う。疫病除けにはダイズを黒焦げに炒り、路角に撒く（茨城）。風邪送りには、藁を三角形にからみ、その中にダイズなどを炒って入れ、座敷で祈禱し、送り出す時はダイズなどをおひねりにして病人の身体を撫で、「風邪の神、これにたかって突走れ」と唱えて三方の辻に送り出す（埼玉。群馬も同様であるが、紙包みの中に年齢と同数の豆を入れ〈水引で結ぶ所もあり〉、送る時に箕であおり出す）。炒り豆を紙に包み、橋のたもと（東京）、辻のそばの青垣に吊すか、辻に捨てる（長野）、と治る。庚申様は風邪の神だから炒り豆を供える（滋賀）。節分の夜、氏神様の雨垂れに炒り豆を埋め「この豆の芽が出るとも何某（子供の名）の疱瘡軽く」と唱えて祈願すると疱瘡は軽くすむ（大阪）。種痘の後一、二日目に、囲炉裏端で下にたらいを置き、疱瘡を植えたところに鍋の蓋をのせ、ダイズを一粒ずつ三粒水で流し、その後「流します」と言って、たらいの水と豆を川に流す。疱瘡を植えて一、二日くらいたった日に、日の出前に台所にたらいを置き、鍋の蓋を頭にのせ、年齢の数だけダイズと水を交互に蓋の上で流す。痲疹になって一、二日目に病人の頭に鍋の蓋をのせ、水を流してダイズを一粒落とし、これを一、二回繰り返す（以上新潟）。痲疹の流行する時は炒り豆を神社の鳥居のもとへ埋め、豆の芽が生えるまで感染しないように祈る（奈良）。

○ものもらいを癒す呪術。年齢と同数のダイズを人に見られないように井戸に投げ入れて、後を振り返らずに走って来る（青森）。年齢と同数の豆を紙に包んで患部にあて、その中の一粒を「おっと豆ぼうろだった」と言って井戸に落とす（茨城）。豆で眼をなでたり眼にはさんだりしてから井戸の中に豆を落とす所は多く（青森・岩手・秋田・宮城・福島・茨城・千葉・山梨・長野・愛知・福井・和歌山・山口・愛媛・徳島・高知・大分）、その時の唱え言として、「バカ（ものもらい）だと思ったら豆だった」、「ノメ（ものもらい）を落とした」、「豆を落としたと思ったら目疣を落とした」、「メボが落ちた」、「天竺の竜沙伽寺（りゅうしゃかでら）のおとめさん、目疣かと思ったら豆であった、オンアビラオンケンバサラサトバン」（徳島）、などの呪文がある。

○豆を井戸に入れ、井桁を三廻りして拝む（愛知）、豆三粒を笊でゆすって井戸に投げ入れる（京都）。着物の裾に豆を入れて川へ行き「あら落ちた」とか「豆を落とそうと思った目袋が落ちた」などと言って流す（新潟）。誰にも見られないように炒ったダイズで患部をなでてその豆を「メカゴだと思ったら豆だった」と言って川へ流す、水のある所で豆で患部をなでて水に豆を落として「ああもったいない」と言って振り返らずに帰る（共に群馬）。橋の上から川へダイズを流し「ダイズを落とそうと思ったらメボが落ちた」と唱える（愛媛）。四辻へ豆を投げる（長野）。表に出て振り向かずに豆を後方に投げる（三重）。ダイズを三粒炒って便所の踏石の下に埋め、「このマメが生えるまでフェートー（ものもらい）が出ませんように」と唱える。ものもらいの患者がいる時は炒りダイズを井戸に投げ入れると伝染しない（和歌山）。

○はやり目（流行性角結膜炎）・眼病の呪術。炒りダイズにカラシを添え綿で目をふいて三辻に捨てる、炒り豆にお金を入れて紙に包み目をこすって三辻に捨てる、焼き豆を紙に包み目をふいて三辻に捨てる（以上群馬）。炒り豆を一粒ずつ紙に包んだものを病者の年齢と同数つくり、糸で連ね、生木（多くは桑木）の枝から枝へ注連縄のように張る。炒り豆をまじないの歌を書いた半紙に包み、それで病眼を撫でてから橋の上から川へ流し、後を振り向かずに帰る。以上は山梨で、やん目送りと称されるものである。他人がはやり目の時に炒り豆を門口に蒔いて芽が出るとその眼病は伝染しない（鳥取）。年齢と同数の節分の豆を井戸の中に入れておくとそれの芽が出るまで眼病にならない（群馬・東京）。節分の時の豆を井戸に入れ「この豆生えたらはやり目しょいましょう」と言うとその年はかからない（栃木）。
○歯痛の呪術。真っ黒に炒ったダイズを橋の上に置く、焼豆を家の土台の下に埋める（共に群馬）。ダイズを噛んで地中に埋める（千葉）。炒り豆に針を刺し通し土の中に埋め「この豆が芽を出すまで歯をやませないでくれ」と祈る（福島）。年越の豆を四辻（和歌山）、ウツギの根元（埼玉）、桑畑（山口）、に埋めてこの豆が芽を出すまで歯が痛まないように唱える。他にも、節分の豆や炒り豆を地蔵尊や祠に供えたり埋めたり（年齢と同数の豆とする所もあり）して「この豆が芽を出すまで歯の痛みをとめて下さい」と唱えるという例は多い（岩手・秋田・宮城・福島・新潟・富山・岐阜・福井・京都・奈良・和歌山・兵庫・岡山・愛媛）。節分に年豆を井戸に入れる時「この豆が生えたら虫歯になってもよい」と言うと虫歯にならない（栃木）。節分で便所に撒いた豆のうち転がり出たのを子供に拾わせ、洗って食べさせると歯が悪くならない（千葉）。
○歯ぎしりのまじないには、熱田神宮の御神馬の豆を食べる（愛知）、住吉大社の神馬のダイズを三粒食べる（大阪）とよいという。
○疣の呪術。ダイズで疣を擦りそのダイズを腐り易い場所に捨てて後を見ずに帰る（青森）。雷の鳴っている時に箒で払うと治る（富山）。自分の年齢と同数のダイズを小便所に願を立てながら一粒ずつ投げ入れる、また、自分の年齢と同数のダイズを竹筒に入れておき、そのダイズがなくなると治る（共に鹿児島）。稲荷様に疣と同数の豆を供えたり、年齢と同数の初豆を神様に供える（群馬）。疣取り地蔵に「初豆を供えますから疣をとって下さい」と祈願し、神前に供えてある小石で疣をこすり、治ったらお礼に小石を倍にして供える（福島）。地蔵や庚申に豆（炒り豆）を一粒ないし年齢と同数を供えて祈願したり、お礼に供えたりするのは、茨城・千葉・東京・新潟・長野・静岡・佐賀・大分も同様。

○産後五十日は煮豆を食べてはいけない（福島）。『歌摘録』にも「まめをたゞ多く食すなさんごには目まひむしいでしぼりはらやむ」とある。また同書には、「まめのこ（豆ノ粉）はらをうごかしてかさのどくむねもふくるゝものとしるべし」とあり、『痲疹食物吉凶心得書』には、「炒豆と砂糖木は腹薬とはなり難い」とある。砂糖木とは、甘蔗をさすのであろう。根元で伐り取った棒状のものである。

○その他の民間療法・呪術。石の鳥居のある御宮七社に豆を持って三年参ると中風にならない（千葉）。六月一日にアズキ・ダイズ一粒ずつとニンニク、生のカキモチをそのまま呑むと、ヒルノミといって夏病みのまじないになる（高知）。豆三粒を炒って雨垂れ落ちに埋めるとその発芽までさしこみが起こらない（香川）。ひきつけにはダイズの根の汁を飲む（福井）。高血圧にはダイズの酢漬がよい（宮城）。心臓病（香川）・肺結核にはダイズの粉（他にトウモロコシ・コウジなどを混入）をのむ。咳止めには節分の豆三粒を身につける（秋田）。百日咳はダイズを炒って目につけ四辻に持って行って送り出す（群馬）、馬頭観音に供える（福井）。脚気にはダイズの黒焼きを食べる（愛知・石川・大阪・沖縄）。旅行先でその土地産のダイズで造った豆腐を食べると脚気にかからない（沖縄）。餅の食あたりにはダイズのもやしを粉にして飲む（岩手）。ケムシなどに刺されたり（兵庫）、ハチに刺された時（長野）やネズミにかまれた時（岩手）は、ダイズの葉を揉んでその汁をつける。丹毒には豆の葉の汁を塗布する（熊本）。疥（はたけ）には豆を転がす、瘡（くさ）にはダイズを冷やしてすってつける、手足の肉刺（マメ）はダイズでなでる（共に群馬）。手足のまめは、豆の葉でさすり埋めておく（愛知）、「豆」と三つ書く（京都）、「奥山の山の遠くのマメカズラ、何マメかとは知らねども、根を掘って葉を吹き枯らす、伊勢の神風、アビラホンケン〳〵〳〵」と唱える（長崎）。兵士が入営中に毎日豆を二粒ずつ流すとまめが一つもできない（愛知）。あかぎれ・しもやけには炒り豆を家の入口に三粒しき「この豆が生えるまであかぎれ（しもやけ）できるな」と唱える（兵庫）。瘭疽や底まめには生のダイズを食べるとよい。瘭疽や底まめの時は生のダイズが生臭く感じないという（滋賀）。節分の時便所に撒いた豆を食べると下の病気にかからない（京都）。節分の豆を二つに割り、中に「伊勢」と書いて産気づいた時に水で呑むと安産する（山形・奈良）。節分の夜に、豆の中で手をかきまわすとささくれができない（愛知）。『耳嚢』の「病犬に喰はれし時呪（まじない）の事」には、「病犬に喰はれし時、なま大豆を喰ふに、なまぐさき事さらになし。升（ます）の角より、右喰れし所へ、たえず水をかくる事なり。なま大豆、なまぐさく覚ゆるを度として止る事、奇妙の由、人のかたりぬ」とある。以上の他にも、六三除（ろくさんよけ）に豆を使ったり、特定の祠などに病気治癒を祈願して豆を供えること、お百度参りの数取りに豆を使用したり供えたりするなどの事例はきわめて多い。

橙　だいだい

○香川県三豊郡では、家の門にダイダイの木があるとその家は繁昌する、というが、逆に、和歌山県西牟婁郡では、ダイダイがなりはじめると、どこかに不幸があるからといって植えない。

兵庫県加古郡では、ダイダイを床の下に入れておくと火事が起こらない、という。

○ダイダイを食べると耳が聞こえなくなる（兵庫）、頭髪が早く抜ける（福岡）、といって食べない。

○ダイダイは代々家が続く、の意から縁起物として正月飾りに使われる。この正月飾りに使ったダイダイをひじろ（囲炉裏）の中に埋めると子供が火傷をしない、火鉢の隅にいけると疝気持ちは治る（神奈川）、火鉢の灰に丸ごと入れておくと中風にかからない（京都）、正月のダイダイでなでると神経病が治る（愛知）。歯痛には、噛む（奈良）、風呂に入れると温まる。また搾って風邪薬にする（千葉）。なお、正月飾りのダイダイは、昔も品不足の年があり、一つ四、五分もするので、クネンボで代用したとある（『世間胸算用』）。

○民間療法。風邪には、ダイダイを焼き（高知・大分）、また、汁を熱湯に入れて飲む（静岡・大阪・山口・香川・大分）。咳に黒焼きをのむ（大阪・高知）。喉の腫れと痛みにダイダイを熱湯に入れてのむ（岡山・山口）。胃腸病に汁を服用する（熊本）。冷え症に汁を飲む（山口）。以上の場合、いずれも、熱湯に砂糖・蜜などを入れて飲みやすくして服用する。疝気には果皮を煎じて飲む（山形・富山・大阪・岡山・徳島。大阪では、カンゾウ・マタタビなどとともに煎じる）。ひび・あかぎれには汁を塗る（埼玉・長野・静岡・山口・香川）。『いろはわけ救民妙薬集』に「腰痛みには橙の皮に甘草を入れ、煎じて飲むべし」、『秘伝妙薬いろは歌』に「こしいたみ、背すじへつるは、だいだいの皮にかんぞういれ、せんじのめ」とある。

○以上の他、次のようなことがいわれる。正月飾りのダイダイは十五歳までの長男がつける（奈良）。ダイダイを植える時、その根元にムギ五合ほどを埋めておくと枯れる恐れがない（和歌山）。ダイダイは痩地でつくれ（愛媛）。ダイダイの色づく頃がフグは食い初め（山口）。

竹　たけ

(1) 竹を植えることの禁　竹を植える日　竹の箸・葬送と竹　竹と自然暦

○家の周囲をタケで囲むとその家は絶える（埼玉）、といい、囲うほどではなくとも、屋敷内のタケを禁忌とする所は少なくない。屋敷内にタケを植えると「これたけ」で運が悪くなる、馬鹿が出る（共に秋田）。屋敷内にタケを植えてそのタケが絶える（枯れる）と、家も滅ぶ（子孫が所を変える）（秋田・広島）、家族の誰かが早死する（富山・京都・福岡。京都では、モウソウチクの「ソウ」は「葬」に通じると特にこれが枯れるのを忌む）、長男が跡を継げない（山梨）、家が栄えない（不幸になる、貧乏になる）（富山・愛知・島根・鹿児島）。タケ・モウソウチクを植えると家が滅ぶ（茨城・東京・長野・福岡）。秋田では、屋敷の東の方にタケを植えると家は繁昌しない、奈良では、北にタケの藪をつくると貧乏になる、と、方向による吉凶をいう。タケが床下に伸びると病人が絶えない（秋田）。床下に根が入るのを忌む（宮崎）。以上、凶兆の例に対し、秋田県平鹿郡では、屋敷内のタケが繁茂するのは家の栄える兆、とこれを吉兆とする。モウソウチクの禁忌については、対馬の『楽郊紀聞』にも「孟宗竹を、御国にて初めて植しは、土田平次右衛門長崎より取来りしが始め也。（略）其後所々に分ち植て蕃殖せし也。然るに誰が申出したるにや、此竹を植れば、其家死災多しと云ひふらしけるに依て、多く掘捨たり。然れども今は又最初より多く成たり」とある。

○モウソウチクを庭に植える時に鍬で自分の影の所を掘ると死ぬ（神奈川）、タケを植える時に影を植え込めば死ぬ（長野）、といわれ、植え込む穴の中に自分の影が映らないようにする。宮崎では、幼い時にタケを植えると長生きしない、という。やはり宮崎県東臼杵郡で、タケは年寄りが植えるものであり、若い者がタケを植えると、もう死人の棺かつぎ竿の準備かと言って嫌った、という。野辺送りの際に棺をタケの竿でかつぐことから出た禁忌であろう。

○タケを植えるには寅の日に植える、寅の日でない時は紙に寅と書いて植える（秋田）、中秋の明月に植えるとそのタケは枯れない（大阪）。愛媛では、タケは梅雨に植えよ、という。タケを植える日について、『五雑俎』には、「竹を栽るに時無し。雨過ぎて便ち移す。須く宿土を留め南枝を記取すべし。此れ妙訣なり。俗説に、五月十三日を竹酔日と為す。正月一日、二月二日、三月三日、直に十二月十二日に至るまで皆栽ふべし」と見え、『農業全書』には「又辰の日は毎月うゆべしとも云り」とある。「竹をうゝるに五月十三日をよしとすること、諸書に見えて、其日の名をさまぐ\に呼り」（『燕居雑話』）とあるように、五月十三日は、我国でも竹酔日・竹迷日・竹生日・竜生日と呼び、俳句の季題にもなっており、この日にタケを植えるとよいといわれている。五月十三日以外の日に移植する時には、五月十三日と紙に書いて植えるとよいといわれる。しかし、これは夏から秋にかけてタケノコの出る中国南部原産のホウライチク類であり、日本のマダケやモウソウチクはタケノコが伸びたばかりで、移植の最悪期で実情に合わない。

○「タケ八月に木六月」「木六竹八」といい、旧暦の八月がタケの伐り時の意である。しかし、和歌山県西牟婁郡では、タケを八月八日に伐ることはできなかったという。

○他にもタケの伐採を忌む伝承があり、トンドサン（小正月の火祭）がすむまではタケを伐らない（島根）、月夜に伐ると虫が食う（広島・高知）、師走ダケ（十二月ダケ）を伐ると不幸になる（新潟）、八専に伐ると虫が入る（福井・石川）、八専に伐ったタケはすぐ腐る（富山）、土に伐ると節から腐る（京都）、土の間に伐ると虫食いになる（岡山・愛媛・長崎）、という（八専も土も暦法用語で、八専は壬子から癸亥までの十二日間から丑・辰・午・戌の四日を除いた八日で、一年に六回ある。土は大土・小土があり、大土は庚午の日から七日間、小土は戊寅の日から七日間をいう）。静岡では、寅の日にタケを伐ることを禁じ、どうしても伐る時は石を投げてから伐れ、という。一日のうちでも、日が入ってからタケは伐らぬもの（宮城・千葉・長野・愛知）、日没後にタケを伐ると、死人が出る（宮城）、死んだ者がタケになる（千葉）、という。山口では、竹藪のタケを鋸で伐ると藪が枯れるという。

○タケを燃やすと風呂釜が割れる（広島）、という。タケは節間の空気を抜かずに燃やすとはねるが、栃木では、節を数えたのちに燃やすとはねない、という。また、タケの皮を燃すのを禁忌する俗信がある。タケの皮を燃やすと、腫物や吹出物ができる（愛知・宮崎）、足痛になる、ネズミがあばれる（共に京都）、ネズミが着物を食う（愛知）、貧乏になったり気がふれる、また父親が病気になる、瘡や痣のある子供が生まれる（共に奈良）、タケの皮で疱瘡の神を祭るから、タケの皮を焚かない（愛知）、という。また、一度樋として使ったタケも燃すものではないとされ、タケの樋を燃やすと乳が出ない（愛知）、といった。群馬では、女性がタケを燃やすと指に腫物ができる、と女性はタケを焚くを慎むべきものとする。愛知県丹羽郡では、左義長の日まではタケを焚かない、というが、同県下では、左義長の日にタケを焼いてはぜるとその人は死ぬ、タケをはざす時は竈ではざせないと家の人が一人死ぬ、という所もある。やはり愛知で、青ダケに炭をはさむと火事になる、という。

○便所の壺は全部埋めるものではなく、節を抜いたタケを底から立てて地上に出し、家のある限りそのままにしておく（高知）。井戸には水神様がいるから井戸を埋める時はタケの筒を立てて出口を開いておかないと祟りがある（佐賀）。共に、タケを地上と地下を結ぶものとする。

○タケに花の咲く（実がなる）年は飢饉、とは全国的に分布する俗信であり、タケに花咲けば雨の多い証拠で不作（福島）、花が咲いた年は旱魃で不作（和歌山・広島）などともいい、また、タケの葉の枯れる年は苗の葉が枯れる（苗の育ちが悪い）（秋田・山形）、葉が落ちる年は冷気の年（山形）ともいう。さらにタケに花が咲くと国に一大事が起きる（秋田）、実がなるのは戦争の兆（千葉・宮崎）、花が咲くと世の中が悪い（青森）。その他、タケの開花・結実を凶事や大変災の前兆とすることは、茨城・群馬・千葉・富山・和歌山・広島・山口・愛媛・高知・大分も同様である。また、タケに花が咲けばその家に大凶がある（秋田・山形）、その家から必ず死人が出るか、または衰運のしるし（沖縄）と、いずれもゆゆしきものとしている。

○タケは多年生の一回開花植物である。タケの花は非常に稀なもので、六十年に一度丙午の年に花が咲く（熊本）、マダケ・ハチクは六十年、ササは三十年に一度花が咲く、と、十干十二支の影響から六十年周期の俗説が行われたが、実際は、ササが五十年、タケは百年前後である。開花後は、一連の地下茎に連なる稈（かん）はすべて枯死する。『和漢三才図会』に「六十年一タビ花サキ、花実ヲ結ブ。其ノ竹則チ枯ル。竹枯ルヲ[竹+綺]と曰フ、竹ノ実（み）ヲ[竹+復]（じねんご）ト曰フ」とあり、『倭訓栞後編』に「日本後紀に弘仁四年呉竹実（ミノル）如レ麦と見ゆ、今もたまたまある事にて凶歳の前表などといへり」とある。

○土用にタケがたわめば大雪、タケの根が高い所から出れば暴風雨（共に広島）、山を歩いてタケがパチパチ鳴る時はお天道様が薪取りといい、翌日は必ず雨になる（鹿児島県大島郡）、と天候を占う。

○タケノコが親ダケよりも伸びるか伸びぬかでその年の気象状態を占う観天望気も伝わる。
○また、風や雷・雹を除ける呪術として、雷の落ちた所にタケを四本立てて注連縄を張っておくとそこには落ちない、タケの先に草刈鎌とクワの木（または葉）を逆さに縛りつけて立てると雷が落ちない、タケの先に草刈鎌を逆に縛って立てると雷除けになる（以上群馬）、二節のタケを屋根へあげておくと雷が落ちない（愛知）、大風の時はタケに鎌をくくりつけて立てておくと風が収まる（奈良）、強風の時はタケの節に鎌をゆわえて家の東または南に立てるとよい（鳥取）、雷除けにはタケ二本を畑にさし、注連縄を三所につける（群馬）、などがある。
○金沢市では、タケの枝に餅片をつけて家の主柱にかけておくと作物が多くとれる、という。正月十五日にタケの筒に粥を入れ、その粥粒の数で作柄を占う年占行事は、各地で見られる。他に適当な容器が無いというだけの理由で竹を用いるのであろうか、或いは竹を使わねばならぬ理由があるのであろうか。
○地震の時は竹藪に入ればよい。タケの地下茎によって安全だといわれるからだが、名古屋地方では、竹藪の中で「世直し、世直し」と唱える、という。長崎では、雷の時も竹藪に逃げるとよい、という。
○タケと木の箸ではさむと寿命が三日ちぢむ（愛知）、タケと木の箸で食事をすると骨を拾うことがある（縁者が死ぬ）（広島）、タケと木の箸を一本ずつ使うと縁起が悪い（宮城・群馬・埼玉・神奈川・新潟・岐阜・長野・静岡・愛知・京都・奈良・和歌山・兵庫・鳥取・島根・山口・香川・愛媛・徳島・福岡・佐賀・大分）。その理由は、死者の湯灌の湯はタケと木を三本三叉に組み、それに鍋をかけて沸かすから（群馬）。死人の御飯は茶碗に山盛りにして真ん中にタケと木の箸を立てるから（京都）、火葬の骨拾いにはタケと木の箸で拾うから（神奈川・

愛知・兵庫・大分)、忌明餅は一升桝の上で切り、木とタケの箸ではさみあって食べるから(愛知)など、種々の説明があるが、要するに葬送儀礼のまねびになるのを嫌うのである。
○同様に、タケと木の杖をつくと親(人)が死ぬ(愛知)、三つ節のあるタケの杖をつくと親が死ぬ(兵庫。福井でも三つ節のタケを杖にするを禁忌とする)、タケの杖をつくと親の死に目に会えない(京都・兵庫)、青ダケを杖にしてはいけない(群馬・新潟・和歌山・長崎)、とタケの杖が忌まれる。理由は、入棺に際し笠と同時に三尺くらいのタケを杖として持たせることによる。愛媛では、葬式に行く時にタケを屋根に立てかける習わしで、それで普段屋根にタケをもたせかけてはいけないという。
○群馬県新田郡では、ジャンボン(野辺送り)のタケ箸を使うとオコ(蚕)様ははずれない、と、カイコの飼育には使用を奨める。逆に、愛知では、マユを茹でる時タケの箸を使うと糸がとりにくい、と嫌う(これは技術的な理由によるか)。
○以上の他にも、タケの楊枝は忌む(千葉)、タケの箸で食事をすると歯が弱る(秋田・島根・山口・大分)、愛知では、木とタケで蓆は叩かないもの、などの禁忌がある。いずれも葬送の作法に類似することを意識してのことと考えられる。また広島県賀茂郡の漁民は、タデフネ(船底を燻して舟虫を駆除すること)の際に使用するタデ棒にタケと木を使うな、という。
○七夕のタケを畑に立てると作物に虫を生じない(茨城・長野)、ダイコン畑にさすと虫がつかない(福島・長野)、七夕のタケの枝を野菜畑の畦の両端にさすと虫がつかない(長野)、七夕のタケを田に立てておくとイネの虫除けになる(神奈川)、田に立てるとカラスやスズメが荒らさない(群馬)と、七夕の飾りに使用したタケを田畑に立てて虫や鳥の害を防ぐ。祖霊のよりましとしての七夕竹の威力に期待するのであろうか。
○茨城県猿島郡では、七夕のタケを一尺二寸に切って割り、その中に「大利志明王、アビラウンケン」と書いたものを入れて神棚に祭っておくと盗人除けの守りになるという。
○七夕のタケ以外でも異類を防ぐ俗信として、タケをその火で焦がして家へ置いておくとヘビが来ない（大阪）、という。また、福岡県北九州市では、埋葬後土を盛って藁火をたき、タケのめ串を周囲にさしておくと異類が来ない、といい、岡山県勝田郡でも、埋葬後の土饅頭にはタケを曲げて立てておくが、これはオオカミが来るのをはじくためであると、共に、死者を異類から守るための呪術とする。いわゆる狼弾きといわれるもので、籠または籠状にタケを編んで新墓の上に立てる。
○タケの夢を見ると良い事がある（秋田）、タケを植える夢は吉（岐阜）、タケの繁茂している夢は勇み事がある（兵庫）、という反面に、タケの夢は凶で、特に曲がったタケの夢を見ると不幸がある（広島）、という。
○以上の他、次のような俚言・俗信が行われる。ハチクが抜けたらダイズを播け、マダケが抜けたらアワを播け、とは傾山麓（大分・宮崎）でいう。生きているタケを曲げて棚にすると、体の不自由な子供が生まれる（愛知）。竹藪へタコの汁を流すとマムシがたかる、竹藪に用便すれば笛吹きになれない（共に石川）。竹ラッパを吹くとヤブガミ（化け物の一種という）になる（奈良）。野生のタケに鉄砲型の虫がつくと戦が起こる（宮城）。タケの葉に武器の形が現れると戦争が起こる（新潟）。タケに登って落ちると長生きする（栃木）。嘘を言うと腹にタケが生える、紛失物を捜す時はカギタケにこよりを縛りつけ、「物が見つかればほどく」と願をかける（共に群馬）。山で食事した時箸を折らないで捨てると足にタケを刺す（宮城）。
○タケの刺傷にはムカデの油漬をつける（静

岡)。長崎県対馬では、タケのスイバリ(トゲ)を刺した時はソバの粉をつけるとよい、とする。理由は、ソバを竹山に作るとタケが絶えるからという。『楽郊紀聞』には「冬至の日の朝、柚子を採り(採置きは宜からず)、黒焼にして刺抜の薬にする妙也。(略)、又竹木其外の物の立ちたるに、惣べてよしと云事也」とある。

竹 たけ

(2) 竹とまじない 民間療法 俗信種々

○タケを伐ってその中に小便を入れ、眉に唾をつけ、そのタケを頭の上で三回まわすと悪霊がつかない(愛媛)、二月八日の朝早くタケの竿の先にミケをたてると厄除けになる(群馬)、疫病除けには、真ん中に「疫病除」と書き、その下に鬼の顔と鉄棒、右に「昭和何年度」、左に「旧十一月八日何々氏」と書いた紙をタケにつけ、紙の上にサイカチの実、タケの頂にニンニクを刺して屋敷の入口に立てる(岩手)、天道念仏に使ったタケ二本を隣の集落との境に立てると厄病・疫病を除ける(福島)。いずれもタケを魔除けや、疫病除けの呪具とする例である。

○タケを或る長さに切って便壺の中に入れておくと、浸透してきた水が節の間にたまるが、この液を、中耳炎の時に耳に入れる(群馬・神奈川)、ジフテリアに飲む(秋田)、梅毒に飲む(山梨)、体の弱い子供に飲ませる(群馬)、とよいという。また、タケの油(タケを火などであぶった時に切り口から出る液)を飲めば、風邪(高知)、百日咳(大阪・高知)、不眠症(沖縄)に特効がある、といわれ、またしもやけの薬(岡山)や精力剤(神奈川)にもなる、という。タケの油は漢方では竹瀝といい、喘息の薬といわれ、また痰を切り、肺炎の熱を下げるなどの作用があるとされる。滋養剤ともなり、塗布すればたむしに効くという。

○タケの切株にたまった水を飲ませると酒が嫌いになる(群馬)、という。また、タケの切株にたまった水は毒（山口）、ともいう。
○タケは、細くて長く、軽く、またよく撓い、細く割っても使え、輪切りにすれば容器にもなるといった点で、木とは違った特質を備えているため、種々な生活面に利用されてきた。それらの事象をすべて信仰に根ざすものとは言いがたいであろうが、物心両面が交錯して使用されているものも多かったと思われる。ここにはそうした事例を順序無しに掲げておく。疱瘡送りには、赤い紙で幣束を作り、それをタケにはさんだものを桟俵に三本立てて屋根の上にのせる（長野）。赤ん坊のただれには便所の壁のミノダケの中の粉をとって来る（宮城）、古タケを割って中から出てくる粉をつける（兵庫・岡山）。本柱にタケの皮の草履をさげておくと子供がひきつけない（愛知）。ものもらいにはタケの櫛を火であぶるか畳にこすりつけて熱くし患部に当てる（群馬・鳥取）。病目（やんめ）には、タケの節を藁で縛り「治ったら解いてやる」と約束するとすぐ直る（栃木）、タケの先を割って眼やにをとり、トウガラシと綿をはさみ、上に穴のあいた銭を通して人の通る所に立てる（茨城）、眼のやにを小銭につけ、それをタケの先にはさんで付木（つけぎ）に「ヤンメ大安売」と書いてこれを三叉路に立てる（千葉）。また、耳だれ地蔵にタケの筒に甘酒を入れて供えるか、供えてある甘酒を耳の中に入れるが、治った時は二筒にして返す（宮城）、耳だれ観音や道祖神にタケ筒の底を抜いたものを供えて願をかける（群馬）。耳の病気には、タケの節の部分を輪切りにして数珠をつくり、お堂などの扉にかけておく（茨城）、タケを切り、首にまいて地蔵様にお参りする（群馬）。また、耳の痛みや難聴には、善神王社に火吹竹を持って参り、そのタケを耳にあてているとすぐ聞こえるようになる（大分）、地蔵様のタケの筒で吹くとよくなる（佐賀）。歯痛には、歯神稲荷に供えてあるタケの箸を借りてきて頬を撫でる（京都）、また、太いタケの幹を痛む上にあてる（大阪）。○血止めにはタケの内側の白い膜をつける（岩手）。火傷にこの膜を貼る（岐阜）、樋にしたタケの垢をつける（愛媛）。吹出物は里宮にさがっているタケの筒の前に立っていると治る（長野）。打ち身にはタケの皮の黒焼きを飯糊にして貼る（岐阜）。胆石にはタケの皮の灰と飯を練って横腹（胆石の痛むところ）に貼る（栃木）。腹痛の持病にはタケの皮一枚を黒焼きにして食べるとよく、その時、生涯タケの皮を竈で燃やさないことを誓う（奈良）。口角炎には生のタケの泡をつける（愛知）。○咳にはタケの葉を火であぶって貼る（京都）、咳の神様に甘酒をタケの筒に入れて供え祈願する（茨城県水戸市）、円光院の咳神様と呼ばれる墓石に祈願し、治るとタケの筒（手樋型）二個に酒を入れて供える（千葉県八千代市）。風邪の時は「カゼ」と書いて息を吹きかけ、それをタケの先にはさんで三叉路に立て、後を見ないで走って帰って来る（千葉）。百日咳の予防には便所に生えたタケを輪切りにして作った数珠を首にかける（宮城）。ジフテリアにはタケで「御膳」のふちをなでる（群馬）。○肺結核にはタケの油を飲む（大阪）。中風には七か日の十時前にモウソウチクの露を頭にかけると頭痛が治る（群馬）。逆上をさげるには五月五日午前八時頃までのタケの露を頭に被らせる（奈良）。端午の節供に藪の中でタケを振るとマラリヤに罹らない（愛知）。不眠症にはナツメを粉にしタケの葉を煎じて飲む（富山）。神経痛にはタケの根を燃やした灰を煎じて飲む（群馬）。しびれがきれた時は額にタケの皮を貼りつける（和歌山）。初雷の時にタケの箒で疣を払うととれる（愛知）。○栃木県芳賀郡芳賀町延生の地蔵様の出産のお守りはタケでできているが、このお守りに節があると男、節がないと女の子供が生まれる、という（京都市北区の藁天神〈敷地神社〉のお札と同じ趣向で、藁が竹に代ったのみといえる)。東京都府中市では、宮之咩神社が安産の神様であり、絵馬をかけて祈願し、お産がすんだらタケの柄杓の底を抜いて納めた。これは無事にすっぽりと抜けたという意味といわれる。佐賀では、母乳の出るまじないとして、産湯をタケの筒に入れて一方に紙を貼り、紙に十二の針目をつけて胎盤と一緒に埋めると必ず乳が出る、との伝承がある。

筍　たけのこ

○タケノコ親優りの諺もあるように、タケノコは生長が早いものであるが、岐阜県高山市では、タケノコが親ダケより低い年は大風が吹き、親ダケより伸びた年は大風は吹かない(親ダケより伸びた年は大風が吹かない、とは長野・広島も同様)といい、茨城でも、タケノコが親優りの年は嵐がない、という。逆に、群馬では、前年のタケより伸びると大雨が降る、愛知では、親ダケより高くなる年は台風が来る(大風が吹く)と、大風や大雨を予測する。また、タケノコが昨年と同じ所に長いのが生えると大風が吹かない(愛知)、ともいう。

○タケノコの不作の年は米が凶作(宮城)、タケノコの出のよい年は米が豊作(山形)、タケノコの多い年は大風(宮城・愛知)、タケノコがよく生える年は雨が多い(大水)(山形・島根・広島)、という。

○タケノコを指さすとタケノコが腐る(栃木・長野・石川・京都・奈良・和歌山・山口・長崎・宮崎)、タケノコを指さすと指が腐る(三重・長崎)。同じことは成り物一般についていわれるもの。愛知では、タケノコを折るとタケノコが腐る、タケノコを折ると指が切られる、ともいう。腐らないためには、タケノコを指さした時はすぐ指切りをすると元通りになる(栃木)、タケノコを指さしたら指をかむまねをする(長崎)。

○タケノコの夢は不吉(兵庫・岡山・鹿児島)、

死人が出る（富山・三重・滋賀・徳島）、盗難にあう（愛知・滋賀。和歌山では箸を盗まれるという）、食べる夢は凶（秋田）、拾った夢は悪い、生えた夢は家が不幸になる（共に愛知）、などと、タケノコの夢を凶兆とする所は多い。これに対し、福井県今立郡では、タケノコの夢は縁起が良い、と吉夢とし、宮崎県西諸県郡でも、タケノコを採った夢は悪いが、タケノコの生えた夢は吉兆、と、ある条件下ながらも吉夢とする。タケノコの夢は妊娠する（宮崎）、という夢占は、人により場合によって吉兆とも凶兆ともなろう。

○群馬では、タケノコを食べると背が高くなる、といい、大阪では、タケノコを食べる者は長生きできない、といって忌む。他にも、特定の条件付きながらもタケノコを禁忌食物とする所があり、妊婦はタケノコを食べてはいけない（秋田・愛媛・岡山）、小屋の中に出たタケノコを食べると泥棒の子供が生まれる（千葉）、床下に生えたタケノコを食べると一寸法師の子供が生まれる（鹿児島）、タケノコ飯を炊くと火事になる（千葉）、タケノコの漬物をしてはいけない（鹿児島）、虫の食ったタケノコを食べると肺結核になる（共に秋田）、という。

○養蚕時にタケノコを食べるとカイコが節高になってしまう（岐阜）。半夏生過ぎのタケノコには虫がついている（神奈川）、半夏生タケノコ、梅雨ワラビは共に有毒（長野）、半夏の日にタケノコを食べると頭が禿げる（大分）。半夏生は旧暦で夏至から十一日目にあたる日であり、梅雨の明ける頃で、タケノコはアクが強く繊維が硬くなる。

○タケノコとの食合せとして、ナマズ（秋田）、フナ（岩手。秋田では痔になるという）、エビ（新潟）、カズノコ（愛媛）、タニシ（秋田）などの他、熊の胆は胃病を起こす（秋田）、黒砂糖（秋田・鹿児島）、生米（鹿児島）、豆（秋田・宮城・大阪・鹿児島。宮城では、タケノコとエンドウマメは難産という）などを忌む。『延寿撮要』には「糖と竹笋と同食すべからず」、『衛生秘要抄』には「千金方に云ふ、竹笋は鰤魚と共にすべからず、之を食すれば瘕病と成る」とある。瘕病というのは、熟さぬ果実などを食べると起きる虫病の謂である。

○民間薬として、打撲・捻挫には皮を焼いて粉にし、小麦粉と酢で練って患部に貼る（東京）、脚気にはタケノコを乾燥したものを食べる、利尿剤には皮を乾燥させて煎服する（共に熊本）、中毒にはタケノコを黒焼きにして飲む（鳥取）、などの療法が伝わる。

○タケノコに関する俚言として次のようなことをいう。山口県萩市近辺では、カッコウが来るとタケノコが出る、といい、タケノコにもカッコウの方言をあててガッポウと呼ぶ。マダケのタケノコが出る頃にタヌキの子は這い回り始める（大分県玖珠郡）。大分県竹田市では、タケノコが網を張ると田植時となる、という。網を張るとはタケノコが若タケとなることを意味する。

○他に、次のような俗信もある。縁の下にタケノコが出ると両親のうち誰かが死ぬ（富山）、床下から生えると家が滅ぶ（福岡）。皮を焚くと火に祟る（福井・広島）。下部が青いタケノコを摘むと親が死ぬ（富山）。シュデコ（牛尾菜。山菜）とタケノコで耳をくじると良い事を聞く（秋田）。他所のタケノコを盗むと手や足を怪我する（福井）、タケノコを盗んだ時その切株に紅をつけられると盗んだ者が病気になる（兵庫）。

○「タケノコ、タケノコ、チョイトノケロ」とは群馬県吾妻郡に伝わる、シノダケのタケノコを抜き取って遊ぶ時に抜きやすいようにとの口ずさみ歌である。

蓼 たで

○タデ好きは利口者（広島）。『初音草噺大鑑』に「蓼を好いて食へば利根になると古よりいふが、十日余り、食ふて見れども、かはった分別も出ず」うんぬんとある。

○二月にタデを食べると腎が破れる（奈良）。『和漢三才図会』には「二月蓼を食へば人の胃を傷る」とある。

○タデが真紅の年は豊作（宮城県刈田郡）。

○タデとシソを揉んで持って行くと川小僧にシリノコを抜かれない（愛知県北設楽郡）。

○民間療法。頭痛には葉を揉んでこめかみに貼る（愛知）。熱・頭痛にはタデを揉んで身体中に塗る（新潟）。下痢・腹痛には揉んで土踏まずにつける（秋田・新潟・長野・愛知）。肺結核には葉を揉んで足の裏に塗る（奈良）。瘧にはタデを揉んでつける（新潟）。腹痛にタデの汁を飲む（福井）。葉や花を陰干しにして粉にしたものを飲むと喉の病気に効く（岐阜）。細く刻んでキュウリの刻んだ中に少し混ぜて食べると夏負けしない（長野）。日射病には塩で揉み、その汁を飲む（群馬・福井）。汁を額につける（群馬）。タデを揉んで足の裏につける（秋田・埼玉・山梨・岡山。山梨では背中・掌にも塗る）。葉を乾して煎服すると血のめぐりを良くする（栃木）。汗疹には塩で揉んでつける（愛知）。足が熱い時は、田にあるタデを塩で揉んで足に塗り、焚火で足をあぶって寝る（滋賀）。

種子　たね

○一種子二肥三作りといわれるように、良い作物をつくるには第一に良い種が不可欠であるが、秋田県平鹿郡では、良品種の種物は盗むと根付きが良い、という。その反面、他人に種をもらったら、何でもよいから何か返さないと、作に勝ち負けができる（愛知）という。ことわざにも、「物種は盗まれるが、ひと種は盗まれぬ」（「瓜の種は」とも、「大根種は」とも、「食いもの種は」とも言い換える）というゆえんである。また、種物は無料でもらうと作物ができない（宮崎）、種をもらったら三文でも払わないと発芽しない（広島）、という。

○種といえば勿論蔬菜の類の種も含まれるが、単に種という時は、稲種をさすことが多い。以下に挙げる事例も、ほとんどイネをさすものと理会される。

○高知県土佐郡では、死者のあった家ではその家にある種は喪種（もだね）といい、他家の種と交換してもらう。特に糯米と麦の種は嫌った、という。ただし、新盆のある家からは種物をもらったり借りたりしてはいけない（千葉県長生郡）、葬式のあった家から一年間は種をもらってはいけない（愛知県南設楽郡）と、忌みのかかっている種から穢れのうつることを警戒する。

○八十八夜になると種を播いても腐らない（新潟）、八十八夜は種播日（和歌山）。八十八夜の毒霜、などといわれることはあっても、八十八夜の別れ霜の諺が示すように、この頃になると気候も落ち着いて種への害も少ないという意であろう。なお、種播きオッコ（青森。八甲田山の残雪が老爺が種を播く形になること）、栗駒山の種播坊主（岩手・宮城。栗駒山の中腹以下に残雪が坊主の形になった頃に籾を播く）、西鳥海の種播き爺さんに種播く（秋田）、鋸山の三角ちまき形に種播き、守録山の雪がヤモリ形になれば何を播いてもよい、前山の鹿の子まだらに種播き（共に新潟）、などと、山に消え残った雪が特定の形になる時期を農候としている所は多い。

○種播きは「ツカ」のつく日（一日・三日・四日・五日）にするとよい（岐阜）、酉の日に播くとよい（長野）、という。沖縄県八重山には種播きの呪文が伝わる。「七福長寿　泣きカラス　山ぬ七頂（ななしじ）にどう居（びい）る　此畑（くぬはて）にや来（くう）らしたぼんな　うーとろとぅ　うーとろとぅ」と唱える。畑に種を播いた後、ススキの葉を結んで畑に立て、息を三回吹いてこの呪文を唱えると鳥害もなく、種は完全に発芽するという。

○種を播く時、種を桝に入れて斗播でかいて播くな（高知）、家の中で食事をすると種が畦に這い上る（秋田）、髪をとかしたり掃除をしたりしてはいけない（長野）。
○種を播く時、播き忘れた畝があると、これを畝はずしとか畝おとしと呼んで、不幸なこと（死者が出る）があると嫌う（静岡・滋賀・兵庫・広島）。群馬県勢多郡では、種を播いて生えない所（忘れざくと呼ぶ）があると、家族の中でその作物を食べられない人や死人が出るからと、何の種でも播いたら十日ほどしてから必ず見廻りをするものだ、という。長野県安曇地方でも、種を播いて生えないとその人は死ぬ、と嫌う。
○種播きを禁忌する日があり、それは次のような日をいう。子の日に播くと作物ができない（茨城・長野）。丑の日には種を播かない（茨城・長野）、丑の日に播くと、誰かが死ぬ（秋田・東京）、作物がこわくなる（富山）、生育が長くなる（佐賀）。土用の丑の日に播くと死人が出る（宮城）。卯の日に播いてはいけない（秋田・千葉・東京）、卯の日に播くと、病人が出たり（福島）、死人が出る（福島・長崎）。辰の日に苗間に種を播くと竜頭の糊（葬列に立てる竜がしらに紙を貼る糊）になる（群馬）。巳の日に播くと箕のような作物ができる（広島）。旧五月の午の日に播くと実らない（福島）。午・酉の日に播くと作物ができない（茨城）。四月五日・八日・九日・午の日に播かない（長野）。亥の子の日に播くと育たない（愛媛）。節供（滋賀）や祇園の日（広島）には播かない。月夜に播くと発芽しない（宮崎）。種播きはやはり立物だから三隣亡を避ける（和歌山）。不熟日に播くと発芽しない（茨城）。年日（その年の干支と同じ干支の日）に播かない（高知）。地火日に種を播かない（東京）。地火日に播くと、作物は育たない（生えない）（高知・宮崎）、その家がさすらう（宮崎）、死人が多い（鹿児島）。十日種はとおく（遠く）来るといって播くを忌む（群馬）。
○以上の他、次のような俗信がある。種を播く夢は幸運がおとずれる（宮城・広島）。種を火にくべると目がつぶれる（福井・鳥取）。

煙草　たばこ

○タバコは箸で植えよという。タバコは熱帯原産の植物であるため、早春に苗床に種を播いて苗を育てこれを本畑に移植する時、たとえ箸でつまんで植えるほどの小さな苗でも、霜害のない限り時季は早ければ早いほどよい、という意である。
○俗信としては、植物としてのタバコよりも製品としての煙草が大多数である。ランプの火からタバコを吸うと縁遠くなる（奈良）、鍛冶屋のふいごの火でタバコをつけるとキツネにつきまとわれる（高知）と、共に忌むべき行為とする。
○タバコの湿る時は雨が降る（秋田・山形・宮城・千葉・新潟・和歌山・山口・愛媛・長崎）、火持ちが悪いと雨が近い（茨城）、よく消える時は雨（岐阜・愛媛）、やにが流れる時は雨（沖縄）。低気圧の前面では東風ないし南風が吹き、湿度が高くなるからか。逆に、雨天でもタバコが乾いている時は晴天になる（宮城・愛知）という。タバコの煙がまっすぐ上ると天気がよくなる、吸殻が白いと明日は天気がよい、タバコの味を強く（好く）感じる時は天気がよくなる、タバコが乾くと風の兆、煙が灰皿の中でモウモウすると雨。これらは、岐阜に伝わる天候占いだが、同じ岐阜でも、タバコの香気が良い時は、翌日晴天とも雨天とも、所によりどちらをもいう。タバコが家の中に煙ると雨、吸殻を手でとめて痛く感じる時は雨で、その反対は晴天とは、愛媛県東宇和郡でいう。
○民間療法。（文庫版注・危険性あり）正月のトンド（左義長）の火でタバコを吸っておくと病気をしない（岡山）。火葬の後の燠でタバコを吸うと胃のつかえが起こらない（青森）。お祭燈(左義長)の火でタバコを吸うと虫歯にならない(山形)、葬式の時、六道の火でタバコをのむと虫歯にならない(神奈川)、賽の神の火でタバコを吸うと虫歯にならない(新潟)、おんべ(正月望の日前後に行われる火祭。松本平では三九郎焼と呼ぶ)の火でタバコを吸うと虫歯が痛まない(長野)、と虫歯の予防をいう。虫歯には阿保原地蔵にお参りして地蔵三沢に身を仕え、タバコを香炉でいぶし、「はるばると焼ける風ぞ吹くらむ」と唱える(福島)。歯痛にはタバコの火で患部を焼いて塩を入れる(沖縄)。腹痛にはタバコのやにを臍の上に貼るか、水に溶いて飲む(岐阜)。打ち身にはやにをつける(岐阜)。切り傷などの血止めには、やに・葉を揉んだものをつける(長野)、粉をつける(北海道・岩手・秋田・宮城・群馬・栃木・埼玉・千葉・山梨・新潟・富山・岐阜・長野・静岡・石川・京都・福井・広島・岡山・高知・山口・福岡・大分・長崎・沖縄)。火傷にタバコの粉をつける(愛知)。しもやけにはタバコの煮出し汁をつける(千葉・石川)。吹出物にはタバコの巻紙を貼る(石川)か、やにをつける(山形)。瘭疽にはタバコの煎じ汁をつける(愛媛)。靴ずれなどのまめには、タバコのやに(群馬)、または灰を御飯粒で練ってつける(群馬・新潟・愛媛)。とげには吸殻をつける(岐阜)。ハチに刺されたらやにをつける(群馬)。ヘビ・マムシにかまれたり(石川)、ムカデ・オコゼに刺された時(山口)は、タバコを焼いてつける。ムシが耳に入った時はタバコの煙を耳の中に吹き込む(栃木)。みずむしには、やに(宮城・岡山)やタバコに焼酎を浸したものをつける(福岡)。たむしにはやにをつける(大分)。はやり目にはやにを上まぶたにつける(群馬)。癲癇で倒れた時はタバコを吸わせるか煙を吹きかける(群馬)。赤ん坊の土踏まずや頭のヒトベキ(ヒヨメキか)、脇の下にやにを塗りつけると夜泣きをしなくなる(青森)。子供の疳の虫には、やにを鼻の両脇・こめかみ・額などにつける（山形）、タバコを吸わせると虫の根を切る、また、やにを臍につける（宮城）。タバコのやには乳児の虫くだしになる（広島）。

○タバコを吸う人は薬が効かない（宮城）。

○以上の他、次のような俗信がある。タバコを吸う夢を見た時は風邪をひかないように注意する（愛媛）。正月三日間は午前中はタバコを吸うな（山梨）。煙管のやにを掃除するには味噌汁を通すとよい（新潟）。タバコを吸う人は味噌汁を飲むとやにがとれる（愛知）。タバコに酔った時は畳のへりを三回なめると酔が治る（石川）。『楽郊紀聞』に「大根に虫の付くには、多葉粉（たばこ）の骨を煎じたる汁を、根にそゝぐ事の由。田代（肥前。対馬領）の者に承るとぞ」とある。

玉葱　たまねぎ

○タマネギは茎を踏み倒すとよくできる（愛媛）。

○タマネギの皮をむく時、皮を一枚口にくわえると涙が出ない（広島）。

○タマネギを食べると頭がよくなる（愛知）。

○民間療法。不眠症には細かく切ったタマネギを枕元に置いて寝るとよい（静岡・奈良）。歯痛にはタマネギをすって頬につける（福岡）。鼻づまりには皮を鼻の上にのせる（愛知）。風邪には汁を熱湯で飲む（香川）。下痢・腹痛に千切りにしたのを炒って粉末にして飲む（福岡）。下痢止めや発汗にタマネギがよい（沖縄）。高血圧に皮を煎じて飲む（茨城・岡山）。ハチに刺された時は二つ割りにして切り口を押しつけると痛みがとれる（岐阜）。

楤木　たらのき

○京都府北桑田郡では、タロウ（タラ）の芽を食べると、坊主七人の命を取った代りをする（坊主の頭を張ったのと同じこと、とも）、タロウは医者いらず、といい、タラの芽を食べると死人が出ないので坊さんはあがったりだ、という。

○民間療法。タラの杖をつけば中風にかからない（和歌山）。虫歯の時は、タラの木に縫針をさす（栃木・茨城・埼玉・香川。茨城では治ったら抜くという）、芽に縫針をさす（新潟）。腹痛には根を煎じて飲む（長野）、胃病には、根（栃木・茨城・埼玉・山梨・岐阜・長野・香川）、根皮や樹皮（高知・大分）、甘皮（高知）を煎じたものを飲む。肝臓病（北海道・茨城・高知）や腎臓病（栃木）に芽を食べたり根・甘皮を煎じて飲む。胆石には根皮を煎じて飲む（山梨）。糖尿病には皮・甘皮・根を煎じて飲む（岩手・福島・茨城・山口・徳島・高知）。神経痛には芽の黒焼きを飲む（埼玉）。神経痛には根を乾燥させて飲む（岐阜）。癌には根皮や樹皮を煎じて飲む（静岡・鹿児島）。胃癌には、根（栃木・香川）・芽（岐阜）・甘皮（京都）を煎じて飲む。乳腫れにはタラの消炭を粉にし、白漬の梅酢で溶いてつける（群馬）。

○タラの芽を食うとシカの角が落ちる。

○タラの木を立てておくと掛け取りが逃げる（山口）。

○九州地方では正月の祝木にタラを使う所が多い。それで対馬などではダラ正月の名がある。佐賀県東松浦郡でも、正月六日をダラ節供といって、タラの木二本を神に供える。この木はとっておき、年越の晩に御飯を炊く。その時にこの木の燠を十二か月分作り、早く燃え尽きるとその月は雨、そうでないとその月は晴れ、と年間の天候を占う。

蒲公英　たんぽぽ

○タンポポを踏みにじると雨になる、茎から出る白汁を手につけると母親の乳が出なくなる（共に秋田）。

○タンポポの綿毛が耳に入ると耳が聞こえなくなる（秋田・静岡・愛知）。

○二千四百年ほど前、越の大王が秘薬として愛用した還少丹（かんしょうたん）というのは、タンポポのエキスであったらしい。これを用いれば筋骨を強くし、老衰したものでも若返って白髪は黒変し、抜けた歯も再び生え、若人が用いれば老年になっても衰えを知らない、という効能があるという。
○漢方医療ではタンポポの全草を開花前に採って乾燥したものは蒲公英（ほこうえい）と呼んで、解熱・発汗・健胃・強壮に用いる。民間療法では、以上の他にも次のような使い方をされている。風邪にタンポポを煎じて飲む（神奈川・熊本。香川では根を煎じて飲む）。痰・喘息に根と葉を煎じて飲む（栃木）。痰持ちは葉を煮て食べる（岐阜）。ジフテリアには白花の根と甘草とを合せて煎じて飲む（奈良）。腹痛（北海道・愛知）、食あたり（岡山）、下痢止め（埼玉）に煎じて飲む。心臓病には根または全草を煎服する（香川）。肝臓・黄疸に根を煎服する（山口。秋田では全草を煎服）、むくみに根・葉を煎じて飲むか食べる（山口）。タンポポは脚気に効く（新潟）。乳腺炎には全草を煎服（秋田）。母乳不足には根（秋田）や葉（大分）を煎服。疣には茎・根から出る白い液をつける（福井・山口）。
○タンポポが秋咲くと大雪の前兆（広島）。タンポポの葉が地を這うと晩霜あり（長野）。昼間花がしぼめば雨が降る（新潟・愛媛）。タンポポの花は陽があたると開き、日没とともに閉じる。

【ち】

萵苣　ちしゃ

○チシャの種は熱冷ましになる（愛媛）。火傷・できもの・打ち傷に、葉を揉んでその汁をつける。一年ぐらい塩漬にしておいてつけるとよいともいう。チシャのトウを黒焼きにしたのは、咳止め・口中薬になる（高知）。広島では、ジフテリアにチシャの汁がよいという。沖縄では、チシャは血液を清新にし、不眠症・神経過敏等に効があるという。

○産後一番に、チサの葉と団子を入れた味噌汁を食べさす（岡山）。

○『長生療養方』に、「目を明カニシ、五臓ヲ利シ、筋骨ヲ養ヒ、又熱病の良薬也」とある。

茶　ちゃ

○茶の木を植えてはならぬ（千葉・広島）。初めて植えるな（広島）。一本木を植えるな（同）。自然に生えたものはよい（同）。屋敷内に植えるな（滋賀・佐賀）。茶を植えるとその年は不幸が起こる（奈良）。

○若い者が茶の木を植えると若死する（愛媛県東宇和郡・宮崎県西諸県郡）。

○茶の種を蒔くと、早く死ぬ（岡山県久米郡）。その茶がとれる頃、主人が死ぬ（島根県安来市）。

○山梨県西八代郡下部町波高島〈南巨摩郡身延町〉では、氏神の鹿島様が茶を忌むので、村内に茶の木を植えてはならぬという。広島では、茶は格が高過ぎるといって民家に植えない。鳥取では、死人の棺に茶をつめるところから、屋敷に植えるのを忌む。

○茶の木を植える時、自分の影を穴に植え込むと死ぬ（熊本）。自分の影に植えると、その人は死ぬ（広島）。これは、曇った日に植えよ、との教えだという。現在は挿木でふやした苗を植えるが、昔は実生植で、枯れた時などに捕植した。茶は直根が大きく、寒さにも弱いので、時期が悪いと活着しにくい。曇天の暖い日などに植えよとの意味で、影のない日を選べ、と教えたものという。栃木県で茶の木を植え替えると貧乏になる、大分県西国東郡で、茶の木は移植するなというのも、同じ理由による。岡山では、茶の他に、ビワ・シキミ・ユズ等を植えるにも、自分の影を植えると、実るまでに死ぬという。

○卯月八日に茶摘みはするな（和歌山県西牟婁

郡）。高知県高岡郡では、大晦日には四月八日に摘んだ茶を飲んでから休む仕来りがある。岡山県白石島（笠岡市）では、四月八日の甘茶で墨をとり、「茶」の字を反対に書いた紙を台所の柱に貼っておくと、ムカデ除けになるという。上道郡でも同じことをして虫除けのまじないとする。山梨県東山梨郡では、甘茶を家の周りに撒くとヘビが出ないという。

○四月八日の灌仏会には甘茶が付き物で、これで目を洗えば眼病が治り（山梨・愛知・奈良）、頭につければ頭痛が治る（愛知）、といわれた。

○茶の花、ツバキの花を髪にさすと、気がふれる（福井県小浜市）、茶の花さすと、親に死なれる（高知県幡多郡）。

○茶の実の油を三年つけると、蛇神に化生する（同）。

○茶の木で垣根をつくると、財産がめちゃくちゃになる（愛知）。

○茶を摘んだ手で味噌・醤油を造ると、サテ（未詳）が移ってナジレル（奈良県吉野郡）。茶を摘んだままの手でキュウリ苗などをいらうと、サテがうつり、畑物の苗が大きくならぬ（苗取りをしたままの手についても同じ）。水で手を洗うか、ヨモギまたはフキの葉で拭えばよい（同）。

○柿を食って茶を飲むと腰が抜ける（千葉・広島）。梱と茶は腹痛を起こす（秋田）。

○死者の夢をよく見る時は、茶の花を折ると見ないようになる（高知県高岡郡）。

○鎌倉市由比ガ浜一の鳥居の傍にある畠山六郎（重忠の子）の墓に、茶を供えて祈れば咳の病が治るといって、以前は畠山大明神の幟を立てて崇敬した。現在地が畠山の邸址だというが、江戸中期の絵図では、六郎の墓はこれより北方の市中にあった。

○風を除くまじないに、朝、焼味噌をつくって戸口の敷居の上に置き、茶をいれた茶碗を雨戸の立て尻に供え、「煮花を上げるから出ておいで」と唱えながら、この茶を焼味噌にかけて味噌を敷居の外へ流してしまい、戸をしめ切る（『富士川游著作集』三）。
○『富士川游著作集』三によれば、東京都北多摩郡東山村（旧）の他国さま（多穀神社とも）と呼ばれる祠（石の陽茎を祭る）にお茶を供えて咳の治癒を祈り、大阪谷町筋農人橋東北角の御茶湯地蔵には茶湯を供えて諸々の祈願をした（『浪華世事談』）。
○茶の葉と銭を紙に包み、青竹に結いつけて路傍に立て、風邪の神を送り出す。こうすれば家内に入らない（千葉県香取郡）。
○うるしかせを治すには、生茶とエンドウマメの葉を煎じて入れた湯に浴すとよい（茨城）。
○しびれが切れたときは、「しびれ京へのぼれ、京でお茶がたけるわ、イッピラピンノシャッピラピン」といって、額に小さな紙切れを貼りつければよい（兵庫）。
○亥の子行事には、若者たちが変装して茶の枝と籠を持ち、「亥の子亥の子」と呼んで各戸をたずね、茶の枝を取り出して籠だけを投げ込んで餅をねだった。あとに残された茶の枝を、ほかの茶の葉に混ぜて飲むと夏病みしないという（高知県土佐郡）。
○陰暦五月、入梅の雨で茶を煎じると、邪気を払う（『まじない秘法大全集』）。
○かぎ茶（野生茶）が育たねば、苗不作（広島）。
○茶の花がたくさん咲いた年は雪が多い（三河）。
○茶の花が上向きに咲くと、雪が少ない（新潟・福井・島根・広島・山口・熊本）。茶の花が上に向いて咲くと、その年は雪が多く（大雪）（滋賀・広島）、下を向いて咲くと大雪（福井・京都・島根・広島・山口・熊本）、または雪多く豊年（福島）。ただし、下向きに咲くとその年は雪が少ない（滋賀）、という所もある。
○茶（または柚）が内側に実をつけると雪が降

る、外になると降らない（滋賀県高島郡）。
○三番茶が特別に伸びる年は大雪（岐阜県加茂郡）。
○茶揃えは茶摘みの五十日前に、といわれる。鋏摘みの茶揃えは五十日前が適当である、との意（熊本）。
○キリシマツツジの咲き始める頃に茶摘みが始まる。上茶ツツジといって、この頃の茶は上等品（福岡）。
○茶摘みの最中にコーゾー（フクロウ）の子が巣立する（福岡）。茶摘み頃アメノウオはうまく、ウグイはまずい。ウグイのうまいのは初春（伊勢）。
○手についた石油の臭いは、茶の葉を焼いた煙をあてると消える（鹿児島）。

香椿　ちゃんちん

○チャンチンの木を植えておけば、雷が落ちない（飛騨）。
○チャンチンボクが家の棟を越すと、家が倒れる（愛知県東加茂郡）。
○チャンチンの葉を入れて入浴すると、神経性疾患に効く（香川）。

丁子　ちょうじ

○二日酔には、チョウジを煎じて熱いのを飲む（富山）、熱い湯を飲め（山形）。
○俗に丁字頭というのは、燈心の燃えさしの頭にできた塊のことで、その形がチョウジの果実に似ているゆえの名にすぎない。これができれば福を授かるとは一般に行われた俗信である。子供の夜泣きには、チョウジガシラを三つ四つ、細かにすって白湯で飲めばよいといった（富山）。

提灯草　ちょうちんぐさ

○チョウチングサを家へ持って帰ると、家が焼ける（大阪府枚方市）。このチョウチングサの学名が不詳だが、普通にチョウチンバナといっているものには、ヒガンバナやホタルブクロなどがある。そのうちのいずれか。

○チョウチンバナを取ると、雨が降る（飛驒）。○山口県でチョウチンバナというのは、アマドコロだという。乳幼児の湿疹に、この根をすりつぶして貼るとよいという。○いずれにしても、花の形が提灯に似ているゆえの命名であり、提灯から火を連想したもの。三河でチョウチンザクラ（ヤエザクラ）を屋敷内へ植えるな、というのも、同じ理由であろう。

【つ】

栂　つが

○石川県珠洲市では屋敷内にツガを植えない。家族に災があるという。

槻　つき

○愛知県で、ツキの木があるとその家は衰えるといい、秋田県平鹿郡では、ツキの大木の根が家の下に伸びると家人の生血を吸うという。青森県三戸郡では、ツキを三年燃せば失明するとか座頭になるといい、皮のはげやすいところから「ツキの木の皮とばくち打ちゃ寒中でもむける」という言葉がある。○民間療法。くさみの出る時はツキの葉を揉んで飲む（石川）。

月見草　つきみそう

○ツキミソウを家に持ち帰ると、火事になる（群馬）、とか便所が焼ける（福井）、盗人が入る（東京・広島）、といって嫌う。福井県小浜市では、ツキミソウを植えると火事が起きるという。秋田県でもこの花の栽培を忌むが、その理由をツキミソウは葬式に用いる花だから、と伝えている。正しくは、ツキミソウはアカバナ科の二年草で江戸時代に渡来したといわれる。全国的に、野生化したのがいつ頃か明らかでないが、ここでいうツキミソウはオオマツヨイグサの誤称であろう。

○宮城県で、ツキミソウの花を採ると雨が降る、といい、群馬県利根郡では、ツキミソウに斑点があれば大水が出るという。

土筆　つくし

○ツクシを食べると、馬鹿になる（群馬）、とか、睾丸が腫れる（秋田）、という。岐阜県稲葉郡では、ツクシンボ（ツクシの地方名）はリュウマチの薬と伝えている。

黄楊　つげ

○ものもらいは、ツゲの櫛の背でこすると治る（栃木・岐阜・滋賀）という俗信は各地に多い。長野県では、めこじき（ものもらい）のできた時はツゲの櫛を火であぶって熱いうちに患部を撫でるといい、同様のことは、北海道・群馬・山梨・福井・愛知・奈良・岡山・山口の各県でもいう。また、櫛を温めるに、畳でこする（群馬・神奈川・富山・長野・奈良・三重・広島）とか、畳のへりでこする（福島・群馬・福岡）と、よいという。大阪府では、ツゲの櫛の背を畳に三度こすり、目ばちこを押さえると治るといい、和歌山県では、櫛の背を火であぶって畳のへりでこすり、目を突くまねをするという。ツゲは質が堅く緻美なところから櫛の材に用いる。櫛は船霊様として祀ることも多く、これでこすると、ものもらいが落ちるほか、ひきつけが治る、ともいわれる。櫛に特殊な呪力を認め、ものもらいを治そうとしたものである。静岡県御殿場市では、ツゲの木そのものを目にあてて「なおれ、なおれ」と言えば、ものもらいがおちるという。櫛の呪力をその材料にまで及ぼしたものであろう。

蔦　つた

○家にツタを這わせると、病人が出る（秋田）、病人が絶えない（埼玉）、家を巻き倒す（熊本）、という。愛知県南設楽郡鳳来町〈新城市〉で、家の近所にツタが生えたら切れといい、高知県高岡郡檮原町では、妊婦はツタを跨いではいけない、ツタ子が生まれる、という。

○民間療法。体に痒いものができた時は、「天竺の天の川原のつたかずら、もと刈りたてて葉を切れば、うらは枯れゆくぞやアビラオンケンソアカ」と三回言う。

躑躅　つつじ

○ヤマツツジを家に入れると火事になる（秋田県河辺郡）とか、淡桃色のツツジの花を家に持ち帰ると火事がある（兵庫）といって嫌う。長崎県西彼杵郡では、ツツジは火がまわるので家の庭には植えないといい、和歌山県日高郡では、この花を池の中島に植えて影が水に映ると家内に病人を生ずるといって忌む。民間では、卯月八日に山から迎えたツツジをタケの先につけて庭に立てる習わしがある。信仰にかかわる花であるところから日常の栽培や使用を忌むのであろうか、或いは、赤い花を忌む風の一例であろうか。仏様にツツジを立ててはいけない（愛知）とか、ツツジの花を上げると仏壇の金がはげる（北九州市）というのも、同じ信仰である。

○奈良県や和歌山県では、行方不明者が出ると卯月八日に立てたツツジの花を焚き、その煙のなびいた方に捜しに行くとよいという。また、卯月八日の竿の高さで、生まれてくる子の性別を占うことも行われ、高ければ男の子、低いと女の子が生れる（和歌山県有田郡）という。

○ツツジの花がよく咲いた年は、雪が多い（茨城県久慈郡）とか、雷が多い（栃木県芳賀郡）といい、秋に咲くと秋長で雪が遅い（山形県村山市）という。また、ツツジの返り花の多い年は大雪になるともいう。

○ヤマツツジの花がたくさん咲く年は豊作（栃木・群馬・岐阜）、咲かないと世の中が悪くなる（岐阜）という。福井県今立郡では、ヤマツツジに赤い花がたくさん咲くとその年は不吉であるともいう。

○開花期を農作業の目安とする土地もある。広島県で、ツツジの花盛りはワラビ採りといい、群馬県吾妻郡では、オニツツジが咲けばヒエを播かねばならぬとか、紫のツツジが咲いたらジャガイモを播けと伝えている。

○民間療法。ツツジの一番花を食べると風邪をひく（岡山）。たむしには、シロツツジの花を揉んでつける（青森・福島・長野・愛知）、シロツツジの花の腐った汁をつける（山形）。疥（はたけ）にはシロツツジの花を揉んでつける（群馬）。婦人病にはシロツツジの花を揉んでつける（北海道）。ツツジの枝でサツマイモを刺して食べたら中毒を起こす（佐賀）。

椿（つばき）

○ツバキを屋敷内に植えることを嫌う土地は多い（秋田・宮城・千葉・東京・山梨・富山・福井・長野・岐阜・三重・和歌山・岡山・広島・鳥取・愛媛・大分・熊本）。なかには、家の隅に植えない（愛媛県上浮穴郡）、玄関に植えない（愛知県西加茂郡）、家の裏に植えない（岐阜県郡上郡）、と細かく場所を指定した伝承もみられる。庭内に植えると、家運が傾く（鳥取・愛媛）、縁起が悪い（大分）、不幸がある（新潟）、凶事がある（同県）、病人が絶えぬ（秋田・宮城）、死人の声を聞きたがる（宮城）という。ほかにも、家の周りにあると人が死ぬ（広島県山県郡）とか、屋根より高くなると不幸になる（愛知）という。

○忌む理由として、首が取れるように花が散るため（千葉・東京・山梨・長野・岐阜・富山・和歌山・岡山・広島・鳥取・愛媛・熊本）とする土地が多いが、群馬県勢多郡北橘村〈渋川市〉では、ツバキはお寺の木だから家に植えるな、といい、東京の町田市でも同様にいう。また、長野県更級・埴科郡ではツバキは墓に捧げる木だからといって忌む。霊樹としてツバキの古木を神木とする神社は各地にあり、また、寺院や墓地などにも多く見られることから、屋敷内に植えるのを忌んだものであろう。特に、江戸時代、武家の間では不吉な花として扱われたとするのが通説だが、江戸初期には貴紳の間でツバキの変種のコレクションが流行して図譜の類も種々作られた。徳川秀忠も愛好家の一人であり、首が落ちるなどといって嫌う風潮の生れたのは、後の事と考えられる。

○鳥取県西伯地方で、ツバキを植えると長寿になると伝えているのは、八百比丘尼の伝承の影響とみられる。福井県小浜の神明宮にはツバキの枝を持った八百比丘尼像がある。比丘尼はツバキを持って全国を歩いたといわれ、また伝説では八百歳の長寿を保ったといわれる。また、首をとられるといって、よそ者が来ないからツバキを門に植えた方がよい（岐阜県揖斐郡谷汲村〈揖斐川町〉）と、逆手に出た感のする解説も見られる。

○仏様にはツバキの花を供えない（千葉・愛知・三重・福岡・長崎・鹿児島）といい、供えると仏様の首が落ちる（愛知県南設楽郡）という。その理由として、千葉県館山市では、ツバキの花は首からもげるからと伝えている。長崎県壱岐では、仏前には挿すが、神様には上げぬといい、鹿児島県国分市〈霧島市〉でも、ツバキの花は神様に供えてはいけないという。

○ツバキの花を頭にさすと、病気になる（高知）、早死する（千葉・三重）、親が死ぬ（三重県阿山郡・高知県幡多郡）、気がふれる（福井）、といって忌む。

○ツバキの花を病人の見舞に持っていくことを忌む風は広い。富山県や愛知県では、ツバキの木を花瓶にたてるものではないといい、鳥取県東伯郡でもツバキの花を生花にすることを嫌う。また、愛媛県周桑郡丹原町〈西条市〉では、花瓶のツバキの花を落とすとマンタ（えんぎ）が悪いという。いずれも、花が首からぽたりと落ちることを忌むためという。

○秋田県鹿角郡で、祝日にはツバキの花模様を嫌うといい、群馬県利根郡では、ツバキの花模様の着物はよくない、ツバキの花は首がもげるからという。

○ツバキを信仰上の特別な木とみなすところから、これから道具を作ることを忌む土地も多い。例えば、祝事用の道具は作らない（壱岐）、六尺〈天秤棒〉を作ると肩の血を吸う（福岡県甘木市〈朝倉市〉）、火かき棒を作るな（愛媛県上浮穴郡）、杭にだけは用いない（島根）、などという。岡山県勝田郡では、ツバキの槌を使うことを戒める。ある時、ツバキの槌が夜鳴きをしたことがあり、割ると血が出た、という。
○広島県大竹市でツバキは化けて出る木だとか、幽霊の木という。ほかにも、白ツバキは化ける（岡山）、ツバキは七化けする（鳥取）、などという。ツバキの化けといって、葉が餅のようにふくれることがある（島根県隠岐郡）という。大分県南海部郡蒲江町〈佐伯市〉では、タヌキはツバキの葉を着けて化けるので、ツバキの木は化ける、といわれている。
○ツバキのつぼみが、上を向いている年は大雪（山形・新潟）、葉の下に隠れている年は大雪（山形・広島）、よく伸びれば大雪（広島）、晩秋につぼみが大きい時は大雪（山形県最上郡）、花が下向きに咲けば大雪（群馬県利根郡）、という。反対に小雪の兆としては、つぼみが、上に向いてつく年は積雪が少ない（山形県東田川郡三川町）、下向きであれば雪が少ない（同県庄内地方）、葉の上にできれば小雪（広島）、ツバキのかえり咲きは暖冬で雪の少ないしるし（福井県大野地方）という。また、山口県では、ツバキの実をもぐと大風が吹くという。
○山口県阿武郡では、鉈の柄にツバキをすげると、皹が切れないという。
○宮城県で、ツバキの木に秋花が咲くと豊作、山形県庄内地方では、寒中に花の多く咲くのは豊作の兆、つぼみが下向きにつくのも豊作の兆（同）という。群馬県利根郡では、ツバキの花の咲かない年は凶作と伝えている。ほかにも、ツバキの花の多い年は豊漁（宮城）とか、丘のツバキの枝を折るとシラウオが来ない（福岡県前原町〈糸島市〉）、という。
○民間療法。乳のはれた時には白ツバキの葉を黒焼きにし飯糊で貼る（茨城）。めぼ（ものもらい）には葉を火であぶってこする（広島）。痔にはツバキ・ドクダミ・ニンニクを練ってつける（福井）。腫物には、葉を火にあぶって上に貼ると早く口があく（香川）、葉をあぶって出た汁をつける（広島）。火傷にはツバキ油を塗る（新潟・岡山）。鼻がつまった時は鼻筋にツバキの油をかけるとよい（静岡）。ツバキ油をなめるとむしが治る（愛知・熊本）。歯の痛む時は、自分の歳の数だけツバキの葉を供えておく（愛知）、葉を歳の数だけ戸口に針で打っておく（同県）。傷口に葉をかんで粉状にしたものをつける（長崎）。硫黄をツバキ油で練って疥癬の薬にする（同県）。子育観音のツバキの青葉に墨で七つ星を記し、小児の額を染めると子供が丈夫になる（茨城）。
○その他の俗信。ツバキの枝を薪にして餅を蒸しても蒸されない（大分県南海部郡）。お宮の森のツバキを一つでも取ると年のうちに足が曲がる（奈良）。ツバキの木を伐って地に立てると人をのろうことになる（島根）。ツバキの木から落ちると気がふれる（島根県隠岐郡）。ツバキを祝儀の生花にすることを忌む（岡山）。五月にツバキの種を播くとよくない、親類までもその影響をうける（三重県熊野市）。山の白ツバキの下には金がめがある（新潟）。ツバキの実の上皮をそぎ去り、これを砕いて埋めればモグラは嫌って来なくなる（『極奥秘伝まじない秘法大全集』）。⇩蛇（へび）(4)（動物編）

【と】

唐辛子　とうがらし

○妊婦がトウガラシを食べると、流産する（秋田・宮城)、血を騒がす(群馬)などといい、また、生まれてくる子供は、疣ができる(岐阜・広島)、瘡ができる(岡山)、頭髪が少ない(山口)と、いって避ける。トウガラシを食べると、眼病になる、高血圧になる、頭が悪くなる、髪の毛が抜ける、などもよくいわれる俗信である。

○民間療法。悪疫流行の時は門口にトウガラシを吊しておくと伝染しない(北海道・青森・秋田・富山・石川)。他に、スギ・ニラ(秋田)、ナンテン(石川)などを一緒に吊す。群馬では、百日咳に対して同様のことをする。トウガラシを袂の中に入れておくと悪疫が伝染しない(石川)、百日咳には腰に下げる(茨城)。

○トウガラシとネギを戸口に吊しておくとネムリ病が入らない(鳥取)。

○伝染病が村に入ると各自の家でトウガラシや青銭・文久銭をタケにさし、疫病をひき出す、といって三本辻に置いてくる(茨城・群馬。栃木では、はやり目に同様のまじないをする)。目まいはトウガラシで辻に送る(群馬)、胸やけや下痢にトウガラシを頭にのせる(千葉)。頭痛には頭に貼る(石川)。咳止めには布に包んで喉にあてる(鳥取)。風邪の流行する時は、トウガラシを火に入れて座敷中をいぶして病を去らせる(千葉)、また、酒に入れて飲む(石川)。塩漬のトウガラシに熱湯を注ぎ消化剤として飲む(沖縄)。肺炎はトウガラシを水または酒で練って湿布する(栃木)。中風には、黄色のトウガラシ(秋田)、または古いトウガラシにわいた虫(岐阜)を食べる。脚気には煎じて飲む(香川)。神経痛(沖縄)、冷え症(神奈川・岐阜・静岡)、痔(愛知)はトウガラシで患部を温める。擦り傷・底まめ(奈良)や打ち身(岐阜)は黒焼きにしたものを粉にし、飯粒と練って貼る。しもやけは、トウガラシでこすったりトウガラシを入れた湯で洗う(北海道・宮城・埼玉・千葉・新潟・福井・静岡・愛知・

福岡）。足袋や靴の先に入れておくとしもやけにならない（富山・奈良）。乗物酔いにはトウガラシを持っているとよい（長野）。乳幼児の黒子には、トウガラシの花とモモの花を砕き、蜜で練り合せて貼る（広島）。

○トウガラシが辛い年は豊作（青森）。トウガラシが赤く熟さない年は荒天多くケカチ（飢饉）である（秋田）。

○以上の他、次のような俗信・俚言がいわれる。トウガラシはもらい遣りするな、もらうなら盗め（山形・福岡）。客が来ない時はトウガラシを焚くと客が来る（石川）。憑き物には、トウガラシを持っているか蒲団の下に敷く（愛知）。トウガラシを一生食べなければ長者になる（岩手）。トウガラシを一本栽えると雷が鳴る時泣く（茨城）。トウガラシが赤くなるほどの場所は何を作ってもよくできる（長野）。トウガラシをナス畑につくると河童がナスをとらない。

○宮城県白石市では、厄病神除けにヨスケの行事をする。二月中の荒れ日に、地区中で申合せ、「笹原与助殿御宿」と書き、トウガラシとともに片方の藁草履に結びつけて戸口の上に掲げる行事である。

○トウガラシは、天文十一年（一五四二）にポルトガル人が将来した（『草木六部耕種法』）ともいうが、多くの書の記すところでは文禄の役に朝鮮から持ち帰ったとする。それで高麗胡椒、或いは南蛮胡椒の名で呼ばれていた。はやくから観賞用として鉢植にされたが、その薬効については、もとより本草書には記載がなく、そのため一方では毒だとして食わず、一方では薬として汗をかき、顔をしかめて食うという状態であった（『夜光璧』）。脚にできた胼胝を治すには、焼いて粉末にし飯糊にまぜて貼る（『和漢三才図会』）、衣裳・酒・醤油の類に入れて黴を防ぐ（『雲萍雑志』）などの効能も説かれているが、全体を通じては、食味を増し食欲増進に効があることを記している。

冬瓜　とうがん

○鹿児島県国分市〈霧島市〉では、トウガンを植えると病人が絶えない、トウガンを植える時は「植える」と言うものでなく、「捨てる」と言って植えるもの、という。埼玉県越谷市にはトウモロコシ・トウガン等トウのつく作物を作らぬ家筋がある。

○トウガンがよくなると縁起が悪い（愛知）、豊作の年は病人が多く出る（広島）。

○トウガンを盗むと顔が青くなる（愛知）。

○アカシアの花盛りはトウガンの播き時（群馬）。

○新潟では、トウガンを食べると小便の出がよくなる、と利尿剤とするが、愛知では、仏生会のトウガンを食べると死ぬ、という。

唐胡麻　とうごま

○ヒマ（トウゴマの漢名）を植えると貧乏する（宮崎）。

○沖縄ではチャンダガシーという。生葉を火にあぶって腫物に貼りつけると開口する。

○長血に、トウゴマを飯糊で練って土踏まずに貼ると、卓効がある（茨城）。

○痔疾に、トウゴマの皮を去り、実ばかりを刻み、焙烙（ほうろく）で炒って煎服する（対馬。『楽郊紀聞』）。

○耳病に、ヒマシ油を二滴ほど耳にたらし、耳のまわりを水で冷やす（石川）。

玉蜀黍　とうもろこし

(1)　禁忌の由来　天気占い

○群馬県富岡市南五箇の岡田家では、トウモロコシ・トウナス・トウノイモ・トウガラシなど、トウのつく作物を一切作らない。もともと、中世以後に渡来した食物は、初め貴人の邸や寺院さらに神社の境内などに植えられて、漸次一般に普及したゆえか、民家では拒絶反応が強い。植木と違って作物では、そうもいっていられないはずだが、やはり唐（とう）のつく物はいけないという家筋が、何らかのいわれによってのこっているのである。埼玉県越谷市の佐久間姓の家でも、トウモロコシ・トウガンなど、トウのつく作物を作ってはならぬ、としている。新潟県南魚沼郡大和町浦佐〈南魚沼市〉の石田一族は、トウマメ（トウモロコシ）を作ると、マチガイがある、といって栽培しない。同郡六日町八幡〈南魚沼市〉の池田家では、もとアサ・ゴマ・トウマメを作らなかったが、今は作るようになった。○栃木県安蘇郡田沼町〈佐野市〉では、大字長谷場の小松原エッケ（一家）と山口氏のエッケ、同下作原の横塚家、同御神楽の某家ではトウギシを作らない。近年山口エッケで作り始めた家では、嫁の持参という名目で、嫁だけが栽培に関与する。群馬県勢多郡北橘村〈渋川市〉の旧家藤原家も、昔火事の時、馬が長屋門のところでトウモロコシを食いながら死んだため、作ることができない。茨城県真壁郡明野町向上野〈筑西市〉の利右衛門家・規矩至家、同町大字赤浜・東石田の草間家ではトウギミとキュウリを作らない。ただし利右衛門家では、おたねおろしと称して、蚕影山（筑波郡筑波町〈つくば市〉の子飼山にある蚕影神社）へ行ってくれば、作って食べてもかまわない、という。明野町〈筑西市〉中上野の林家でもトウモロコシ・キュウリを食べない。同町寺上野で、天神様を内神に祭っている家でも、トウモロコシを作らぬが、蚕影山へ行って種もらいをしてくれば作ってよい、という。その家で経過した種は穢れる、という信仰なのであろうか、種を改めれば障り無し、とするのであろう。

○千葉県印旛郡印西町船尾〈印西市〉の神官船穂氏は、氏神宗像神社の神が嫌うのでショウガを作らぬが、分家ではショウガは作るが、トウモロコシを作ると家に不吉があるという。勝浦市興津の照川家でも栽培しない。茂原市本納と真名の某家では、モロコシを植えた年に大患があったので植えない。埼玉県越谷市では、稲荷様を祭っている家では、トウモロコシを作ってはいけない、という。その他、東葛飾（千葉県）の酒井家でも家例として作らない。もらって食べるのは差支えない。
○新潟県新発田市滝谷の須藤・阿部氏と杉原氏の一部の家では、昔からトウキビを作らない。南魚沼郡大和町浦佐〈南魚沼市〉の石田一族はトウマメを作らない。作るとまちがいがある。山形県米沢市の某家も、キュウリ・トウモロコシは栽培しない。
○家名は明らかでないが、トウモロコシを禁忌植物とする村の例は、少なくない。宮城県黒川郡大和町山田区・栃木県上都賀郡の赤石ヶ原（小山判官の祟りで）・千葉県我孫子市付近・山梨県韮崎市武田（神が嫌い）・愛知県南設楽郡作手村高里〈新城市〉・神奈川県津久井郡相模湖町千木良〈相模原市〉・同藤野町佐野川〈相模原市〉の御霊・川崎市高津区野川の権六谷戸などがそれである。
○神奈川県愛甲郡清川村法論堂集落でも、戦前まで栽培しなかった。永禄十二年、武田信玄が小田原城攻囲戦に成功せず引揚げる途中、同村の三増峠で北条軍と戦って敗れ、その敗兵の一隊が北に向かって逃げるはずなのを、道に迷って法論堂にたどり着き、眼下にトウモロコシ畑を見て、敵軍の鎗ぶすまと見誤り自決したからだという。
○また、県名・郡名のみ記されている報告はさらに多い。宮城（個人の家で作らない）・福島（病人が出る）・群馬県甘楽郡・千葉県東葛飾郡（人必ず死す）・長野県佐久地方などがそれである。
○以上、関東中心の例が多く、西日本には少ないが、香川県三豊郡三野町吉津〈三豊市〉では、タカキビを作らない。豊臣の残党横関新三郎の郎党がタカキビの中に隠れていたが見つかって殺された。以来、この地にはタカキビは育たない。
○トウキビのぺちゃんこの莢ができると、おえべす様が作って下さった、といって、お供えする（愛媛県上浮穴郡）。

○赤いトウキビの種を播かないのに、赤いのができるのは悪い知らせである。その時に備えて、播く時に赤い種子を二、三粒混ぜておく（同）。

○毎年違う種子を植えると、よくとれる（同）。

○ボラ漁の時は、トウキビの炒ったのを持って行くとよい（高知県幡多郡）。

○トウモロコシとタニシは食合せ（千葉・愛媛）。富山の薬屋の置いて行く食合せ食品の絵図にもあった。トウモロコシとハマグリ（新潟・佐賀）、モロコシにアンズ（山形）、トウキビと鮎（大分）、トウモロコシと鉄漿（おはぐろ）（岩手）、は悪いという。

○雷除けには、トウモロコシの皮を焼くとよい（和歌山県日高地方）。

○トウモロコシの毛を焼くと、風が吹く（宮城）。

○島根県八束郡鹿島町〈松江市〉では、往時は雪隠に便所の神を祭った。その神棚には男女一対の人形（紙か、トウモロコシの皮）を祭ってあり、頭はまるく、ひげにはトウモロコシの毛を用いた。便所の神は目が見えないといって、灯明を上げず、線香を上げて、下の病の時に祈願した。

○正月十一日の綯（な）い初めまで、トウキビの粉を挽くのを忌む（高知県吾川郡吾川村〈仁淀川町〉）。

○観世音の祭礼四万六千日にトウモロコシを食べると、物負けしない（金沢市）。

○六月大の年（旧時の暦で六月が三十日の年）はトウキビ食わず。旱魃だからという（愛媛県大洲市）。

○トウモロコシの根は、茎幹の節のうち地面に近いところから地中にくい下がっているのをよく見かける。この部分が、地上よりなるべく高い節から出て長く下がり、露出したまま地に強く広がっている時は、逞しく安定がよい感じでである。このようにしっかり根を張るのは、トウモロコシが暴風にも倒れないよう自衛策を講ずるからで、自然の摂理の一種だと考えられた。そこでこうした現象が現れると、今年は風年だ、台風がある、風難だと判断した（山形・宮城・群馬・千葉・長野・石川・岐阜・和歌山・鳥取・広島・愛媛・大分・熊本）。このことを表現するのに、トウキビの根が高く張る（出る）年は大風がある（宮城・群馬・神奈川）、根が高いと秋荒れる、または大風（加賀・飛驒・三河・備後）、上根がよく出た年（駿河）、高根を下ろす年（紀伊・備中・周防）、高根を張る年（美濃・紀伊・大和）には大風あり、などといっている。

○宮城では、トウキビの根が高く出ると、その年は大荒れが来て大水が出る、群馬では、根が強く張る年は地震がある、山形では、根が上から出ている時は大雪といい、その反対に根が下から出ている時は雪が少ない、と判断した。

○トウモロコシの根が北にさすのは風年（『俚諺大辞典』）、モロコシの葉が南へたくさん出る時はケカチ（凶年）となり、北へ出る時は豊年となる（長野県北安曇郡）。

○長野県下伊那郡では、キビ（トウモロコシ）やススキの葉にできる節の数によって、節が二つあればその年は台風が二度来る、というふうに、台風の度数を占う。この節のことを、風ふしと呼んでいる。

○トウモロコシの丈が高く伸びる年は大雪、伸びなければ雪少なし（山形県各地）。トウモロコシの丈だけ雪が降る（同県北村山郡）。トウキビが伸びすぎれば深雪となる（福島）、高く伸びれば洪水（宮城）、トウキビが高くなる年は大風が吹く（愛媛県伊予郡）。山形県村山地方では、長く伸びる時は不作といい、秋田県南秋田郡では、トウモロコシの成育の悪い年は豊作という。

玉蜀黍　とうもろこし

(2) 民間療法　その他

○トウモロコシの毛を煎じて飲むと、腎臓病及び利尿に効く（北海道・群馬・栃木・埼玉・茨城・静岡・山梨・新潟・岐阜・愛知・三重・滋賀・岡山・愛媛・徳島・高知・福岡・鹿児島・沖縄）。毛のほか皮も煎用（長野）、毛と実を煎服（香川）、毛を焼いて食べる（大分）。花柱を（徳島）、房を煎用（宮城・神奈川・京都）。尾張地方では、腹水に毛を煎服する。これらは医学的にも効果を証明されているようである。

○淋病にはトウモロコシの毛を煎じて飲むとよい（栃木）。栃木市樋口町の田村家では、トウモロコシの毛を主材とした腎臓・淋病・消渇の薬を売り歩いたという。飛驒では高黍殻を煎じて飲むという。

○脚気にトウモロコシの実を炒って煎じて飲む（埼玉・滋賀）。

○トウモロコシの毛を煎じて飲むと、風邪をひかない（愛知・富山）。

○心臓病には、トウモロコシの茎幹と甘草を煎じて飲むと効く（和歌山）。

○トウモロコシの実を粉にして食べると、乳がよく出る（山梨）。

○解熱に、トウモロコシの炭（？）を飲む（木曾地方）。

○火傷に、トウモロコシの毛の灰を水に溶かしてつける（栃木）。打ち身には、実を取り去った芯の部分を黒焼きにして塗る（同）、トウモロコシを黒く焼き、打ち身のところを押さえる（神奈川）。捻挫に、うどん粉とトウモロコシの炭（芯を焼いたもの）を混ぜて酢で練ったものをつける（宮城・茨城・木曾地方）。

○腫物には、トウキビを煎じて飲む（大分）。

○汗疹には、ナンバンキビ（トウモロコシ）の茹で汁で行水する（三河）。

○耳病にナンバ（トウモロコシ）の毛を焼いて粉にしたものをつける（岡山）。

○妊婦がトウキビまたはトウキビ団子を食べると乳が出なくなる（岐阜・岡山・広島）。トウモロコシのはったい粉を食べると喉が渇く（愛媛）。トウモロコシを食べすぎるとできものができて、治らない（埼玉・愛知）、できものに毒（福井）。生トウキビを食べると血を吐く（大分）。トウナワ（トウモロコシ）を食べると、癇癪を起こす（飛騨）。広島では、キビ（トウモロコシ）を食べてあたる（中毒）と、人糞を椀に三杯食べぬと治らぬという。以上のように、禁忌作物とされていた時代の名残とみるべきものが少なくない。

○月の夜にトウモロコシを蒔くと、虫がつく（宮崎）、ハッカケトウキビ（不稔実が多いトウモロコシ）になる（熊本）。月夜のトウキビは虫くいになる（同上）。千葉県市川市でも、トウモロコシは月の無い時期に蒔くをよしとし、そうすれば歯欠けにならない（びっしり粒がつく）という。往時は、害虫・害獣は月夜に出て活動すると信じられており、トウモロコシについても発芽時の夜盗虫、幼苗時のめい虫の被害は月夜に受けやすい、と考えられた。三河では、雨降りにトウモロコシの苗を植えると、はげ粒ができるという。

○三月三日にトウキビを植えるとヨムシ（北条虫）がつかない（熊本県玉名市）。

○伊予や土佐の山村や猟師の言葉として、トウモロコシの実の筒ができる頃には、子ダヌキが親ダヌキに成長するという。⇩蜀黍（もろこし）

木賊（とくさ）

○トクサを煎じた汁で、かすみ目を拭く（三河）。はやり目にもよい（同）。

○腸の出血、痔の出血に煎用（全草）する（岩手・徳島）。

○物（出来物）にトクサをつけると治る（秋田）。

○『長生療養方』に、「目疾ヲ主トス。翳膜ヲ退ケ目ヲ明ニス。痢ヲ止ム」とある。その他、疝痛・脱肛・腸風・痔瘻等の諸病にも効がある、と記したものがある。

蕺草（どくだみ）

○ドクダミの語源は、毒を矯（た）める、即ち止める意味である。解毒的性能が著しいところから命名されたもので、それが諸病に拡大解釈され、応用の範囲を広げた。一名を十薬（じゅうやく）というのも、十種類の病気に卓効がある、との意からの名。ドクダミの薬効は、血液をアルカリ性にするので、便通・排尿・血管強化のはたらきをする点にある、とされる。

○民間薬としてのドクダミの用途で最も報告の多いのは、腫物の排膿や毒下しに効能顕著だというもので、分布は全国的とみられ、地名をあげるにたえない。使用法についても、ほぼ五通りある。その第一は、生の葉を揉んで（刻んですりつぶしたり、塩で揉むやり方もある）患部につけ、或いは葉のまま貼りつけ、或いは紙に葉をつけて貼る。要するに搾り汁を吸出し薬として使うもので、火傷・瘡にもこの方法が使われる。第二には葉を火であぶるか、蒸すか、焼くかして柔らかにし、その汁をつけるか、或いはそれをそのまま患部に貼る。ドクダミの他に、フキ・ツワブキ・アサガオ・イチジク・カボチャなどの葉と共に、ぬれ紙に包んで焼くか蒸して、どろどろになった物を貼る方法も広く行われ、または蒸してから飯とか油とを練り合せ、紙につけて貼る。第三は、ドクダミをフキの葉に包み、焼灰の中でぬくめる方法もある。丹波地方では熱い灰の中でドクダミを焼いて薄皮をめくり、口の無い腫物などに貼る。茨城では、ジゴクソバ（ドクダミ）の根を紙に包んで焼き、紙にのして吸い出しにする。新潟では、フキの葉に包み、囲炉裏の灰にくべ、柔らかになった頃合に取出し、真ん中に穴をあけて、腫物に貼り、上を和紙などで包んでおくと、実によく吸出すという。また、さっとあぶって少し揉む（秋田）、葉の黒焼きを振掛ける（奈良）、葉を茶碗に入れて火の上にのせておき、葉がしおれた時、取出して貼る（飛驒）、朱（赤色硫化水銀）と、乾燥したドクダミ・フキの根を粉にして練り合せて膏薬にして貼る（福井）。大分県日田郡では、できものの薬にカゴ（カゴノキ？）の葉に包んで焼く、という。第四には、ドクダミを熱い湯で浸して貼る、或いはドクダミで洗う（長野）、という方法がある。「洗う」とは、煎じた濃汁に患部を浸す（いわゆるタデル）のをいうらしく、大井川上流地方でも、この方法を用いている。第五には、湯に入れて入浴するもので、汗疹（埼玉）・しもやけ（福井）・女の下の病気（岐阜）・かぶれ（三河）・神経痛（新潟）の療法に用いる所がある。新潟では土用丑の日にドクダミ湯に入ると病気しないという（この他にもあるが、次項参照）。

○以上は外用法であるが、煎服療法も広く行われている。この場合は全草を用いることが多い。採草の時期は、いつでもかまわないという所が多いが、特に開花時（青森・埼玉）、六月土用（宮崎）、土用の三日目（宮城・群馬・千葉・新潟・岡山）、土用丑の日（秋田・山形・長野・岐阜）に採って陰干しにしておくのが最も効く、とする所もある。

○ドクダミの薬効は、腫物・吹出物・皮膚病・火傷・打ち身・捻挫のほか、丹毒消し、胎毒下し、或いは面疔、蜂・虫刺され・みずむし・汗疹・にきび・湿疹・じんましん・瘡・乳腫れ・痔・頭痛（塩で揉んで額に貼る）・腰痛・足の肥えかぶれ・筋ちがい・しこり・神経痛・蓄膿症・鼻づまり等にも効くとされる。福井県鯖江市では、男女下の病に煎服する。また蓄膿症には葉を塩で揉んで鼻孔にさしこみ、時々取り替える（茨城・富山・石川）、或は煎服（鹿児島）、煮汁で鼻孔を洗う（岩手）、中耳炎には生汁をつける（茨城）。耳だれに葉の汁をつける、また煎服もする（東三河）。石川では、根の汁を耳に入れる。痔には、ツバキ・ニンニクと練ってつける（福井）、煎じて患部につける（千葉）、ドクダミの根を爪でちぎって飲む（三河）、煎じて飲む（同）、蒸し焼きにしてつける（山口）、根をわさびおろしでおろし、梅干ほどの大きさにしたものを飲み下し、干し葉の湯で腰湯をつかう（兵庫）、揉んで丸薬にして患部に塗る（熊本）、便秘に煎汁を毎日、盃に二杯ずつ飲む（大分）、陰干しにして煎じた汁を汗疹につける（福岡）等、種々の用法がある。

○内臓の病患にも、よく効くといわれる。胃腸病・食あたり・下痢・膀胱炎・便秘・利尿・緩下・血圧・冷え症・疝気・消渇・淋病・梅毒・血の道・風邪・肝臓病（ヨモギとドクダミを乾燥したものを飲む）・利尿等に煎用する（三重）、強壮剤・邪気ばらい・病気予防等に効き、妊婦も飲む（滋賀）。多くは煎服するが、入浴法を用いる場合もある。ドクダミの用法は、幾通りもあり、それらを自由に選択して自由に用いるのが他の薬草の場合と異なる点であろう。病名も広範にわたり、なかには万病に煎じて飲む（石川）、という例さえある。

○ドクダミは牛の病気に効く（和歌山）。山口では、家畜の食欲を起こさせるのに、ドクダミの根を煎じて飲ませる。

○ドクダミについては、民間薬の面に関する資料はおびただしいが、俗信的資料はまことに少ない。中でわずかに、瘧（おこり）に関するものがある。瘧にかかったら、ドクダミの葉に針を刺すと、落ちる（石川県江沼郡）。寝ている蒲団の下にドクダミを入れると、瘧は落ちる（群馬県邑楽郡）。

○新潟県栃尾市〈長岡市〉では、ドクダミの白い花が咲けば、水浴びしてもよい（川に入ってもよい）という。夏到来のシンボルと見立てるのか、水神とドクダミの花との間に何らかの関係があるのか、明らかでない。

野老　ところ

○トコロの皮を炉に入れると風が吹く（青森県

三戸郡）。

○彼岸の入りにはトコロとヤナギの芽を上げる。仏様は、彼岸中に上がった供え物（白団子）を、このトコロの根で縛って持って行かれるという。それで、みやげ団子とも呼ぶ。彼岸がすんだら、トコロを食べる。これを食べると、水あたりしない（新潟県加茂市）。

○トコロの花を産後すぐ食べると、後が痛まない（同）。

○疝気には、トコロの苦みを取り、味噌で食べるとよい（寛政元年『私家農業談』）（富山県小矢部市）。

○トコロとドジョウは食合せ（岩手）。

栃（とちのき）

○秋田県仙北郡で、屋敷内にトチを植えてはならぬという。特に家の北方に植えると病人が絶えぬといって忌む。

○群馬県利根郡で、トチの花が咲いたらヒエの播き旬（しゅん）といって農作業の目安にしている。

○民間療法。打ち身には、トチ水（トチの実を十五度くらいの焼酎一升に十粒ほど削って入れ、一月ほどおいたもの）を用いる（北海道）。ジフテリアにはトチを煎じた水とホオノキの虫を飲む（青森）。トチの樹皮を乾燥させたものは、しもやけ、下痢止めに効く（青森・徳島）。気管支炎で喉が腫れたら酒・トチ水で湿布する（北海道）。リュウマチにはトチの実を煎じて飲む（岩手）。神経痛にはトチの実の粉を焼酎で練り、これを貼る（岐阜）。瘡ができたらトチの実の黒焼きを油で練ってつける（新潟）。トチの実を煎じて飲めば食あたりに効く（岩手）。トチの実と麦粉とを酢で練り合せたものを骨接の塗布剤にする（青森）。トチの実を炭焼きの竈の炭でまぶすと苦味が消える。これを餅にして食べると体がアルカリ性になり、マムシにかまれても大丈夫である（滋賀）。じんましんにはトチの皮を煎じて飲む（山口）。耳に膿をもった時はトチの粉を耳に入れるとよい（岐阜）。

トチの実を肌身離さず所持していると中風にかからない（石川）。

海桐花　とべら

○流行病の病人を見舞う時は、袂にトベラの葉を入れておく。こうすると、その悪臭で病気が感染しない（山口）。

○疫病除けに、牛頭天王からいただいたトベラの枝を軒先に下げる（福岡県築上郡）。

○トベラ知らねば牛飼うな。トベラは牛の好物だからという（『俚諺大辞典』）。

薯蕷芋　とろろいも・**長芋**　ながいも

○ヤマノイモやツクネイモをすったトロロを食べた碗で、お茶を飲むと中風になる（岩手・山形・宮城・福島・栃木・群馬・埼玉・茨城・千葉・東京・神奈川・山梨・新潟・岐阜・静岡・愛知・広島・高知・大分・熊本）といい、土地によっては、お湯を飲むと中風になる（秋田・福島・栃木・新潟）とか、水を飲むと中風になる（群馬県利根郡）という。また、トロロを食べた後でお茶を飲むとトロロが消える（岐阜県高山地方）ともいう。トロロを食べた碗で茶を飲んでも中風になるようなことは事実の上ではなく、トロロのついた碗に茶をそそぐと茶の味が失われ、その上、不潔に感じるところから嫌ったとも考えられる。

○元日にトロロを食べると一年中風邪をひかない（秋田県山本郡）。一月二日に食べると、風邪をひかない（秋田・愛知）、病気にならない（山形）。一月三日に食べると、中風にならない（福島・新潟）、風邪をひかない（福島）、災難除けになる（同県大沼郡）。三箇日に食べると風邪をひかない（群馬県利根郡）。松の内に食べると、風邪をひかない（秋田県北秋田郡）、中風にかからない（山口県阿武郡）という。宮城県で、元日にトロロを敷居に塗ると悪病を防ぐといい、長野県では、トロロを戸間口につけておくと風邪の神様が来ないといい、青森県三戸郡では、元日にトロロイモをすって玄関の両脇にかけると悪病除けになるという。五月節供にトロロを食べねばウジムシになるという土地もあり、トロロは晴の日の大切な食物であったことを示す。

○福島県大沼郡三島町では、屋根にトロロをあげると古峯神社（栃木県鹿沼市草久、古峯原(こぶがはら)）にとどいて、火災を除けるという。これは、古峯神社はトロロが大好物であるためという。

○バカイモ（ナガイモ）がよく出来ると死に事がある（新潟）という。

○民間療法。トロロ汁は強精剤（静岡）。寝汗にはナガイモがよい（山形・富山）。歯痛には砂の上でトロロイモをすってつける（群馬）。乳腫れにはトロロイモをすり、紙に延ばして貼る（岩手）。抜け歯の時トロロを食べると歯が生えない（栃木）。腫物にはトロロをすって貼るとよい（埼玉）。妊婦がトロロを食べると、胎盤が腐る、鮫肌の子ができる、頭が白くなるかトロロの跡がついた子が生まれる（秋田）。トロロ汁を食べてすぐ風呂に入ると中風になる（群馬）。風邪をひいた時はトロロを食べるな（秋田・宮城）。風邪をひいた時にトロロ汁を食べると毛穴がふさがって死ぬ（青森）。病中にトロロを食べると長引く（秋田）。

菜　な

○四日と九日には菜を播かない（群馬・神奈川・山梨・長野）。これは死菜(しな)・苦菜(くな)に通ずるためといわれ、山梨県北都留郡でも、この日に野菜の種子を播くと良いものが収穫できないという。

○高知で、亥の子に菜類を食べると縁がおそいといい、愛知県では、抜き菜を食うと力がつくという。そのほか、不動様の日に菜を漬けると腐る（茨城）、とか、一月六日に天気がよいとその年は菜が悪い（新潟）、という伝承もある。

○八十八夜の菜の花畑で花見をすると、中風になりにくいという（宮城）。

○鹿児島県海岸部で、菜の花が咲くとカツオが釣れるという。

○民間療法。痔には、古い干し菜を煮てそれを敷く（青森）、干し菜を煮てあくを出し茹でて洗う（愛知）。火傷には、ナッパの塩揉みがよい（静岡）、干し菜を粉にして油でつける（岩手）。腰の痛みには干し菜を入れた風呂に入る（石川）。冷え腹には、イチジクの葉・ショウガ・干し菜・ミカンの皮・コメのとぎ汁を入れた湯であたためる（奈良）。風邪の予防には干し菜を戸口でくすべ「かどは九つ、戸は一つ、わが行く先はアララギの里」と言い、真言を三回唱える（兵庫）。汗疹（あせも）には干し菜を茹で塩を入れて塗る（愛知）。雪のかかったナッパは腹に障る（新潟）。四月八日以降には摘み菜を食べるな（愛知）。妊婦はニガ菜を食べてはならぬ（秋田）。

苗　なえ

○田植の時、苗束（苗を束ねる藁）の輪中に苗を植えると、人が死ぬ（山形・京都・奈良・兵庫）、霊供の飯になる（長野県北安曇郡）、瘭疽になる（同）、不作になる（広島）、植えた苗で目を突く（東京・鳥取）、という。福島県相馬市で苗藁を苗の上に置き放しにすると腰が痛くなるといい、和歌山県では苗を結んだ藁は前へほうれという。苗束が輪のままで落ちると中耕の時、束が根にあたり、イネを傷めるといって嫌う。

○苗を束ねたまま植え込むと、葬式の時の米になりたいという（長野・愛知）、田植する人の手が腫れる（岩手・宮城）、すばこになる（長野県北安曇郡）という。束ね苗はイネの生長によくないためいうのであろうが、一説には、真宗徒の農家では盆や仏事の時に、田植の残り苗を小束にして陰干ししたもので仏具をみがく習慣があるところから連想したもの（『新説ことわざ辞典』）ともいう。

○三日苗（挿苗三日前にとった苗のこと）は植えぬもの（岩手・宮城・京都・山口）とか、播種後四十九日には田植をしない（福島・栃木・奈良・広島・鳥取・愛媛・大分・熊本）という。四十九日苗を植えると、家に厄がある（熊本）、憂い事がある（大分）、家の誰かが死ぬ（広島）。苗が病む（栃木）といい、愛媛県大洲市では、種を播いてから二十三日目・四十二日目・四十九日目を苗厄とよび、厄を過ぎぬと田植をしないという。そのほか、丑の日に種播きをすると苗が寝てしまう（千葉県館山市）とか、午の日に田植をすると馬に苗を食われてしまう（福島県郡山市）、戌の日には苗間に入ってはならない（群馬県利根郡）、という。秋田県仙北郡で、五月節供に田植をすると苗がスギになるというのは、この日は本来、田の神を祭り、清慎厳粛に過ごす日であったことから生まれたものであろう。

○一本苗は植えるものでない（新潟・長野）といい、一本苗を植えると罪になる（長野県北安曇郡）という。また、早乙女が畔の上から苗を植えると、逆子が生まれる（静岡・和歌山）、難産する（鳥取県八頭郡）、といって忌む。高知県高岡郡佐川町では、田植の時、隣の人の足の上に苗を植えることをあまてといって忌む。

○縞苗（縞の入った苗）が出れば豊作（宮城・岐阜）といい、岐阜県吉城郡では、縞のある苗ができた時、これを嫁ぎたい人の家の田に植えると望みが叶うという。また、四ツ前（午前十時頃）に縞苗三本見ると思うことが叶うとか、縞苗を七度植えれば思うことが叶う（長野県北安曇郡）、ともいう。縞のある苗を吉兆として信仰したもので、岐阜県吉城郡神岡町〈飛驒市〉では、これを田の神苗と呼んでいる。

○愛知県南設楽郡で、苗にコムシの作った俵がつくと豊作になるといい、徳島県板野郡でも、苗に俵子（アオムシに寄生するハチの蛹）がつくと豊年になると伝えている。
○千葉県で、年始に行って長泊りすると苗の尻が長くなるといい、山口県では、正月に嫁が里帰りして早く帰らないと、苗代の苗の根が伸びてとりにくくなる、という。
○和歌山県西牟婁郡では、苗物を家の中に持ち込むなとか、死人の家からもらい苗するなという。大阪府三島郡では、苗を他家にやると、もらった家はよく育つが、やった家のは育たず絶えてしまうという。もらった家から礼として何でも持って行くと両家ともよく育つと伝えている。
○その他の俗信。苗代に種を播いた時に他の種を播くと種の勝ち負けができる（長野県北安曇郡）。合せ苗をすると火事の時逃げられない（山口）。苗代に種を播いた時に青物を食べるとアオミドロがたつ（長野県北安曇郡）。苗代に糯米をつくると憂いに使うようになる（同）。一本苗を植えるとよい（和歌山）。苗打の苗をからだに当てられると病気になる（滋賀県甲賀郡）。田植のしまいの日、特に大きな苗を三把とってきて荒神様に供える。これを、雷が鳴る時に焚くと雷除けになる（佐賀県松浦郡）。ほとり（播畦の周り）の苗は残さねばならない（山口）。苗を植えた日に苗代に触れると苗が腐る（和歌山県東牟婁郡）。田植中に入浴すると苗が枯れる（秋田）。
○サナブリ（田植じまい）の苗をとっておいて、お産の時にかむと後産がくだる（佐賀県東松浦郡）。苗をとる時、二人分あわせて束にすれば双生児が生まれる（同県）。白いところに黒い筋の入った苗で眼を突くとつぶれる（和歌山）。
○田植の時空手が起きないようにするには苗を縛った藁で腕を縛ってから始める（群馬）。空手にはサナブリ苗を縄にして手首を縛るとよい（福島）。苗手（田植時の使いすぎによる痛み）

には苗で患部をなでて川に流す（兵庫）。田植の初めに苗か青物を揉んで手につけると苗手にならない（長野）。苗取りをしていて隣の人の手に当たると苗手を病む（同県）。

長蕪　ながかぶ

○奈良県吉野郡下市町で、痰を根治するには、ナガカブの葉に、姓名・生れ日を書いて、懐中にして寝、翌朝に流すことを三年続けるとよいという。

梨　なし

(1) 梨と無し

○ナシを屋敷に植えることを忌む（長野県更級・埴科郡）。ナシの木を植えると病神が来る（京都府口丹波地方）。小庭にナシの木があると、その家の妻が早死する（佐賀県武雄市）。屋敷内のナシに実がたくさんなると、大事な人が死ぬ（岡山県勝田郡）。屋敷にナシを植えると金がなくなる（広島）、財産がなしになる（三河）。このように、ナシを植えることを忌む理由は、無シとの同音をきらうゆえである（地梨を禁忌植物にするのも同じ理由による）。そのため、わざわざアリノミと言いかえる。山形県置賜地方で、氏神様がナシで眼を突かれたから作らないという例があるが、こういう説明の付いているのは珍しい。

○ナシを植えてその枝葉が屋根を覆うと、病人が絶えなくなる（岐阜・広島）。ナシやユズを植えて木の高さが軒を越す時には主人の命を、家を越す時は惣領子の命をとられる（徳島県三好郡）。

○屋敷にナシ・ブドウを植えてはいけない（静岡県磐田郡）、ナシとジャクロを屋敷内に植えると凶事がある（山口県大島郡）。ナシ・ヒマワリ・シャクナゲ・サクラを植えるのを忌む所がある（高知）。これらは、ナシとブドウ、ナシとザクロに相関関係があるわけではなく、禁忌植物をひとまとめに述べたにすぎない。

○家を造る時は必ずナシの木を使用するがよい。

なぜならば、無しの処に盗人は入らないから。ただし、あまり多く使うと、何も無しになって、いけない（鳥取県八頭郡）という。長野県北安曇郡では、囲炉裏ぶちはナシの木で造れという。これと反対なのは、福島県南会津郡で、囲炉裏のマッコはナシの木で造ってはならぬというもの。それは四つ木梨、即ち世継ぎ無しに通じるからという。

○ナシの種子を囲炉裏に入れると、その家は病人が絶えない（福井）。

○鬼門ナシといって、鬼門にナシの木を植えることを喜ぶ（京都府南桑田郡）。鬼門にはナシやクチナシを植えておくとよい（愛知県南設楽郡）。鬼門にナシを植えると病気がない（同県西加茂郡）。これらは、無しの対象を、金や幸運から、疫神や邪悪に置きかえて、それを否定した、一種の縁起かつぎといえる。なお、西加茂郡では、カリン・ナシ・カシの木を屋敷内に植えるとよいという。借りん・無し・貸し（米を貸すだけの余裕がある生活ができる意）と音通だからである。物は考えよう、という好例といえよう。

○ナシの芯を食べると、腫物ができる（静岡県藤枝市）、夜小便が多くなる（奈良県山辺郡）、耳が聞こえなくなる（奈良・兵庫）、口がきけなくなる（兵庫）、あほうになる（三重県名賀郡）、背たけが伸びない（新潟県南蒲原郡）、という。ただし、佐渡では、ナシはカマド（芯）まで食えるといい、あえて嫌わないらしい。

○常陸地方のことわざに、「ナシは昼間くえ、モモは夜くえ」という。モモの中の虫は、小児の疳に薬だから食べてよい、暗い所で食べれば虫もいっしょに呑み込んでしまうから都合がよい、との意味である。ナシについては説明を聞かないが、ナシの芯を食うと悪いから、うっかり食べるな、との警告が含まれているものと考えるべきであろう。乳飲み子にナシを食べさせると、虫になる（北九州市）、ともいう。この

「虫」は蛔虫ではなく、疳の虫をさすもののようで、妊婦がナシを食べると胎児に虫がわく、という禁忌（後出）につながる。

○宮城県下の各地で、お産前後のナシは悪いという。『日用諸疾宜禁集』にも、ナシは懐妊・臨産・産後の禁物にあげてあり、各地で腹が冷えて下るという理由で、ナシを禁物としている。例えば、青森・佐賀で妊娠中はナシを食べるなと警め、長野・愛知では、胎児に虫（疳の虫）がわくといってナシを食べさせない。

○産後百日は食べてはいけない（青森・佐渡）。甚だしいのは、百日はナシの木の下にも行くな、木の下も通るな、という（青森・栃木・新潟）もので、柿の場合とも共通する厳禁的表現法である。岡山県上道郡では、産後にナシを食うと、インゾー（足の動かぬ病気）になるといい、岡山市では、子癇になるという。ナシに乳をかけると、疳の虫になる（岡山市・広島）というのも、産婦のナシの食用を禁ずることばである。ただし、奈良県下では、ナシを食べた後の母乳は子供に効くと、全く逆なこともいわれていた。

○ナシを食う夢は、悪い（愛媛県上浮穴郡）、離婚になる（岡山県久米郡）。青森県三戸郡では、ナシを食った夢を見ると妊娠するという。多産を忌んだ往時の一般的認識では、やはり凶夢の一種であろう。

梨　なし

(2)　梨と歯痛　民間薬とまじない　その他　梨と祈願　民間療法

○歯痛みには、ナシを断ち物にして立願すると治る（佐渡）、三年断つと治る（岐阜県揖斐郡）。歯痛で祈願をしたらナシを食べない（福島県郡山市）。子供が歯痛の時、親が断ち物にして願をかけたので、ナシを食うなといわれた人がある（群馬県利根郡）。九頭竜権現へ三年間ナシを断つといって立願する（秋田）。大阪市平野区平野町宝城寺内の戸隠大明神（トガクッさん）の祠に、三年間食べませんと願をかける。

参詣の時は無言でなければならない（大阪）。

○初ナシを食わずに神様に上げると、歯は痛まない（秋田）。

○歯痛の時は初ナシ九個を川に流す（秋田）。九頭竜権現に祈願するのも、九の数によるのであろう。苦を流す意か。ナシの実に本人の名前と年齢を書いて川へ流す（石川県石川郡）。或いは川口に流す（金沢市）。ナシに針をさしてそのまま川へ流し、一年間ナシを食べないでいれば、その翌年からはナシを食べても歯が痛まない（富山県氷見市）。唐柿大明神の神号と自分の名と年をナシに書いて川へ流すと、歯痛は治る。これを毎年すると一年中歯痛にかからない。唐柿大明神はどこに祭られている神か不詳（神戸市）。

○ナシを食べると、歯が白くなる（鹿児島）とはいうが、歯の薬になるとは、漢方書などにも見えないようである。ただ、喉病・口舌乾・咳嗽に宜しいと見える（『日用諸疾宜禁集』）。白い果肉と、歯当たりの感じからナシを連想したものか。

○瘧のまじないには、ナシを厚切りにしてその一片を持ち、南方に向かって空気を大きく一口吸い、ナシに向かって、「南方に池あり、池中に水あり、水中に魚あり、三頭九尾、人間五穀を食せず、唯、虞鬼食す」と三度唱えてから、ナシに息を吹きかけ、「勅殺鬼」の三字をナシに書く。これを瘧の起こる前に食べるとよい（山形県新庄市）。

○痔のまじないには、ナシを二つに割ったのを、便所の中で元のように合せておくと治る。その後でナシを断つ（神奈川。『三浦耳袋』）。『日用諸疾宜禁集』に、ナシは痔疾禁物に挙げてある。

○疣を取るには、ナシのへたで撫でればよい（宇都宮市）。

○しもやけの治療には、ナシの腐った水をつける（三河）。ちなみに、ナシの水がついた刃物で手を切ると治らぬ（『俚諺大辞典』）という。

○痲疹（はしか）流行の時ナシ・カボチャを食べると、かからず、かかっても軽い（佐賀）、ナシ・ダイダイを食べると、痲疹にかからぬ（同県）。ナシの葉を陰干しにし煎じて飲む（三河）。ナシを食べると、痲疹の発疹を促進する（福岡）。ただし、秋田県仙北郡では、痲疹の者にナシを食わすな、という。
○ナシの皮を煎じて解熱剤にした（高知）。実を輪切りにして砂糖を入れて食べ、解熱・風邪・咳止め薬とする（鳥取）。ナシの種子を抜いてその中に砂糖をつめ、黒焼きにしたものを百日咳の薬とする（飛驒）。ナシの木の皮を削ったのを煎じ、風邪熱下げに飲む（長崎）。ナシの葉を煎じて、乳児の虫下しに飲ませる（広島）。
○ナシの実を塩漬にして何年もおき、黒くどろどろになったのを、火傷・破傷風・とげ刺されなどに貼る（高知）。
○ナシにミカンは食合せ。腹痛を起こす（茨城県猿島郡）。
○ナシを数えると、実が落ちる（京都）。
○梨木さん（祠名？）に一年間ナシを食べぬと誓言すると、子供の悪癖が治る（香川県仲多度郡）。
○ナシとイモがらの汁が着物につくと絶対にとれない（鹿児島）。
○三月三日に風あれば、ナシに虫を生ず（『俚諺大辞典』）。
○ナシの花の返り咲きは何か変事がある兆（福島県相馬市）。
○ナシの花が闇夜に咲くと、芋の実がつかない（広島）。
○ナシの花がたくさん咲く年は大風、暴風雨、或いは大水があるとは、各地でいうことである（秋田・山形・群馬・長野・能登・越前・愛知・滋賀・和歌山・広島・福岡・熊本・薩摩）。ナシの実が多くなった年は、大風（新潟・愛媛）、秋風が多い（飛驒）、出水あり（同）。

○同じことは、コナシ・ヤマナシについてもいわれている。コナシの花がたくさん咲けば陽気が悪い（長野）。イシナシがたくさんなった年は風が吹く（三河）。ヤマナシがたくさんなった年は不作（秋田・山形）。
○ボケの木にナシを接ぎ木すると、一個は毒の実がなる（広島県比婆郡）。
○ナシの花盛りにノジコが多く来る（対馬）。
○ナシの花咲きゃアワを蒔け（和歌山）。
○味噌煮はナシの花盛り（秋田県平鹿郡）。

茄子　なす

(1) **栽培禁忌　茄子の夢　初物の茄子　食用の禁忌**

○ナスを屋敷内に作ると、死人を出す（大阪）、凶事になる（福島県郡山市）。家の前後に植えてはならない（愛知県南設楽郡）。道をはさんで植えるとその年に家の人が死ぬ（同）。屋敷田（住宅をこわしてつくった田）にナスを作ると不幸が起こる（奈良）という。また、ナスを二か所に植えると、病人が出る（大阪）、人が死ぬ（静岡・愛知・奈良）、凶事がある（和歌山）、不幸が起きる（同）、その一か所は育たない（奈良）ともいい、群馬県利根郡では、ナスを何か所も植えるとその家に病気が絶えないと伝えている。そのほか、ナスを北枕や三筋に植えてはいけない（奈良・和歌山）とか、畑の北側に植えるとよくない（大阪府枚方市）といって嫌う。ナスを身近に作ることを忌む理由はよくわからないが、肥料を多く要求する作物なので、連作を避けた関係からであろう。またその独特の色彩や、盆にナスウマといって精霊の乗り馬に用いることなども関係があろうか。『和漢三才図会』に「凡ソ茄ヲ栽ルニ弥地（イヤチ）（連作のこと）ヲ忌ム如シ。之レヲ犯セバ時ナラズ葉凋ミ枯ル。俗ニ之レヲ舞（マ）フト謂フ。一株舞ヘバ則チ圃中皆舞フ」と見える。
○六月にナスを植えるな（茨城・群馬・新潟）といい、植えると、ろくなことにならない（新潟県東蒲原郡）とか、毒がある（熊本）、という。熊本県阿蘇地方では、六月にどうしても植えねばならぬ時には、蓑を逆さにして植えればよいと伝えている。同様の言い伝えは、七月にもいう。七月にナスを植えるな（新潟・富山・奈良・広島）、死人が出る（富山）、死に騒ぎの煮しめくさになる（新潟県新発田市）という。もとは、旧暦の六月に植えることを忌んだのが改暦で七月というように変ったものらしく、石川県鳳至郡で、六月朔日（旧暦）にナスを植えると葬礼を行うといい、山形県置賜地方でも、旧六月にナスを植えるとおとぎ（お通夜）のナスになるといって嫌う。ほかにも、七月に入ってナス苗を移植すれば死者あり（千葉県船橋付近）。土用に植えると、悪い（宮崎）、仏事の料理になる（鳥取）。半夏過ぎて植えたナスは、四花（棺の四方に立てる四華のことか）の台となる（山口）。半夏過ぎて植えるナスは歌をうたって植えなければ不幸がある（同県）。田植が済んで植えると憂いナスになる。ただし煮干しなどなまぐさけを一緒に埋めるとこれをのがれる（同）、などという。

○ナスは葉と葉が当たらんように植えてくれりゃあ四十九なろうというげな（愛知県南設楽郡）とか、ナスは枝と枝が打ち合わぬように植えたら一株に千なる（福岡県北九州市）、ナスは自分の陰をも嫌う（奈良）、という。ナスは疎に植えて育てれば収穫が多いことをいったもの。

○ナスの夢を見ると、よいことがある（福井・愛知・滋賀・三重・和歌山・兵庫）、福が来る（三重）、金が入る（長野県北安曇郡）、子ができる（岡山県川上郡）。正月に見ると出世する（愛媛）。冬見ればよいことがある（広島）。ナスビをちぎった夢を見るとよいことがある（愛知県丹羽郡）。ナスビを食べた夢は子を授かる（兵庫県城崎郡）。留守家族の者がナスビの夢を見ると珊瑚がよくとれる（高知県幡多郡大月町）、という。一富士・二鷹・三なすびを吉夢とすることは全国的で、特に初夢に見ることを喜ぶ。富山県氷見郡で、一富士・二鷹・三なすびと書いて枕の下に敷いて寝るとよい夢を見るといい、愛知県では、晦日にタカがナスビをくわえて富士山へ登る夢を見ると運がよいという。ナスの夢を吉兆とする土地が多い中で、わずかではあるが、これを不吉と伝えている例もある。ナスの夢を見ると、運が悪い（愛知）、悪いことがある（富山）、人が死ぬ（福島県相馬市）。旅立ちの前にナスの夢を見ると危険があるからやめる（広島県佐伯郡）、ともいう。

○宮城県でナスの花が多くつけば日照りというのは、雨の多い時には落花が多くなり、日照り年にはよく花をつけるためであろう。また、ナスの葉が下を向くと雨（秋田・埼玉）、葉が立てば晴（宮城）という。広島県では、ナスの種が土をかぶって芽を出せば晩霜ありとか、花がよく咲けば暴風雨になると伝えている。

○群馬県利根郡で、ナスの早枯れの年は凶作といい、広島県では、秋ナスの味が変れば凶作という。冷夏でナスが十分に育たないような年は、米も不作になりやすいというのであろう。ほかにも、ナスビの色や味の早く出る年は不作（熊本）とか、ナスの初なり固きは不作（広島）という。秋田県では、彼岸前にナスを焼いて食べるとイネがよくならないという。

○初物を神仏に供えたり、好んで食べる風は広い。初なりのナスは、水神様に上げる（福岡・佐賀）という。鹿児島県国分市（霧島市）で、初ナスを井戸の中へ投げ込むというのも水神に上げるためである。神奈川県では、ナスの初なりを井戸におろせば悪疫にかからぬという。また、初ナスを一つ河童にやれば奇形果にならぬ（福岡県甘木市〈朝倉市〉）とか、雷に上げれば落雷しないといってクワの木に掛けておく（神奈川）土地もある。そのほか、愛知県では、初ナスを女がちぎると、割れる、運が悪いといい、男がちぎるとその後よく実るという。

○冬至にナスの茎を焼いてあたると、中風にならぬ（秋田・栃木・群馬）、風邪をひかない（山形・福島）、若くなる（秋田県由利郡）、借金がなくなる（栃木県安蘇郡）、という。また、この日にナスの茎を焚くと、病気が入らぬ（長野）、火災をまぬがれる（金沢市）。しもやけをあぶると治る（岡山）とか、大晦日の晩にナスの木を焚いて尻をあぶると中風が治る（山口県大島郡）、という。

○冬至にナスを食べると冬川に落ちぬ（秋田県由利郡）。五月五日の日の出前にナス漬で冷飯を食べると中風にならない（長野）。三九日（九月九日・十九日・二十九日）のナスを食べると、丈夫になる（山形県置賜地方）、中風の予防になる（秋田・長野）。乙子（おとご）の朔日（十二月朔日）に餅とナス漬を食べると水難にあわぬ（新潟県佐渡郡）。

○秋ナスビは嫁に食わすな、という諺は広く知られている。その理由は、秋口のナスは味がよいので、姑が嫁を憎んで食わさぬためというが、ほかにも、秋ナスを食べると、子供ができなくなる（群馬・神奈川・島根・愛媛・長崎）、体が冷える（茨城・神奈川）、乳が出なくなる（佐賀）、流産する（秋田）、子宮が下がる（群馬）、頭の毛が禿げる（同県）という。『諺草』に、秋ナスは種子の少ないものであるから子種のなくなることを憂えたゆえとあり、『安斎随筆』には、ナスは身が冷えて毒なものであるからと説明し、いずれも嫁に対する好意的処置であると弁護している。

○ナスを食べると、頭の毛が抜ける（秋田・栃木・群馬・埼玉・新潟・愛知・鹿児島）、声が悪くなる（秋田・茨城・群馬・富山）、力が弱る（富山・愛知）、色が黒くなる（愛媛）、眼病になる（奈良）、眼の悪い子が生まれる（北海道）、腹に毛が生える（新潟）、髪が黒くなる（秋田）、子を多く生む（岡山・広島）、という。また、ナスを食べると、子宮が下がる（秋田・

宮城・福島・栃木・群馬）というのは、ナスの形と成育状態から連想したものであろう。
○苗床ナスを食べると河童の餌食になる（山口県大島郡）。生ナスを食べると、クチ（口角炎）ができる（熊本）、腫物ができる（千葉）。白ナスを食べると中気になる（愛知）。六月に植えたナスを食べると死ぬ（鳥取）。焼ナスを食べると財産が減る（愛知）。朝ナスを食べると悪いことがない（秋田）。宮崎市付近では、ナスの双子を食べると双子を産むといい、畑にこれができると竹に挿して人の見やすいところにさらしておくという。
○千葉県市川市で、親と子で一つナスを食べるものではないといい、鳥取県気高郡では、このようなことをすると死ぬという。秋田県雄勝郡では、親子無しに通じるところから一つナスを親子で食べることを忌むと伝えている。ほかにも、ナスを女が二人でかじるとナスビが下がる（陰核肥大）（埼玉県越谷市）とか、ナスの漬物の一片を親子で一緒に食べると悪い（鳥取県八頭郡）、二人ではさみ合って食べるとうしば（虫歯のことか）になる（岡山・広島）、という。
○他人の残したナス漬の食いかけを食べると、歯が黒くなる、喧嘩する、人に恨まれる（秋田）、といい、他人のナスの食い残りを知らずに食べると憎まれる（岩手県和賀郡）、という。

茄子　なす

(2) 疣と茄子

○疣を取るには、ナスのへたでこする（北海道・岩手・秋田・群馬・茨城・千葉・埼玉・新潟・石川・岐阜・長野・愛知・岡山・広島・山口・愛媛・大分）、種でこする（群馬県利根郡）、葉の切り口でなでる（愛知）、へたでこすりながら「いぼいぼ移れ」と言う（広島）。同様の俗信は広く行われ、枚挙しがたいほどである。「あびろーけーそー」と唱えながらへたで三べんなでる（群馬）。早朝、人に知られぬようナスのへたでなでる（和歌山）。初ナスの、へたでこする（富山・福井・長野）、種をつける（群馬）。初ナスを人知れずとって来て二つに切り、疣の上をこする（京都）。初ナスの下で疣をなでると疣が落ちる（石川）。

○盆棚に供えたナスでなでると疣が落ちる（宮城・群馬・埼玉・福井）。盆の精霊さんに供えたナスのへたをこすりつけ「いぼいぼなおれ」と言って、雨だれの落ちるところへ埋めておく（香川）。盆のナスウマ（ナスで作った馬）で疣をこすり川に流す（神奈川・長野）。盆のナスウマでこすり「疣を背負って行っておくれ」と言う（長野）。盆の送り火を焚く時に、ナスでつくる盆さまのウマを半分に切って、その汁を疣につけ「このナスが腐るうちに疣を落として下さい」と祈る。そして、切ったナスを元通りにして道端の草のなかへ落としておく。このまじないをするところを他人に見られると効果はない（東京都武蔵野市）。盆送りで川に流したナスを拾ってきてすりつける（山梨県巨摩郡）。

○他家の畑のナスを盗んで疣につける（長野・島根）。他人の畑のナスを盗んできて四つに切ってなでる（山口）。他家のナスを取り、四辻で疣をすり、「いぼかと思うたらナスだった」と言って後ろを見ずに帰る（香川県三豊郡）。朝早く盗んできたナスのへたの汁をつける（福井）。畑から盗んできたナスを二つに割り、疣をこすったあと、見つからぬように盗んできた畑に埋める（群馬県利根郡）。

○疣を取るには、ナスのへたでこすって、人目につかぬように川へ流す（富山県下新川郡）、溝に埋め、埋めたナスが流された時は疣は取れない、腐れば取れる（石川・佐賀）。墨を塗ったナスでこすり、人の見ない時、溝に捨てる（栃木・香川）。ナスを二つに割り、疣をなで雨垂れにさらす（群馬県利根郡）。

○疣を取るには、ナスを、軒下に埋める（群馬県利根郡）、へたを四隅に埋める（広島）、人の見ない所に埋ける（群馬）、畑の隅に埋める

(同県利根郡)。ナスで疣をこすって、埋める(奈良・山口)、道に埋める(岐阜)、誰も見ていない時に土に埋める。埋めたナスが腐ると疣が取れる(滋賀)。シロナスで疣をこすって土に埋める(千葉)。へたで疣をこすり、垣根に埋ける(石川)、道に埋める(山口)、十字路に埋める(愛知)、玄関に埋める(同県)、山の頂上に埋める(同)、石積みの中に入れておく(岐阜)、泥中に埋める(香川)、流しの下に埋める(群馬)、土中に埋める(福岡)、人のわからない所へ埋める(長野)、人目につかないように土中に埋める(群馬)、人の踏まない所に埋める(愛知)。
○ナスを一旦半分に切って疣をこすったあとで一つに合せたうえで土に埋める(群馬・京都・奈良・島根)のも、一つの方法で、これには人のよく踏む所へ捨てる(三重)、人目につかぬ所へ捨てる(新潟)、縁の下に埋め、七日過ぎてナスが腐っていたら疣は治る(福島)、人に見られないように雨垂れに埋める(山口)、「ナスが腐るまでにえぼが治るように」と言って人に知られないように埋める(群馬)、などの仕方がある。また念入りなのでは、ナスを二つに割り、一番大きい親疣をこする。ナスは青ダケを割ったものではさみ、水屋じりに埋めておくと、ナスが腐りしだい治る(山形県新庄市)、という方法もある。
○ナスの新芽の露を疣につけ、新芽は湿っぽい土に埋める。新芽が腐れば治る(群馬県邑楽郡)。初咲きのナスの花を盗んで橋の下に埋める(長野)。ナスを一口食って疣をこすり、人のいない所へ隠す(愛知)。初なりのナスをかじって疣にこすりつけ、それを放り投げて土に埋める(山形県東田川郡)。ナスを田につけて疣をこすり、田に埋めておく(愛知)。へたを溝へ捨てる時、馬がそれを見ていると疣が取れる(愛知)。
○疣を取るには、薬師様に蛸の絵をかいたナスを供える（香川県小豆島）、地蔵様にナスを供え水をもらう（同県仲多度郡）、稲荷様にナスを上げたあと土に埋める（群馬県利根郡）。疣を取るのにナスを用いるのは、それなりの科学的根拠があるといわれるが、疣をナスに移して流し去ろうとするのが本来の信仰であろう。

茄子　なす

(3) 民間療法とまじない

○しもやけは、ナスのへたでこする（福岡）、へたを煎じた汁をつける（石川）、茎の干したものを煎じた汁を塗る（新潟・長野・岐阜・岡山）、ナスの黒焼き粉をつける（岐阜）、へたの陰干しとネギの白根を煎じて飲む（愛知）。凍傷には、茎を煎じた汁をつける（新潟・岐阜）、ナス漬の煎汁で浸す（新潟）。ものもらい（麦粒腫）のできた時は、ナスのへたでこする（岐阜・広島）、初ナスビでこする（滋賀）、ナスでこすったあと、人の見ていない時に土に埋める（山口）。耳だれには、ナスの汁を耳にさす（石川・愛知・鳥取）、ナスの味噌漬の汁を耳にさす（石川・長野）。耳痛にはナスの尻をあてる（島根）。

○汗疹（あせも）にはナスの汁をつける（愛知）。軒下にナスを下げておくと汗疹が出ない（千葉）。初ナスを戸口に吊せば汗疹が出ない（神奈川・和歌山・兵庫）。子供の汗疹を防ぐには初物のナスに名前を書いて戸口に吊り下げておく（愛知）。初なりのナスを寝間にかけておくと汗疹その他の病にかからぬ（福井）。

○ナスのへたの黒焼きを生ショウガ湯で飲むと咳止め・痰の薬になる（岩手）。風邪のまじないに新ナスビを入口に下げる（神奈川）。刈り上げ節供に採ったナスを元日に食べると風邪をひかぬ（秋田）。冬至にナス幹（がら）とキク幹を燃してあたると風邪をひかない（山形）。冬至にナスの幹を燃してあたると中風にならない（栃木）。大師講の粥にナスを添えて食べると瘧をふるわぬ（長野）。

○口内の腫れ物には、ナスの味噌漬を薄く切って口に入れる（山梨）。口腔の荒れた時はへたの黒焼きを塗る（群馬・神奈川・奈良）。舌が荒れた時はナスの黒焼きがよい（奈良）。
○痔には、へたの焼いたものを貼る（福岡）。千葉県松戸市上本郷の明治神社近くの路傍に安置されている道祖神は、痔などの下の病を治してくれるといわれ、土地の人は二股のナスやダイコンができるとお供えする。
○お産の前にナスの花の陰干しを煎じて飲むと安産する（岐阜）。産後はナスを食べるな（秋田）。ナスの味噌汁は産後の血を荒らす（新潟）。
○黒子（ほくろ）には、ナスの汁をつける、人の見ていない所でナスの中身を黒子の上にすりこむ（群馬）、盆に作ったナスのウマのへたを切ってつける（群馬）。うおのめには、ナスのへたを一日に何回かつける（徳島）、ナスの汁を塗ってそのナスを人に見られないように土の中に埋める（滋賀）。
○脚気にはナスの花を煎じて飲む（愛知）。ナスの苗を三回煎じて川へ流すと脚気にならぬ（同県）。
○歯痛には、ナスのへたをつける（群馬）、しびた（へたのことか）を焼いてつける（福島）、へたを黒焼きにしてその灰を小皿で溶かして紙につける（富山）、へたの黒焼きに焼塩を少し加えてつける（岩手）、塩ナスをかみしめる（新潟）。歯を抜く時は、ナスのへたを足の裏に貼るとすぐに抜ける（福井）。
○精霊送りのウマにしたナスを拾って食べると夏病みしない（愛知）。初ナスを戸口または寝間に吊しておくと夏病みをしない（同県）。小児のひきつけにはナスの漬物をかまどの近くに吊るとよい（香川）。しゃっくりにはへたの干したのを煎じて飲む（愛知）。
○初ナスを戸口または寝間に吊しておくと、できものができない（愛知）、夏ぶし（小児に夏できる頭瘡）ができない（同県）。初ナスを手に触れないように折りとって門に吊しておくとおできができない（奈良）。瘡には、二つ連なっているナスを門口に吊しておく（奈良）、小ナスを焼いて飲む（同県）、秋ナスが効く（同）。夏ぶしのできた時は、初ナスを人に見られないように盗んできて悪いところをなでて流す（愛知）。初ナスで子供の頭をなでると頭にできものができない（同県）。頭や背中に性の悪いできものができた時は、ナスでこすり、そのナスを地中に埋めておく、その上を人が通って踏みつけ、ナスから汁が出ると治る（鹿児島）。ナスの尻を食べると腫物ができる（佐賀）。初ナスを生で食べると腫物が出る（新潟）。
○ナスの花を陰干しにして煎じて飲んだり、炒って粉にしたものを飲むと利尿剤として効く（岐阜）。食あたりの腹痛にはナスのへたを黒焼きにして飲む（大阪）。まめにはナスのへたをつける（群馬）。とげが刺さった時はナスのへたでこする（北海道）。ナスのへたを臍に貼ると船酔いしない（三重）。にきびはナスを二つに切ったものでこすり、そのナスを合せて地中に埋めておくと治る（福井）。
○ナスは肝臓病・消化不良などによい。また、味噌を混ぜ、熱湯に入れて服用すると感冒によく効く（沖縄）。
○子供の夏虫（病気）に初ナスの陰干しが効く（奈良）。初ナスを紙に包んで水引をかけて門口に吊しておくと夏虫にかからない（奈良）。
○ナスの木の焚火にあたると病気をしない（愛媛）。初ナスを戸口または寝間に吊しておくと病が入らない（愛知）。正月五日の朝にナスの木をかまどの前で焚くと子供が病気をしない（佐賀）。冬至にナスの木を燃やしユズを食べると病気にかからない（茨城）。服薬中の者がナスを食べると薬効が無くなる（秋田）。ナス漬を捨てるとそれが腐るまで病気をする（同県）。ナス漬を流しに流すと大病になる（同）。生ナスを食べると痣ができる（新潟）。ナスを食べると脱腸になる（福島）。
○ナスを食べるとマツタケにあたらぬ（兵庫）。ナスはキノコの毒を消す（秋田・栃木・静岡・長野・岐阜・滋賀・愛媛・福岡）。ナスのへたの陰干しとフグを一緒に煮ると中毒にならない（広島）。梅毒の毒消しにナスを食べる（大阪）。食あたりにはナスのへたの黒焼きを煎じて飲む（山口）。
○ナスは流産のもとになるので灰分の多いナスを食べてはならない（宮城）。妊婦にはタラとナスを食べさせてはいけない（山形・宮城）。臨月にナスを食べさせると早く産む（秋田）。お産上がりにナスを食べてはいけない（埼玉）。
○カニとナスは中毒する（秋田・大阪）。
○その他の俗信。明月の晩にナス畑に入って自分の影が見えぬとその年に死ぬ（大分県宇佐地方）。七日の日にナス畑に入ってはならぬ（愛媛）。ナスの枯れ木を燃すと病人が絶えない（富山県氷見市）。ナスの木を焼くと不時が来る（奈良）。歳の夜にナスの幹を焚いて難除けにする（高知県土佐市）。
○ナスが上を向いていると天蓋なすといって人が死ぬ（愛知県南設楽郡鳳来町〈新城市〉）。ナスの跡地にタイマを植えると死人ができる（大分）。ナスの後へジャガイモを植えるのは悪い、また、その反対もいけない（静岡県御殿場市）。ナスを一所に二本植えると凶事がある（愛媛）。苗床ナスは作らぬもの。花を一つもいだらよい（山口）。ナスビの苗は亥の子までに抜くものだ。そうしないとこなすといって、いつまでも寝る病人ができる（島根県隠岐）。亥の子過ぎてナスを畑に残せば娘の縁遠し（和歌山）。盆棚のナス馬が腐ると主人が死ぬ（青森）。
○一年子はナスを食うものではない（島根県安来市）。山には味噌のナス漬を持って行くな（秋田）。ナスの漬物を弁当に持って山に行くと天狗に投げられる（奈良）。早起きして一口ナスビを鳥の鳴かぬ先に食べぬと頭が禿げる（兵庫県城崎郡）。ナスのへたには福の神が宿るので捨てない（大阪）。ナスが三個かたまってなったらゲンがよい（奈良）。ナスに疵のあるのはカワの神の食いかけだといって、食わないで井戸の神に供える（長崎県壱岐）。ナスの双子は馬頭観音に据えるものだ（愛知）。家の中で帽子をかぶるとナスがならない（香川県三豊郡）。家の中で傘をさすとナスがならない（愛媛県周桑郡）。土用にナスを植えると茶の子ナスになる（秋田）。ナス苗は人にくれると育たない（神奈川県津久井郡）。ナス畑に鍬を入れるな（愛媛県北宇和郡）。

○ナスの立枯病に一文銭をくくりつけると治る（和歌山・兵庫）。ナスの種子を下肥の中に漬けて蒔けば青枯病にかからない（広島）。ナス畑にコショウを植えると虫がつかない（長崎県壱岐）。ナスの木をとっておき、初雷の時立てるとよい（福島県郡山市）。お釜様の日にはナス畑に釜がうなっている（千葉）。

○ナスや味噌を乞食にくれるな（秋田県由利郡）。彼岸のナスを嫁に食わせるな（秋田県平鹿郡）。沢庵を漬ける時にナスの木を入れると色がよくなる（新潟県佐渡）。ナスをよく漬けるには「ナスのしほ（塩?）しほ」と言うとよい（兵庫）。ナスビの幹で豆腐を炊くと固まらぬ（熊本）。三切り盛といい、ナスの漬けたのと香の物を三切れ付けるは葬式のほか用いない（新潟県佐渡）。

薺　なずな

○山形県で、秋、畑にナズナがたくさん生える年は雪深く、生えの悪い年は薄雪という。埼玉県越谷市では、電燈にペンペングサ（ナズナの別名）を吊っておくと害虫が来ると伝えている。三月三日（旧暦）にナズナを採って床下におくとウジがわかない（『極奥秘伝まじない秘法大全集』）ともいう。

○民間療法。一月七日のナズナ湯に入ると除病息災（愛媛）。干したペンペングサを煎じて飲むと尿の出がよくなる（山口）。七草粥に使った残りのナズナで手足の爪を拭くと爪の病気をしない（神奈川）。ナズナの茎を黒焼きにして飯で練ったものは乳腫れの特効薬（熊本）。ナズナは解熱によい（徳島）。腹痛に根を煎用する（津軽）。腹の痛みに、根を潰して搾った汁を点眼。子供が銭をのみこんだ時は、生のナズナを食べさせれば下る。花を陰干しにして床の下に敷けばノミを除ける。下痢に全草の黒焼きを内服する、等の用途がある。

刀豆　なたまめ

○旅に出る時、ナタマメを食べると、途中で死ぬことはない（奈良）、丈夫で帰る（同県）、幸福がある（和歌山県西牟婁郡）といい、和歌山市新庄などでは、旅立ちの時、膳にナタマメを供えて無事を祈ることもあったという。また、佐賀県では、ナタマメを味噌漬にして旅行の時食べると災難に遭わないといい、同県武雄市では、戦争に行く時、懐にナタマメを入れておけば弾があたらないと伝えている。ナタマメは上へ伸びてなってから、また下へ戻ってくるというので、旅に出ても無事戻ってくることを願ったもの（奈良）、という。

○そのほか、ナタマメは一本植えると悪い（奈良）とか、ナタマメの種子は他家にやるものでない（福岡県北九州市）、勝負に勝つにはシロナタマメの先を食べるとよい（奈良）、などという。

○民間療法。腫物にはナタマメの葉を塩で揉んでつけると膿が出る（岡山・山口）。喉の腫れと痛みにはナタマメの実を黒焼きにして粉末とし服用する（山口）。扁桃腺にはナタマメを削って飲む（愛媛）、焼いて食べると風邪が治る（同県）。中風の時煮つめて食べると舌がもつれない（岡山）。胸の痛み、或いは胸やけで苦しい時はシロナタマメを粉にして飲む（富山）。しゃっくりの止まらない時はナタマメを煎じて飲む（山口）。病後にナタマメを食べると快復が早い（奈良）。『耳袋』巻之六に「肩のつよく張りて難儀する時、白なたまめを粉にして肩へ張る時は、立ちどころに癒るといふ事あり」とある。

棗　なつめ

○屋敷内にナツメを植えると、病人が絶えない（秋田・長野・愛知・広島・鳥取）、貧乏する（新潟・長野・岡山）、牛馬が死ぬ（広島県佐伯郡）、といって忌む。新潟県長岡市では、ナツメの木は盗んで植えるものだと伝えている。

○山口県では、東の方に向いたナツメの木の枝を伐り取って斧の柄をつくり、妊婦の寝ている床の上に刃の方を上向きにしておくと必ず男子が生まれると伝えている。そのほか、ナツメの種をネズミがかじると火事がゆく（福井県小浜市）とか、ナツメの芽が出ると霜が降らない（富山）、ナツメがならない年は世の中が悪い（岐阜県恵那郡）などという。

○民間療法。喘息にはナツメの砂糖煮がよい（宮城）。胃腸病には、陰干しにして煎服する（熊本）、実を煎服する（岐阜）。発汗解熱にはナツメの実を煎服する（熊本）。頭痛のためのぼせて鼻のつまる時にはナツメとカンゾウを煎じて飲む（愛知）。脳病にはナツメ二個、ゴマ一つまみ、ヨモギ二匁にカンゾウを入れ、水一合五勺を一合になるまで煎じ、一日二回服用する（熊本）。

○ナツメとカニの食合せはよくない（沖縄）。

花楸樹　ななかまど

○ナナカマドを庭に植えたり、山から伐って家に持ち帰ると、火の祟りにあう（東京都東村山市）。竈という音を忌むか。

楢　なら

○栃木県安蘇郡田沼町〈佐野市〉で、三叉になっているナラの木を山の神様に上げると、その三叉で休むといわれ、以前に三叉のナラを伐ったところ「ヒェーヒェー」と音がして伐りくずを吹き出したと伝えている。

○秋田県鹿角郡で、ナラの芽の生える頃クマタカの卵が産まれるといい、栃木県塩谷郡では、ナラの新芽が緑になるとヒエを播け、という。○民間療法。口瘡にはナラの木をあぶって切口から出る渋をつける（石川）。切り傷にはナラの葉をかんで貼る（岐阜）。歯痛にはナラの生木をあぶり、痛い歯でかみしめる（新潟）。ナラの種子・甘皮を煎じて風邪・喘息の薬にする（高知）。

成物　なりもの

○「閏年片袖足らず」とか「閏年には槌の子も青梅好く」などといわれ、閏年は妊娠が多く、植物も豊作というのが一般の考え方だが、反対もある。石川県石川郡では、閏年の前年はなりものがならぬという。また、なりもの良き年は凶作（広島）、ともいう。○なりものをあやにとると、ならなくなる（山口）、という。○高知県土佐清水市では、七夕の夜は畑のなりものを無断でとってもよいといわれ、これをとがめると来年の作が不作になるという。反対に、望の正月に荒れるとその年のなりものは豊作になる（福島県南会津郡）、と伝える土地もある。○そのほか、初なりは朝ちぎるとよい（富山・愛知）。なっているものを指さすと落ちる（愛知県南設楽郡）。なりものは最後の一果を残さないと翌年ならない（広島）。妊婦がすべて双なりのものを食べると双生児が生まれる（埼玉県越谷市）、という。⇩果樹・果実

南天　なんてん

(1)　**俗家には過ぎた木　難転の木**

○ナンテンを屋敷内に植えるとよい（和歌山・岡山）という土地は多く、屋敷にナンテンを植えておくと、家が栄える（秋田・愛知）、幸せになる（愛媛県上浮穴郡）、災難をのがれる（秋田・山形・神奈川）、などという。植える場所は土地によって異なっている。ナンテンを便所の近くに植えると、よい（山形・茨城・大

分・長崎)、福が来る(宮城・香川)、中風にかからない(徳島県那賀郡)。熊本県玉名郡南関町では、ナンテンは庭のどこにでも植えるものではない。必ず便所の脇に植えるもので、便所の戻りに倒れれば近いうちに死ぬが、ナンテンの杖をつかせると避けられると伝えている。手水鉢の傍に植えて、朝起きた時ながめると一日の難をのがれる(石川県金沢市)。門口に植えておくと災難除けになる(福島・兵庫)。家の右側に植えるとその家は繁栄する(岩手県一関市)。家に入る時に左側にナンテンの木のある家はよい(山口県大島郡)。邸内の方位の悪い所(未申・丑寅)に植える(和歌山)。鬼門の所に植えるとよい(愛媛県上浮穴郡)。屋敷の北に植えるとよい(福井・奈良)。南側に植えると、よい(福島・大分)、魔除けになる(新潟)。

○ナンテンが喜ばれるのは、ナンテンが難を転じる、の意に通じるためとの説があり、便所近くに多く植えるのは不浄を避けるためともいわれる。『和漢三才図会』に「之レヲ庭中ニ植レバ火災ヲ避クベシ。甚ダ験アリ」と見える。

○ナンテン茂ると、家が栄える(群馬・奈良・和歌山・山口・愛媛・高知・佐賀)、金持ちになる(愛知)。ナンテンが千本になれば身上がよくなる(同県)。ナンテンの木が太ると、家が栄える(広島)、財産がふえる(宮城県本吉郡)。ナンテンに実がたくさんなると身代がよくなる(石川県江沼郡)。ナンテンが発芽すると家運が興る(静岡県藤枝市)。ナンテンの木が高くなると家の身上が上がる(新潟県中蒲原郡)。ナンテンの木が軒まで届くと、家が栄える(福岡)、届いた時がその家の全盛である(大分県南海部郡)、金がたまる(奈良)、財産家になれる(秋田)、餅を搗いて祝う(山形県庄内地方)。ナンテンの木が軒より高くなると、家が栄える(和歌山・兵庫)、金がたまる(愛知・香川)。

○ナンテンを吉木とする例の多い中で、これを忌む土地もある。長野県更級・埴科郡には、ナンテンを植えるのを嫌う土地があり、また、山形県東田川郡櫛引町〈鶴岡市〉では、ナンテンの木を屋敷内に植えるものではないが、ただし、どこからか実が飛んできて、ひとりでに生えるのは吉兆だと伝えている。和歌山県東牟婁郡では、ナンテンを裏へ植えると病人が絶えないという。特にシロナンテンを民家に植えてはいけないとする土地は、静岡・和歌山・広島に見られる。静岡県御殿場市では、シロナンテンを植えてよいのはお寺だけという。

○ナンテンの木が家より高くなると、悪い（和歌山県東牟婁郡）、借金ができる（岡山県勝田郡）、不幸がある（富山県氷見市）。ナンテンの木が大きくなると死人が出る（同）。家の主人より大きくなるとその家に変事がある（同）。ナンテンの実がよくできれば家運が傾く（広島県佐伯郡）。

○ナンテンが少なくなると貧乏になる（愛知）。ナンテンの木が実らぬ時は不吉（和歌山県東牟婁郡）。ナンテンが枯れると、悪いことが起こる（山梨県都留市）。ナンテンの芽が枯れると家の者が死ぬ（愛知）。

○ナンテンを枕にするとよい夢を見る（愛媛）とか、蒲団の下にナンテンを敷いて寝るとよい夢を見るという。また、ナンテンを利用して悪夢を流す俗信も多い。悪い夢を見た時は、ナンテンの葉を頭にさせばよい（島根県安来市）、ナンテンの木を見るとよい（岡山・広島）、朝、人に話さずナンテンの葉を採って三度葉末の方へなでる（静岡県磐田郡）、ナンテンの南に伸びた葉に水をかけるとよい（静岡県藤枝市）という。ほかにも、悪夢を見た時は、ナンテンを南に、自分が北に廻って拝む（岡山県川上郡）、「ナルテンさまキツイ夢にかえてくれ」と言って拝む（岡山県勝田郡）、「ナンテン、ナンテン」と言うと夢を消す（滋賀）、朝、ナンテンの木に夢の内容を話すとよい（石川・岐阜・愛知・和歌山・兵庫・鳥取・島根）という。群馬県利根郡では、悪い夢を見た時は、人に話さないでナンテンの木の所に行って「何の障りもないように」と言う。高知県長岡郡では、夢見の悪い時は、ナンテンの木に参り「夕べの夢の寂しさは南天山のフカの餌食となれ、あびらおんけんそばか」と三回唱えるとよいといい、群馬県利根郡でも、ナンテンの前で「ばくさん、ばくさん昨夜の夢を食ってください」と三回言ったあと「あびらおんけん」と三回唱えるとよい、と伝えている。同様の俗信は、宮城・福島・兵庫・島根などでもいう。ほかにも、良い夢を見れば翌日必ず不幸があるからナンテンの木に話す（鳥取県八頭郡八東町〈八頭町〉）とか、火事の夢を見たらナンテンに水かけろ（愛知）、という。佐賀県では、ナンテンを便所の近くに植えると悪夢を見ないと伝えている。難を転ずる意から、悪夢を消すと考えたものであろうか。『増補頭書訓蒙図彙大成』の巻十九に、「凶夢見たる者、この木を見ればその夢消ゆるゆえに、多く手水鉢の向こうに植え置く」とある。

○千葉県東葛飾郡では、人形をナンテンの木にかけて雨の降らぬようにと願えば雨が降らぬといい、愛知県でも、雨の降る時は人形を作ってナンテンの下にぶら下げることが行われたという。

○餅や小豆飯などを配る時にナンテンの葉を添える土地は広い。奈良で、他所へものをやる時は毒消しにナンテンの葉をのせてやるものだといい、茨城県新治郡では、ナンテンは毒消しになるのでお七夜の祝いの米の上にはナンテンの葉をのせ、お返しの時もナンテンの葉を入れる。毒があれば葉が変色するものだという。『貞丈雑記』に「南天燭の葉、鷹の鳥其の外食物のかい敷にする事ハ、食物の味そこねざらんが為也」とか「なんてんハ毒を消す物也」と見えている。

○ナンテンの実の多くなる年は、雪が多い（群馬・新潟・大分）とか、上作になる（新潟県長岡市）という。また、奈良県で、ナンテンの花が終ったら梅雨が明けるといい、同じ意味で、山形県飽海郡遊佐町では、ナンテンに花が咲いている間は梅雨が続くという。

○その他の俗信。便所から帰る時、こけたら（転んだら）ナンテンの木にさわってこい（和歌山県東牟婁郡）。便所や墓場で転んだらナンテンの木に触れておかぬと死ぬ（香川県三豊郡）。便所の入口で転ぶとナンテンの葉をかまぬと三年しか生きぬ（徳島市）。便所で転んだ時にはナンテンで叩くか、またはナンテンの木を杖にして起きるとよい（大分県南海部郡）。朝起きて帯が結ばれていると、その日一日中用心しなければならない。しかしナンテンに向かって念仏を申して心を任せてしまうと大したことがない（富山県氷見市）。ナンテンを指さすと指が腐る（秋田県鹿角郡）。ナンテンの実を箸にすると親に死に別れる（宮城）。生きているうちはナンテンの杖をつくものではない（秋田県南秋田郡）。墓参りにナンテンを持って行く時は、赤い実のなっているものを持って行く（栃木県安蘇郡田沼町〈佐野市〉）。便所の壺を埋める時には刃物とナンテンの葉を入れ、埋め終るとその上に洗米と神酒を上げる（高知県幡多郡大方町〈黒潮町〉）。ナンテンの木は伐るものでない（岡山）。ナンテンを伐ると貧乏になる（富山県氷見市）。ナンテンの木は商売に嫌われる（大阪府枚方市）。ナンテンを竈に焚くとお荒神様が怒る（愛媛県新居浜市）。ナンテンの小さい横槌は魔払いになるといって子供の着物につける（壱岐）。ナンテンの木は家の身代につりあう（長野県北安曇郡）。ナンテンの箸を一年つかうと長者になる（大分県南海部郡）。稲荷神社のナンテンの木に思い事を書いて結びつけると叶う（讃岐）。

南天　なんてん

(2) 民間療法とまじない

○民間療法。咳には、ナンテンに茶湯を六杯供える（岡山）、子供の着物の背中にナンテンの木で作った杵形をつけると治る（大分）、実を煎じて飲む（富山・愛知）、実を陰干ししたものを煎じて飲む（埼玉）、シロナンテンの実を煎じて飲む（栃木・千葉・山梨・富山・愛知・兵庫・岡山・鹿児島）、シロナンテンの実とクロマメを一緒に煎じて飲む（長野・岐阜・京都）、シロナンテンの実と氷砂糖を一緒に煎じて飲む（福岡・愛知）、シロナンテンとクロマメと氷砂糖を一緒に煎じて飲む（愛知）、シロナンテンの実とキンカンと砂糖を混ぜたものを煎じて飲む（愛知・和歌山）、ナンテンとキンカンとオオバコの実を一緒に煎じて飲む（同県）、シロナンテンの実・クロマメ・オオバコの根を合せたものを煎じて飲む（島根）、シロナンテン・氷砂糖・キンカン・クロマメを混ぜ合せて飲む（山口）。百日咳の予防には、ナンテンの木で、杵の形を作って持っているとよい（千葉・静岡・愛媛）、槌を作って下げておく（神奈川・福井・三重・愛媛）、ナンテンの木を短く切って数珠のようにつなぎ、首にかけておく（神奈川）、シロナンテンの木を手のひらの長さに切り、腰ぎんちゃくに入れて下げる。これを百日以内の赤んぼうの時行う（群馬）。百日咳が流行した時は、シロナンテンの幹を手の幅の長さに切って腰に下げて歩くとよい（千葉）、ナンテンの木を三センチくらいに切り、男の子は十、女の子はHの形を作って腰に下げておくとよい（神奈川）。百日咳には、ナンテンを煎じて飲む（群馬）、シロナンテンの実を煎じて飲む（群馬・埼玉・神奈川・静岡・山口・福岡）、シロナンテンの実の黒焼きを一回に耳かき一杯飲む（山口）、シロナンテン・クロマメ・クチナシを煎じて飲む（群馬）、シロナンテンの実十粒とクロマメ十粒を一合の水で煎じて飲む（同県）、シロナンテンの実五勺とクロマメ五勺を土瓶に入れ、水四合を加え二合になるまで煎じたものを茶の代用として飲む（熊本）。
○ナンテンの木の箸を用いると中風にかからない（群馬・長野・愛知・島根）。ナンテンの木の杖をつくと中風にかからない（山形県東田川郡）。老人が便所で転ぶと中風になりやすいが、そうした場合にはナンテンの葉で尻を叩いておくとよい（山口）。便所の傍にナンテンを植えると中風にならない（山梨）。中風になった時は、シロナンテンの木を一センチほどに切ったものを腰につける（東京都町田市）、ナンテンの葉汁を吸うとよい（愛知）、シロナンテンの実を煎服する（島根・熊本）。
○痲疹の予防には、ナンテンの木で作った、槌を体につける（富山・福井・愛知・大阪・兵庫・山口）、横槌を入口に二つ吊り下げておく（京都）、手杵を背中にぶら下げる（山口）、すりこ木を肩にかける（岐阜）、ナンテンで作った瓢箪を身につける（兵庫・岡山・鳥取）。痲疹にかかった時は、ナンテンの木で作った、瓢箪を身につける（島根）、槌を身につける（長野・愛知）。シロナンテンの実を腰につけておく（群馬）。ナンテンを小さく切ってわらづつ（男の子に）とてぎね（女）の形をつくり、子供の首にかける（宮崎県高千穂町）。ナンテンの木に瓢箪を結びつけておく（奈良）。
○食あたりには、ナンテンの葉を煎じて飲む（長崎）、シロナンテンの葉を煎じて飲む（岐阜）、ナンテンの葉を塩で揉んだ汁を飲む（福島・新潟・愛媛）。腹痛には、ナンテンの葉を煎じて飲む（愛知）、実を呑む（和歌山）、葉をかんで汁を飲む（千葉・福井）、葉を塩で揉み、その水を飲む（岐阜・福岡・長崎）。
○風邪のまじないとしてナンテンの木で杵形を作って身につける（福島・神奈川）。風邪には、シロナンテンの実を煎じて飲む（神奈川・岡山・熊本）、シロナンテンとクロダイズとショウガを煎じて飲む（愛知）。
○ナンテンの箸で食事をすると食中毒しない（京都）。食中毒には、ナンテンの葉の搾り汁を飲む（埼玉・岐阜・京都・和歌山・広島・鳥取・大分）、ナンテンの汁を飲むとすぐに吐くという。中毒した時ナンテンの枝で喉の奥を刺激して吐くとよい（栃木）。
○乗物酔いにはナンテンの葉をかんでいるとよい（長野・山口）。汽車の酔いを防ぐにはナンテンの葉を尻に敷くとよい（奈良）。酒に酔った時はナンテンの葉をかむとよい（栃木・岐阜・広島）。
○耳痛の時は、ナンテンの実を煎じて飲む（富山・宮崎）。耳だれにはシロナンテンを揉んで入れる（石川）。
○喘息には、シロナンテンの実を、そのまま呑む（岐阜）、煎じて飲む（新潟）、ナンテンの実を三粒呑む（岩手）、ナンテンの葉を煎服する（同県）。
○くさ（湿疹）のできた時は、患者を前におき、ナンテンの葉を持って「高天原のあかくさの葉を切って根を枯らす、根を切って葉を枯らす」と三回唱えてから患部をさすれば治る（福島県南会津郡）。
○ナンテンの葉を門前に貼っておけばコレラの伝染を免れる（石川）。解毒には、ナンテンの葉をかむとよい（福島・群馬・神奈川・山梨・大分）、ナンテンの箸で食事をするとよい（千葉・兵庫）。
○火傷にはナンテンの茎をすってつける（岩手）、葉と黒砂糖をすりつぶしてつける（愛知）、葉を塩で揉んでつける（宮城）、シロナンテンの実をすりつぶしてつける（茨城）、金盥に水を入れナンテンの葉で水を混ぜながら「さじ川のさじ川のほたりの池の虫よ。われらはこけても（焼けこげても）身はこけん。アブラオンケンソアカ・アブラオンケンソアカ・アブラオンケンソアカ」と唱える（対馬）。
○眼病には、ナンテンの実を煎じて飲む（群馬・愛知）、実を一つずつ呑む（群馬）、シロナンテンの実を煎服する（福岡）。
○ナンテンの根元へ乳を捨てると、乳の出がよくなる（愛知・香川）。滋賀では、乳があがるという。意味が不明だが、普通「乳があがる」といえば泌乳が止まることである。
○ナンテンの箸を用いると歯痛が起こらない（兵庫・福岡）。歯痛にはナンテンの葉をかむ（岩手）、葉に塩をつけてかむ（愛知・鹿児島）。ナンテンの木の楊枝を用いると虫歯にかからない（愛知）。「歯の動き、又は歯ぐきはれてなやむ時、南天を黒焼にしてつければ快験を得る」と『耳袋』巻之五にも見える。喉の痛みにはシロナンテンの実を飲む（神奈川・島根）、煎じて飲む（東京・高知）。
○子供が瘧にかかった時は、その子の知らない所でナンテンの葉に針を刺し「治してくれたら抜いてやる」と唱えると早く落ちる（滋賀）、ナンテンに油をかけるとよい（福井）。
○頭痛の時は、ナンテンの葉を帽子の中に入れておくとすぐ治る（岐阜県高山地方）、シロナンテンの実を食べる（愛媛）。
○熱を冷ますには、シロナンテンの実を飲む（滋賀・愛媛）、葉を揉んだ汁を飲む（愛媛）、ナンテンの実とミミズを煎じて飲む（徳島）。
○胃痙攣にはシロナンテンの葉を塩揉みにした汁を小盃に一杯服用する（愛媛）。ナンテンの実を元日に一つ、二日に二つ食べると胸やけしない（愛知）。
○肺炎にはシロナンテンの実を黒焼きにして飲む（高知）。
○喉に骨が立ったらシロナンテンの箸でさすればよい（神奈川）。
○種痘をうえたのち、ナンテンの木で小さな槌を作って子供の着物に縫いつけておくと軽くすむ（三重）。

○ナンテンを宅地や鉢に植えれば難産しない（岩手）。シロナンテンの実を煎じて飲むと、心臓病によい（新潟）、癲癇に効く（愛知）、痰を止める（山口）、呼吸器病によい（香川）。
○魚の目は五月節供の朝、ナンテンの葉で掘ればとれる（長野）。
○節分の晩にナンテンの木の根元に一年中の薬瓶を供えておくと病気をしない（高知）。ナンテンの木で瓢箪を作り、首や腰にぶら下げておくと病気にかからない（鳥取）。流行病の出た時は、ナンテンの木を腰につけておく（愛知）、ナンテンの槌を作るとよい（三重）。門にナンテンとヤツデを植えると、なんでもやっつける、といって病神が入ってこない（鹿児島）。病気の流行する時、ナンテンとスギとイネを吊しておくと、なんでも過ぎた（杉・田）、といって病気にかからない（佐賀）。
○ナンテンの箸で食事をすると、病気をしない（奈良）、長生きする（山形・香川）。ナンテンの杖を用いると長生きする（山形）。産褥熱にはナンテンの実を呑む（群馬）。腫物にはナンテンの実を煎服する（愛知）。ジフテリアにはナンテンの葉を塩で揉んだ汁を飲む（群馬）。
○遠道を歩く時は、足袋の中へナンテンの葉を入れておけば疲れない（神奈川）。
○ナンテンの木を三センチくらいに切り、真ん中を糸で結わえて杵形にしたものを、着物の襟下の背に結いつけておくと虫がきれる（福島）。

【に】

肉桂　にっけい

○宮崎県西諸県郡で、ニッケイを植えると家が滅ぶという。
○民間療法。樹皮に芳香と辛味があり、幹や根の皮を乾かし肉桂をつくる。健胃に薬効がある

（和歌山）。

楡 にれ

○大分県宇佐郡安心院町〈宇佐市〉では、妊娠するとニレの木の枝を神棚に上げる。これは、昔、神功皇后が筑前で八幡様（応神天皇）をお産みになった時、ニレの木を杖にして安産されたから、それにあやかるのだという。

人参 にんじん

○ニンジンを食べると助平になる（千葉・愛知）とか、ニンジンの好きな者は助平（青森・茨城・千葉・神奈川・長野・三重・高知・山口・福岡）といい、土地によっては、ニンジンの好きな者は、悋気深い（愛知県南設楽郡鳳来町〈新城市〉）とか、けちんぼう（三重県名張市）、などという。反対に、ニンジン嫌いの人は淫乱（長野・山口）と伝える例もある。ニンジンを子供が好んで食えばよい嫁婿が来る（広島）、ともいう。

○宮城県刈田郡で、ニンジンを味噌かけにすると火事にならないといい、徳島県では家の建前の御馳走にニンジンを入れてはならない、という。

○群馬県勢多郡北橘村〈渋川市〉の某家では、ニンジンを作らなかった。作ると病人が出るという。ニンジンを禁作とする例は宮城県栗原郡・山形県最上地方・福島県須賀川市大栗・狸森などにも見られる。

○長野県上水内郡小川村李平ではニンジンの漬物をつくらない。その理由として、罪人の首を落とす時、最後の食べ物としてニンジンの漬物を食べさせたので縁起が悪い、と伝えている。

○ニンジンは半夏二十日前に蒔くとよい（福島県南会津郡）とか、種蒔きの本シン（旬）は半夏生の日（群馬県勢多郡北橘村〈渋川市〉）という。梅雨に蒔くと早く芽を出す（広島）、ともいう。茨城県では、子の日にニンジン・ゴボウ・サトイモを植えると芽が出ない、といって忌む。

○民間療法。ニンジンを食べると、精がつく（愛知・奈良・徳島）、髪がよく伸びる（山口・広島）、血がふえる（愛知・島根）、寝小便に効く（岩手・茨城・埼玉・富山・愛知・山口）、癲癇に効く（愛媛）、胸やけによい（北海道）。咳にはニンジンとニンニクのおろしたものに砂糖とお湯を注いで飲む（長野）。血圧の高い時はニンジン・ゴボウ・レンコンを生のまますった汁を盃に一杯あて毎日飲むとよい（香川）。不眠症にはニンジンを揉んで食べる（沖縄）。むくみにはニンジンの種子を煎じて飲む（山口）。脚気にはニンジンをおろして飲む（愛知）。のぼせには赤色のシャコガイとニンジンを煎じて飲み、後で清明茶を飲む（沖縄）。夜盲症にはニンジンの葉を食べる（埼玉）。虫下しにはニンジンの汁を飲む（群馬・広島）。糖尿病にはニンジンの汁を毎日飲む（宮城）。

○薬用ニンジンの根を干した箸で食事をすると長生きする（栃木）。子供の夜泣きには稲荷様にニンジンを上げる（群馬）。疣を取るにはニンジンでなでて土に埋める（群馬）。

○産後三十日間はニンジンを食べてはならない（長野）。子供がニンジンを食べると、知恵が発達せぬ（岡山）。

○すき焼きの中へニンジンを入れて食べると中風になる（大分）。

○灸をすえる時は、「にんじん去れ〳〵」とか、「にんじんしろき」という（愛媛）。

○ニンジンとウナギは中毒する（秋田）。ニンジンとカラシあえは中毒する（同県）。

大蒜　にんにく

○ニンニクを玄関に吊しておくと、魔除けになる（北海道・群馬・新潟・長野）、流行病にかからない（宮城・福島・長野・愛知・和歌山・宮崎）、悪病が家に入らない（青森・秋田・千葉・埼玉・山梨・新潟・福井・島根・愛媛）という。茨城県では、疫病除けにニンニクをヤツデの葉で包み、麻ひもで縛ったものを玄関に下げるといい、島根県隠岐では、ニンニクを縄に通して戸口に吊し、外から入る者はニンニクを手にとって嗅いでから入ると病気にならぬという。また、ニンニクを袋に入れて身につけていると病気にかからない（福島・埼玉・千葉・長野）とか、お守りの中にニンニクを入れておくと魔除けになる（長野県水内郡）と伝えている土地もある。ほかにも、土用の入りに食べると病気にかからぬ（秋田・高知）とか、悪疫流行の時は土用にニンニクを玄関に吊す（秋田）、という例もあり、福井県では、泥坊の入らぬようにと玄関にニンニクを吊すことが行われたという。いずれも、ニンニクの持つ強烈な臭気によって疫病などを退散させようとしたものであろう。『塩尻』巻之六に「今俗、疫病流行の時、蒜を戸にかけ侍るは、如何なるまじなひにやと問ふ人あり」と見える。

○高知県南国市で、三月三日に祭ったニンニクは家の前の畑に植えるものだという。三月の節供は臭いものを食べねばならぬ、だからニンニクを食べるとよい（熊本）。また、秋田県平鹿郡では、寒ニンニクはまめになるというが、同県仙北郡や由利郡では、三十三の女はニンニクを食べるな、四十二の男はセリを食べるな、という。

○福島県須賀川市狸森の大槻・村越・関根家、大栗の伊藤家ではニンニクを作らない。

○熊本県玉名郡では、ニンニクやニラのような臭いものを食べた折には、壁に向いて三度ハァーッと言うと臭味が取れる、と伝えている。

○民間療法。胃弱には三年以上を経たニンニクの漬汁を毎日盃一杯あて飲めば効果が著しい（沖縄）。胃拡張にはニンニク味噌やニンニク酒が効く（大分）。腹痛には、ニンニクのおじやを食べる（愛知）、すりおろして盃一杯くらい飲む（大分）。下痢にはニンニクを焼いて食べる（新潟・岐阜）。ニンニクの皮を剝ぎ黒砂糖を混ぜ、小匙半分くらい飲むと冷え腹に効く

（神奈川）。ニンニクは強壮薬になる（徳島・香川・沖縄）。心臓病にはニンニクをおろして水飴と練って飲む（北海道）。呼吸器病にはニンニクを粥に入れて食べる（山梨）。

○腫物には、ニンニクを患部にすりこむ（熊本）、ニンニクの灸をすえる（石川）。魚の目にはニンニクと味噌をすって患部に置き、その上から灸をすえる（長崎）。解熱にはニンニクをすって土踏まずに貼る（岩手・宮城）、ニンニクの焼酎漬を飲む（岡山）。打ち身にはニンニクをおろして患部に貼る（愛知・岡山）。痔にはニンニクを、熱い灰で焼いてつける（富山）、薄く切って肛門の上に蓋になるようにあて、液汁を自然に肛門にしみこませる（栃木）。ニンニク一片を熱灰に入れて蒸焼きしたものを味噌汁に入れて食べると癲癇の発作を防ぐ（神奈川）。子供の疳にはニンニクを焼いて食べる（栃木）。リュウマチにはニンニクのおろし汁を塗り、上から温める（島根）。

○ジフテリアにはニンニクを、腰にぶら下げる（群馬）、玄関にぶら下げる（同県）、おろした汁を飲む（同県）、黒焼きにして食べる（高知）。腸チフスの予防にはニンニクを、家の前に下げる（富山）、腰に下げる（栃木）。種痘をした時、戸口に赤い垂れを下げたしめ縄を張り、ニンニク・ナンバンを添えると軽くすむ（宮城）。

○子供のひきつけには、ニンニクとミツバの根をすって頭頂部に貼る（北海道）、ニンニクをおろして足の裏に塗る（愛知）。

○百日咳にはニンニクを、袋に入れて腰に下げる（福島・茨城）、軒下に置く（群馬）、食べる（同県）。咳にはニンニクをおろして砂糖を加えたものを服用する（東京）。風邪の予防にはニンニクを、玄関に吊しておく（新潟・石川・長野）、小袋に入れて着物の襟の後ろの首の根っこに下げておけばよい（新潟）、真綿にくるんで首に巻く（福島）、三個きんちゃくに入れて腰に下げる（群馬）、寒中に食べる（大分）。風邪の時には、トウガラシとニンニクで体をさすり四辻の路上に捨てる（福島）、ニンニク酒を飲む（宮城・広島）。
○喘息にはニンニクを焼灰で焼いて食べる（山口）。虫下しにニンニクを食べる（青森・群馬・埼玉・静岡）。乳幼児の蟯虫にはニンニクの煎液で浣腸する（広島）。六月一日にニンニクの種と正月の餅の欠けたものを水で飲み、寄生虫のわかぬまじないにする（高知）。
○結核には、ニンニクを食べる（千葉・石川・愛知・沖縄）、タニシとニンニクをすりつぶして飲む（愛知）、ニンニクをおろし、鰹節と黒ゴマを味噌でとろとろになるまで煮て食べる（同県）。
○歯痛にはニンニクをかむ（石川・富山・愛知・岡山）、すりおろして頬に貼る（山梨）、おろしたものと梅干を練り合せて頬に貼る（福岡）。無痕灸としてニンニクを薄く切った上からすえる（茨城・山梨・石川・富山・鳥取）。
○頭痛の時はニンニクを頭に貼る（石川）。
○夜尿症にはニンニクを蜂蜜に漬けておいて食べる（愛媛）。神経痛にはニンニクの汁を薄く塗る（岩手）。中毒にはニンニクを蒸焼きにして食べる（富山）。癌にはニンニク八十匁を細く刻んで酒三合に入れ、とろ火で煮る。それに白砂糖十五匁を加え飴のようにしたものを毎日少量ずつ服用すると強壮剤となり、胃癌や食道癌に効く（福井）。
○不眠症には生ニンニクを搗き砕き、枕元に置いて寝るか、少量かみ砕いて食べる（沖縄）。たむし・みずむしにはニンニクの汁をつける（岩手・愛知）。肋膜炎にはニンニクを焼いて食べる（北海道）。しもやけにはニンニクのおろし汁を温湯に入れてつける（福岡）。
○日射病には生ニンニクをすりおろし、布に延ばして患部に貼ると痛みがうすらぐ（山口）。衰弱症にはニンニクを食べる（新潟）。ウマの腹病みにニンニクの味噌を食べさせる（岩手）。

盗人萩　ぬすびとはぎ

○静岡県藤枝市で、ヌスビトハギを着物につけて家に入ると盗人に襲われるといい、長野県では、ヌスビトハギの取りついたのをお母さんに見せると死ぬという。

塩麩子　ぬるで

○群馬県富岡市では、どんど焼きの時、ヌルデで作った大刀小刀二本を燃やすが、大刀の方は半分燃やすだけで持ち帰る。その大刀の先が割れると女の子、割れないと男の子が生まれるという。広島県比婆郡では、もち米を蒸すのにヌルデを焚けば湯が減らないとか、コメがふえるという。

○山伏の方違の守には、ヌルデの木に呪文を書き、四角柱の根に埋める。金神除けにも、ヌルデの木を施主の身長に合せて切り、家の周りを念仏を唱えつつ三べん廻った後、右の木を五本に切り、頭に三刀、下に五刀当てて呪文を書き、金神の遊行する方向の壁を穿ってそこに埋める（『修験聖典』）。

○民間療法。痘瘡が子供の眼に入った時はヌルデのやにを乳汁で溶き、眼の中に少しずつさす（岩手・富山）。血止めにはヌルデの皮をあてる（長崎）。疔・はんざく（?）などの腫物には、フシ（五倍子）の実を蒸焼きにし、飯粒で練ってつける（山梨）。フシをつけると、たむしによい（岐阜）、みずむしによい（岡山）。腹痛にはフシを熱湯で処理して陰干しにしたものを煎服する（愛知）。

【ね】

葱　ねぎ

○ネギを焼くと、畑のネギが赤葉になる（石川・奈良・香川）、ネギが絶える（三重・岡山・広島・島根）、雷が落ちる（宮城・愛知）、悪疾にかかる（長野）、病人が絶えない（富山県氷見市）、指やめ（指痛）をする（愛知・奈良）、悪いことがある（東京）、勉強ができなくなる（岡山県川上郡）、という。ネギには特有の刺激的な臭気があるため、疫病除けなどに用いられた。焼くと特に臭気が強くなることから、日常はこの行為を忌んだのであろうか。
○炉の神様はネギが嫌いだ（新潟県西頸城郡）、ネギを囲炉裏にくべると、荒神様が嫌う（群馬・神奈川・長野・鳥取・山口）という。愛知県で、恵比須の前でネブカを燃やすと目がつぶれるといい、群馬県勢多郡東村〈みどり市〉では、事八日（一か月おきに来る、年六回）以外にはネギを燃やしてはならない、事八日に臭いものを燃やすと厄病が入らない、と伝えている。
○茨城県では、疫病神除けのため、ネギと豆腐を小さく切り、ヒイラギの枝に通し、出入り口にさすことが行われていた。また、福井県遠敷郡名田庄村〈大飯郡おおい町〉では、流行病患者の所へ行く時は、ニンニクやネギのような特殊な臭気を出すものを着物の中に入れて行くと伝染しない、といっている。
○仏様にはネギを供えない（宮城・新潟・愛知・高知）という土地は多く、秋田県ではネギやニンニクのような臭気の強いものを食べて神仏を拝することを忌む。ちなみに仏教でいう五辛は、ニンニク・ネギ・ニラ・アサツキ・ラッキョウの五種である。
○ネギの苗を他人にやると自分の家のネギがで

きなくなる（広島）といい、岡山県川上郡備中町〈高梁市〉では、たねネギを人にただでやると絶えるといって、金を少しでも貰うという。愛知県南設楽郡鳳来町〈新城市〉でも、ネギの苗を貰ったら根なりとも返せ、という。

○ネギを北向きに植えると、悪い（京都）、食べない人ができる（群馬）、死人が出る（島根）、という。高知県高岡郡檮原町では八朔にネギを植えることを忌む。また、福島県南会津郡では、ネギを屋敷の周囲に植えると病人が絶えないといって嫌い、愛媛県松山市では、死人のあった家ではその年ネギの苗を絶つ、という。

○半夏生にネギ畑に入ると、入った人が死ぬ（長野・奈良）という。群馬県吾妻郡嬬恋村でも、半夏生にはネギ畑に入るなというが、その理由として、昔、はんげさんという人が田と畑の両方に足をつっこんで死んだためという。長野県小県郡では、夏の真っ盛りに畑のネギをまたぐと三年目に死ぬという。

○民間療法。歯痛の時は、ネギの白根をかむ（群馬・山梨・新潟・長野・愛知・奈良・島根・大分）、白根を焼いてかむ（富山）、白根をおろしてつける（石川）、ネギを細かに刻んで塩で揉み、痛い所に貼る（群馬）、白根をくすべて管で痛い歯へ煙を這わす（和歌山）、ネギの玉を焼いて出た煙をアサギのうろから出し歯にあてる（石川）、石を焼き食用油をたらして、ネギの種を燃しながら、その煙を竹筒にとって蓋をし、耳の中へ入れると虫が出て治る（群馬）。

○鼻づまりには、ネギを鼻の穴にさす（愛知・奈良・岡山・福岡）、ネギを鼻に貼る（宮城・新潟）。喉の痛みにはナガネギを焼いて喉に貼り、布を巻いておくと熱がとれる（茨城・埼玉）、白根を煎じて飲む（岩手）。

○火傷にはネギを貼る（群馬・石川）。虫刺されにはネギの汁をつける（埼玉・富山・愛知）。切り傷にはネギを貼る（愛知）。乳腫れにはネブカの根をすり、黒砂糖を入れて布に延ばして乳に貼る（熊本）。黄疸には白根で湿布する（愛媛）。

○風邪には、ネギを食べる（神奈川・愛媛・沖縄）、ネギを刻んで鰹節と味噌を入れ熱湯をそそいで飲む（栃木・千葉）、味噌をネギに混ぜたものを焼いて熱いお茶で食べる（福井）、ネギ味噌に熱い湯をさして飲む（秋田・宮城・福島・神奈川）、臍の上に生ネギをのせる（滋賀）、増穂町〈富士川町〉最勝寺のお天王さんのネギを食べる（山梨県南巨摩郡）、ネギを焼いて首に巻く（神奈川）。咳止めには、ネギを細かく裂き、布に包んで首に巻く（福島・埼玉・東京・長野・愛知）、白根を縦に裂いて塩で揉んで布に包み首に巻く（神奈川）、ナガネギを焼いて布に包み、首に巻く（山形）。子供が咳で苦しむ時はネギを嗅がせる（新潟）。

○腫物にはネギを貼る（愛知）、ネギに砂糖をつけて貼る（長野）。神経衰弱には蜂蜜とネギをすりあわせて飲む（北海道）。

○痔にはネギの白根を蒸焼きにして貼る（富山）。百日咳にはネギを焼いて首に巻く（群馬）。しもやけには白根を茹でてぬるぬるになった汁をつける（愛媛）。打ち身にはネギを刻んでたいてつける（愛知）。

○はやり目にはネギを食べる（茨城・新潟）。目をまわしたらネギを嗅がせる（広島）。

○腎臓病にはネギとミソをすりあわせたものを臍に詰める（栃木）。魚の中毒には白根の煎じ汁を飲む（山口）。ネギを枕の上に置いて寝ると熱が冷める（新潟）。

○痲疹の時はネギとヤツデをくくって門口に置く（岩手）。胆石症にはネギはよくない（宮城）。ネギを食べると神経をしずめ、脳がよくなり下痢も止まる（茨城）。腹痛にはつぶしネギとゴマ油・かゆ・白湯・フナの黒焼き、ニンニクの黒砂糖煮などを用いる（香川）。耳の聾を治すには、ネギの葉一根にミミズ一筋を頭を上に向けて入れ、その上から麝香と塩を少し入れておく。ミミズが溶けて水となったものを一、二滴耳へ入れる（富山）。

○ネギを食べると、頭がよくなる（神奈川・愛知・岡山・広島・愛媛・佐賀）、日に焼ける（秋田）、口熱を去る（新潟）、百日咳が治る（山梨）、腹に虫が巣をつくらぬ（秋田）。

○妊婦がネギを食べると腋臭の子が生まれる（秋田・長野・奈良）、弱い子が生まれる（秋田）。ネギを踏むと、長病になる（富山）、腋臭になる（同県）。女がネギを踏むと子宮を病む（石川）。ネギをまたぐと、腋臭になる（兵庫）、長病になる（石川）、難産する（同県）。ネギに小便をかけると長病になる（同県）。

○食合せ。ネギとナツメは、悪い（岩手・大阪）、中毒する（秋田・新潟）。ネギとスモモは大毒（茨城）。ネギとナスは大毒（同県）。ネギとヤツメウナギは中毒する（秋田）。

猫柳　ねこやなぎ

○山形県置賜地方で、ネコヤナギの花が多く咲いた年は豊作という。筑後では、ネコヤナギの花が咲くとウグイがかかるといって漁の目安にしている。

○民間療法。傷口にネコヤナギの絮（わた）をつけて押さえておくと血が止まる（長野）。痲疹にはネコヤナギを煎じて飲むとよい（山口）。

捩花　ねじりばな

○新潟県新発田市で、ネジリバナを家に持ち込むと火事になる、といって忌む。

合歓　ねむのき

○新潟県中頸城郡で、コオウノキ（ネムノキの地方名）を川の土手の工事に使うことを嫌う。コオウノキは木の王様だから怒って土手をくずしたりするという。熊本県玉名郡南関町では、東向いたネムノキですりこ木を作るとよいという。また、群馬県北群馬郡では、七夕の朝、ネムの葉で目をこすると早起きができる、と伝えている。群馬県新田郡では、七夕の日は一日機織りを休み、山からネブタの木（ネムノキ）を伐ってきて「ネブタ流れろ、マメの木はとまれ」と唱えながら川へ流すという。また、七夕にネブタで目を洗うと、目がよく見える（群馬）とか、ものもらいが治る（埼玉）、という。
○ネムノキは火がきかぬ（愛知県北設楽郡）、ともいう。
○ネムノキの葉がすぼむと雨になる（和歌山）。
○ネムノキを農作業の目安にする土地も広い。山形県で、ネブタの芽が出ればもう霜はないといい、秋田県では、ネブタが咲けば土用という。長崎県対馬では、ネムの花が咲いたら、ダイコンの種を播くとか、ダイズを作らないと遅くなるという。島根県浜田市では、コウカ（ネムノキ）の花盛り時はアズキ播きによいといい、大分県でもコウカの最初の花に豆を播け、つぎの花にアワを播け、という。また、ネムの花がよく咲いた年は豊作（宮城・鳥取）ともいう。愛媛県上浮穴郡では、ネブタの花の色が濃いほど米がよくできる、と伝えている。
○ネムノキが、多く咲く年は悪病がはやる（対馬）、きれいに咲いた年は悪病がはやる（高知・長崎）。
○民間療法。虫下しにネムノキの樹皮を煎じて飲む（岩手・宮城）。打ち身にはネムノキの皮を黒焼きにして煎服する（岐阜）。腫物にはネムノキの樹皮を煎じてつける（岩手）。ブトに刺されそうな時は、ネムノキの葉を揉んだ汁を手足に塗っておくとブトが寄りつかない（愛媛）。

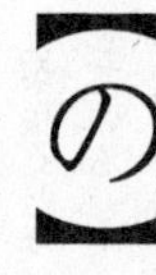

凌霄花　のうぜんかずら

○秋田県由利郡で、ノウゼンカズラを植えてはならぬ、といい、長野県では、ノウゼンカズラは縁起が悪い、といって嫌う。『極奥秘伝まじない秘法大全集』に「夫婦に子供の出来ない家には、時々凌霄花を植えたものを見るがこの木は子の出来ない神秘的な奇蹟を示すもので植えてはならない。植えた家で子供を望むならば掘り返して棄てるがよい」と見える。

野菊　のぎく

○島根県安来市で、ノギクを植えると火事がある、といって嫌う。

○民間療法。ノギクの花か葉を干して枕に入れると脳病持ちにならない（熊本県玉名郡南関町）。風邪にはノギクの花の陰干しを煎服する（熊本）。痔や冷えにはノギクの陰干しを風呂に入れて入浴する（山梨）。⇩菊

野蒜　のびる

○秋田県南秋田郡で、ノビルをつけて歩くとヘビに咬まれぬといい、富山県東礪波郡では、蚕の所へネズミが来て仕方のない時は、ノビルの根をすりつぶし、ネズミの通り道に置くとよい、という。

○新潟県東蒲原郡津川町〈阿賀町〉には、ゴマの栽培をしない集落がある。その理由は、昔、鎮守さまがノビルで滑ってゴマの幹で目を突いたため、と伝えている。

○民間療法。腫物には、ノビルの根を黒焼きにし、種油で練って貼る（山口）。ノビルの球をすって飲むとジフテリアに効く（群馬）。皮膚病にはノビルをおろして用いる（香川）。虫歯にはヒロゴ（ノビルの地方名）をすって貼る（福島）。咳にはノビルの黒焼きを飲む（愛知）。喉の痛む時はノビルの球根をそのまま服す（栃木）。風邪の時は、乾したノビルの茎を鼻の穴にさしこんで匂いをかぐ（北海道アイヌの伝承）。癪にはノビルの黒焼きを飲む（栃木）。一般的には、根・茎をすりつぶして打ち身・切り傷に塗布する。

海苔 のり

○ノリを食べたら嫁入りの時イヌにほえられる（和歌山県東牟婁郡）とか、ノリの残りを食べるとお嫁にもらい手がない（高知）、という。愛知県北設楽郡では、ノリに年とらせるな、といい、山形県庄内地方では、ノリの豊作は冷害と伝えている。

○ノリは痰の大毒（新潟）。

【は】

葉 は

○木の葉の状態から天候を占う俗信は各地に多くみられる。風のために木の葉が裏返しになって白く見える時は、雨が近い（石川・富山・福井・長野・広島・香川）、豪雨がある（岐阜県高山地方）。木の葉の光るのは雨のきざし（宮崎・鹿児島）。木の葉が早く落ちる年は雨が多い（鳥取県八頭郡）などという。以上は雨天の前兆であるが、岐阜県高山地方では、風が吹いて木の葉が返ると晴れるといい、山形県西村山郡大江町では、向山の木の葉が白く見える時は天気がよくなる、と伝えている。

○三重県志摩郡で、旧暦の十月十日に木の葉が一つひらっと返ると翌年大風が吹くという。山形市では、木の葉が裏を返すときは強風の前兆といって注意する。

○落葉が四方へ遠く飛び散らないのは雪が早いしるし（岐阜）。紅葉が遅いと雪が早い（同県）。木の葉が舞い上がると雪が降る（石川県石川郡）、という。岐阜県・広島県で、落葉の早い年は雪が早いというが、これと逆に山形県南陽市では木の葉が遅くまで落ちない年は雪が早いという。

○青葉に雪のかかる年は雪が少ない（広島）。落ちた葉の表が多く見えるときは小雪（福井・

岐阜・島根)。落葉が表を上にして落ちると小雪(山形)という。反対に大雪の前兆には、落ちた葉の裏が多く見えると大雪(山形・福井・岐阜・島根)、落葉が裏を上にして落ちると大雪(山形)、秋に木の葉が一時に落葉する時は大雪(岐阜)、秋に木の葉が遅くまで落ちないと大雪(山形・島根)、木の葉の幅が広く短い年は大雪(広島)などがある。

○山形県最上地方では、秋に木の葉が一度に散らない年は翌年の作柄が悪くなるといい、岡山県では、木の葉が落ちて裏返ると翌年は風雨があって凶年になるという。

○墓地で木の葉をかむと歯が腐る(奈良)。青葉を火に焼けば瘭疽になる(千葉)。

○民間療法。切り傷の血を止めるには、三いろの違った葉を揉んでつける(千葉)、木の葉三種類をかんでその汁をつける(岐阜)、三種類の葉を煎じてつける(大分)、何の葉でも三枚とって傷につけ「アビラオンケンソワカ」と三度唱える(長野)、七種類の葉を揉んでつける(新潟県長岡市)、木の葉を四つ折りにしてあてる(福島)、何の葉でもよいから九つに折って傷口に縛っておく(埼玉)、木の葉を横に三つ折り、縦に三つ折りにして傷口を押さえる(愛媛)、木の葉に金という字を書くまねをして貼る(長野)。手にできた疣を治すまじないには、橋草の葉を疣の上にのせて「いぼいぼうつれ、こえてうつれ」と唱える(福井)。瘡には、紙に「根をきって葉を枯らす、葉を切って根を枯らす」と書いて家の中に貼る(群馬)。

○冷え症・疝気にはほしば(野菜の干葉)の湯をたてて入浴する(山梨)。シラミ頭はアオキの葉を灰になるまで焼いて、それを水油で混ぜて頭に塗ると治る(宮城)。

萩　はぎ

○香川県香川郡で、歯痛のときは地蔵様にハギの箸を供えると治るといい、島根県隠岐島では、白山権現社にハギの箸を十二本供えて祈願すると歯痛が止まると信じられている。福島県いわき市では、歯を病む者は四倉町狐塚の三渡神社にハギの枝で編んだすだれを供えるという。そのほか、栃木県安蘇郡田沼町（佐野市）で、ハギの箸を用いると歯が強くなるというが、島根県石見地方では、ハギの箸で食べると歯が抜ける、といって嫌う。
○ひすね（疣）を取るには、ハギの木に向かって「ひすねひすね一本橋わたれ」と唱える（広島県比婆郡）。胞衣が下りない時はハギとヒノキの串を胞衣に刺すと治る（青森県中津軽郡西目屋村）。
○白ハギの箸は高血圧によい（宮城）。
○肝臓病にはヤマハギを煎じて飲む（同県）。めまいや貧血にはハギの葉を乾燥して煎服する（熊本）。まめにはハギの木を燃して出た汁をつける（埼玉）。

白菜　はくさい

○青森県三戸郡や福井県で、ハクサイを食べると中風になるという。

芭蕉　ばしょう

○バショウを屋敷に植えると、病人が絶えない（秋田・岡山・広島・鳥取）、家運が傾く（広島・鳥取・宮崎）、不時がはいる（兵庫）、といって忌む。京都府丹波地方で、屋敷より上にバショウを植えると病人が出るといい、愛媛県上浮穴郡では、家の入口に植えてはいけないという。鳥取県で、バショウのある家は必ず破産するといって嫌うのは、バショウは葉が破れやすく葉散が破産に通ずるためという。また、因伯地方では、バショウを家の周囲に植えると夜遅く美人になって化けて出るといい、バショウのある所を通る時は刃物を持っていかねば美人の怪物が現れる、と伝えている。また、福岡県八女郡で、バショウを植えると位負けして不祥事あり、といい、岡山県勝田郡ではバショウは位のある家でないと植えられぬという。バショウは寺の境内などに植えてあることが多いため、俗家に植えることを避けるのであろう。
○岡山県や広島県で、バショウに花が咲くと家に変事があるといい、愛知県では、バショウの木にバナナ（花軸のことか）がなると、その家の者が死ぬという。
○民間療法。腎臓病には、バショウの根を煎じて飲む（茨城・埼玉・長野）、葉を煎じて飲む（栃木・埼玉）、葉を床に敷いて寝る（栃木）。脚気には、葉を煎じて飲む（山口）、葉を敷いて寝る（千葉）。疫病で熱の高い時はバショウの根を搗き砕いたものを搾った汁を飲ませる（長野）。解熱には、バショウの根を煎じて飲む（京都）、幹の搾り汁に黒砂糖を加えて飲む。幹の切り株を枕に用いる。芯の軟らかい部分を細く刻んで体につける（沖縄）。肝臓が悪い時はバショウの葉を煎じて飲む（徳島）。喘息にはイナゴ三十六匹、バショウの根一つかみ、クロマツの葉一つかみ、フキの根の干したもの、タガンボウ（田の畦畔に生えている草）一つかみを水一升で五合になるまで煮つめ、一週間ほどに分けて飲む（栃木）。神経衰弱にはバショウの根、古い木の根に生えている苔、クワの根、センダンの実、ネムノキの皮それぞれ一つかみを一升の水が半分になるまで煎じ、これを一週間に分けて飲む（同県）。頭痛にはバショウの花を乾燥し煎服する（熊本）。たむしにはバショウの水をとってつける（愛知）。バショウの葉を入れた風呂に入ると神経痛に効く（埼玉）。バショウの花弁（苞のことか）で酒を飲むと中風にかからない（栃木・岡山・広島）。バショウの葉を盃にして酒を飲むと中風にかからない（山口）。喉に立った骨を取るにはバショウの葉の汁を飲む（愛媛）。『耳袋』にも喉に刺さったとげを取るに、バショウの巻葉を黒焼きにして用いることが見えている。『犬つくば集』の付合に、「宇治橋にしばしたたずむ大ふぐり」の句に「芭蕉の葉にてまきの島人」と付けた例がある。『長生療養方』によれば、バショウの葉は、腫物・消渇の薬としてある。疝気の陰嚢をバショウの葉で包むことも民間療法だったのであろう。

蓮　はす

○ハスを屋敷内に植えてはならない（秋田県仙北郡）とか、ハスの池を持っている家はそのハスが絶えれば家も絶える（奈良）という。ハスは極楽浄土の象徴のような植物であるところから、通常の民家に植えるのは勿体ないというのであろう。同じ郡で、ハスの葉をかぶれば禿になるといい、千葉県では、ハスの葉をかぶると頭に腫物ができるという。また、ハスの花の着物を着ると世を去る（秋田・群馬）というのも、仏の座するものであるからであろう。奈良県では、ウキバス（睡蓮？）を採ると凶事が起きるという。

○民間療法。切り傷にはハスの葉を揉んで傷口に押しあてる（徳島）。痔はハスの花の上に座ると治る（奈良）。ハスの葉を乾燥したものを煎じて飲めば乳が出る（福井）。疣には、葉の汁をつける（愛知）。瘤のできた時は「こぶになんな（なるな）ハスになんな。あした出て昨日治れ」と言ってなでる（島根）。ウルシ負けには葉の陰干しを煎じてつける（宮城）。腫物には、ハスの花弁を陰干しにしたものを貼る（大阪）、ハスの種を焼き粉にして飯で練って貼る（石川）。⇩蓮根（れんこん）

櫨　はぜ

○ハゼ負けに対する民間療法は多い。愛媛県では、ハゼの木の下を通るとき「親に負けてもうるし（ハゼ）に負けん」と唱えながら通ると負けないとか、小便をかけると負けないという。山口県でも、ハゼに負けたときは「親に負けてもハゼには負けん」と唱えながら、土で患部をこするとか、ハゼにさわったときは人差指を介添えに唾を三回ハゼに向かって吐きかけると負けない、と伝えている。ほかにもハゼ負けに対して次のようなことを行う。ハゼの木を糸でくくって「治してくれたらこの糸を解く」と言う（長崎県対馬）。糯米を水に漬けておいて擂ってつける（同）。油揚豆腐を食べる（大分・佐賀）。湯で洗わずに水で洗う（大分）。塩をつけて揉む（愛媛）。

○山仕事をする人は初湯にハゼの葉を入れて入浴するとハゼ負けしない（島根）。産湯に塗箸とハゼの葉数枚を入れて出生児に浴びせるとウルシやハゼにかぶれない（和歌山）。

花　はな

○生花を頭にさすと、気がふれる（福井・岡山）、若死する（福井・和歌山・山口）、親が死ぬ（岩手・新潟・石川・富山・長野・福井・愛知・京都・奈良・三重・兵庫・愛媛・高知）、母親に早く死別する（福井・静岡・京都・大阪・広島・山口）、親の死に目にあえない（福島・群馬・千葉・福井・長野・岐阜・広島・山口）、親が失明する（群馬県利根郡）、といって忌む。広島県で、生き花を簪にして左にさすと坊主に誉められる、というのも死を意味している。また、花を一本髪にさすと縁遠くなる（岐阜県恵那郡）、ともいう。千葉県で生き花を簪にするなら終日髪にさしていろ、といい、高知県では、頭に草花をさす時は、二、三度唾をつけて「花は枯れても髪ゃ枯れんな」と唱える、という。盆に精霊を迎えるため花を用いることが多く、また仏に供えたりするところから、日常身につけることを忌むのであろう。群馬県利根郡では、白い花を頭につけるのは死んだ人のすることでよくない、と伝えているが、花を頭につけるのには信仰上深い意味がある。

○長崎県対馬で、神と仏の花は一つ日に採らない、或いは神様の花は午前中に採り、仏様の花は午後採る、といい、愛知県では、盆の花は二度採りに行くものでない、という。

○仏様の花は夜買うものでない（青森県八戸市）、とか、夕方のお花はもらうな（岐阜）、という。これは、神様の生き花は午後に上げてはいけない（大分・宮崎）、とか、夕方神仏に花を上げるな（岩手・秋田・静岡・愛知・長崎・佐賀）、という俗信に連なるもので、仏様に夕方花を上げると、仏様がふえる（岩手・静岡）、新しい仏を求める（秋田県仙北郡）、化けて出る（愛知）、などといって嫌うからである。

○仏様にとげのある花を供えるものではない（宮城・群馬・新潟）というのは、とげのあるものを戸口などに吊して、魔除け・疫病除けにする習俗があるため嫌ったものであろう。

○仏さまに供える花では次のようなものを忌む。弁の多い花を立ててはいけない（愛知）、七色に変る花はよくない（大阪府枚方市）、一色の花を立ててはならない（愛知）、紫の花を上げるものではない（山口県大島郡）、一度に散ってしまうような花はいけない（愛知）。高い花を立てると仏がその人を呼ぶ（和歌山県有田郡）。青森県八戸市で、仏様の花を替えて供えるのを苦にしない人は銭に不自由しない、という。反対に、新仏に枯れ花が立っていれば小遣銭に難儀する（島根県安来市）とか、仏壇の花は毎日取り替えぬと来世は臭い人間に生まれる（秋田市）、という。また、忌中のうちは仏には白い淋しい花を上げるもので、赤い花などは上げない（和歌山）とか、盆に立てる花を平常仏に立てると、近いうちに誰かが死ぬ（愛知）、と伝える土地もある。

○荒神様に赤い花を供えると、家の主人の気が荒くなる（和歌山県日高郡）、家の主人の気がふれる（奈良）、その家の女がきつくなる、子供らが喧嘩する（和歌山県有田郡）、という。荒神は火の神であるところから、火を連想させる赤い花を忌むのであろうか。大黒様に赤い花を上げるといけない（鹿児島県国分市〈霧島市〉）ともいう。愛知県では、便所の神様は首の長い花が好きなので、そうした花を便所に立てておくと首の長い子が生まれるとも、美しい子が生まれる、ともいう。

○一本花はさすものでない（福井・和歌山・鹿児島）という。秋田県山本郡で、仏壇に一本花・四本花を上げるな、これを上げるのは死人の時だけといい、京都府北桑田郡でも、死人の枕元にはシキミを一本立てるところから、日常一本花を立てることを嫌う。

○仏壇に供えた花を、手にとると手が腐る（秋田）、持ちあそぶと、気がふれる（大阪府枚方市）、うおのめができる（奈良）、といって忌む。ほかにも、仏様に供えた花をまたぐと疣ができる（愛知）、とか、神仏に供えた立花の古いのを踏むといいぎれ（足の裏が切れて痛む）がする（奈良県宇陀郡）、などという。いずれも、神仏に供えた花を粗末に扱うことを戒めたものであろう。

○葬式の時の花がしおれていると、またその家に死人が出る（新潟県西頸城郡）、といって忌み、また、葬式の花を「きれい」というものではない（静岡県御殿場市）という。愛知県南設楽郡鳳来町〈新城市〉では、長生きした人の葬式の花はお守りになるといっている。

○奈良県吉野郡で、墓場に花を植えると、死に花が咲くといって忌む。福井県では、さんまい（墓所）から花を採って帰ると、よくないと伝えている。

○愛知県南設楽郡鳳来町〈新城市〉で、屋敷の南へ赤い花の咲く木を植えてはならないといい、和歌山県では、屋敷の北へ赤い花の木を植えると凶事があるという。秋田県平鹿・仙北郡では、屋敷の西の方に赤い花を植えてはならぬ、病人が絶えぬという。土地によって忌む方角はさまざまであるが、赤い花を忌む点で共通している。赤い花はすべてが忌まれるわけではないが、マンジュシャゲやヒルガオを火事花と称して家に持ち帰ることを嫌ったり、庭に植えることを喜ばない土地は多い。愛知県で、井戸の傍に白い花を植えると白髪の子が生まれるというのは、色からの連想であろう。そのほか、下り花は庭園に植えない（和歌山県西牟婁郡）とか、仏壇に立てる花を庭に植えることを忌む（愛媛県上浮穴郡）土地もある。

○返り花は、悪いことがある（千葉・富山・香川・高知）とか、返り花にさわると風邪をひく（広島）、といって忌む。めったにないことが起きるのは変事の前兆と考えたものであろうが、反対に、木に時なし花（狂い花）が咲くとよいことがある（広島県山県郡）といって喜ぶ土地もある。そのほか、花ものが一時に開花する年は世の中がよい（青森県三戸郡）、ともいう。

○子供の名前に花の字をつけると夭折する（富山・鹿児島）とか、花を愛する人は早死する（秋田県平鹿郡）といい、秋田県仙北郡では、花模様の着物を着ると早死するといって嫌う。花の生命の短いところから連想したものであろうか。ほかにも、赤ん坊が花と言わないうちに花をやってはいけない（鹿児島県国分市（霧島市））とか、葬式の時、墓場で転んだり本を拾ったりすると早く死ぬ（秋田県山本郡）、などという。

○秋田県山本郡で、重病人に生き花を見舞に持って行くと病人が死ぬといい、石川県金沢市では、病人の見舞に植木鉢の花を持って行くと病気に根が出る、といって嫌う。

○花を手にとる夢は喜び事がある（福島・群馬）とか、枯木に花の咲く夢は心を豊かにする（群馬県利根郡）、といって吉兆としているが、土地によっては、花園の夢を見ると不吉（青森県三戸郡）、或いは、満開の花の夢は凶（岡山県久米郡）と伝えている。

○返り花があると秋が長い（山形・新潟・広島）、天気がよい（長野）、という。秋に暖かい日が続くと返り咲きが見られることからいうのであろう。あまり咲いたことのない花が咲くとその年は天気がよくなる（新潟県南蒲原郡）、ともいう。降雪に関しても、返り花の見られる年は、雪が遅い（岐阜）、小雪（群馬）といい、特に返り花が多いと大雪または大霜になる（広島）という。返り花が多いのは暴風雨の兆（広島）とか、赤い花の多く咲く年は雷が多い（山形）、ともいう。
○返り花があると翌年は凶作（新潟・岐阜）というが、新潟県中頸城郡では、時なし花（返り花）が咲くと作がよい、と伝えている。
○花が一度に咲く年は豊年（山形県西置賜郡白鷹町）、すべての花の多く咲く年は作がよい（新潟県長岡市）、春白い花が多く咲くとその年は豊作（滋賀県伊香郡）という。
○その他の俗信。黄色の花を家に持ち帰ると火事が起きる（大阪府枚方市）。夏咲く黄色の花に指を触れると指が腐る（奈良県吉野郡）。小さな黄色い草花を採ると父母が死ぬ（鹿児島県国分市〈霧島市〉）。一色花は仏様に上げるものだから畑に作ってはいけない（徳島県三好郡）。庚申様の花を門口に置くと盗人が入らない（鳥取県八頭郡）。妊娠中によその花を採ると盗みをする子が生まれる（愛知県南設楽郡）。四月八日の花は高く立てれば鼻の高い子ができる（奈良）。四月八日の花が枯れたら娘の縁が遠くなる（同県）。物を失った時は卯月八日の花を燃やしその煙の行方を尋ねるとよい（和歌山）。盆の十六日に花の種を播くと十六通りの変り咲きになる（福島）。墓地の花を懐に入れておくと博奕に勝つ（三重県度会郡南島町〈南伊勢町〉）。雷除けには正月様に上げた花に火をつけて庭に投げる（群馬県邑楽郡）。
○民間療法。喉に骨のつかえた時は、歳神様に上げた花を水に浮かして飲む（群馬県邑楽郡板倉町）。歳神様に上げた花で喉をなでる（同）。盆花で喉をなでる（同）。子供の寝小便には地蔵様に花を供える（香川県香川郡）。疣には花を自分の歳の数だけ採ってくる（群馬県利根郡）。うおのめには仏様に生けた花の水をつける（愛媛）。トラホームは神様に供えた花の水で洗う（鹿児島）。しゃっくりの時は「黄色の八十何黄色」と言えば治る（奈良）。和歌山県日高郡日高町池田来迎寺の薬師堂の観音様に七色の菓子と七色の花を供えて祈ると耳と眼の病に効験がある。

バナナ

○鹿児島県国分市〈霧島市〉で、バナナの木を植えておくと病人が絶えない、といって忌む。また、沖縄県国頭郡国頭村で、妊婦がバナナの双生したものを食べると双子を産む、というのは、その形から連想したもので、この類の俗信は他にも多い。

○幼児がバナナを食べると疫痢になる（宮城）。

薔薇　ばら

○仏様にバラを上げてはならない（秋田・栃木・群馬・新潟）、という土地は多く、上げると気がふれる者が出る（秋田県雄勝・平鹿郡）などという。とげのあるものを玄関などに吊して疫病除けに用いるところから、仏前に供えるのを忌むのであろうが、このバラが薔薇をさすか、イバラをさすか、疑問がある。

○広島県で、バラは家の前側に植えてはならぬといい、愛知県南設楽郡鳳来町〈新城市〉では、屋敷にバラを植えると気前の悪い娘ができるといって嫌う。しかし熊本市では、垣根にバラを植えると病気が治ると伝えている。これは、バラのとげに疫病を防ぐ力を認めたものであろう。

○バラが身体にからみついたときは、「バラバラ嫁さんやるからはなせ」と言えばよい（岩手県陸前高田市）、とか、「バラさんバラさん、こんど赤飯炊いてあげる」と言うと取れる（茨城県新治郡）という。

○群馬県吾妻郡嬬恋村で、バラの花が咲いたらソバの播きつけとか、バラの花粉でダイズを播けといい、バラの花を農作業の目安にしているが、これらのバラは山野に自生する野生種のバラのことであろう。

○東北地方で、雷の時にバラを持っていると怪我をしないという。また、高知県高岡郡では、夜バラを掘ることを忌む。『極奥秘伝まじない秘法大全集』に「別れた男と逢戻りの呪」として「白紙を四つ切りにしたものに、ばらの花針のあるのも知らずして、と書き、相手の年齢と名前を書いて箱に入れて閉封し、人目にかからぬ様に自分の室に置けば近い内に必ず目的を遂げることができる」と見える。このバラは薔薇らしい。

○民間療法。バラの実を煎じて飲むと、利尿・腎臓病に効がある（岩手）、太り過ぎによい（同県）、便秘に効く（岩手・長野）。神経痛には古木のバラの葉を煎じて飲む（茨城）。口中の病気にはバラの花がよい（宮城）。サンカクバラの枝で箸を作って食べると中風にかからない（秋田）。⇩茨（いばら）

葉蘭　はらん

○大阪府枚方市で、ハランを墓に供えると人が死ぬという。

○民間療法。肺結核にはハランの葉の陰干しを煎じて飲む（石川・香川）、ハランの根元にある円い実を煎じて飲む（滋賀・和歌山）。咳にはハランの実と氷砂糖を煎じて飲む（大阪）。肋膜炎にはハランの根と葉少々を二合の水に煎じ、これを一日量として飲む（山口）。頭痛にはハランの葉を二、三枚刻んだものを煎じて飲む（大阪）。癪にはハランの根を煎じて飲む（静岡）。

榛木　はんのき

○ハンノキの花が例年より早く咲くと豊作（栃木県芳賀郡）、ハンの花多き年に不作なし（山形）、或いは、ハンの実の多い年は米がよくできる（同県）などという。花や実のつき具合からその年の豊凶を占ったものである。円柱状をした雄花穂の垂れ下がった形はイネを連想させる。ただし山形県置賜地方では、ハンノキの花満開なる年は凶作、と伝える例もある。

○民間療法。腹痛にはハンノキの甘皮を煎じて飲む（北海道アイヌの伝承）。

【ひ】

柊　ひいらぎ

○節分にヒイラギにイワシの頭をつけて戸口にさす風習は広く行われている。こうすると、鬼が入らない（愛媛）、悪魔が入らない（京都）、疫病を除ける（神奈川）、などという。岡山県久米郡では、大晦日にイワシの頭をヒイラギの枝にさして入口に立てておくと盗人が来ない、と伝えている。いずれも、ヒイラギの葉のとげとイワシの臭気に魔を除ける呪力を認めたものであろう。そのほか、疫病神除けに、ヒイラギの枝に豆腐をさして入口にさしておく（茨城）とか、流行病のときは戸間口へヒイラギの葉とスルメとコショウを置くとよい（長野）、という。

○ヒイラギを屋敷に植えると、魔除けになる（愛知・三重・広島・佐賀）、流行病にかからない（広島）などといい、特に家の入口に植えるとよい（広島・佐賀）という。鳥取県では、屋敷にヒイラギが七本あるとすべての魔を防ぐ、と伝えている。

○富山県氷見市で、ヒイラギの木が枯れたら死人が出るというのも、この植物が病魔除けに用いられたところからきていよう。

○滋賀県甲賀郡では、節分にヒイラギの葉十二枚を一枝ずつ一月、二月と言って燃やし、その燃え方により各月の風の荒れ具合を占う。ブシブシとはじく月は風の荒い月だという。

○民間療法。ヒイラギの葉とコショウを布に包み首に巻いておくと、喉疱瘡にかからない、ジフテリアに効く（島根）。ジフテリアにはヒイラギを門口に吊しておくとよい（愛媛）。疣を取るには林光坊（新義真言宗）のヒイラギの木のコケをとってつけるとよい（新潟県佐渡郡赤泊村〈佐渡市〉)。ひきつけにはヒイラギを塩で揉んだ汁を飲ませる(愛知)。

稗　ひえ

○長野県伊那市で、昔は木曽駒ヶ岳にヒエ播き爺・ヒエ播き婆が現れるのを、播種の目安にしたという。また、群馬県吾妻郡では、白根山のさかさ入道の足首がとれたらヒエの播き旬と伝えている。いずれも、山に消え残る雪が毎年同じような形に現れるのを見て、陽気の進行を判断したものである。

○民間療法。目疣ができたときはヒエ飯の焦げたのを隣家から貰って食べる(石川県石川郡)。乳の出の悪いときは、ヒエ飯を食べるとよい(石川・大阪)、ヒエの甘酒を飲む(岐阜)。

○ヒエを食べるとにきびができる(秋田)。

彼岸花　ひがんばな

○ヒガンバナを手にすると、手が腐る(新潟・奈良・兵庫)、歯が抜ける(静岡)、親が死ぬ(石川県七尾市)、家を忘れる(岩手)、という。千葉県長生郡では、この花をシビトバナと呼んで嫌い、福岡県ではヒガンバナをお坪(庭)に植えるとキツネが来るという。『和漢三才図会』に、石蒜は墓に多く生えるところから死人花と俗称して人家に植えることを忌む、とある。秋の彼岸のころ墓地などに多く咲き、葉が姿を見せぬのに花ばかり異様な形でにょきにょきと群立するところから、不吉な花として忌まれたのであろう。

○ヒガンバナを、群馬県前橋市で葬式花、島根県隠岐で葬礼花と呼ぶ。花茎を折って撞木のようにし、花を鉦に見立てて打ち、葬礼のまねをする子供遊びは広く行われる。

○ヒガンバナを家に持ち帰ると火事になる(京都・大阪)という。赤い花をつける植物をカジバナ(火事花)と呼んで嫌う例は多く、群馬県でも、カジバナ(ヒガンバナ)を家に持ち込むと人が死ぬ、と伝えている。

○宮城県で、ヒガンバナを折ると雨になるといい、大阪府枚方市では、川辺に早くからマンジュシャゲ（ヒガンバナ）が咲けば大風や大水がないという。

○鹿児島県喜界島で、ヒガンバナ咲く頃トウマメを播け、イモ植えるもよし、といい、和歌山県ではマンジュシャゲの花の咲くときはソバを播く時、といって農作業の目安にしている。

○広島県で、ヒガンバナが早く咲く年は豊作、とかサトイモがよくできるという。

○民間療法。肋膜炎には、ヒガンバナの球根をすりつぶして足の裏に貼る（愛媛・鹿児島）、球根をおろして和紙に塗り患部に貼る（埼玉）、ヒガンバナを煎じて飲む（福岡）。腫物には、ヒガンバナの球根をすりつぶしたものを貼る（栃木・山口・福岡・鹿児島）、球根をすりつぶしたものに鍋墨を混ぜて貼る（滋賀）。打ち身・捻挫にはヒガンバナの根をすりおろし小麦粉を混ぜて練ったものを患部に貼る（山口・鳥取）。婦人病にはマンジュシャゲの根を叩いて袋に入れ、腰湯をする（福岡）。ヒガンバナは去痰薬（新潟）。マンジュシャゲの鱗茎を煎じて利尿の薬にする（千葉）。

○マンジュシャゲの花を口へ入れると舌がまわらなくなる（愛知）。ヒガンバナの茎の汁が皮膚につくと皮癬（ひぜん）になる（熊本）。ヒガンバナを食べると死ぬ（富山・愛知・奈良）。

檜　ひのき

○秋田県平鹿郡で、ヒノキ材を建築用にしてはならぬといい、高知県室戸市や高岡郡でも、総ヒノキの家を建てるのを忌み、ミズキかスギ一本を柱か天井に使う。また、俗家にヒノキを使うと火事になる（広島）とか、棟木にヒノキを用いると火難にあう（愛知県南設楽郡鳳来町（新城市））、或いは、家の屋根にヒノキの皮を使えば火が早い（長野）と伝える土地もある。ヒノキが火の木に通ずるところからいうのであろう。ヒノキの葉は燃やすものではない（福島県南会津郡）、ともいう。

○岐阜県揖斐郡徳山村（廃村）櫨原の神様はヒノキで御神体が刻んであるため、櫨原ではヒノキを粗末にせず、ヒノキの箸では四つ足のものをつままないという。鳥取県では、ヒノキを屋敷に植えると位負けするといって忌む。
○愛知県南設楽郡鳳来町〈新城市〉で、鎌の柄にヒノキを使うものでない、といって嫌うのとは反対に、神奈川県津久井郡では、鎌の柄をヒノキでこしらえると魔を除けるという。
○新潟県南魚沼郡では、ヒノキを家の入口の上に吊して厄神除けにするという。
○民間療法。解毒剤にはヒノキの幹からとった油を飲用する（熊本）。淋病にはヒノキの皮を煎じて飲む（岐阜）。疥癬にはヒデの油（ヒノキの樹脂の多い部分）とドス（バイケイソウ）の根の煮出し汁をつける（徳島）。

檜葉　ひば

○千葉県東葛飾郡で、新たにヒバの木を植えると病が絶えぬという。

向日葵　ひまわり

○ヒマワリを屋敷に植えるな（秋田・長野・大阪・奈良・福岡）といい、植えると、悪いことがある（大阪府枚方市）とか、家が栄えぬ（福岡県北九州市）、目を病む（長野）、などという。京都府では家の周囲にヒマワリを植えると貧乏になるといい、岡山県や広島県でも家の周りに植えるのを忌む。徳島県三好郡でも畑にヒグルマ（ヒマワリ）を植えてはならないと伝えている。この花を忌む理由は明らかでないが、ヒマワリが火まわりに通ずるためであろうか。京都府北桑田郡美山町〈南丹市〉ではヒマワリのような黄色の花を嫌うといい、奈良県では日がまわる、といって忌むという。
○ヒマワリの種を粉にして煎服すると通じ薬になる（長崎）。

柏槇　びゃくしん

○イブキの別名。岡山県御津郡旧横井村（岡山市横井）では、庭にビャクシンを植えることを忌む。しかし、裏庭なら差支えないという。理由は明らかでないが、民家には過ぎるというのであろうか。

瓢簞　ひょうたん

○ヒョウタンを禁作として忌む例は各地に見られる。愛知県で、屋敷にヒョウタンを作ると変な事があるといって忌むが、同様の伝承は福島県白河市や茨城県真壁・新治郡などでも見られる。群馬県勢多郡東村〈みどり市〉の某家ではヒョウタンを作らない理由を、先祖がヒョウタンの蔓に足をとられて戦いに負けたため、と伝えている。ヒョウタンに限らず、キュウリなど蔓性の植物の栽培を忌む例は多い。

○痲疹には子供の腰にヒョウタンをぶら下げる（群馬・奈良・広島）。子供の夜泣きには、よその者を頼んで玄関にヒサゴを吊ってもらう（福井）、ヒョウタンを枕頭に吊す（石川）。しゃっくりが三つ出るまでにヒョウタンのことを思い出すとしゃっくりは三つでやむ（兵庫）。ヒョウタンを吊しておくと中風にならない（京都）。ヒョウタンを持っていると転ばないという（香川）。

○ヒョウタンの実を煎じて飲むと、脚気や神経痛によい（高知）、肺結核および胸痛に効く（熊本）。

昼顔　ひるがお

○ヒルガオの花を摘むと、雨が降る（秋田・山形・愛知・長野）とか、雷が鳴る（新潟）、或いは、耳が聞こえなくなる（秋田県由利郡）という。

○民間療法。利尿剤に、ヒルガオの葉根を煎服する（岩手・徳島・熊本）。糖尿病にはヒルガオの根を煎じて飲む（宮城）。ヒルガオの花を耳にあてると耳だれになる（新潟）。⇩雨降り花

枇杷　びわ

(1) **植えてはならぬ木　その理由**

○ビワを屋敷の中に植えるものではない、とい

っている地方は多い（群馬・千葉・埼玉・東京・神奈川・長野・静岡・富山・三重・滋賀・和歌山・大阪・鳥取・香川・愛媛・佐賀・長崎・大分）。壱岐では、飯の吹く音の聞こえる所には植えるものでないという。

○屋敷内や家の傍にビワを植えると、家に病人が絶えない（宮城・群馬・茨城・千葉・静岡・富山・福井・愛知・滋賀・京都・奈良・和歌山・大阪・兵庫・鳥取・広島・山口・愛媛・高知・佐賀・熊本・宮崎・鹿児島）。ビワの木が家の中から（宮崎）、横座から（鹿児島）見えると、病人が絶えぬとも、寝所に近く植えると（佐賀）、またビワの根が家の下に入ると（奈良）、病人の絶えまがない、ともいう。

○ビワの木を植えると、病人ができる（宮城・埼玉・石川・愛知・岡山・島根・山口・香川・愛媛）、病気になる（和歌山）。

○ビワは、病人のうなり声を喜ぶ（好む）（千葉・静岡・愛知）、病人のうなり声を聞きたがる（広島・長崎）。八丈島でも、ニヨウ声を聞きたがるので、病人が絶えないという。ビワは病人のうめき声を聞いて太る（福岡・佐賀・長崎・熊本）。群馬では、ビワを植えると、病人のうなり声がする、家族がうなり声をたてる、うなり声が絶えない、という。岐阜県加茂郡では、ビワはうなり声を聞くとたくさん結実するといい、愛知でも、病人があるとその家のビワの実がよくなるという。

○ビワを植えると、植えた人が、死ぬ（愛知）、病気になる（鹿児島）。加賀では、実生のビワが生長して、実がなる年に、種を播いた人は死ぬという。千葉・福井・三重・奈良県では、植えた人が死ぬまで実がならぬという。それで、ビワは老人が植えるものだという（福井）。鳥取でも、移植したらその人が死なねば実がならぬという。石川・山口では、植えた人の寿命がもろいといい、愛知では、誰かが死ぬと、よく実るようになるという。岡山県で、「ビワは死ねなろう」だという。この意味は、植えた人が死ぬ頃にならぬと、実がならない。本来は、結実までに長年月を要することをいったものであるが、逆の解釈をされて、ビワが人の死を好むもののようにいわれたのだ、との説明もある。
○ビワの木を屋敷内に植えると、主人が死ぬ（福岡）、家内に死者が出る（静岡）、死に絶える（三河）、子孫が絶える（安房）。移植すると、人が死ぬ（出雲）、家に死人を出す（千葉）、母が死ぬ（筑後）。ビワが初めてなると、誰か死ぬ（千葉）。ビワの木が足の大きさになった頃（意味がはっきりせぬが、木の太さをいうか）に死ぬ（美作）。
○ビワを植えると、貧乏になる（秋田・愛知・富山・奈良・徳島・福岡）。家運が傾く（静岡・福岡）。博多には、「ビワ貧乏」ということばもある。その他、運が悪い（愛知）、不幸がある（宮城・愛媛）、不時が入る（奈良）、縁起が悪い（岐阜・山口）、ともいう。三河では、家の裏へ植えると不幸があるという。
○ビワを屋敷内に植えると、大将（家の主人）のたけ声（叫び声）を聞いて太くなるので、よくない（長崎県西彼杵郡）。
○ビワの木が家より高くなると、その家は潰れる（京都市）。ビワの木が大きくなるほど、その家の禍が大きくなる（紀州北部）。ビワの木が軒の高さになった時、一度も折れないと悪い事が起こる（鹿児島県国分市〈霧島市〉）。
○屋敷の内にビワを植えれば火事にあう（紀州北部）。壱岐で、ビワを焚けば火があばれるというのも、これにつながる。屋敷内のビワに実をならせると凶事がある（神奈川）。ビワのよく出来た年は悪い病気がはやる（紀州北部）。
○ビワは早く大きくなって、棺になりたがるという（福岡県八女郡）。ビワを忌む理由として、寺に植える木で、民家に植えるべきではない（千葉・東京）という。或いは、すべて白い花の咲く木はよくない（静岡）という説明がある。

紀州でミカンの木を悪いというのも、花が白いからであろう。群馬県佐波郡では、ビワは八坂様の紋所だといって作らぬ家がある。壱岐では、ビワの木は植える日も伐る日も無い、といって忌む。

○葬式の時、ビワの葉を飾りにつけるので、この木を植えると死ななければならない（福井県三方郡）。ビワの木は葬式の時の天蓋につけるので、庭に植えてはいけない（大分県南海部郡）。葬式用の竜耳にはビワ葉を以てするゆえ、忌むのではないか、との説（内田邦彦）もある。

○ビワの木で叩かれた傷は治らない（宮崎県延岡市）。ビワの木で打たれると、骨が砕ける（栃木県足利市）。ビワの棒で叩かれると、三年生きられない（愛知）。鳥取では、昔罪人を殴り殺すのにビワの木の棒を使ったので、この木を嫌うのだという。ビワの棒で打つと、肉と骨とが分かれて、その傷は快復しないといわれ、木刀をこれでこしらえたのはそのゆえだといっている。

○ビワの木から落ちると、その日のうちに死ぬ（壱岐）、三年の間に死ぬ（香川県三豊郡）、ビワの木から落ちた怪我は治らない（愛知）。

枇杷　びわ

(2) 枇杷の葉の効き目　梅田枇杷麦

○ビワの葉を便所に吊しておくと、中風にかからない（福岡）。クサ（瘡）ができた時は、ビワの葉をかまどの上に吊っておく。葉が枯れるにつれてクサは治る（大阪）。鳥取では、魔除けの木として植える風習がある。

○憑き物につかれた時は、蒲団の下にビワの実を置くと治る（和歌山県東牟婁郡）。

○『続咒咀調法記』に、ビワの葉を使って行う疱瘡のまじないを二通り記してある。「疱瘡はやる時のまじない」では、「枇杷の葉二つ半に折て、此内壱つをすて、扨小豆十粒程、大豆十粒ほど、右の三色を煎じ呑して、そののちびわの葉にて頂より摩るなり。文にいわく、でんによでんミミミといひて、左より右へかけるまねすべし。さて歌に、越前国猪尾之峠之茶屋之孫赤子　此符を守りにすべし」とあり、「疱瘡の神まつる秘事」では、「びわの木をひがしへさしたる枝の葉のきずなきをとりて、其人の年の数にきり、大なごんあづき・くろまめ大小をとしの数いれ、天目に水一はいを七分程にせんじ、びわの葉を切目そろえて、それにてせんじたる汁を其ものにぬるなり。そののち行水をいたさせ、火をきよめせんじ用ゆる也。男子には朝用ひ、女子は夕かたに用ゆ。まゆ三度、両方の頬三度、又鼻さき三度、次に両の手の内三度づつ、次に臍を三度、是はよくよくぬらす也。次に両方の足のひら三度づつ。但し疱の出たる時に又せんじ用る也。もし死体と見ゆるならば、右のびわ・大豆・小豆の道具の中へ茶筅のほを三ツ入てせんじ用る也。三時の内ならば生かへる。又大事におもはば、梨実をきざみ水につけて臍をぬらす。いくたびもそろそろぬるなり。ぬる時に唱ふる文の事。唵雪女伝ミミミととなへてぬるなり」うんぬん。

○『咒咀調法記』には、「ざくろ鼻の大事」と題して、次の記述がある。「なもみの葉を酒にてむしあぶり粉にしてのますべし。又枇杷の葉と山梔子と二味、粉にし呑てもよし」。

○宮城県黒川郡では、風邪が流行すると、風邪送りをする。ビワの葉に餅をのせたり、モモの枝に餅をはさんだりして、門から道路へ送る。

○五月節供にビワを食わぬと、ビワ虫になるという（壱岐）。

○ビワとアズキは食合せだという（栃木・千葉・新潟・愛媛・佐賀・鹿児島）。腹痛を起こすといわれるが、この禁忌が広まるには、富山などの薬屋が配った中毒表（食合せの食品の取合せをコマ絵にした一枚刷）が大いに与っていたと思われる。その他、ビワに饂飩は大毒（茨城）、ビワと黒砂糖（新潟）、ビワと氷水（秋田）、ビワとアンズ（新潟）などがある。沖縄では、『御膳本草』という書物に、ビワとあぶり肉・麺類を禁忌食品として掲げてあるという。これは古く『延寿撮要』に「枇杷と炙肉・熱麪と同食すれば黄疸を発す」とあり、『衛生秘要抄』にも、同趣旨の記載が見られる。寛永板の『歌摘録』という書にも「枇杷をたゞ多く食すなたんねつす、小むぎのたぐひきんもつとしれ」とある由。『衛生秘要抄』にも「多食発熱黄」とある。

○ビワの葉の煎じ汁は、諸病に効くといわれた。江戸時代、京都烏丸に本舗があった枇杷葉湯は、ビワの葉を主にして、肉桂・甘茶などを加えて煎じたもので、暑気払い、痢病を防ぐに効能があるとされた。茨城県東茨城郡小川町〈小美玉市〉の本間家からも食あたり、暑気あたりの薬として枇杷葉湯を発売した。山口県では、ビワの生葉一つかみを一升の水に入れ、半量になるまで煎じて日射病の薬にする。

○陰干しにしたビワの葉を煎じて発熱時に飲む（鹿児島）。徳島でもビワの干葉を解熱に煎用する。鹿児島県揖宿郡では、発熱の際、冷水に浸したビワの葉を頭や体中に貼ると、その葉は灰褐色に変色し、それと共に熱が引くという。

○風邪には、ビワの葉・ワカバ（ユズリハ）・カミソリ草の茎葉を混ぜ、これをゴミザトウ（サトウキビの汁を煮つめたもの）で煮出した汁を飲む（徳島）。咳止めに、ビワの葉と氷砂糖を煎じて飲む（沖縄）、ビワの葉を火で乾したのち粉にし、砂糖を混ぜて飲むと咳止めによい（京都）。ビワの葉と黒豆を煎じて飲む（滋賀）。茨城では、ビワの生葉（冬期の葉が最高）を煎じて飲むと、咳・下痢・夜尿症・腎臓病に効くという。咳止め・膀胱炎にビワの葉を煎服する（高知）、利尿に葉を煎用（山口）、夜尿症・癌に用いる（埼玉）。痲疹に、生葉の搾り汁を用いる（山口）。

○その他、ビワの葉を煎服して効があるといわれる病症は、高血圧（長崎）、胃腸病（岩手）、神経痛（山梨）、脚気（愛知）、心臓病（埼玉）等がある。大分では、高血圧にビワの葉とドクダミの煎汁を用い、沖縄県八重山地方では、淋病に清明茶・氷砂糖・ビワの葉を煎用する。
○外用では、腹膜炎に、ビワの葉を温めて貼る（福島）。船酔い・車酔いには、ビワの葉を洗って裏面の粉をよく落とし、その葉を嚙んでいると酔うことがない（愛媛）。冷え症に、ビワの葉・スイカズラを両手で一つかみほど大鍋の水に入れて煮つめ、これを風呂にいれて入る（栃木）。
○汗疹に、ビワの葉を煮出した汁をつける（愛知）。かぶれには、ビワの葉の煎汁で湿布（山口）、ビワの葉とセキショウもよい（岡山）。虫刺されには、五月のビワの焼酎漬がよい（静岡）。火傷には、ビワの実を搾ってつける（大阪）。
○ビワの花が多い年は、麦も豊作、即ちビワがたくさんなると、麦の出来もよい。これは、四国・九州地方で一般的にいわれている（徳島・愛媛・福岡・大分・長崎・鹿児島等）。「梅田ビワ麦」ということわざもある（広島その他）。ウメが多くとれる年は米が豊作。ビワが多いと麦が豊作、との意である。当然、ビワの不作の時は、米が豊作（大分県日田郡）ということになる。
○だが、宮崎県西諸県郡では、ビワの豊年は貧乏年と、反対のことをいう。ビワの多収減収によって米の豊凶を一律に、測りえないわけである。
○「雨ビワ日梅」ということわざも各地でいわれる。多雨だとビワはたくさんとれ、旱天だとウメの収量が多い、というのである。これと「梅田ビワ麦」とは一連の関係といえ、日照の多い年は梅が、また米が豊作であり、雨勝ちだとビワが、また麦が多収だということになる。

【ふ】

蕗（ふき）

○富山県下新川郡で、フキは繁昌のものだが、他人に根株を分けると家が絶える、といって忌む。また、山口県では妊婦がフキの皮を剝いだものを踏むと難産するといい、高知県でもフキの皮を踏むと瘧になるといって嫌う。福島県須賀川市狸森の関根家では、フッキとキビを作らない。

○フキノトウが出ると春、という土地は広い。群馬県吾妻郡六合村〈中之条町〉では、フキノトウを見つける時に「ジャオーゴンゲン水ゴンゲン、今出なければ出られまい。夏になったら焼けしむばい」と言う。

○フキの葉のふちに朝露のかかっているときは晴れる（山形・福島・新潟・岐阜）、朝露のかかっていないときは雨になる（群馬・岐阜）、という。フキの葉が裏返ると三日目に雨が降る（長野）、ともいう。

○フキノトウをシカが食べると角が落ちる（岩手・広島）というのは、フキノトウの出る頃、雄ジカの角が落ちる時期に当たるため。

○民間療法。切り傷には、フキの葉を揉んでつける（北海道・福島・茨城・神奈川・山梨・新潟・石川・富山・長野・岐阜・静岡・愛知・京都・岡山）、フキの根をつぶしてつける（北海道・福島・群馬・新潟・長野・岐阜・愛媛）、根をフキの葉に包んで、囲炉裏で蒸焼きにしてドロドロになったものをつける（福井）、フキの露をつける（福島）。風邪にはフキ・ベニバナ・シャクヤクを混ぜたものを煎じて飲む（北海道）。咳の出るはフキの根に少し水を入れ、叩きつぶして飲む（岐阜）。痰には、フキノトウがよい（栃木・埼玉）、フキの根を煎じて飲む（岡山）。フキノトウは胃の薬（新潟）。火傷にはフキの根の汁と飯と灰を練り合せて貼る（京都）。胸やけにはフキの茎をかむ（千葉・石川）。ハチに刺されたときは、フキの葉を揉んだ汁をつける（茨城・静岡・高知）、フキの根の汁をつける（石川・滋賀）。喘息には、フキノトウの煮つけを食べる（静岡）、フキノトウを焼き餅に入れて食べる（群馬）。咳止めには、フキノトウを焼いて食べる（石川・愛知）、フキノトウを煎じて飲む（青森・岩手）、フキの陰干しを煎じて飲む（埼玉）。

○赤ん坊の毒を下すには、フキの根の汁を飲ませる（京都・広島・佐賀）、フキの根など苦いものをなめさせる（福島）、フキの根・オオバコの根・ヨモギの根の三種を合せて煎じた汁を飲ませる（奈良）。赤ん坊には乳を飲ませる前にフキの汁を飲ます（愛媛）。生まれて三日目ぐらいまではフキの根やカンゾウやクロマメを煎じて飲ました。お墓の近くにあるフキの根を煎じて飲ますと度胸のよい子ができる（兵庫）。産後、泣き癖のある子供には、フキの根を水に漬けた汁を布に浸して吸わせると癖がよくなる（滋賀）。

○解熱にはフキの根を煎じて飲む（宮城・徳島）。腫物には、フキの葉を貼る（新潟）、フキの葉をあぶって柔らかくして貼る（北海道・新潟・長崎）、ドクダミをフキの葉に包んで焼き、どろどろになったものを紙に塗って貼る（福井・京都・滋賀）。心臓病にはフキの茎を煮て食す（香川）。鼻づまりにはフキの皮をむいて一寸くらいに切り、鼻の穴に詰める（大分）。フキの葉を煎じて飲むと早く痲疹が出る（秋田）。腹痛にはフキの根を洗ってかむ（福井）。瘭疽のときフキの葉を塩と水半々で煮つめ、その中へ指を入れる（神奈川）。お産の後、フキの根を煎じて飲むと悪い血がおりる（愛媛）。

○妊婦はフキを食べてはならない（高知）。夏のフキはクチナワ（マムシ）の歯形が入っているので食べない方がよい（佐賀）。「六月の倒れフキ」といって六月になってから食べると体を悪くする（長野）。

○冬至にとったフキの葉を正月雑煮に入れると熱病にかからない（広島）。五月五日にフキを食べると腹に虫がわかない（岐阜）。五月五日にフキを食べないと、虫がわく（長野）、ウジになる（宮城）。

○カニとフキの食合せは、よくない（佐賀）、胃痛を起こす（秋田）。魚が死にかけた時にフキの搾り汁を与えると生き返る（岐阜）。フキノトウを食べるとタヌキが馬鹿になる（岩手）。

⇩蝮（まむし）（動物編）

福寿草（ふくじゅそう）

○秋田県由利郡で、フクジュソウを屋敷内に植えるな、といい、群馬県利根郡では、フクジュソウを家の周りに作っておくと家が絶えるという。

○民間療法。心臓病・腎臓病にはフクジュソウの根を煎じて飲む（埼玉・新潟・香川）。虫刺されにはフクジュソウの汁を患部に塗る（徳島）。（文庫版注・危険性あり）

藤（ふじ）

○フジを忌んで屋敷に植えぬ土地は多い。フジを植えると、悪い（秋田・宮城・福島・新潟・長野・福井・大阪・兵庫・岡山・香川・福岡・熊本）、凶事がある（奈良・岡山・鳥取）、病人が絶えない（秋田・宮城・千葉・長野・鹿児島）、貧乏になる（青森・茨城・栃木・東京・富山・愛知）、家の中がもめる（秋田県由利郡）、他人の厄介になる（鳥取）、出世できない（広島）という。山口県熊毛郡では、フジの木の根が床下まで入ると悪いことがあるという。フジは不時に通ずるところから不吉な木とされたものらしいが、福岡県や熊本県では、フジは家を巻き倒すから、といっている。一般に蔓ものを忌み嫌う風は広く、また、フジのように垂れる植物は家の近くに植えない（愛媛県北宇和郡三間町〈宇和島市〉)、という土地もある。

○秋田県や宮城県で、フジの花を家に入れるとカイコに悪いという。その理由は明らかでないが、フジ蔓からヘビを連想し、養蚕に害をもたらす、として忌んだのであろうか。ほかにも、フジを家に持ち込むと、家畜がやせるとか味噌が腐る(秋田)といい、同県仙北郡では、フジの葉とヤマブキは田植前には家に入れてはならぬという。

○「朝藤夜縄」といって朝フジを燃やすことを忌み(宮城・福島・群馬・長野・静岡・広島)、朝フジ蔓を焚けば火が危ない(福島県南会津郡)、などという。同じ意味で、「朝縄夕藤」ともいって夕方フジ蔓を燃やすことを忌む土地(福島・新潟・千葉・広島)も広く、夕方フジを燃やすと、家に禍が来る(新潟)、ヘビにかかわる難事が起こる(広島)、不動様が泣く(同県)、などという。福島県磐城・相馬地方では、お天道様は朝昇る時は縄にすがって昇り、夕方はフジを伝って沈むものだから、朝の縄と夕方のフジは炉にくべるものではない、と伝えている。ヘビの形をしたものを忌んでのことであろう。

○滋賀県甲賀郡信楽町〈甲賀市〉で、四月八日の夕方、山からフジの花・ツツジ・サツキなどを採って来て竿の先につけ、庭に立てる。この花の下で転ぶと起きることができないという。ほかにも、卯月八日にフジの花をたてる土地は広い。フジは神事に用いる花であるところから、日常身近に植えることを忌む、とも考えられよう。

○群馬県利根郡で、時はずれのフジの花は必ず近くで人が死ぬといい、千葉県長生郡では、白いフジの花が時はずれに咲くと戦争が起きるという。めったにないことが起きるのは、変事の前兆との考えであろう。

○秋田県南秋田郡で、直径五寸以上のフジには血が通っているといい、三重県度会郡では、谷間を渡るフジの蔓は神の通る道だから触れてはならないという。また、山の番小屋をフジ蔓で結わえると火事になる〈高知県高岡郡東津野村〈津野町〉〉という。
○フジの蔓がよく伸びる年は大雪が降る（群馬・長野）とか、フジがカヤ場を這えば雪が遅い（長野）という。また、フジの実がはねると雨が降る〈同県木曽郡〉ともいう。
○フジの開花を農作業や漁期の目安としている土地は多い。フジの花盛りにアゼマメ播き（新潟）。フジの花を見てワタの種を播け（広島）。フジの花が咲き始めるとヒエを播かねばならぬ（群馬）。フジの花咲けば籾種を播け（愛媛）。フジの花が咲く頃イダ（ウグイの地方名）が群れる（福岡）。フジの花盛りがアメノウオの旬（三重）。フジの花盛りにカイコが出る（新潟）。フジの花が咲くとワラビが芽を出す（青森）、などという。
○長野県上水内郡小川村では、沢の宮のフジの花の咲き方で作を占う。向こう側がきれいに咲くと野間方面がよい、こちらが咲けば北の久津の方がよいといい、茨城県でも、鹿島神宮のフジの花がたくさん咲くとその年は豊年という。
○その他の俗信。二月九日にはフジの実が飛ぶから家を出てはならぬ（秋田）。フジを裂く音（実の莢が割れる音か）を嫁に聞かすな（愛知県南設楽郡鳳来町〈新城市〉）。フジの花の夢を見ると良いことがある（愛知）。岩手県九戸郡山形村〈久慈市〉の八坂様はフジが嫌いで境内にはフジが全然生えないという。フジを焚けば土公さんが好かれるといい、土公さんの神体にはフジの二本巻きついたものを上げてある（広島県比婆郡）。薬師如来のフジ蔓を頂いてくればカイコがあたる〈山梨県東山梨郡勝沼町〈甲州市〉〉。初誕生日には餅を搗き、お重の中に入れてフジの蔓で縛り「フジの蔓のように強くなれ」と言いながら背負わせる〈栃木県安蘇郡田沼町〈佐野市〉〉。

○民間療法。フジの瘤を煎じて飲むと、胃癌に効く（宮城・栃木・神奈川）、風邪によい（神奈川）。膀胱炎に白フジがよい（宮城）。神経痛にはフジ蔓を刻んで風呂の中に入れるとよい（新潟）。年寄り目にはフジを瓶にさしてたまった汁をつける（石川）。すじ骨の痛みにはフジの根を煎じて日に五、六度飲む（愛知）。痔にはフジの皮で風呂をたてて入る（埼玉）。手術前にフジ蔓を削ってその煎じ汁を服用しておくと手術後の痛みがない（愛媛）。後産がない時は「東山こう坂山のフジ蔓、根を切って葉を枯らす。この血は父と母のあいにある。この血下れよ」と言ったあと「あぶらおんけんそわか」を三回唱える（長崎県対馬）。フジの実を食べると気がふれる（福井県大飯郡）。フジの実の裂ける音を聞くと耳の病になる（宮城）。五月八日にフジの葉を採ってきて、家の入口とか、神様のいる所へ敷いておくと中風の薬になるとか、魔除けになるという（群馬県勢多郡）。

葡萄　ぶどう

○ブドウを屋敷内に植えるのを忌む土地は多い。ブドウを屋敷に植えると、よくない（秋田・群馬・千葉・大阪・和歌山）、病人が絶えない（宮城・埼玉・千葉・神奈川・新潟・石川・岐阜・兵庫・鳥取・高知・鹿児島）、病気が長引く（岐阜・岡山・広島）、凶事をまねく（宮城・愛知・福岡・宮崎）、貧乏になる（茨城・富山・福井・長野・京都・奈良）、破産する（秋田）、などという。その理由を、ブドウの蔓は家を縛る（熊本）、とか、蔓で家も人も巻き倒すから（宮崎）、といったり、実が房状に下がっているため、身代がなり下がる（東京・長野・和歌山・高知・福岡）、と説明している。これらの説明は、フジと共通する。

○ほかにも、住家の西方にブドウの木を植えると主人が病死する（茨城）。ブドウを植えると片方の目を失う（秋田県雄勝郡）。ブドウの木が屋根を越すと不吉（兵庫県多可郡）。ブドウが茂ると家がつぶれ、茂らないと家が栄える（鹿児島県国分市〈霧島市〉）。ブドウの実がなりだすと病人が出る（福井県坂井郡）。ブドウの根が縁の下に入ると病人が絶えない（千葉県東葛飾郡）、などという。
○広島県山県郡で、ブドウを作ると代々子供が多いといい、香川県三豊郡では、屋敷内にブドウを植えると家の中を這いまわる子ができる、というのは、ブドウの房の形状や蔓の性質から連想したものであろう。またこの場合の多子多産は望ましくない状態を意味していよう。
○山形県最上郡では、ブドウの多くなる年は稲作は良好という。
○民間療法。妊婦がブドウを食べると、死産する（岡山・広島）。ブドウの種を食べると盲腸になる（宮城・佐賀）。ブドウをたくさん食べると腹痛を起こさない（愛知）。ブドウの種を火に入れると病気になる（京都）。ブドウと甘酒の食合せは、よくない（大阪・鹿児島）、コレラになる（秋田）。
○目の痛い時はサルブドウの蔓を煎じてつけると治る（新潟）。

橅　ぶな

○新潟県東蒲原郡では、ブナの古木は山の神を祀る木だからといって伐ってはならないとされている。
○山形県最上郡真室川町では「ブナ冷え水霜もってくる」といって、ブナの萌え出る頃に水霜のあることを教えている。同県西置賜郡白鷹町では、ブナの新芽がふもとから峰に達し、峰を越せば霜の心配はないという。
○山形県置賜地方で、ブナの花多く咲けば凶作の兆といい、福島県耶麻郡では、ブナの木の実のなる年は豆が悪いという。雪が残っていてもブナの葉が四月中に開けば豊作になる（山形県真室川町）、ともいう。

【へ】

糸瓜　へちま

○ヘチマを植えると不時が入る（大阪府枚方市）とか、屋敷につくると病人が出る（愛知）といって、忌む。

○秋田県山本郡では、十五歳の男子が元旦にヘチマのごく小さいものを一本食べると幸福になる、と伝えている。

○民間療法。脚気になったときは、本人に知らせないようにして漬物桶の中へヘチマを埋めると治る（石川）。ヘチマを糠味噌の中へ入れておくと脚気にならない（福井）。咳止めには、ヘチマの水を飲む（奈良・大分・熊本・沖縄）、ヘチマ水三合に氷砂糖少量を加え二合五勺くらいに煎じて飲む（熊本）、ヘチマの黒焼きをナツメの肉で小さな丸薬にし酒で一粒ずつ飲む（岩手）。百日咳にはヘチマの水を飲む（岐阜・奈良・和歌山）。風邪にはヘチマ水を飲む（奈良・熊本）。頭痛にはヘチマの汁を煎じて飲む（埼玉）。ヘチマの水は喘息の薬（富山）。腹痛にはヘチマの水を飲む（山口）。神経痛にはヘチマの葉を黒焼きにして酢で練り、布に延ばして患部に貼る（山口）。痔にはヘチマの実を黒焼きにして水で練ったものを患部に塗る（岐阜）。ヘチマの汁は、疥（はたけ）につける（群馬）、汗疹につける（福岡・大分）、あかぎれにつける（栃木）。火傷にはヘチマの茎の汁をつける（埼玉・新潟・愛知・熊本・沖縄）。ヘチマ水を美顔水として用いる（栃木・愛知）。

蛇苺　へびいちご

○熊本県玉名郡南関町で、ヘビイチゴはヘビが食べるもので、人が食べると死ぬ、といって嫌う。

○民間療法。痔には、ヘビイチゴの実の汁を肛門につける（岩手）、ヘビイチゴを瓶に入れ、その液が透明になったら患部につける（埼玉）。ヘビイチゴを食べるとよだれこきが治る（大阪）。歯痛にはヘビイチゴの葉を塩で揉んだ汁をつける（愛知）。リュウマチにはヘビイチゴを食べる（北海道）。ヘビイチゴの赤い実を砂糖と一緒に焼酎に漬けておき、一粒ずつ食べると下痢止めになる（埼玉・神奈川・山梨）。⇩苺（いちご）

【ほ】

箒草　ほうきぐさ

○広島県で、ホウキグサを植えると貧乏になる、といって忌む。

○民間療法。おたふく風邪が流行すればホウキグサで頬をなでるとよい（香川）。ハハキギ（ホウキギの別名）の葉のお和（あ）えは瘧を未然に防ぐ（滋賀）。ホウキグサを煎じてお茶代りに飲むと強壮剤になる（香川）。

鳳仙花　ほうせんか

○ホウセンカを植えると病人が絶えない（群馬・福井・岐阜・和歌山・広島）とか、ホウセンカとホオズキを家のまわりに植えると病人の唸り声を聞きたがる（長野・愛知）、という。

○ホウセンカを植えると、ヘビがいなくなる（鹿児島）、マムシが出ない（宮崎県西諸県郡）、アリがいなくなる（鹿児島県国分市〈霧島市〉）という。ホウセンカを魔除けに用いる土地もあり、熊本県玉名郡南関町で、ホウセンカの花弁とカタバミの葉の汁とで爪を染めていれば、ヘビにかみつかれない、といい、沖縄県八重山郡では、ホウセンカで爪を赤く染めるのは母性の守りで魔除けになる、と伝えている。また、宮崎県では、八朔の節供に悪病除けのまじないとしてホウセンカを根こぎにして、根元を紙に包んで玄関口の柱に吊すことが行われたという。

○民間療法。魚類の中毒にはホウセンカの種子を煎服する（沖縄）、ホウセンカの実をかみつぶして飲む（岡山・高知）。喉に魚の骨がひっかかったときは、ホウセンカの種を飲む（長野）、花を呑み込む（広島）、搾り汁を飲む（長崎）。ハチに刺されたときはホウセンカの葉を揉んでつける（埼玉・愛知）。ホウセンカの実を炒り、粉にして酒とともに服用すると胃癌に効く（岐阜）。

菠薐草　ほうれんそう

○民間療法。貧血にはホウレンソウを食べる（新潟・山口）。痛風やリュウマチにホウレンソウの葉を食べる（熊本）。中耳炎には揉み汁を飲むか、耳に垂らし込む（広島）。

○ホウレンソウとの食合せとして、牛乳（新潟）、牛肉（佐賀）、肉（岡山・広島）がある。特に、肉との食合せは命にかかわる（岡山・広島）という。

○ホウレンソウは血を荒らすから、産婦は食べてはいけない（神奈川）。

○ホウレンソウを播く時、生ごえを流すとけだう（熊本）。「けだう」は作物が倒れることで枯死する、の意。生ごえは人糞尿の腐熟していないもので、酸性肥料であるが、ホウレンソウは酸性土壌に弱い作物である。

鬼灯　ほおずき

○ホオズキは病人の唸り声を聞きたがる（福島県南会津郡・新潟県東蒲原郡）、主人の唸り声を聞きたがる（新潟県南魚沼郡）、といわれるように、屋敷内にホオズキを植えると病人や死人が出る、といって禁忌植物とする所が多い。ホオズキを屋敷内に植えると、病人が出る（宮城・長野・愛媛）、病人が絶えない（秋田・山形・宮城・福島・群馬・埼玉・新潟・岐阜・長野・福井・和歌山）、難病が絶えぬ（鹿児島）、病人が出ると命取りになる（新潟）、死病人が絶えぬ（島根）、死人が出る（富山）、早死する（秋田）、親に早く別れる（福井）。家の裏にホオズキがなると母親が病気になる（岩手県陸前高田市）、ホオズキがたくさんできた年は病人が多い（鹿児島県国分市〈霧島市〉）、ホオズキが繁殖していると一家に病人が絶えない（大阪）、他家からもらって庭に植えると病人が出る（石川県金沢市）、などがその例である。ホオズキを庭に植えると空家になる（千葉県長生郡）。一家死に絶える、の意であろうか。病人や死人の発生以外でも、家の庭にホオズキを植えると、凶事がある（秋田）、家に不時がある（長野県埴科郡）、家運が下がる（富山県下新川郡）、貧乏する（栃木県芳賀郡）。ホオズキがはびこると貧乏する（石川県江沼・鹿島郡）、ホオズキを植えて家の土台まで根がはびこると貧乏する（富山県氷見市）。家の裏にホオズキを植えると災難がある（新潟県西頸城郡）。

○以上の禁忌とは逆に、鳥取県八頭郡では、ホオズキを屋敷に植えると富む、と瑞兆とする。秋田県山本・鹿角・由利・仙北・河辺・南秋田郡では、庭に植えると凶事があるとか、早死する、病人が絶えない、と一般的には嫌うが、自然に生えてきたホオズキは差支えが無いものという。

○夕方ホオズキを鳴らすと、ヘビが寄って来る（和歌山・福岡）、また、ヘビが床に入る（広島）。夜ホオズキを鳴らすとヘビが来る（福島・栃木・茨城・千葉・富山・愛知・福井・広島・山口・鹿児島）。福井ではマムシが出る、ともいう。家の中でホオズキを鳴らすと、ヘビが入って来る、カエルかと思ってヘビが出る（福井）。新潟では、夜ホオズキを鳴らすと化け物が来る。秋田県仙北郡では、夜ホオズキを鳴らせば親に早く死別する、という。

○静岡では、ホオズキは堕胎用だから妊婦は鳴らしてはいけない、というが、広島では、妊婦がホオズキを吹けば安産または早く生まれる、という。妊婦が使用する時期によっては堕胎用にもまた、安産の薬ともなる、とされたわけである。ホオズキの根を子宮に入れると堕胎する（青森・静岡・長崎）。根を煎じて飲むと堕胎する（青森・長野・静岡・和歌山）、ホオズキを股にはさんでおくか、実を食べると流産する（宮城）、実の苦味があるうちに食べると流産する（愛知）、根・葉・茎は難産を防ぐ（埼玉）。根と共に全草を水で煎じたものは安産の妙薬（沖縄）、難産の時はホオズキを食べると安産する（新潟・富山・広島・大分）、盆に子安地蔵の仏壇に供えたホオズキをもらって食べると産が軽い（兵庫県城崎郡）、などの例がある。富山県中新川郡では、胎盤の下りない時はホオズキの葉や根を煎じて飲むと下りる、という。

○民間療法。元日の朝ホオズキを食べると腹を病まない（愛知県北設楽郡）。長野県北安曇郡では、丸呑みにするという。元日に東に向かってホオズキを食べると脚気にならない、盆のホオズキを翌年の旧正月の朝丸呑みすると脚気が治る（共に愛知）。元旦にホオズキを食べるとクサリ（傷）が出ない（愛知県南設楽郡）。一月七日の朝ホオズキを食べると諸病を免れる（石川県江沼郡）。土用丑の日にとったホオズキは健胃剤になる（岐阜）。腹痛には、実をそのまま食べる（富山・岐阜）、根を煎じて飲む（長野）。茎・葉・果実を水煎服用する（沖縄）。茎・葉・実を煎じたものは健胃整腸剤として効く（沖縄）。頭痛には実をつぶして額に貼る（宮城）。鼻づまりには汁を鼻の下につける（石川）。喉の痛みには、実を食べる（長野）、実の塩漬が効く（宮城）。解熱には根と共に全草を水で煎じて飲む（埼玉・沖縄）。風邪にともなう発熱には丹波ホオズキを煎服する（神奈川）。咳止めには、根・葉・茎（埼玉）、根（宮城・徳島・高知）、実（愛知・石川）を煎じて飲む。百日咳には、実・葉を煎じたもの（山口）、黒焼き（愛媛）を飲む。土用に青いホオズキを食べると喘息にかからない（岐阜）。喘息にはホオズキを煎じて飲む（岡山）。脳膜炎は丹波ホオズキを種のままたくさん食べる（愛媛）。神経痛は、ホオズキとトチの実を焼いたものを酒に入れて飲む（岩手）、ホオズキの実を焼酎に漬けて飲む、酢に漬けて患部に貼る（共に宮城）。腰痛には実をつぶして患部に貼る（北海道）。毒虫に刺されたら葉を揉んでその汁をつける（大阪）。吹出物にはホオズキを煎じて飲む（長崎）。鼻のできものはホオズキの汁をつける（長野）。しもやけに実の汁をつける（埼玉・新潟・長野・愛知・岡山・高知）。あかぎれに実をつける（石川）。外耳炎（愛媛）、中耳炎や火傷（鳥取）にホオズキの汁を塗る。疝気には根と共に全草を水で煎じて飲む（沖縄）。利尿には根を煎じて飲む（宮城・徳島・高知）。赤子の胎毒下しにはホオズキの根のような苦いものをなめさせる（福島）。虫下しには、根（群馬・長野）や実（群馬）の煎じたもの、実の汁（広島）、ホオズキの苦味（栃木）がよい。疳の虫にはホオズキの実を食べさせる（鳥取・広島・大分・熊本）。乳を飲ませる前に実の芯を吸わせると虫が起きない（群馬）。ひきつけにはホオズキを丸ごと口の中に入れてやる（愛知）。乳の出をよくするには、赤くなったホオズキの皮をむいて乳をさする（福島）。つわりにはホオズキを煎じて飲む（広島）。

○以上の他、次のような俗信がある。ホオズキを七夕に上げると手が上がる（和歌山）。ホオズキの皮を破っておくと虫が食わない（愛知）。ホオズキの種をつけると疣ができる（群馬県利根郡）。ホオズキの実の中のタネやネ（タネのついている節）を出す時の唱え事が伝わる。「ネも出ろタネも出ろ向うの山のころころぼうず、ネ出ろタネ出ろ奥の奥の奥のこんこんさまが出たかね」（群馬県吾妻郡）。「ねんねろ出ろかね出ろかみの河原の枯ホオズキ」（栃木県宇都宮市）。⇩蛇⑿（動物編）

朴木　ほおのき

○新潟県東蒲原郡津川町〈阿賀町〉で、ホオノキは山の神の木だから伐ってはならぬといい、岐阜県揖斐郡谷汲村〈揖斐川町〉の花長神社の御神体はホオノキでできているので、村ではホオノキの下駄をはかないという。山の神はホオノキで杖を作るので伐ってはならない（新潟）とか、ホオノキを庭に植えればヘビが集まる（秋田）、という。
○ホオノキで家を作るな（栃木）とか、便所を作るな（長野）という。福島県耶麻郡ではホオノキで小刀の柄や杖を作るな、と伝えているが、いずれもその理由は明らかでない。
○ホオノキを焚くと金を食う（高知）とか、ホオノキを囲炉裏にくべると福の神が嫌う（採集地不明）、といって忌む。
○和歌山県西牟婁郡では、ホオノキを焚くとミツバチが別れるという。
○神奈川・大分県では、子供が続いて死ぬようなときは、ホオノキの卒塔婆を上げるとよいという。また、ホオノキの塔婆を逆塔婆に打ち込んで、地上に出た部分を縄で縛ると亡霊が出なくなる（三重県熊野市）という。
○岩手・広島県でホオの葉が裏になって落ちている年は、雪が少ないというが、反対に、これを大雪になる前兆（福島・石川・長野・岐阜）と伝える土地もある。ホオノキの葉が秋早く散る年は雪が早く降る（岐阜）ともいう。新潟県新発田市では、早稲田植の前にホオの葉を採ると風が吹くといって嫌う。
○民間療法。血止めにはホオの葉を黒焼きにして傷口に貼る（岐阜）。火傷にはホオの葉を熱くしてつける（新潟）。癲癇にはホオノキについた虫を飲ませる（青森）。捻挫にはホオの葉をうどん粉と練って貼る（埼玉）。ホオノキの皮を煎じて飲むと、結核に効く（徳島）、腹痛・嘔吐・下痢に効く、虫下しになる（岩手）。ホオの葉を煎じて飲むと腹痛・胸やけに効く

（岐阜）。ホオノキの皮・実とも煎じて飲むと解熱に効く（愛知）。腰痛にはホオノキの果実を煎じて飲む（北海道）。田植の時、田の神に供えた餅・おこわをホオの葉にのせて神棚に上げ、これを下ろして食べると夏痩せしない（岐阜県吉城郡）。

木瓜　ぼけ

○ボケを屋敷へ植えるな（愛知県南設楽郡）、ボケの花を家へ持って来ると親が死ぬ（岐阜県武儀郡）、ボケの花を家の中に持ち込むと火事になる（茨城・愛知）、ボケを移植したり花をとると火事になる（広島）、とこれらを忌む。ボケの花を額にさすとぼける（岡山県勝田郡）、とは語呂からいうのであろう。

○民間療法。心臓病にボケの実を煎じて飲む（宮城）。火傷にはボケの花をつける（富山・愛知）。実を黒焼きにし、漢方薬を混合して飲むと口中の腫れ・ただれに特効がある、実を焼酎漬にして飲むと扁桃腺に効く（共に山梨）。血圧にはボケがよい（埼玉）。実・皮・幹を煎じて脚気・打身薬とする（高知）。脚気には、ボケボケと言いながら脚をさする（千葉）。こむらがえりはボケの木でさするとよい（『私家農業談』）。

牡丹　ぼたん

○ボタンとシャクヤクを作ると病人が絶えないので作るな（青森県三戸郡）。ボタンとシャクヤクを植えると位負けをする（宮崎県西諸県郡）。

○長野県更級郡では、ボタン禁忌の由来譚がある。昔、震災の時に土蔵が燃えそうになったが、前日ボタンを植えようと掘り返しておいた土で目張りをしたので火災は免れた。それで、以後はボタンを植えない。

○民間療法。ボタンの根二匁を粉にして一口に飲めば頭痛が治る（秋田）。婦人病には根を煎じて飲む（大阪）。血止めには根や皮の煎じ汁を塗る（熊本）。経水の滞りにはボタンの根を煎じて飲む（山形）。「けいすいがつきをかさねてとどこらばぼたんのねせんじのむべし」（『秘伝妙薬いろは歌』）

ポプラ

○家の周囲にポプラを植えるな（秋田県仙北・北秋田郡、秋田市）、ポプラが屋根より高くなると不吉なことがある（秋田県南秋田郡）、ポプラが家より高くなると人が死ぬ（長野県安曇地方）。

○香川県三豊郡でも、イチョウやポプラは民家に植えるのを嫌うが、こうした木は主として社寺の境内や墓地に植えられたからだろう、という。ポプラ・イチョウは生長が早く、じきに大木になって、邪魔物にされる。だから寺社の境内などでないと適しない、というわけでもある。群馬でも、ある人が庭にポプラを植えたところ、近所の人から、その木は棺桶になる木だと言われた、という。

【ま】

槙（まき）

○マキを屋敷内に植えてはいけない（岐阜・福井・愛知・大阪）、マキを植えると貧乏になる、マキの生垣をつくると家が滅びる（共に愛知）。マキの木は、マキタオス（岐阜）、マキトラレル（愛知）に通じる、というのがその理由である。だが、鳥取では、マキは屋敷に植えて家運良くなる木である、という。

○マキで味噌や醤油の桶をつくると、味が良く味のくるいがない（鳥取）。

○民間療法。とげ抜きにはマキの炭を御飯粒と練って貼る（岩手）。痲疹（はしか）には盆に供えるマキの蔓を枯らしておいて煎じて飲むと速効がある（奈良）。マキの風呂桶で初風呂を浴びると中風が起こらない（和歌山）。

○マキの木の泡をなめるとテンカンムシがいる（広島）。

木天蓼　またたび

○マタブ（マタタビ）の葉が白くなるとカッパがいなくなる（秋田県山本郡）。

○民間療法。心臓病には、マタタビ酒を飲む（埼玉・長野）。マタタビ酒にはマタタビの実を焼酎漬にしたものと、マタタビの木を伐った時に出る樹液をためたものがある。実や蔓を煎じて飲む（埼玉）。胃腸病には、実を煎じて飲む（埼玉）、実を熱湯につけてから乾燥したものを内服する（和歌山）。下痢止めには熱湯を注いで干した実を煎じて飲む（岩手）。神経痛には、実（青森・宮城・埼玉・新潟・岐阜・愛知・三重・和歌山・高知・長崎・大分）、皮の煎じ汁（高知・大分）、蔓の汁（栃木）、切株の液（大分）が効く。腰痛には、実の粉末（広島）や実の煎じ汁（青森・岡山）を飲む、マタタビ風呂に入浴する（福岡・大分）。リュウマチには、実（埼玉・高知）や皮（高知）がよい。冷え症にはマタタビ湯で入浴する（大分）。疝気には実の陰干しの煎じ汁を飲む（青森）。打ち身・腫物はマタタビ湯に入る（山梨）。目の悪い人にはマタタビがよい（新潟）。夏あたりには実を熱湯につけてから乾燥したものを食べる（和歌山）。マタタビは強精・強壮剤になる（埼玉・新潟・長野・徳島）。漢方では、実を乾燥したものを木天蓼(もくてんりょう)と呼び、中風・リュウマチの薬とする。『耳嚢』の「疝痛を治する妙薬の事」の条には「またゝびの粉を油又砂糖湯にて用ゆれば、其いたみ去る事妙のよし」とある。

○マタタビは実ばかりでなく木も、ネコの病に効あり（栃木）。「ネコにマタタビ」の諺があるように、マタタビの実はネコの好物である。と同時に万病の特効薬ともされているのは周知の事実である。

○マタタビの葉を乾かし、焼いて駆虫剤とする

(和歌山)。

○マタタビ命名の由来譚が伝わる。昔、熊野路の旅人が中辺路で霍乱にかかり、もはやこれまでと覚悟したが、マタタビを服用して回復し、再び旅立つことができたので、マタタビという(和歌山)。旅人がマタタビの実を食べたところ、あまりにもおいしいので、また食べ、また食べしたのでマタタビと呼ぶ(岐阜県吉城郡)。

松 まつ

(1) よりましの木 俗信あれこれ

○笠マツ(傘マツ)は伐ってはならぬ、といっている地域は広い(群馬・和歌山・高知・大分等)。それは天狗の宿る木だから(山口)、神の降る木だから(山口)、天狗の休み場だから(和歌山)。ウネの笠マツと谷のアオギは山の神の止まり木だから伐らない(高知)。

○沢の二股マツ、ソリの二股マツは伐らない(群馬)。マナバシ(マツの木が上方で二股になり、二本マツのようになっているもの)は伐ってはならない(徳島県三好郡)。相生マツ(赤マツと黒マツと二本癒着したもの)は伐採を忌む(高知県幡多郡)。マツの木の二股になったところを、朝日と夕日が同じようにさす木(日ざしのマツ)は神が宿るので、伐らない(愛知県東加茂郡)。

○根元から三本に分かれているマツは、山の神だという(青森県三戸郡)。千葉県市川市の三本マツを伐ると、伐った人は必ず死ぬ。

○愛知県西加茂郡小原村〈豊田市〉の永太郎・大草両集落の境にある一本マツは、もと夫婦マツだった。それを一本伐ったのちは、その下を通る嫁入行列は不縁になり、別れなければならぬようになった。それで廻り道をする。

○名木(箒マツ)をいためると、死ぬか怪我をする(宮城県本吉郡)。祠前の赤マツを伐ると足が腫れる(香川県三豊郡)。

○愛宕山のマツを三回廻ると、けものがぞろぞろ出てくる(鹿児島県国分市〈霧島市〉)、一本マツを三回廻ると、キツネが出る（同）。○昔、神がマツの葉で目を突いて怪我をされたので、氏子はマツを植えてはならぬ。神奈川県足柄下郡箱根町宮城野では箱根権現がマツの葉で目を突かれたので、マツを嫌って正月のマツも立てない。同県津久井郡相模湖町寸尺嵐（相模原市）の鼠坂八幡にも同様の伝承がある。埼玉県大里郡妻沼町〈熊谷市〉の長井聖天の信者はマツを植えない。聖天様がマツ葉で目を傷つけたから。山梨県東八代郡の某神社の氏神は門松を嫌う。それでタケを立てる。鳥取市南隈の氏神は、民家にマツを植えるのを嫌って、もし植えるとその家は火災その他の災難にあう。この神がマツを嫌う理由については明らかでない。○マツを植えると神の祟りをうけるという。屋敷内にマツを植えると、誰か一人死ぬ（鹿児島県国分市〈霧島市〉）。位負けのため身上がよくならぬ（石川県鹿島郡）。野マツを屋敷に植えると、屋敷が野になる（秋田県雄勝郡）。マツとフジを植えると、末代ブジクル（ぱっとしない）（秋田県北秋田郡）。フジ・タラの木・マツを庭に植えてはならぬ（東京都東村山市）。岩マツ・ダリヤ、或いは五葉マツ・爪切草を植えたら悪い事（父が悪いとも）がある（兵庫県宍粟郡）。埼玉県越谷市平方の小川家はマツを植えてはならず、しめ縄のみで門松も立てない。千葉県市原市の姉崎神社の氏子はマツを嫌う。祭神が夫を待つことで苦労したから、マツを嫌い、門松も立てない。東京都町田市では、マツの木を庭に植えない。「よい事を待てばよいが、悪い事も待つからだ」という。○マツを家の北側に植えてはならぬ（大阪府枚方市）。門口にマツを植えるな（秋田県山本郡）。住居の下方にマツ・ウメを植えると悪い（秋田県仙北郡）。マツ・タケ・ウメは家の西に植えない（愛媛県上浮穴郡）。マツを南に植えると難がある（群馬県群馬郡）。難松（難待つ）でいけない（愛知・滋賀）。

○マツを家の南に植えるとその家は栄えるが、家の西に植えると、家の高さになるまで栄え、木の方が高くなると衰える（京都）。マツの木を屋根より高くすると、貧乏する（秋田県由利郡）、家がつぶれる（愛媛県東宇和郡）。草葺きの屋根に庭木のマツの葉がかかるのは悪い（広島県芸北地方）。
○墓にマツはいけない（群馬県富岡市）。マツを墓に植えると、その家は滅びる（秋田県雄勝・平鹿郡）。仏様へマツの木を植えると人が死ぬ（長野県下伊那郡）。
○愛知県知多郡の日間賀島では、細葉のマツの木は病人のうなり声が好きだという。
○五葉のマツの育つ家は栄えるが、中流以下で植えると運負けする（広島県甲奴郡）。同じ県で、マツが屋根より高くなっても、悪いことはないともいう。秋田県北秋田郡では、屋敷内にマツの実生が育てば、その家は繁昌する、という。愛媛県上浮穴郡では、庭にマツの木やエノミの木を植えると、家が栄えるという。長野県北安曇郡で、門の傍のマツが門の上にかぶさる、いわゆる門かぶりのマツは縁起がよいと喜ぶ。要するに、位負けしなければよいわけであろう。そうなると、繁昌の象徴ともなり、ますます繁栄を増進するとも考えたのであろう。人盛んにして神に勝つ、ということわざもある。
○カラマツを庭木にしてはならない（秋田県北秋田郡・長野県更埴市〈千曲市〉・北安曇郡・京都府口丹波地方）。カラマツを建築に使わない（長野・三河）。いずれも、身代がからになり貧乏する、という理由である。
○『月庵酔醒記』に、松を植えるには、鮭の切身を敷いて植えれば枯れることがない、と見える。
○お産の神様は、カラマツ様である、と秋田県山本郡ではいう。
○家の中に二股のマツの木があると双児が生まれる（香川県三豊郡）。

○マツの植木一本だけを伐ると、ウシが死ぬ（広島県賀茂郡）、マツの木の芯を折れば、総領の気がふれる（和歌山県御坊市）。
○庭木が家より高くなるのを嫌うのはこの地方でも一般的だが、マツもその例外でない（山形県最上郡その他）。
○老松にまつわる怪異も、もとは崇敬の念の変化したものであった。山梨県北巨摩郡須玉町穂足〈北杜市〉の秋葉大明神の森の老松から煙が立つと、必ず火災が起きる。千葉県野田市川間の老松（樹下に稲荷神社を祀る）から、真っ暗な雨の夜に火を発することがある。穂足の幽霊マツの枝が垂れ下がって地につくと、幽霊が出る（山梨）。一本マツの枝が土につくとお化けが出る（群馬県利根郡）。千葉県市川市宮久保の袖懸けのマツの下で転ぶと、必ず不祥事があるる。このマツに片袖かけて祈れば免れるといわれ、以前は常に数枚の袖がかかっていた。島根県江津市都野津の人丸社の人丸マツの葉が白くなると、流行病がひろまる。
○山保のおてんぱく様の枯マツの葉や枝を薪にすると病気になる（山梨県西八代郡）。北原の塚にあるマツに鍬などで手入れをすると祟りがある（同県南巨摩郡）。
○小庭のマツが枯れると、その家の主人が死ぬ（佐賀県武雄市）。マツの新芽が枯れると、その家の主人が病気になる（奈良県五條市）。マツが枯れたらそのマツを植えた人も死ぬ（大阪府枚方市）。村の雄（おん）マツが枯れる年は子供が死ぬ（奈良県宇陀郡）。軍のある前兆ともいう（奈良）。
○大きなマツの木を伐ったとき、中から白蛇が出ると、その人は死ぬ（大阪府枚方市）。
○枝が西へ出ているマツ・ツガの木は、どんなに薪に不自由しても伐らない（奈良県吉野郡）。東側を向いてマツの木を伐ると、天狗に叱られる（必ず傷を受ける）（三重県熊野市）。
○拝ん松が根づけば長者になる（福島県相馬

市)。門松が根をおろすと、縁起がよい(香川)、蔵ができる(愛知)、大吉(出雲)。香川県丸亀市広島では、そのマツをルスイマツと呼ぶ。
○門松が倒れると、不幸がある(岩手県遠野地方・山形県東田川郡)、その年は縁起が悪い(山梨)。門松の葉が変色すると、その年は凶年(南会津地方)。
○門松に五葉マツを用いると繁昌しない(秋田)。お飾りに川原のマツは使わない。川原は家より低いから(群馬県利根郡)。門松の四段を立てると、その年家人が死ぬ(愛知県北設楽郡)。
○正月十五日間はマツ葉のたきつけを使うな(宮城)、正月のマツ葉を焚けば針虫が出る(秋田県仙北郡)。
○正月十五日に便所にマツをつなぐと、眼病にかからない(秋田県雄勝郡)。門松などの正月の飾り物で焼いた餅をたべると夏病みをしない(愛知)。どんどん焼(左義長)のマツを屋根に上げると火事にならない(群馬県利根郡)。正月の松飾りは十一日に取って、このマツに火をつけ、手足や顔を人に頼んで撫でてもらうと、アブ・カに負けない(新潟県南蒲原郡)。正月十五日にマツの葉を燃して、寝ている人の足にアボカアボカといってくっつけると虫にくわれない(同)。旧正月の門松を折って燃し、それで身をはらうとヘビに食いつかれない(青森県三戸郡)。二十日正月に、マツの葉をとって来て、囲炉裏でくすぶらせると、煙に乗って貧乏神が家から出て行く(愛媛県上浮穴郡)。
○その他、十五日を中心に行われる左義長行事の際、マツを燃した火で種々のまじないや占いが行われるが、年中行事にかかわるものは省略する。
○サエデ(空腕)は、拝み松の水引で縛ると治る(福島)。喉に骨が立った時、カマガミ様のお飾りのマツを一枝折って喉をなでればよい(群馬県富岡市・邑楽郡)。正月松で味噌を煮れば味噌が酸くならない（長野県更埴市（千曲市））。お正月とっておいた松を初午にいぶすと、おしら様（カイコの神）が煙に乗ってくる（群馬県利根郡）。若水の時使ったマツを、落雷の時投げ入れると消える（和歌山県西牟婁郡）。正月の松飾りを雷の日に焚くと雷が落ちない（岩手県遠野地方）。雷除けに、正月の神棚に飾ったマツの枝を少し残しておき、雷のときはこの枝に火をつけて外へ投げ出す（群馬県吾妻郡）。

○マツの夢は吉（和歌山）、長生する（福島・長野）、家が繁昌する（広島）。マツの木を植える夢を見ると長生する（新潟・広島）。マツの木に登った夢を見ると、いい事が起こる（新潟）。

○天狗の通り道、魔物の通った跡などといわれるのは、山や尾根通りに生えた人目に立つマツとマツとを結ぶ線で、そこは縄目の筋とか、なめら筋と呼ばれる。この筋へ行くと、天狗の羽音がするという。通っただけでも腹痛が起きたり、気分が悪くなる。こういう所へ屋敷を建てれば、病人が絶えない（岡山）。

○刈敷（緑肥）にマツを入れてはならない、田の神様の罰が当たる（福島）。マツを田の中へ入れると、田の神の罰が当たる（長野）。

○荒神様に青々したマツを上げて枯れないようにすると、小遣いに不自由しない（愛媛県上浮穴郡）。荒神様に供えたマツでさすれば、喉に立った魚の骨がとれる（神奈川県三浦地方）。

○根ぜりマツに線香を供えて御水をつけると、眼病が治る（香川県綾歌郡）。木村長門守の墓地のマツ葉を床の下に敷けば、寝小便が治る（大阪府中河内郡）。

○新潟県南魚沼郡では、厄神除けにマグサ（家の入口の上の横木）の上に、木や草、海の物などを吊り下げる風習がある。マツもその一つで、五葉マツは同郡の八海山から、ブサマツは苗場山から取ってくる。

○大津市と京都の宇治境の禅定寺峠の猿丸神社には、瘤のある人が願をかける。その際は、マツの枝などに出来たこぶの部分を伐って来て奉納し、治ると一まわり大きな瘤のついたものをお礼に供える。

○和歌山市の逆松神社は木をまつる小祠で、マツを逆さまに描いた小絵馬が奉納してある。倒(さか)睫(まつげ)の治癒を祈る人が上げる。

○マツ十年を経れば逆枝をなす、との俗説があるが、これは『抱朴子』の「千歳松樹、四辺枝起、上梢不レ長、望而見レ之、有レ如二偃蓋一」の文によるものか（『世説政事苑』）。

○目の悪い人は、薬師様にお願いをかける。治ると願果たしに年の数だけ「め」の字を紙に書いて上げる。またマツコゴリを年の数だけ糸でくくって上げる（群馬県富岡市）。静岡県天竜の波野市の薬師様にも、「め」の字を年の数だけ書いた半紙が上げてあり、マツかさも供えてある。目のほか耳の祈願もし、その場合は穴をあけた石を吊す。御神体はマツの木の像で、白い着物、腰巻、頭巾などを重ねて着せてある。

○六算除けには、お稲荷様に凍(す)み豆腐を進ぜ、神棚に根こぎのマツを供えるとよい（群馬県勢多郡）。単に六算というのは慢性症状の方で、急性はトビロクサンと呼ぶ。六算除けの方法は、算盤で痛む箇所をなでながら拝む（これを行う専門家がある）。護符をマツやにで痛む箇所に貼るとよく効くという（福島県南会津郡）。

○マツの一節の杖を常用すると、中風にならない（大阪）。

○一ふし三尺三寸もあるマツの麺棒で蕎麦を打つと、中気にならぬ（愛知）。

○夜中に男女二人で縁結びのマツのところへ行き、そのマツにマツの小枝をうまく結びつけられたら、二人は結ばれる（新潟県東蒲原郡）。

○一つ身の着物には背縫がないので、衿の真ん中からちょっと下がった後ろ身頃の部分に、糸でマツや三つ鱗の紋を刺繍すると、災難除けになる（金沢市）。
○うそを言うと、頭にマツ三本生える（鳥取県八頭郡）、肩にマツが生える（岡山・愛媛）、背中に生える（高知）、尻に生える（岡山）。
○生きている時うそを言うと、死んでから頭にマツが生える（鳥取県東伯郡）。
○人に与えた物を取り返すと、肩にマツが生える（岡山）。
○飯食ってすぐ寝ると、腹にマツの木が生える（備中・出雲）。
○沖縄県国頭郡で、マツの新芽が西の方、または海に向かって出る年は吉で、必ず豊漁だという。群馬県利根郡では、マツの花が早く咲く年は豊作、遅ければ凶作と判ずる。大阪府枚方市で、マツの新芽が長い年は多雨といい、宮城県では、マツの緑が萎縮する年は大雨と、反対のことをいう。
○正月のマツ葉が高値になれば、秋米が高い（秋田県仙北郡）。
○カラマツの葉が落ちないうちは雪は積らない（山形県最上郡）。全部落ちたら雪が降る（同）。
○暴風雨が来る前になると、マツのみどり（新芽）が風の来る方向とは反対側へ曲がる。つまり、台風の前ぶれに強風が吹き、長いみどりが風下へなびく。
○マツの新芽がちょっと伸びた頃が、植木の植替えの適期（久留米市）。
○マツの移植は、しばしば枯死を招くので慎重を期するのが常だが、紀州の東北部や鹿児島地方では、移植の際に損傷した根に、コンニャク玉を砕いて施しておくとよい、といい、実際にも行われる。マツの樹勢が弱り始めたときは、スルメの煮出した汁を冷まして、根際に注いでやる。久留米地方では生イカの墨汁を使用。豊前地方では、センキュウの煮汁がよいという。『椎の実筆』に、松のやしないには、土が乾いた時季に根元を掘ってハマグリの煮汁を注ぐとよい、とある。

○「二月の投げ入れマツ」といって、二月にマツを移植すると、よくつく（北九州市）。常陸では、「四月投げてもつく」という。筑後では「十月の投げマツ」（ほうっておいてもつくという意）といって移植の好季とする。

○マツの樹皮を剝ぐ時の唱え言には、「馬出よ、牛出よ、馬出よ、牛出よ」という（奈良）。

松 まつ

(2) まじないと民間療法

○疣を取るには、低い疣ならマツ葉で根気よくこすると取れる（秋田県仙北郡）。

○広島市安古市町のいぼ地蔵のマツの葉で疣を突くと、疣がなくなるといわれており、遠方からもマツ葉をとりに来た。そのため下枝には葉が無いようになった。

○疣取りの祈願に、マツかさを年齢の数だけ供える風俗は、山梨・香川二県に事例が多い。祈願する際に供えるものと、治してくれたらマツかさを供えますと願をかけて、報賽に供える式とがある。山梨県では、都留市四日市場の清泉寺にあるいぼ神様や富士吉田市の権現様が前者、南都留郡道志村河原畑のいぼ観音は後者である。香川県下では、後者の例は見当たらず、専ら最初からマツかさを供えるようである。例えば、三豊郡高瀬町（三豊市）で、いぼ神様に年の数だけマツかさを供えて拝むと治る、という類で、祈願の対象は七仏薬師・地蔵（仲多度郡）、薬師如来・いぼ神様・石地蔵（三豊郡）、地神様（綾歌郡）などとなっている。中には、糸でマツかさを通して上げる、という例も見られる。小豆島では、無名の石祠に糸で連ねたマツかさとわらじを供える。また三位さん（三位三条実陰）にマツかさを供えると疣が取れるという。なお、その灰をいただくと疣・腫物が治る、といわれ、治った後に幟やマツかさを供える。

○疣と耳の病とは、しばしば同じ神仏に祈願する場合が多い。右の三位さんにも、耳病平癒を祈り、治るとマツかさを上げる。山梨県東山梨郡の八幡の地蔵尊にも、年の数のマツかさとお椀を上げると耳の病が全快するという。都留市小形山原の道祖神は耳だれ神或いは乳神として信仰され、祈願者はタレヒバの木にマツかさを幾つもつないだのを供えた。

○山梨県塩山市〈甲州市〉の日下部の松笠地蔵に、マツかさを奉納すれば、小児の病が治る。香川県三豊郡の瘤地蔵に、マツかさを供えて、御水をつけると瘤が取れる、大川郡の弁天様に年の数のマツかさを供えると、脚気・胃・肺病が治るという。マツかさを奉納するのは、マツの木を神仏に植樹して寄進する意味であろう。疣取りを祈願するのは、その形が疣に似ているからで、これを、その他の病気にも応用したものとみられる。

○長野県更埴市〈千曲市〉の虫歌観音のマツかさを拾って帰り、養蚕の焚火のたきつけにすれば、カイコが当たる、といっている。

○津軽地方では、秋に岩木山へ山かけをすると き、山かけの土産と称して五葉のマツ・ケタテ・カリヤス・センブリを持ち帰る。マツは雷除けのまじない、ケタテは腹痛、カリヤスは馬の腹痛み、センブリは胃腸病に効くという。群馬県群馬郡では、釜神様に進ぜた正月マツを、初雷のとき家のトバグチで燃すと雷除けになるという。富岡市では、雷の激しい時は、カマガミ様のマツに火をつけて庭に放り出す。

○虫歯・歯痛には、青マツ葉を口に入れているか、かんでいれば治る（茨城・愛知・福井・山口）、マツのみどりをかみしめるとよい（大分）。マツの葉を焼いて粉にしてすりこむ（群馬）。マツのみどりをよく焼いてつける（山形・愛知）。

○マツ葉は、民間療法における花形の一つといえるであろう。中風に、煎用する（栃木）、焼酎に漬けて飲む（岡山）、マツの葉を一本一本取って砂糖水に漬け、一か月密栓してから常用すると、中風にならない（秋田）。

○喘息に、マツの芯をかじる（群馬）、赤マツの芯を焼いて粉にして飲む（岩手）、マツの葉の青汁、または赤マツの葉を砂糖漬にしたのを飲む（宮城）、青マツ葉を煎用（秋田・大分）、赤マツの葉を煎用（高知）、赤マツの新芽・チガヤの新芽・ナンテンを煎じて飲む（茨城）、イナゴ三十六匹、バショウの根・黒マツの葉各一つかみ、フキの根の干したもの・タガンボウ（田の畦に生えている草）一つかみを水一升に入れて、半量になるまで煮つめ、これを一週間分として飲む（栃木）。

○腹痛には、マツ葉がよい（飛驒）。黒マツの若芽を煎服すれば、血を増し胃腸にもよい（茨城）。一升瓶に赤マツ（メンマツ）の葉と水を入れて発酵させたものは胃病に効く（岡山）。胃腸に赤マツの葉を煎服（高知）。

○腎臓病に、赤マツの葉を煎服（高知）、マツ葉を浸した水が効く（埼玉）。

○神経痛に、マツ葉をかむとよい（京都・大分）。マツ葉を砂糖で煮て汁を飲む（大分）。赤マツの葉を煎用（高知）。乾燥したマツ葉を布袋に入れて入浴する。冷え症・リュウマチ・筋肉痛にも効く。ただしアレルギー性の者には有害という。一般に、香りのある草を、湯に入れて入浴すれば保温に効く（茨城）。関節痛に、マツ葉を入れて入浴（北海道アイヌ）。マツの葉・海蟹・ヨモギを布に包み、炭火で温めて用いる（八重山諸島）。

○肺病にマツの葉を飲む（福島）、赤マツの葉を煎服する（高知）。

○神経性疾患・心臓病に、赤マツの葉をかむ、或いは煎服する（香川）。

○心臓の薬に、マツ葉を酒に漬けて飲む（群馬）、マツの葉をかむ（奈良）、黒マツの葉を二、三本かんでその汁を飲む（熊本）、赤マツの葉を白砂糖を溶かした水に入れ、一升瓶に詰めて日向に置き、醱酵したのを飲む（北海道）。

○肝臓病に、マツの葉とシイショウの葉を煎じて飲む（八重山）。
○脚気はマツの葉を飲むと治るという（新潟）。
○高血圧に、マツの新芽を陰干しにして飲む。酒に漬けて飲むのもよい（宮城）。マツ葉百五十本くらいを煎じて毎日飲むと、高血圧・胃腸・中風によい（茨城）。
○咳に、赤マツの葉を煎服（高知）、青マツ葉をすりつぶした汁を食前に飲む（大分）。風邪に、エゾマツの葉を鍋に入れて煮立て、その汁を衣服に漬けて匂いをかぐ（北海道アイヌ）。
○慢性病には、青マツ葉（雌マツがよい）を食うとよい（滋賀）。赤マツの葉を強壮薬として煎用（香川）。マツ葉を洗って水に漬け密封しておき、強壮剤にする（愛媛）。
○強壮剤として、生葉を毎日かむ（茨城）。
○マツの葉を焼いて食べると、寝小便に効く（岐阜）。
○血止めに、マツ葉を粉にしてすりつける（富山）。
○血止薬に「松ノミドリヲ取リ、ハヲサリテ、ムシテ干シテ粉ニシテ付ケヨ」（『金瘡秘伝』）。
○乗り物の酔いには、マツ葉をかむとよい（長野・愛知・熊本）。
○ミケゴ（目こじき）には、マツの葉で涙袋を刺す（群馬）。
○松葉酒は、女マツの葉を二つに切り、酒瓶に入れ、白砂糖カップ一と水を加える。醗酵するまでに最低二週間ほどを要する。一年ぐらいたったものがよく、朝夕コップ一杯飲むと、高血圧予防・冷え症・不眠症・脳貧血に効くという（茨城）。
○マツバをたたいて擂り、茶飲茶碗二杯分つくり、これに半量の酒を加えたものは、貧血によい（北海道）。
○あかぎれには、マツやにをすり込む（埼玉・長野・石川・岐阜・愛知・愛媛・鹿児島）、温めた火箸でのばして塗り込む（茨城）、温めて裂け目に塗り込む（香川）。マツやににゴマ油を混ぜて練ったものを、のばして貼る（島根）。胡麻油または種油に硫黄とマツやにを煮つめた膏薬が最近まで作られていた（栃木）。マツやに六、タヌキの脂肪などの動物油四の割合で混ぜて溶かし、これに若干の漆を垂らした膏薬を塗る（茨城県久慈郡）。和歌山県橋本市・奈良県五條市で製造される待乳膏も、マツやにを主原料にした膏薬といわれ、腫物・ひび・あかぎれに温めて貼付する。

○マツやには、諸病に効くといわれる。神経痛・リュウマチに、黒マツのやにを塗布する（茨城・熊本）。マツやにに胡麻油を混ぜて練り、これをのばして貼る（島根）。八重山地方では、マツやにとトーフタツメ（トカゲ）の黒焼き・蝿・唾・飯粉を混ぜて塗る。石川では、マツやにを飲む。

○肩こりに、マツやにを貼るとよい（群馬）。飛驒では、タン（肩こり）に貼るが、タンでない場合は貼っても引っ付かぬという。

○切傷に、マツやにをかんで貼る（飛驒）。エゾマツのやにを傷口につける（北海道アイヌ）。打ち身に、マツやにと鹿の骨髄とを混ぜて塗る、またマツやにを煮て湯を取り替え、煮つけて飴玉のようにして食べる（同）。

○できものに、マツやにを紙にのばして貼る（奈良）。ククリ（口のないできもの）には、マツやにとアサの実を等量混ぜ、黒焦げに焼いて、紙の上ですりつぶし、患部に貼るとよい（群馬）。各地にマツやにを材料にして、これに若干の添加物を加えた家伝薬が輩出した。その一つ、長野県小県郡東部町（東御市）で発売した家伝薬「文次郎膏」は腫瘍によく効くといわれ、遠くからも買いに来た。これはマツやにに炭粉を入れて練ったもので、和紙に塗って貼る、吸出し膏薬であった。石川県羽咋郡志賀町のオイベ（屋号）のヤバ（頭にできる腫物）の薬も、マツやに・種油・鶏糞・ハコベ・チドメグサを原料とした。ハコベ・チドメグサは根をつぶした汁を使用。以上、五種をとろ火で四日間煮つめ、飴状になったものを親指大に切り、竹の皮に包んで売ったが、今は製造していない。これをつければ、できものの痕が禿になって残らないといった。
○マツやには、貴重な薬品と目されていた。鎮痰に効くとされ（青森）、喘息・咳止めの薬とした。胸に貼る方法（長野）と、飲用する法（栃木・茨城・愛知・石川）とある。北海道ではマツやに二にショウガ一の割合で混ぜ、粉にして匙で一杯ずつ飲む。愛媛では煎じて飲む。
○消渇に、マツやにを飲む（三河）。淋病・消渇にマツやには効く。しかし中毒すると恐ろしい（佐渡）。
○胃腸・腹痛にマツやにがよい（栃木）。小便づまりにマツやにを湯に溶かして飲む（対馬）。頭が痛いときも、同様にして服用（同）、夜眠れないで困るときは、マツやにを水に入れて飲む（兵庫）。
○疥癬にはカラスの肉を食べ、その羽毛を焼いた灰に種油・マツやにを混ぜて練ったものを塗布する（八重山諸島）。
○血止めに、黒マツのやにを塗る（熊本）。
○船酔いに、マツやにを豆粒大にし三粒を湯で服用（岩手）。
○飛驒では火傷に、マツの皮油に赤土水を混ぜて塗る。栃木県下都賀郡壬生町（みぶまち）の家伝薬朝日屋のやけど薬も松根油を主剤にしたものといわれる。
○マツやにを、長野県の伊那地方でホドという。粉末にして風邪の薬にするので貴重だった。突き針と称してT字形をした五十センチほどの道具で刺してみて、ホドの有無を確かめてから掘り出す。掘り出して、戸口に吊しておいたりもした。
○マツの木を伐ったあと、その根に真っ黒な丸い玉（外側は黒いが中は真っ白）ができる。ボクリョウ（ブクリョウ）と呼ぶもので、これを掘り取って来て、牛馬の病気の薬にする。馬の病気は疝痛という猛烈に腹が痛む病気である（千葉）。

○「羌活・松の節、右の二味、粉にして酒にてせんじのむべし」。『続咒咀調法記』に、人の身惣体痛むときの薬としてあげてある。

○マツかさを黒焼きにし、酢で火傷につけると効く（岩手）。長崎では、黒糖と練り合せてつける。

○子供の口のまわりが疳のために赤くただれたときは、男マツのマツかさ（生のもの）を黒焼きにし、ゴマの油で溶いてつける（福井）。

○「とびひ」に、黒焼きにしたマツかさの粉を油に混ぜて塗る（丹後）。

○青マツかさを土に包んで蒸焼きにし、粉にしたものを虫歯につける。

○マツの実を黒焼きにして砂糖で練ったものは百日咳の薬（高知）。心臓病に、マツの実を生食する（香川）。這いマツの実を焼酎漬けにしておき、喘息の薬に飲む（長野）。

○擦傷には、マツのアマハダを貼る（大分）。切傷に、マツのハダ皮（外皮を取り除いた中の薄皮）を貼る（対馬）。血止めにマツの木の中皮を使用（長野）。甘皮を煎じて飲むと歯痛によい（高知）。

○胃痛にマツの根が効く（岐阜）。

○火傷に、マツの消し炭を麦のりで溶かして塗る（三河）。

○冷え症・神経痛に、乾燥したマツ葉を布の袋に詰め、風呂に入れる（茨城）。

○ひぜんに、マツ葉（赤マツ）と塩を入れた風呂に浴するとよい（高知）。

○凍傷にマツの葉の青汁がよい（宮城）。

○夜泣松と呼ばれるマツは各地に少なくない。そのマツの木を削って火で燃してみせると、赤子の夜泣きがやむ（新潟県東蒲原郡・愛知県北設楽郡）。その小枝を取って来て赤子の枕の下に入れておくと夜泣きがやむ（長野県下伊那郡）。お宮の傘マツの皮をそいで来て夜中に明かして見せる（長野県北安曇郡）。三重県鈴鹿市の夜泣松には、夜尿の祈願をする。奈良東大寺の修二会のお松明の燃えさしに火をつけて子供に見せる。夜泣きばかりでなく、安産に霊験があるという。

○光り玉というのは、お宮の裏の竹藪から出る一尺くらいの玉、ふわりふわり来て人の頭にとまることがある。その時は、山のマツ葉を取り、それで払わぬと離れない（長野県上田市）。

○マラリヤにかかったら、「露散りて松の葉軽き朝かな、雲のおこりを払ふ松風」という呪歌を書いた紙を病人に握らせると、軽く済む（大阪市）。病人の家から見えない所にある大きなマツの木を小刀で削り、握り飯を示して、「治したらやる」と言って後ろを振り向かずに帰れば治る（沖縄）。

○虫歯には、マツの芯に梵字を書いてまじなったのをかみ、そのかんだところを釘で柱に打ちつける（群馬県勢多郡）。マツを上げますから歯を治して下さい、と白山様に祈る。治ったら、路傍の小マツを抜き、神社の境内に植える（千葉県長生郡）。田辺湾内の神島の東にある露出礁の二本松に、歯痛を治して下され、お札に土を上げますと祈り、治ると粘土を少し持って行った。岩礁で土が少なく、マツの木が土を欲しがっているだろうと考えたところから起こったが、今は行われなくなった（和歌山県西牟婁郡）。広島県比婆郡東城町〈庄原市〉の谷尻山のマツ（末が七、八株に分れている）に、歯痛が治るよう願をかける。

○歯ぐきが腫れた時、マツ葉を束ねて塩をつけて突くとよい（静岡）。⇩蝮（動物編）

松茸　まつたけ

○マツタケの早く出る年は不作（福島県耶麻郡）。マツタケ豊作の年は米作不振（山形・富山・愛知・和歌山）。マツタケは夏季に雨量が多く、気温の低い年は早く出、菌の繁殖もよいが、こうした気象条件下では米が不作となる。『俚諺大辞典』には、「豊年には松茸不作」とある。

○大雪の翌年はマツタケが豊作（島根県浜田市）。

○マツタケのとれる山で糞尿をすると、そこには翌年からキノコが出ない（山口）。

○マツタケの夢は凶夢とされる。マツタケの生えている夢を見ると、死人が出る（広島県佐伯郡）、必ず親戚の者が死ぬ（大分県大分市）。マツタケの夢は腹がにがる（ひどい腹痛）（広島県三原市）。マツタケをたくさんとった夢は悪い（広島県尾道市・世羅・賀茂郡）。

○産後の腹痛には、二股マツタケを食べる（鳥取県八頭郡）、二股マツタケの味噌汁を飲む（和歌山県有田郡）、二股マツタケと団子を入れた味噌汁を食べる（岡山県赤磐郡）、二股マツタケの陰干しを煎じて飲む（岐阜県稲葉郡・奈良県奈良市）、という。また、後産の下りにくい時には二股のマツタケを煎じて飲む（滋賀県高島郡）。ただし、妊娠中には、妊婦が二股のマツタケを食べると双生児が生まれる（和歌山県有田郡）、とこれを忌む。

○マツタケとの食合せとして次のようなものがある。サツマイモを食べるとあたる（新潟）。アサリは腹痛を起こす（秋田・千葉・富山・愛媛・鹿児島）。タマゴは腹痛を起こす（秋田）。生米を同時に食べると死ぬ（石川）。マツタケを食べた後で生の物を食べると死ぬ（愛知）。『歌摘録』には「まつだけは多く食すなはらくだる、むしにもたゝるものとしるべし」とある。

万作　まんさく

○マンサクの花が上向きに咲いた年は豊作（山形県最上郡・福島県会津地方）、マンサクの花が下向きに咲くと豊作（宮城）、下向きに多く咲くと豊作（秋田県北秋田・鹿角郡、福島県相馬市）、マンサクの花が多く咲くと、豊作（山形・宮城・福島・群馬・新潟）、マンサクが大きく咲けば豊作（宮城）、マンサクの花が少ない年（宮城）や咲かない年（山形）は凶作。土地により豊凶の判断が反対になっているが、下向きというのが、花が多くて下に垂れることを意味するならば、あまり矛盾はないようである。

○マンサクの花が上向きに咲くとマメの出来が良い（山形県西置賜郡）。

○マンサクの花が上向いて咲く年は日照り、下向く年は雨が多い（岩手県東磐井郡・山形県尾花沢市・西置賜郡・宮城県刈田郡・群馬県利根郡）。マンサクの花が横向きに咲く年は風多し（山形県尾花沢市）。

【み】

蜜柑 みかん

○ミカンの種を蒔くとその家が倒れるか、またはその家の人が死ぬ（愛知）、ミカンの木を接ぐとその人は近日中に死ぬ（愛知）。ミカンの木を根元から伐ると死人が出る（鹿児島県大島郡）。

○ミカンの皮を粉にして散布するとアブラムシ退治になる（新潟県佐渡郡）。ミカンの皮を苗代へ捨てるとカエルがわかない（愛知県南設楽郡）。イモチ病の発生した田にミカンの皮を入れると効果がある（広島）。

○ミカンを植えると根をウサギに食われるので、「兎が食うたと狐が言うた」と書いた立札を立て、キツネに守ってもらった（和歌山県有田郡）。ミカンの根にネコの屍を埋めるとミカンが酸っぱくなる（長崎県壱岐）。ミカンの実り初めに綱や縄を枝にかけるとみな落ちて実らない（沖縄県国頭郡）。

○ミカンを皮のまま焼いて食べると肺結核になる（宮城）、ミカンを焼いて食べると、肺結核になる（青森・岩手・秋田・山形・宮城・新潟）、顔が赤くなる（岡山）、貧乏する（奈良）、とミカンを焼いて食べるを忌む。また食べなくとも、ミカンやその皮・種なども火にくべることを禁ずる。ミカンの皮を火にくべると、肺結核になる（岩手・秋田・宮城・栃木）、貧乏する（山口・高知）、七夕様に叱られる（岡山）、囲炉裏の神様がいなくなる（千葉）、ミカンの出来が悪くなる（香川）、火鉢にミカンのしぶを燃やすと結核が喜ぶ（岩手）、囲炉裏にミカンの核を入れると貧乏になる（高知）、ミカンの種を火にくべると七代貧乏する（鳥取）、ミカンの種を囲炉裏に入れると尻の穴のつまった子供を生む（長崎）、ミカンを火にくべると顔が赤くなる（富山）、火鉢に入れると失明する（佐賀）、など。秋田県平鹿郡では、ミカンの皮の煙を吸うと肺結核になる、栃木では、ミカンの皮を蚊燻しにすると中風にかかる、という。新潟県加茂市では、ミカンの皮などのように酸っぱいものを囲炉裏の中に入れるな、といい、鹿児島でも、ミカンを火にあぶるな、というが、禁忌とする理由は不明である。

○ミカンの筋を食べると、肺結核（秋田）や喘息（福島）になる、袋のまま食べると盲腸になる（新潟）。広島では、ミカンを食べると顔が赤くなる、食後に食べると御飯粒がミカンの袋の中に入るという。

○二ツ子のミカン（実の二袋が一緒になっているもの）を食べると双生児を生む（福島・千葉・静岡・愛知・福井・滋賀・和歌山・島根・高知・鹿児島）、女性がミカンの二子を食べると双子を生む（島根・山口）。その形態からの連想であろう。鹿児島では、ミカンの二子を一人で食べてはいけない、二人で一袋ずつに分けて食べるのは支障がないものとする。

○妊婦がミカンを食べると身体が冷える（佐賀）、妊婦がミカンを袋ごと食べると嚢子を生む（新潟）、妊婦がミカンの果汁を食べると眼の悪い子が生まれる（和歌山）。秋田でも、妊婦はミカンを食べてはいけない、というが、理由は不明である。
○ミカンの皮を食べると長生きする（富山・愛知）。フイゴ祭（十一月八日）に鍛冶屋で撒いたミカンを拾って食べると病気にかからず、かかっても軽くすむ（山口県大島郡）。ミカン湯に入ると風邪にかからない（茨城）。正月飾りに供えたミカンをしまっておいて食べると風邪をひかない（埼玉）。花神社の火焚き祭に火の中に投げ入れたミカンを食べる（京都）。
○風邪には、ミカンの皮を煎じて飲む（神奈川・富山・愛知・福井・高知・熊本・鹿児島）、焼いて食べる（栃木）、ミカンの丸焼きを食べる（鳥取・愛媛）、黒焼きにして砂糖を入れて飲む（岡山）、干した皮の黒焼きを粉にして飲む（北海道）、ミカンとスルメと氷砂糖を煎じて飲む（愛知）、皮を入れた風呂に入る（鹿児島）、風呂に首までつかってミカンを食べる（高知）。『秘伝妙薬いろは歌』には、風邪薬として「みかんの皮にしそうまぜ、せうが、かんぞう入れ、せんじのめ」とある。解熱には、皮を煎じて飲む（埼玉・兵庫・岡山）、皮を入れた風呂に入る（和歌山）。咳止めには、ミカン（または皮）を食べる（愛知）、皮を煎じて飲む（埼玉・愛媛）、皮を入れた薬湯に入る（和歌山）。喉の痛みや腫れには、皮の干したものを煎じて飲む（埼玉）、種の黒焼きを服用する（愛知・山口・福岡）、百日咳には、ミカンを煎服する（群馬）、種の黒焼きを喉へ吹き込む（福岡）。
○ミカンの皮を食べると中風になりにくい、中風には皮を焼いて食べる（共に富山）。高血圧にはミカンを毎日食べる（鹿児島）。喘息にはミカンの黒焼きを粉にして吹きつける（岩手）。疳気（山梨）、冷え（千葉・山梨・新潟・奈良・島根）には皮を入れた風呂に入る。婦人病には皮を入れた湯で腰湯をつかう（大阪）。皮を入れた風呂に入るときめが細かくなる（奈良）。便秘にはミカンを皮のまま食べる（北海道）。虫下しには皮の煮汁を飲む（群馬）。
○しもやけには、皮を湯に入れてこする（神奈川・愛知）、ミカンの皮をつける、ミカンとナマコを煎じてつける、皮を煎服する、皮を入れた風呂に入る（以上愛知）。ひびには汁をつける（静岡・高知）。骨が喉にささった時は、ミカンの種の黒焼きを飲む（長野）、皮をかむと治る（福井）。
○ミカンとの食合せとして次のようなものがある。ハマグリ（神奈川・富山・大阪・愛媛）、ウナギ（秋田・鹿児島）、カニ（愛知・沖縄）、トウガラシ（宮崎）、ウサギ（岩手）。『歌摘録』にも「みかんこそかはきをとむるものぞかし、蟹とどうしよくきんもつとしれ」とある。
○群馬県下では、厄年の人が厄除けにミカンを撒く仕来りがある。道陸神焼きの行われる一月十四日の夕方、厄年の人は三本辻に行って銭やミカン、落花生などを撒いてくるが、本人やその家の者はそれを拾って食べてはいけない。道陸神焼きの時、厄落しに、男は酒、女はミカンを道陸神に供えたあと、それを投げ、皆が拾う（群馬郡倉淵村）。厄年の人は厄払いに、一月十八日に年齢分だけミカンを投げたが、今はお金を投げる（同県富岡市）。厄年の人は北向き観音の所か三本辻でミカンや落花生をまいて厄除けをする（同県吾妻郡）。
○以上の他、次のような俚言・俗信がある。ミカンは土用笠のまわり二、三粒あれば大なりと知れ（和歌山）。標準的な収穫量をいうらしいが、明らかでない。とにかく、昔のミカンは収量が少なく、かつ現代のような大規模栽培はなく、駄菓子屋の店先で細々と売っている程度だった。ミカンを花梗の所から皮むくと母親が死ぬ（福岡県八女郡）。大島紬にミカンの汁がつくと柄が消える（鹿児島）。ミカンの枝は魔除けの品として祭事に使われる（沖縄県八重山郡）。

水芭蕉　みずばしょう

○オオバッパ（ミズバショウ）の花が多く咲く年は米が不作（山形県西村山郡）。
○ミズバショウを飛び越えると睾丸が腫れる（宮城県刈田郡）。『犬つくば』の俳諧連歌に、「宇治橋にしばしただずむ大ふぐり」の句に「芭蕉の葉にてまきの島人」と付けた例がある。芭蕉から水芭蕉へ連想が働いたことも考えられる。
○民間療法。化膿しそうな腫物にはミズバショウの生葉を当てておく（北海道）。吹出物・面疔にはミズバショウの葉をあぶって貼り、吸出しとする（富山）、浮腫・腎臓病にはミズバショウの葉を干し煎じて飲む（石川）。

茗荷　みょうが

○ミョウガは病人のうなり声が好きだから、寝室の外に植えると病人の絶え間がない（新潟）、屋敷内にミョウガを植えると病人が出て家が滅びる（香川）、屋敷の内にミョウガを作ると子供をとられる（群馬県吾妻郡）、ミョウガを北へ植えるといけない（大阪府枚方市）、と、これを禁忌とする。また、ミョウガを植え替える時、家の人が植え替えるとその人が死ぬ（岐阜県山県郡）、家人が植え替えるとその人が死ぬから他人に頼む（広島）という。
○高知県幡多郡では、ミョウガが繁昌すると家が衰える、というに対し、群馬県利根郡では、ミョウガは貧乏人の家には生えない、愛知県北設楽郡でも、ミョウガが殖えるとその家は繁昌する、と共に吉兆とする。
○農家で人が絶えるとミョウガも絶えてしまう（岐阜県吉城郡）。畑や畑の畔に植えてあるミョウガがいつの間にか無くなると、その家は絶えてしまう（長野県飯田市）。
○ミョウガを与えると、もらった人のミョウガは栄え、与えた人のは枯れる（青森県五所川原市）、と与えることを嫌う。従って、ミョウガは盗んで植えるとよく殖える、盗んで植えないと根づかない（生長しない）（青森・愛知・長野・熊本）、ということになる。

○以上の他、次のようなことをいう。ミョウガに赤い花が咲けば不幸がある（秋田県仙北郡）。ミョヴガを植える時、単物（ひとえもの）を着て植えると夏ミョウガになる（長野県北安曇郡）。ミョウガが多いとその秋は雨（島根県仁多郡）。ミョウガの多い年は大雪（広島）。

○ミョウガを食べると、物忘れをする（青森・秋田・宮城・福島・栃木・新潟・富山・愛知・岡山・山口・高知・愛媛・福岡・佐賀・長崎・熊本）、記憶力が鈍る、物覚えが悪くなる（山形・富山・石川・岐阜・福井・奈良・山口・愛媛）、馬鹿になる（群馬・埼玉・千葉・神奈川・新潟・富山・岐阜・静岡・愛知・福井・奈良）。子供が食べると馬鹿になる（山形・群馬・茨城・新潟・愛知）。ミョウガの花を食べると物忘れしたり（熊本）、馬鹿になる（愛知）。ミョウガを食べると出世ができない（愛知）。ミョウガの別名を鈍根草というのも、こうした伝承によるので、既に『醒睡笑』にもその事が見えている。

○これらに対し、奈良では、ミョウガを煎じて飲めば賢くなる、富山県小矢部市では、ミョウガを食べると七十五日長生きするという。

○民間療法。瘧落としには呪術的なものが多い。瘧を治すには、ミョウガの茎に針を刺す（群馬・茨城）、ミョウガに針を刺す（石川）、ミョウガに針を刺して「治癒したら取ってやる」と言う（福井）、ミョウガの葉に針を刺す（群馬）、葉に針を刺し「瘧を落としてくれたら此の針とってやる」「瘧を落とせば此の針とって灰をやる」と唱える、或いは葉を一枚、針で壁に刺し「瘧をよくしてくれ」と唱える、または二枚の葉を針で縫って「瘧が落ちたら抜いてやる」と唱える、藪のミョウガの子に病人の知らない間に針を刺しておく（以上、共に福井）、他人の見ていないうちに、ミョウガの葉に針を刺して持って来る、ミョウガに藁をからげて後を向かずに帰る（共に愛知）、ミョウガをくくって灸をすえ「治してくれたら解いてやる」と唱える（滋賀）。ものもらいにはミョウガの葉に針を刺す（長野）。

○流行目（群馬・新潟）、そこひ（福井）、突き目（岩手・群馬・長野・福井）にはミョウガの汁を目にさす（眼病をミョウガの汁や煎じ汁で洗うは、秋田・宮城・群馬・岐阜・愛知・石川・鳥取・山口・徳島も同様）。高血圧（埼玉）、中風（福岡）にはミョウガを食べる。疫病には根と葉を砕いてその汁を飲む（長野）。痲疹（はしか）（徳島）、胃腸病・淋病・消渇（岩手）には、煎じ汁を飲む。疱瘡（福井）、フグの中毒（山口）にはミョウガの砕き汁を飲む。

○ミョウガの葉で払っていくとツツガ虫除けになる（新潟）。ハチに刺されたらミョウガの葉をすりこむ（兵庫）。疣は、ミョウガの露を塗る、ミョウガをすりこむ（共に群馬）。青竹の筒にミョウガの花を密封して長押にあげておくと痔にかからない（和歌山）。憑き物がついたら蒲団の下にミョウガを入れる（静岡）。『私家農業談』に「後備急方に曰、時疫には茗荷の根と葉を搗たたき、汁をとり多呑てよし」、『秘伝妙薬いろは歌』に「めうがをばやいて、たねん（多年）に食すれば、じきをばうけぬ薬とぞしれ」とある。

麦（むぎ）

(1) 麦播きを忌む日　麦に関する諺

○他の種播きと同様、麦の畦はずしも嫌われる。麦を播く時に畦をはずすと、死人が出る（宮城・福島・愛知・広島・長崎・大分）、食えない者が出る（群馬）、葬式を出す（熊本）、火葬場になる（広島）、棺をすえるといってその家の誰かが死ぬ（山口）、災難がある（長野）、凶事がある（山梨）、その年は悪い（三重）、来年不幸がある（広島）、などがその例である（畦はずしを忌むは、岩手・島根も同様）。大分県日田郡では、麦を播く時、肥桶を置いた所を残して播くと、葬式の時の棺を置く所となって良くないが、春播きのムギなら関係ないという。

○関東地方では、麦は戌の日に播いてはいけない（群馬・栃木・茨城・埼玉・千葉）、戌の日に播くと食えない人（死人）が出る（群馬・茨城・埼玉）、戌の日に播くとイヌほど人が集まって食われてしまうのでいけない、戌の日にもし播く時はイヌに食わせるだけ余分に播くとよい（共に群馬県勢多郡）。その由来譚として次のような伝承がある。麦の伝来は中国からイヌが種をくわえてきたから戌の日を忌む（栃木県安蘇郡）。昔イヌがくわえてきた種を播いたら主食の立派な麦ができたから。由井正雪が外国から渡って来る時に麦の種を持って来たが、イヌに吠えられたために、そのイヌをどうにかしてしまったから。昔、弘法大師が中国から麦の種を盗んで来る時、その家のイヌが鳴いたために大師は家人にとがめられ調べられたが、大師は麦を褌の間にはさんでおいたので何も出ず（それで、今でもムギはふんどし糠が取れないという）、それでイヌは殺されてしまった。だから戌の日には麦を播かない（共に群馬県吾妻郡）。これと似た話に弘法大師が中国からゴボウの種を盗んで来た時、イヌに怪しまれたうんぬん説話が『月庵酔醒記』にある。

○九州地方では、麦を播くのは戌の日がよい（佐賀・長崎・熊本）、戌の日に播くと多収（宮崎）と、関東地方とは逆である。由来譚として次の伝承がある。昔、大師様が中国から麦の穂を苞に入れて日本に帰り、歩いているとイヌに吠えられてその穂をこぼした。そこで芽が出、日本でも麦を作り始めるようになった（宮崎県東臼杵郡）。

○戊の日以外では、子の日に麦播きをしてはいけない（栃木）、子の日に播くと転ぶ（愛知）、寅の日の麦播きは忌むが「トラの食う分だ」と言いながら畑の隅に播けば難をのがれる（東京都東村山市）、地火の日に麦を播くと火事になる（愛知）、十月亥の子の日に麦を播けば豊作である（広島）、などがある。

○「麦は百日の播き期」或いは麦播き土用七十五日（茨城）といわれるほど、麦の播種期は長いものだが、その中でも播き時を知る法として次のような俗信・自然暦がある。麦播きは丑の日がよい（愛知）、十五夜の月が早く出た時には早く播くのがよく、遅く出る時は遅く播いた方がよい（鹿児島県日置郡）。十五夜の快晴は麦の早播きよく、曇りには遅播きよし（鹿児島県大島郡）。十五夜の月が曇っていると早麦を播くのがよい（佐賀県東松浦郡鎮西町〈唐津市〉）、土用に入ったら播く（長野県北安曇郡）。秋の彼岸が過ぎたら播いてもよい（長野県上水内郡）。ムギマキトンボ（赤トンボ）に麦播き（新潟県栃尾市〈長岡市〉）。地主さん（無格社の祠）のモミジが赤くなると麦播き時（和歌山県東牟婁郡）。麦の播きしおはイチョウの葉見て（福岡県宗像郡）。麦播きの適期はイチョウの葉の色づく頃がよい（大分県西国東郡）。ライムギはイチョウの三分黄になった時播け（熊本）。クヌギの木の中に赤牛を繋いでも分明らぬ時が麦の作りしお（大分県宇佐市）。麦播き雁（ガンの渡来を期として麦を播く）（島根県隠岐）。麦播き鳥（セキレイをいう。麦播き頃に人里へ姿を現す）（茨城・千葉）。セキレイの腹辺赤くなれば麦を播くによし（長崎県対馬）。

○麦種は八月播けば八合、九月播けば九合、十月播けば一升入れよ（新潟県佐渡）。麦は早く播くほど薄播きでよい、との意である。「馬鹿も総領、麦も早播き」（福岡県宗像郡）。長男に生まれれば愚かでも家を相続できるように麦も早播きがよい、との意。大分県西国東郡では、ライ麦については早く播くとねむる、という。

○麦踏みは徒長や根の凍上を抑えるために必要であり、「麦と姑の庭は踏むほどよい」「麦と姑は踏むほどよい」「麦と舅の顔は踏みつけるほどよい」「麦と人間は踏みつける程できがよい」などの諺があるが、その一方では、朝露のあるのに麦踏みすると黒穂病が出る（広島）、彼岸に麦畑に入ると生長期に踏みつけるので根を傷め出来が悪い（愛媛）、という。

○「百日の播き期に三日の刈り旬」というほど、麦の刈り入れ時期は短い。刈り入れが遅れると、気温が上って枯れ熟れとなったり、梅雨期に入ってしまうため、早めに刈り取った方がよい、との意で、次のような諺がある。「麦は十八刈れ」（福島）。「麦は十七に刈れ」（茨城）。「麦は三合青刈せよ稲は三合落として刈れ」（新潟県佐渡）。「麦の青刈り倉が建つ」（愛媛）。「麦は俵の中でうらせ」（山口）。

○「麦の三日干しゃ馬鹿がする」（山口）。「小麦の刈乾しをすると七里四方暴れる」（栃木）。

○「麦は肥料でつくれ稲は手間でつくれ」（山口）、「麦は寒肥で作れ」（大分県西国東郡）、「麦の肌肥は嫁を質に入れてもやれ」（大阪）、といわれるように、麦は多量に肥料を必要とする。神奈川県津久井郡にはその理由を語る次のような口碑がある。昔麦の種を盗んで来る時、隠す所がないから肛門にはさんで来た。それで、多量の肥料を要するとともに、今でも麦粒には褌の跡がある。

○「二月の白畠三月の降り麦」とは、二月に雨がなく三月に雨降れば麦の生育はよい、との諺であるが、他にも特定の日の気候や、ある気象条件で麦の出来不出来を占う例がある。盆のホウカイ（松明）に雨がかかると麦不作（高知）。彼岸の入りや中日に雨が降ると麦凶作（大分県西国東郡）。十三夜に天気が悪いと麦ははずれる（群馬県勢多郡）。十五夜に雨が降ると麦がはずれる（福島県白河市）。冬至が一日居れば麦の茎一本ずつ腐る、冬至が長居をすると十二筋しかない麦の根を食う、三朔日（みついたち）雪あれば麦凶作（以上長野県北安曇郡）、冬中長ければ麦不作（山形）。冬に大寒なれば麦凶作（愛媛県大洲市）、節分内の霧は麦に「あかて」を生ずる（山口県大島郡）。霧がかかれば麦は早枯れする（鹿児島県大島郡）。二月頃に麦が青々している年は麦がとれない（二月のからっ畑という）、麦の出穂の時あったかいと豊作で、北風に吹かれると不作（共に群馬県勢多郡）。正月の二十一日に雨がないと麦は豊作（和歌山）。十五夜に月色を見て麦の豊凶を判断し、月がさえて見えると豊作（佐賀県東松浦郡肥前町〈唐津市〉）。冬至の頃三日間太陽が照れば麦はよい（岩手県遠野市）。冬至の日に天気が良いと麦作よし（福岡県北九州市）。冬至の日が戊ならば麦の根を食う虫はイヌに追われてしまう（長野県北安曇郡）。雪が多いと麦豊作（岡山県川上郡・愛媛県大洲市。愛媛ではこの理由を、麦の徒長が雪で抑えられるから、という）。寒い年は麦上出来、寒が順調なら麦豊作（共に鹿児島県大島郡）。春彼岸の白畑（雨が少なく畑が乾燥していること）は麦に良い（香川）。春南風が吹くと麦がとれる（千葉県印旛郡）。ハエニシ（西南風）が吹くと麦が伸びる（鳥取県東伯郡）。「冬至に至り晴れて暖かなれば来年の麦豊熟」（『俚諺大辞典』）といい、また同書に『古謡諺』の「冬雪無ければ、麦結ばず」を引いて「春の雪は麦俵」とある。

○麦の発芽時にねばり少なければ麦凶作、麦の黒穂は麦よし、葉に左巻きあれば麦豊作（共に広島）。麦の葉は旱魃気味になるとよじれてくるが、出穂から収穫の頃にこのような天気になると収量は多い。

○節分に麦飯の大食をすると麦の実入りがよい（岡山県上房郡）。正月八日には飯にワリ（押し麦）を入れたが、飯わりをたくさん食えるように、との意（栃木県安蘇郡）。
○麦の発芽が早かったり、芽出しの足が長いと大雪の兆（広島）。麦の丈が高いと大雪、秋過ぎに葉が長過ぎる時は大雪、秋麦の葉が細長いと大雪が降る（以上岐阜）。
○以上の他、次のような俗信・俚言がある。麦藁を焚けば七代貧乏する（岡山県邑久郡）。麦の二股穂ができると千石穂といって不吉がり、僧侶・神主が七俵半の俵に入れて流すものだという（高知県高岡郡）。八海明神が麦の穂で目を突かれて失明したので氏子は麦を作らない（新潟県南魚沼郡）。半夏生の頃に新麦を炒り、粉末にしてその粉を家の周囲にまくと、ヘビが入り込まない（愛媛）。夕方になると麦の中に背くらべがいて子供と背くらべをし、背くらべより背が低くても高くても連れて行かれてしまう、麦の穂より背が高くなると背くらべに捕まえられてしまう（共に岐阜県郡上郡）。笑い女というのは麦の熟れる時分に出る（高知県土佐郡）。麦の穂の出揃う頃に膿胸（肺炎の後、肋膜腔に膿のたまる病気）を患う者が多い（福岡市）。
○「麦は作に似る」これと同趣の諺として、麦のよい年は上作、麦の豊作の年は稲も上作（共に山形）、麦がよければ秋もよい、アキヨウ（秋の陽気）は麦で判じろ（共に群馬）、麦が豊年なりゃ米も豊年（和歌山）、麦が良ければ田も良い（大分）、などといわれる。

麦 むぎ

(2) 自然暦

○麦の生育に関する自然暦として次のような俚言がある。麦の芽三寸伸びるとカモメの大群が来る（島根県隠岐郡）。麦の穂出たらアサリを食うな（岩手）。麦の穂のドッと出た頃イダコ（イイダコ）がうまい（和歌山県東牟婁郡）。ムギハンサコ（ハンサコはイッサキの別名。出穂最盛期がこの魚の最好味季節）（大分県竹田市）。麦の穂出るとシャク（シャコシギ）が肥える

（熊本県八代郡）。麦の穂の出る頃ウズラが多く現れる（鹿児島県薩摩郡）。麦が熟れてくるとムギツキ（ヤマイボ、またはアオバズクという）が鳴く（熊本・大分）。ムギウマセドリ（アオバズク）が鳴くと麦が熟す（長崎県壱岐）。麦が黄ばんで程なくシトドが下る（北帰する）（鹿児島県甑島）。ムギイカ（バショウイカのことで、麦が熟れる頃多くとれることから呼ぶ）（伊豆）。麦のあくむ（赤らむ）時はカツオの来る旬（和歌山県東牟婁郡）。麦の赤らんでからの大雨の後、堰川の濁流でナマズとキギとが多く釣れる（和歌山県有田郡）。麦の色づく頃と稲穂の波うつ頃とがウナギの一番良く食いつく時期（大分）。麦シャッパ（シャッパはシャコ。ムギの熟す頃シャコは最も美味なり、の意）（福岡県三潴郡・佐賀県三養基郡）。メチカは麦のあこむ（赤らむ）頃磯のツツジが咲きそめてからとれる（鹿児島県甑島）。麦の赤らむ最中に俄雨が降ると川々に魚が多く上ってくる（京都）。ムギウラシツツジが赤くなったら麦が熟れる（香川県大川郡）。麦の穂の熟れる頃サマツダケの出時（長崎県松浦市）。麦刈り頃タバメがうまい（鹿児島県阿久根市）。麦の刈穂を叩く頃カッコウが来る（広島県尾道市）。ムギワライサキ（麦藁のできる頃イサキの味最もよし）（和歌山県田辺市）。ムギワラダイ（麦藁のできる頃タイの豊漁）（島根県簸川郡）。

麦 むぎ

(3) 民間療法

○民間療法。旧六月一日に門で麦藁を燃やして尻をあぶると病気にならない（埼玉）。水の中へ麦の粉を入れて飲むと水あたりしない（山口）。歯痛には麦に塩をつけて痛い所に詰める（愛知）。ものもらいは、麦藁でつつく、軒の麦藁でつつく、ミケを破って麦藁でつつく（以上群馬）。中耳炎には、葉の汁をつける（愛知・高知）、出かけの青い麦の穂を耳の中に入れる（岡山）、便所の甕の中に麦がらを入れて置き、中にたまった水を注ぐ（岐阜）。火傷（大阪）、あかぎれ（山口）には麦飯を練って貼る。打撲傷（富山）、突き指や筋違い（秋田）には麦粉を酢で練って貼る。しもやけには、葉（長野）や新芽の揉み汁をつける（熊本）。疥（はたけ）には、麦飯の炊き汁をつける、「麦をつくれ」と言いながら炊き汁を顔につける（群馬）。子供の瘡には麦秋の頃に麦の朝露を手巾に浸し「火事や火事や」と三度唱えて患部の上をなでる（奈良）。たむしを治すには麦藁を短く切って患部に沿って廻し、その後で藁を火にくべる（大分）。疣には、麦藁の中に疣の数だけ燃えかすの炭を捨てる、麦飯の炊き汁をつける、雨垂れの落ちる所に麦の穂を置く（以上群馬）、他人の手と自分の疣とを指や麦藁で交互にあてながら「疣、疣渡れ、橋かけて渡れ」と三唱する（岡山）、出たばかりの麦の芽を「疣疣なおれ」と言って抜く（長野）。腫物には「朝日さす夕日輝くから小麦よそへちらさでここでからさむ」と十二回詠み、次に念仏を四十八回唱える（愛知）。虫下しには麦藁を煎服する（群馬）。熱病には麦藁を煎服する（高知）。痲疹には、麦（愛知）、麦や麦の穂を炒ったもの（岐阜）を煎服したり、麦飯を炊いた釜をかぶせる（愛知）。脚気には朝露を踏み、麦飯を食べ、アズキ粥を食べるとよい（群馬。脚気に麦飯を食べるは北海道・栃木・山梨・滋賀も同様）。動脈硬化は麦だけを食べると治る（宮城）。淋病・消渇には麦を茹でた汁を飲む（山梨）。母乳を出すには麦飯を食べる（広島）。口に麦のノゲが入るとなかなか喉からとれないので、この時は無縫塔（卵塔）に糸をまくとよい（群馬県利根郡）。『秘伝妙薬いろは歌』には「ゑきれいとはやりやまいがきたなれは、しそうとむぎをせんじのみおけ」とある。しそうは、紫蘇であろう。

〇ふだんの日でも生の麦を食べると頭が禿げる（大分）。麦で目を突くと失明する（広島）。黒穂病にかかった麦にさわると目がつぶれる（山口)。

木槿（むくげ）

○ムクゲは人の泣き声を聞きたがるので家の近くに植えない(福島県郡山市)。ムクゲを垣にすると惣領息子が気がふれる(新潟県南蒲原郡)。ムクゲは堕胎に使用した木だから屋敷内に植えるを忌む、屋敷内にムクゲがあると不思議にその家の事業の実収がなくなる(共に鳥取)。

○ムクゲの花を神仏に上げない。蘇悉地経の中に忌む花としてある(鳥取)。

○暑気あたりには白い花を乾燥させ煎じて飲む(栃木)。

○上代の朝顔はムクゲであるとする説が有力だったが、最近はキキョウ説が支持されている。

目木（めぎ）

○ものもらいができたときは、メギの箸で食べる(愛知)とか、メギの木の根を煎じてつけると治る(栃木)という。メギの名もこの木の薬用に基づいているといわれ、流行目にはメギの根を煎じて洗う(神奈川)とか、眼病にはメギの葉・木の部分の煎汁で洗うとよいという。

○胃腸病には、メギとオウレンを煎じて飲む(富山)、メギにカンゾウを入れて飲む(滋賀)。メギの根を細かく刻んで煎服すると下痢・痔に効く(愛媛)。メギを煎じて飲むと、肝臓病・糖尿病に効く(宮城)。

【も】

木犀 もくせい

○モクセイを屋敷内に植えると不幸（病人）が絶えない（愛知県南設楽郡）。モクセイが屋根より高くなると財産が減る（広島）。

○モクセイを屋敷に植えると家族強健となる、モッコク・モクセイ・モクレンが庭に三つ揃い木としてあるを尊ぶ（鳥取）。

○モクセイは雷除けとなる（新潟県佐渡）。

木蓮 もくれん

○モクレンを植えると病人が絶えない（長野）、屋敷内に植えると震えの病にかかる（香川）、家の軒端より高くなると病人が絶えない（鹿児島）と忌む。逆に愛媛県上浮穴郡では、モッコウ・モクレン・ナギ・タラヨウの四本の木を植えておけば、他の木を屋敷内のどこに植えてもよいという。鳥取でも、モッコク・モクセイ・モクレンを庭の三つ揃い木として尊ぶ、という。

○淋病にはハクモクレンの花を煎じて飲む（高知）。

○ハクモクレンが咲いた時が籾種の浸種時（熊本）。

黐 もち

○モチの木を植えると雷が落ちない（富山県氷見市）。モチの木があると火事にならない（愛知）。モチの木を屋敷に植えると金持になる（熊本）とは、「モチ」と「持ち」の語呂合せであろうか。

○歯が痛くなった時は歯痛地蔵にお参りし、その右手に植えてあるモチの木の葉をもらい、痛い歯でかんだり、頰に貼ったりするとすぐよくなる（福井県小浜市）。

樅 もみ

○モミの木が家の棟より高くなるといけない

（和歌山・広島）、庭先（大阪）や邸内（和歌山）にモミの木を植えてはいけない。モミの木を植えると、もめごと（喧嘩）が絶えない（群馬・広島）、もみ倒される（熊本）、破産する（秋田・鳥取）、主人が若死したり、主人をとる（広島）といって嫌う。モミの木は棺箱に使う木だから（和歌山県西牟婁郡）という。
○モミの木は魔除けの木として屋敷に植えるもの、廻り金神（こんじん）をよける（鳥取）、という。俗家にはもったいない、という理由づけになるわけだが、イチョウ・ポプラなどと同じく生長が早くて、普通の家では大きくなり過ぎて持てあますことが、実際上の理由であろうか。
○家の普請にはモミの板を一か所使用すると幸が来る（鳥取）。昔は天井板にはモミの木を用いなければならない、といわれていた（宮崎県東臼杵郡）。
○モミの木の節と節との間が高くすく年はその家は幸よく、間がすかぬ年はよくない（和歌山県有田郡）。
○腫物・吹出物にモミの木のやにをつける（福島・茨城・福井）。

籾（もみ）

○八十八夜に籾を漬ける（愛媛県北宇和郡）。鹿児島県日置郡では、トイノビ（夫婦の生まれた日）とウタツ（卯と辰の日）に種籾を水に浸すな、といい、卯辰に浸すとウッタツノメシ（死人の飯）になる、という。
○愛媛県下では、七と九の日（周桑郡）、卯の日は籾蒔きを忌むが、辰の日に籾を蒔くと良い苗がたつ（大洲市）、という。
○死人のあった家から籾蒔きをすると芽が出ない（愛知県南設楽郡）。
○籾を蒔くのは月の出入は避ける、籾蒔きは潮のさしひきにすると籾が浮く（共に和歌山県有田郡）。種籾を蒔くのは真昼にしてはいけない、朝か晩に蒔かないと籾が這い出る（高知県高岡郡）。

○籾を蒔く日には、次のような行為を忌む。洗濯（長野県木曾郡・静岡県天竜市〈浜松市〉）、雑巾がけや女性が髪をとかすこと（静岡県天竜市〈浜松市〉）はいけない。洗濯をしたり髪をとかすと籾が流れる、針仕事・洗髪・髭剃り、風呂を沸かすことをすると籾が飛ぶ（共に愛知県南設楽郡）。
○十二月八日と二月八日の御事の日に門口で籾殻・サイカチ・コショウなどを焚けば厄病神が家に入らない（長野）。
○民間療法。骨が喉に刺さったら、秋の社日（しゃにち）に採って来て恵比須棚に上げておいた種籾を三粒飲む（長野）。婦人病に籾殻とカンゾウを煎じて飲む（大阪）。淋病には籾糠とニラとを煎じて飲む（岐阜）。

紅葉　もみじ

○宅地へモミジを植えるな（群馬）、屋敷へ植えると家がもめる（長野）、表座敷の前に植えると縁起が悪い（鹿児島）、新たにモミジを植えると病が絶えぬ（千葉）。
○葉の先が八つに割れているモミジの葉を拾うと、「手のあがるモミジ」といって勉強ができるようになる（石川県金沢市）。
○長居の客を帰すには、その客の下駄を吹きつつ、「いざさらば竜田の山の薄モミジ人の心にあきの来ぬ間に」と唱える（奈良）。
○秋のモミジの色があざやかなれば翌年豊作（山形県庄内地方）。秋の山がモミジできれいになると来年は良い年（石川県石川郡）。
○秋のモミジが美しい時は翌年の気候順当（福島）。山のモミジが早いと雪が早い（新潟）。モミジの転倒する年は大雪が降る（岐阜）。

桃　もも

(1)　植栽禁忌　桃の霊力

○主人の座る場所から見える所にモモの木を植えてはいけない（鹿児島県口之島）。屋敷廻りにモモの木（ブドウ・タケなども）を植えると、早死する、または病人が絶えぬという（山口）。

名古屋市西区枇杷島町、東枇杷島の氏神八幡宮は、モモがお嫌いだといわれており、氏子たちは昔から決して植えなかった。近年外来者が禁忌にかまわず植えても、じき枯れたり、開花しなかったり、実がならなかったりで満足に育たず、その家に病人が絶えない、などの事があった。元禄十四年刊『続咒咀調法記』に、「惣じて井戸の辺（ほとり）に桃の木植る事あしゝ。やまひたえず。又うづみ井戸の辺にうへてもあしゝ」とある。

○反対に、敷地内にモモ（カキの木も）を植えるとよい（愛媛県上浮穴郡）、という所がある。紀州日高地方では、鬼門にモモを植えるとよいという。古来、攘災の力があると信じられたからであろう。これに反して、植えてはよくないとするのは、民家には過ぎる、との理由と思われる。

○モモの木は火に焚かない（壱岐）。モモの木を焚いた火にあたって風邪をひくと、三年治らない（三河）。

○青森県下北郡では、モモの実や花は家の中に飾ってはならないという。イタコがオシラ遊びや口寄せをする時、モモの木を飾るからで、そうすると死霊が戻ってくるという。

○モモの木をダイコン畑に立てると虫がつかない（広島）。

○桃の字のツクリの兆は、非常に大きな数字を意味する。モモの性は殖え易く、子が繁るから、木偏に兆を書くのだ、との説がある。神代の神話では、イザナギの尊が黄泉の国から黄泉軍（よもついくさ）に追われて逃げだす途中、黄泉平坂（よもつひらさか）のモモの木に立ち隠れ、その木のモモ三個を投げつけて追い払うことができた。それでモモに意富迦牟豆美（おほかむつみの）命（みこと）と名づけた、とある。中国では、『荊楚歳時記』に、「五行之精、厭㆓伏邪気㆒、制㆓百鬼㆒也」とある。禁中の追儺（ついな）に、桃弓・葦矢を以て疫鬼を逐う行事があり、現在も地方の神社の桃弓を用いる神事の淵源をなしているが、追儺自体は、イザナギの神話とは関係なく、中国伝来の信仰であることはいうまでもない。

○災難が直前に迫っている時、難をのがれる呪詞。「三月三日のモモの花、五月五日のセキショウブ、九月九日のキクの花、いただいておるぞよアビラオンケンソアカ」（愛媛県上浮穴郡）。

○五月五日とモモとの結びつきでは、元禄十四年版『続咒咀調法記』に「物わすれせぬまじなひ」として「五月五日夜いまだあけざる時、東へむかふたる桃のえだをとり三寸にきり、衣服のえりにぬひ入れてをくべし。物わすれせず」とある。

○お大師様の年越に供えたモモの木の箸を字指しにすれば、学問が上達する（青森県三戸郡）。

○敦賀の気比神宮の桃割人形は、二つに割れたモモの上に立つ神像で、小児の幸福を祈る。

○モモの枝で祓うと瘧（おこり）が落ちる。『看聞御記』応永二十四年九月五日の条に「寅時汲二井水一東方呑二神符一、以二桃枝一払レ身。其効験歟、今日落了」と見える。

○金沢市東蚊爪町の須岐神社の夏祭の供物のモモ・スモモ・キュウリ・ナスは、祭がすんだのち浅野川へ投げ入れられる。それを食べると瘧が落ちるという。

○虫歯のまじないに、モモの木が用いられる。モモの枝の一端を痛む歯でくわえ、他の端に灸をすえる方法（群馬）が第一。モモの木は南向きのもの（青森県三戸郡）、北向の枝（和歌山南部）、二股の枝の一方を歯でくわえ、一方に灸をすえる（静岡県磐田郡・福井市）。灸は二か所（磐田）、三つ（長野・和歌山）、あとで西方の川へ流す（福井）。長野では、モモの代わりにアセビの木でもよいという。

○第二には、親指を立て、モモの木を歯にあて、「朝日さすこうかの山のモモの木は虫くうたびに釘を打つなり」と唱え、歯が痛むたびに鉄鎚で釘の頭をこつこつと打つ（群馬県富岡市）。これは妙義山で行われていたまじないの方法だという。高知県では、「高野の奥のモモの木の根をくうても葉をくうなアビラウンケンソワカ」と唱えながら、弘法の筆草で、痛む歯の頬をなでると不思議に治るという。和歌山県西牟婁郡では、「天竺の流砂(りゅうしゃ)川にモモの葉くう虫がある、根をくうとも葉をくうなナムアビラウンケンソワカ」と唱える。この方が原形に近いものであろう。
○第三は、唱え言の無いもので、モモの枝に草履をかけて祈る（千葉県長生郡）、モモの木を切って鎌で削ったのを歯にあてる（長野県安曇地方）などの方法がある。
○長野県の安曇地方では、モモの中の実を食えば虫歯を病まないという。また、いい男（美男）になる、ともいう。
○火傷のまじないには、「東山のモモの木を折って焚けば泡となる、これも油のウンキンソバ」と三度唱えるとよい（福井県大野郡）。
○モモの夢は吉夢（長野・和歌山）。
○妊婦がモモを食べると、毛深い子が生まれる（宮城県気仙沼市）、頰の赤い子が生まれる（沖縄県中頭郡）。
○モモの実をつぶした時に水が飛んだ方へ縁付く（長野）。これらは女性器とモモとの連想からであろう。
○モモを食って川へ行くと河童に引かれる。モモは人間の尻のジゴ（肛門）に似ているからだという（熊本）。
○「モモ食いて水をあおれば程もなく淋病こそは起こるものなれ」（寛永版『歌摘録』）。
○モモがたくさんなるのは縁起がよい（愛媛県上浮穴郡）。
○乳児にムシができる食べ物は、モモ・ナシ・キスゴ・アジである（佐賀）。
○モモの核の中の虫は、小児の疳に薬。そこで、「ナシは昼間食え、モモは夜食え」ということわざがある（茨城）。暗闇で虫がいるのも知らずに食べても、モモは大丈夫だが、ナシの場合はいけない、との意である。一般に、モモの虫は腹の薬といわれる。壱岐で、モモムシは食べると腹薬になるが、ナシムシは害になるから食べないという。
○モモと氷、モモとワラビは食合せ（大阪府枚方市）。
○モモと数の子を食うとあたる（新潟県西頸城郡）。
○本草書はいずれも、桃実について記している。例えば、「桃実。顔色をます。おほく食すれば人をして熱あり、腹はり及び癰癤（ようせつ）生ぜしむ」（『食性能毒』）の如くである。

桃（もも）

(2) 民間療法

○モモの葉を、生葉または陰干し・日干しにして保存しておき、布袋に入れて湯に浸して入浴（桃湯）、或いは行水をすると、幼時の汗疹、その他、湿疹・かぶれ・くさによく効く。それは、タンニンを含むからだといわれている。秋田県仙北郡では、野原にいるカ（ブユをいう。夜のカは夜蚊といって区別する）に食われると、女の子の脚などは瘡になりひどくただれる。それを「蚊の口」と称するが、モモの葉の湯はこれによく効く。各地でモモの葉の入浴・行水は現在も行われているが、報告の密度では関東・中部地方が多く、四国・九州は少ない。なお岡山では、湯に沸かさず、水に葉を入れたまま日向で温めたもので行水する。
○入浴でなしに、モモの葉を煎じた液で温湿布したり（神奈川・静岡などでは、これをタデル、という）、丁寧に患部を洗う方法も行われ、特に近畿以西の報告例が多い。広島市近傍では、白モモの枝や葉を煎じて拭うとアセボが治るといい、福島では、特にアブラモモの葉がよいという。
○モモの葉以外の物を添加する所も少なくない。汗疹の治療に、山口ではマシオ（潮水）を加えて煎じて浴びる。島根では、モモの葉・ショウブ・クズなどを入れた風呂に入る。福岡では、かぶれにモモの葉の汁、ヨモギの汁と白粉を湯に溶かして塗る。三重では汗疹に、モモの葉・ニンドウ・小麦稈を入れる。麦稈は、霍乱（日射病）の療法に用いられ、群馬では霍乱の手当てにモモの葉と麦稈をよく煮て用い、木曽では、モモの葉・小麦稈・ヨモギ・ユキノシタなどを煎じた液を濾した後、沸騰させ、盥に移す。体を毛布で包んで、盥の上にのせた木に足を置く。こうしているうちに盥の湯から昇る蒸気で体が蒸されて効き目を表す。また、その湯を飲むとよい、とされる。なお、この際にウリの葉を塩で揉んで腹や足の裏につけるやり方もある。

○佐渡では特に土用の丑の日にモモの葉やドクダミなどを湯に入れて入るものだとし、壱岐では、夏の行水にモモの葉を入れるのは、邪気を払うためとしている。また、岐阜では、モモの葉を入れた湯に入浴すると、ノミに食われることがないという。

○東三河では、モモの樹皮を煎じて汗疹につけ、或いは葉を煎じて飲む。山形でも葉を煎服する。長野では、暑気あたりに毛モモの葉を揉んで汁を飲む。秋田では、粕湯にモモの葉を入れて飲めば日射病によいといい、また足の裏にキュウリの葉をつけるのもよいという。山梨ではタデ・モモの葉・キュウリの葉などを塩で揉み、その汁を全身、特に背中・掌・足の裏によく塗り、また少量を飲むと暑気あたりによく、また解熱に大効があるという。また三月中（旧暦）にモモの葉をとって陰干しにしておき、毎朝清水に入れて飲むと、胸の病気が治ると『まじない秘法大全集』にある。

○生葉を揉んでその汁を汗疹につけるとよい。塩で揉むのもよい。また、モモの葉と塩をつけるという所（新潟）もある。中部以東の報告例が多い。大分では、イラ（毛虫）に刺された時つけるという。

○愛知では、モモの葉を食うとアセボが治るという。

○モモの葉は、枕に入れると頭痛によいという（香川）。津軽地方では、笠の中にモモの葉を入れてかぶると、暑気除けになるといっている。夏期道中をするときなど帽子の中に入れてかぶると、暑気を防ぎ諸病にかからぬという。『まじない秘法大全集』に、陰暦五月中子の日に、東へ向かったモモの枝を二寸ほど採って枕の下に置くと、記憶力が増す、とある。

○霍乱の治療に、モモの花を摘んでおいて、風呂に入れる（群馬県邑楽郡）、キュウリの芯・モモの花、タデを束にして、湯で頭から足の裏まで洗う（津軽）。

○便秘に、モモのつぼみを干して煎服する（岩手）、便通がなくて不快の時は、白モモの花を煎じて飲む（岐阜県稲葉郡）。

○汗疹には、モモの花をつけると治る（新潟県東蒲原郡）、乳幼児の黒子（ほくろ）をとるには、トウガラシの花、モモの花を砕いて、蜂蜜で練り合せてつける（広島）。『咒咀調法記』に、「顔黒くまだら成（なる）を治（じす）ル方」として、「桃の花、冬瓜（かもうり）のたねと粉にし蜜にてぬる」と見えている。

○子をもうけるには、二月亥の日にアンズとモモの花を摘み、陰干しにしておき、それを粉にして、戊子（つちのえね）の日の朝汲みたての井水で、一日三度一匙ずつ服用する（奈良）。

○モモの花を酒に浸した桃酒を飲むと、病をはらい、顔色をうるおす（宮崎）、妊婦が飲めば難産をしない（佐賀）。特に三月節供の桃酒を女が飲むと、毒が下る（徳島）、産が軽い（愛媛）、獣の子を流産する（同県）。三月三日に桃酒を飲み、タニシを食べると安産する（佐賀）、男女を通じて、病難・災厄をのがれるという（奈良・鳥取・香川）。桃酒に限らず、五月節供の菖蒲酒、九月節供の菊酒についても病気・災難をはらう効果があるという例が、特に西日本に見られる。

○痛風には、モモの実の中の仁（にん）を服用するとよい（熊本）。

○疔の薬には、焼明礬と桃仁を粉にし、乳汁でといたのをつけるとよい（宮永正運『私家農業談』）。

○耳だれには、桃仁をこまかに刻んで紅の切れで包み、耳の中へ入れておき、日に三度ほど取り替える（富山）。

○風邪には、モモの汁を熱く沸かして飲む（香川県三豊郡）、唐モモの核にハスの実・氷砂糖を加えて煎じて飲む（大阪）。

○陰嚢肥大は、モモをすったものをハコベの汁でつける（岩手）。

○モモの開花が早いのは不作の前兆、花が多ければ豊作、モモの実がたくさんなる年は米が豊作（大分県西国東郡）。

○モモの花の咲く頃の天気は三日と続かない（広島）。

○モモの葉が早く落ちると、その年は早く雪がくる（飛騨）。

○モモのつぼみにウソがくる（福岡・広島）。ウソはサクラのつぼみを荒らすのでも嫌われる。

○モモの花が咲けばコイの口があく（東京近在）。アマチュアの釣りシーズンが始まること。広島で、モモの花が咲けば、コイが口をあける、という由。

○モモの花盛りにタナゴが多く網にかかる（霞ヶ浦）。

○モモの花盛りのころ仕込むと味噌の出来がよい（飛騨白川郷）。

○モモの葉が三枚ついているうちは、麦蒔きに遅くない（青森県三戸郡）。

○桃栗三年、柿八年とは、各地で共通にいうことわざであるが、これに他の植物を付け加えたものには、土地による変化がある。「ユズは九年でなりかねる」または「ビワは九年でなりかねる」は、かなり一般的。「桃栗三年柿八年、ビワ一生」（博多）、「梅は酸い酸い十三年」、或いは「梅は酸いとて十八年」。「柚子は九年で花盛り、梅はすいとて十三年」、「柚子の大馬鹿十八年」とも。長崎県西彼杵郡では「桃栗三年柿八年、橙クネブ（九年母）が十八年、梅どまあ、酸いかせん四十五年」という。もと中国で「桃三李四梅子十二」といい、わが国でも鎌倉期の『口遊』に「桃三栗四柑六橘七柚八」とある。植樹から果成までの年数である。

唐黍　もろこし

○福島県須賀川市狸森の関根一族・佐久間家・草野家・柳枝家・須釜家・大槻家などではモロコシを作ってはならぬ、とする。これらの家々では、モロコシ一種のみでなく、アワ・ニンジン・ニンニクなどと共に禁忌する家もあり、キビとモロコシ、アオイとモロコシを禁ずる家もある。

○モロコシと混同されやすい作物に、トウモロコシがある（いずれもイネ科の植物）。トウモロコシは文禄の役に朝鮮から持ち帰ったとされる、比較的新しい渡来植物であるが、モロコシも本来はモロコシキビ（蜀黍）と呼ばれた船載作物である。モロコシは『倭名抄』に記載が無く、平安以後にトウモロコシに先立って渡来したものとみられる。方言で、トウキビ（トキビ・トウギミ）と呼ばれるものには、トウモロコシをいう所と、モロコシをいう所とがあり、同様の事実がタカキビという名称についてもある。即ち、トウキビ・タカキビいずれも、所によりモロコシ或いはトウモロコシの名称となっているので、この名称で報告されている俗信は、実体がどちらをさすか判断に迷うものが少なくない。トウモロコシの項でトウキビ・タカキビを作らぬ、と記した報告で、それが実はモロコシをさす場合もあるかと考えられるが、いずれとも決し難いので、すべてトウモロコシの項において処理した。⇩玉蜀黍（とうもろこし）

【や】

野菜　やさい

○野菜が他の家より多くできるとその家はあまり良くない（和歌山県東牟婁郡）、野菜の豊作は家内中に不幸あり（宮崎県西諸県郡）、と野菜の豊作を凶兆とする。

○野菜の葉が著しく伸びれば大雪（広島）。

○正月七日までは野菜を食べないもので、もし食べると難病などの不幸がおそってくる（香川県三豊郡）。夏至の日に畑から野菜をとって食べると病気になる（秋田県北秋田・平鹿郡）。盆の十六日には毒が降るから野菜を食べない（高知県高岡郡）。アオモノ（野菜）を食べると青い点ができるからいけない（群馬県吾妻郡）。妊婦は山で野菜を食べてはいけない（秋田県仙北郡）。産後は野菜を生で食べてはいけない（広島）。

○野菜の初物を人より早く食べると長生きする（山形県新庄市）。野菜の初物を食べると七十五日の長生きをする（福岡）。間引菜を食べるとまめになる（広島）。

○民間療法。七夕に供えた野菜の切り口で手足の疣をなでると疣が取れる（静岡）。野菜を食べないと血の筋が切れる（奈良）。

○施餓鬼の旗を野菜畑に立てておけば作物に虫がつかない（長野・愛知）。野菜を取って川に流すと次の年は二倍か三倍になってかえってくる（鹿児島県国分市〈霧島市〉）。自分の家で作った野菜を火に入れると畑のものが不作になる（岩手）。死んだ人のある家から野菜を借りたり、もらったりしてはいけない（千葉）。

○人糞を施して三日目が野菜は最もうまい（神奈川）。⇩青物(あおもの)

八手 やつで

○ヤツデを屋敷内に植えるについては、吉凶二相の判断がある。吉兆としては、門内にヤツデを植えると魔除けになる（秋田・鳥取）、ヤツデを屋前に植えておけば悪疫を除ける（大阪）、ヤツデを植えると伝染病にかからない（宮崎）、ヤツデを家の門口に植えると死を免れる（広島）、ヤツデがあると落雷しない（富山・愛知）、ヤツデが植えてあると勝負に勝つ、武士の門内にはヤツデを必ず植える（共に鳥取）。逆に、凶兆の例は、屋敷内にヤツデを植えるとよくない（香川）、ヤツデを植えると人が死ぬ（富山）、ヤツデを植えると不時が入る（大阪）、ヤツデを家より高くするとその家滅ぶ（秋田）、ヤツデは病院にはよいが俗家には植えてはいけない（広島）、などがある。

○疫病流行の時は門口にヤツデの葉を下げておくとかからない（茨城・神奈川・岡山・高知・宮崎）。疫病除けには、ヤツデの葉・ニンニクを麻紐で縛って玄関に下げる、ヤツデの葉・ヒイラギ・ニンニクを吊るす、ヤツデはココノエバと呼ばれるので葉を下げておくと「ここの家は（ココノエバ）とっくに過ぎた」という語呂合せのまじないになる（共に茨城）。痲疹や熱病流行の時にはヤツデの葉と一緒にアワとソバを下げておくと「ソバまで来てアワずに帰る」という（神奈川）。疱瘡が流行する時はヤツデとしゃもじを門に立てる（鹿児島）。ヤツデの葉を敷いて寝るとコレラにかからない（石川）。ヤツデの葉とニンニクを玄関に下げると流行病が治る（宮崎）。ヤツデの木に名前を彫っておいて、それが消えると疣が治る（愛知）。

○喘息にはヤツデの葉を煎じて飲む（岐阜）。神経痛（宮城）やリュウマチ（山口・徳島）にはヤツデの葉を干して入れた風呂に入浴する。神経痛にはヤツデの葉を貼る（島根）。痔にはヤツデの葉の煎汁を局部に塗る（鹿児島）。

○ヤツデの葉を吹いた風にあたると勝負に勝つ、

ヤツデの葉の八つの欠刻ある葉を持って戦地に向かえば武運長久である（共に鳥取）。○ヤツデが早く開花すれば雪早し（広島）。ヤツデは人の入らぬまじない（和歌山）。

柳　やなぎ

○ヤナギは在家の屋敷内に植えない（静岡県志太郡）、家にヤナギのように枝垂るものを植えない方がよい（愛媛県上浮穴郡）、一本ヤナギは悪い（新潟県南魚沼郡）、というように、屋敷内にヤナギの植樹を忌む所は多い。その理由として、枝が垂れるから縁起が悪い（神奈川）、禍がある（長野）、祟りがある（広島）、病人が絶えない（秋田・山形）、自家の屋根よりヤナギが高くなるとその家に病人が出る（秋田）、家の下にヤナギの根が入ると病人が出る（愛媛）、家が栄えない（徳島・鹿児島）、入口にヤナギを植えて屋根より高くなればその家は栄えない、また、門前にあると家運傾く（秋田・広島）、家が衰える（愛知・大分）、段々と滅びる（群馬）、その家は潰れる、長男が死ぬ（共に秋田）、首吊りがある（香川）、ヤナギが家の裏にあると幽霊が出る（佐賀）、境内や墓地に植える木だから民家に植えない（香川）などといわれる。秋田県平鹿郡では、墓の側にヤナギが自然に生えるとその家はつぶれるという。○鳥取では、ヤナギの木があると、その家の誰かが女難を受ける、美男美女が生まれるが胸病となる、ヤナギの大木ある家には大酒呑みができる、とヤナギを忌避する反面、ヤナギはめでたい幸福の来る木、枝のよく下がるヤナギがあると出世できる、転宅する時はヤナギの枝を神にたてる、などと瑞兆とする。宮崎県西諸県郡では、出征の時にシダレヤナギを植えると元気で帰る、という。○家を新築するのにヤナギの材は使えない（秋田県男鹿郡）。家を建てる時にヤナギを材木に使うと夜間にプチプチと鳴る（奈良）。○ヤナギの木は焚くと屍臭がある、といって薪にしない（奈良県宇陀郡）、ヤナギの木を焼くとツバメが来ない（鳥取県気高郡）、と、共にヤナギを焚くを忌むが、群馬県邑楽郡では、入り口でヤナギの木を焚くと雷様がその匂いを嫌ってそこには落ちない、と雷除けのまじないとする。

○ヤナギの木で俎板をつくると長生きする（岡山県勝田郡）。七夕の時、往復とも一切他人に物を言わないでヤナギの木を拝みに行っておくとよい（大阪）。正月十四日のヤナギの箸で御飯を食べた後、今年中に伸びたいと願う身長の高さの所にその箸を置いておくと、そのとおり伸びる（宮崎）。

○待ち人が来ない時にはヤナギの枝を手に持って廻しながら、「恋しきわが身を思いそめにしを今さら見そめしかいのなきもの」と三度重ねて読むと待ち人が来る（山形県新庄市）。

○水泳のときヤナギの葉をくわえてすると唇がうるまぬ（岐阜県高山地方）。

○ヤナギが枯れると日本は戦争に負ける（鹿児島県国分市〈霧島市〉）。ヤナギの枝が地につくと幽霊が出る（秋田・和歌山・山口）。ヤナギの木を伐ると幽霊が出る（福井）。

○裁ち物を忌む日に裁つ時は、その禍を避けるために次のようなまじないがある。ヤナギの裁ち板を用いる（群馬県利根郡。群馬地方に限らず、往時はヤナギの裁枝はたいていの家庭で見られた）。ヤナギの板を台にして裁つ、ヤナギの葉をのせて裁つ、「日見ずシャクダケ」とてヤナギの木で作った物を用いれば何時でもよい、アイギョー様のヤナギの箸を持ち出して裁つ（長崎県壱岐）。アイギョー様とは十月第一または第二の亥の日に、ヤナギの木の長い箸を二膳削り、荒神に供えて祭をする行事であり、この箸をアイギョー様の箸と呼ぶ。

○ヤナギの（葉の？）白いのが多い年は豊作、少ない年は不作（山形県最上郡）、カワヤナギの芽生えが遅い年は凶作（大分県西国東郡）、とその年の作柄を占う。
○岐阜県吉城郡では、ヤナギの木でウマの尻を叩き、その木を畔道に立てておくとイネがよく育つという。
○河原のヤナギの葉が早く落ちると大雪、なかなか落ちないと雪が少ない（山形県飽海郡）。停車場（関根駅）のヤナギの葉が落ちると根雪になり、葉が落ちないうちは根雪にならない（山形県米沢市）。ヤナギの葉が早く散ると雪が早く降り、散り終わらなければ雪は降らない（岐阜県高山市）。ヤナギが静まれば雨が降る（奈良）。ヤナギの花が多くつく年や芽が山の方（上流）に向く年は大出水あり（岐阜県高山市）。カワヤナギが下向きに咲けば大水あり（群馬）。カワヤナギのまっすぐに伸びる年は洪水がある（新潟・長野・奈良・岡山）。川原のヤナギの下にハチが巣を作ると水が出ない（新潟）。
○正月十五日に餅のくずをヤナギの箸で食べると歯が疼かない（大分県南海部郡）。虫歯・歯痛には、ヤナギの芽で患部をさする（群馬）、歳の数だけヤナギの小枝を編んで地蔵様に供える（山口）、ヤナギの楊子を使う（福岡）、「天竺のりゅしゃ川のヤナギの木、木はくうとも葉はくうな」と唱える（愛媛県上浮穴郡）。目疣はヤナギの枝を結び、それが自然にほどけると治る（岡山）。子供の夜泣きには「ヤナギの下に泣くカワズ、あの子泣かすなこの子泣かすな」と書き、枕の下に入れる（群馬）。児島神社の児安のヤナギの葉は安産の守りとなる（岐阜県稲葉郡）。
○傷にはヤナギの皮を巻きつける（群馬）。火傷にはヤナギの木の黒焼きを粉にして水でつける（福井）。挫傷には葉を煎服する（熊本）。口角炎にはヤナギの木の泡をつける（愛知）。胆石には枝を一握りほど煎じて飲むと胆石が小便とともに出て痛みが治る（茨城）。疝気にはヤナギの幹を煎服する（熊本）。百日咳・脚気・神経痛・リュウマチなどには樹の皮を煎じて飲む（高知）。子供の原因不明の熱には樹の皮を土瓶で煎じて飲ませる（東京）。疱瘡や痲疹の熱にはヤナギの芯を煎じて飲む（愛知）。
○ヤナギの芽が出始めるとオオルリやヒタキが現れる（岩手県二戸郡）。ヤナギの芽が出るとヤマベやイワナも出る（山形県最上郡）。

山吹　やまぶき

○屋敷内にヤマブキを植えると病人が絶えない（秋田県山本郡）、屋敷内にヤマブキを植えると子供ができない、ヤマブキを家に持って来て植えると火事になる（共に長野県北安曇郡）、ヤマブキは実を結ばないから植えてはいけない（長野県更級郡）、屋敷にヤマブキを植えるといけない（大阪）、ヤマブキを取ってくると味噌が損じる（青森県三戸郡）、神仏にヤマブキの花を上げるな（宮城県気仙沼市）。
○民間療法。子宮ガンに白ヤマブキの根を干して煎服する、心臓病・膀胱炎に白ヤマブキの実を煎じて飲む、腎臓病に白ヤマブキがよい（以上宮城）。切り傷にはヤマブキの葉を揉んでその汁をつける（長野）。化膿には葉を火で温め唾液で貼る、毒消しには根を煎じて飲む（共に島根）。解熱には、葉を陰干しにして煎服する（鳥取）、葉を貼る（島根）。神経痛には葉をあぶって患部にあてる（鳥取）。

雪下　ゆきのした

○ユキノシタがしおれると憂い事がある（愛知）。ユキノシタの花散る夢を見ると死ぬ（新潟）。
○ユキノシタを井戸端に植えると虫歯除けになる。
○歯痛には、ユキノシタの葉を揉んで虫歯につめる（埼玉）、葉をあぶって揉んで貼る（石川）、葉を塩で揉んでかむ（愛知・福井・大阪）。中耳炎などの耳痛には、葉の汁をつける（群馬・栃木・長野・愛知・福井）、葉の汁を耳の中に注ぐ（群馬・埼玉・千葉・神奈川・新潟・長野・岡山・徳島・福岡・熊本・大分・鹿児島）、ユキノシタを焼いて得られる汁を耳の中に入れる（宮城・高知）、葉を塩揉みしてつける（群馬・茨城・埼玉・福井・沖縄）、葉を塩で揉んだ汁を耳の中に入れる（群馬・福井・山口・愛媛・熊本・鹿児島）、塩揉みにした汁を飲む（兵庫）、井戸端のユキノシタの露をつける（群馬）。耳鳴りには、ユキノシタの汁をつける（岡山）、ユキノシタを耳にはさんでおく（熊本）。鼻病には葉をあぶり汁を搾ってつける（高知）。打身・捻挫（東京・長野）、切傷（愛知）に葉を揉んであてる。火傷に、葉を温めて貼る（岐阜）、葉の揉み汁をつける（長野・大分）。凍傷にはユキノシタの煎じ汁を塗る（岐阜・高知・徳島）。しもやけに、葉を火にあぶって貼る（茨城・岐阜）、葉の揉み汁をつける（愛知・京都）。腫物・吹出物に吸出しとする（北海道・山形・宮城・福島・茨城・山梨・新潟・長野・愛知・三重・奈良・大阪・岡山・広島・香川・高知・長崎・大分）。ウルシにかぶれた時は、葉の汁（山口）や葉を塩で揉んだ汁（長野）をつける。虫刺され（富山・京都）やとげ抜き（京都）にはユキノシタの揉み汁をつける。ニキビ（山口）や皮膚病（鳥取・香川・高知）やみずむし（高知）には葉の汁を塗る。トビヒにはユキノシタをゴマ油で練って貼る（大阪）。丹毒（和歌山）や瘧（滋賀）には塩で揉んだ汁を飲む。頭痛には、煎じて飲む（長野）、塩で揉んで飲む（愛知）、塩で揉んでこめかみに貼る（愛知・京都）。風邪（山梨・富山・岐阜・長野・愛知・石川・愛媛）、咳止め（茨城・愛知・和歌山・沖縄）、解熱（岐阜・愛知・福井・滋賀・鳥取・愛媛）には葉を煎じて飲む。また、咳止めに揉んだ汁を飲む（長野）、解熱には、塩で揉んだ汁を飲む（岐阜）、焼いたユキノシタを額に貼る（広島）。小児の発熱に揉んで貼る（石川）。百日咳に煎じて飲む（群馬・茨城・埼玉・岐阜・長野・奈良）。○腹痛には、葉の汁を飲む（大阪）、ユキノシタに塩を入れて飲む（奈良）、塩で揉んでその汁を飲む（和歌山）。ユキノシタは食あたりによい（三重）。胃腸病には、葉の汁（埼玉）や塩で揉んだ汁（群馬）、粉末にしたもの（神奈川）を飲む。腎臓炎（宮城）や心臓病（北海道・岐阜・愛知）に煎服する。虫下しには葉を塩で揉んで服用する（群馬・神奈川・長野・兵庫・高知）。癲癇には葉の汁（群馬・茨城・愛知）や塩揉みにした汁（福井・三重・福岡）、煎じ汁（岡山）を飲む。○子供の虫下しや胎毒にはユキノシタがよい（和歌山）。疳の虫には、ユキノシタの青汁（東京・愛知）や葉の塩揉みの汁（神奈川）、煎じ汁（愛知）を飲む。痳疹（奈良）や喘息（岐阜）には煎じ汁を飲む。幼児がひきつけを起こした時は、ユキノシタを搾って飲ませる（茨城・東京・神奈川・岐阜・愛知・滋賀・京都・大阪・兵庫・岡山・島根・山口）、葉を塩で揉んで服用させる（宮城・栃木・群馬・埼玉・東京・富山・岐阜・長野・愛知・和歌山）、煎じて飲ませる（愛媛）、ユキノシタをこめかみ（東京）や頭（愛知）、足の裏・土踏まず（千葉・愛知）、臍（千葉）に貼る。

柚 ゆず

○ユズを屋敷内に植えるとよくない（宮城・福井・滋賀・和歌山）。もめ事が続く（愛媛）、病人が絶えない（群馬）、家人が死ぬ（神奈川・愛知）、植えた人が間もなく死ぬ（福島・栃木・鳥取）、早死する（静岡）、植えた人が死ななければ実がならない、死ぬまで実がならない（福島・群馬・三重・京都・鳥取）、実を結ぶと植えた人が必ず死ぬ（千葉）。○絹張大明神が村中を廻った時ユズの刺で眼をさしたからユズは植えない（神奈川県座間市）。
○ユズですりこ木をつくると化ける（和歌山）。ユズの木の幹にユズの皮をさしておけば来年良くなる（広島）。ユズは若い者が植えないと活着しない（山口）。ユズの葉が枯れるのは不吉の兆、ユズの実を十月二日に味噌漬にして火難除けのまじないとする（共に宮崎）。
○ユズの種を火にくべてはぜたのが当たると瘡になる（愛知県北設楽郡）、くど（竈）にユズの種を捨てるとイモが腐る（福井県小浜市）、ユズの種を囲炉裏に燃してはいけない、ユズの木を燃しては悪い（共に群馬）、と、ユズの種や木を燃すことを忌む。
○女性がユズの種をまたぐと長尻になる、ユズは後産が下りない時に飲むと下りるありがたいものだから、またぐものでない（共に群馬）。ユズの種をまたぐと子供ができない（埼玉）。
○ユズが枝先に実る年には風が無く、枝元に実る年には大風が吹く（和歌山・熊本）。暴風のある年にはユズは梢に実らない（兵庫）。ユズの実が木の内側になった年は雪が降り、外側になっている年は雪が降らない（愛媛）。ユズがその葉に包まれて実を結ぶ時は大雪の徴（滋賀・福井・島根）。ユズの実が多くなると降雪が多い（富山）。『月庵酔醒記』に、柚子の実のならないのには、赤牛を繋げば、実がなるようになる。また、五条の袈裟を覆いかけて元日に祈念すれば、その年に実がなる、と見える。
○冬至にユズ湯をたてたりユズを食べたりする習がある。その効用として次のようなことがいわれる。冬至にユズ湯をたてると悪病除けになる（山口）、一年中冷えない（秋田）、冷え症が治る（千葉）、病気にならない（茨城・埼玉）、風邪をひかない（千葉・新潟）、ひび・あかぎれを治し風邪をひかない（岡山）、中風にならない（神奈川）。冬至にユズを食べるのもよく、風邪をひかない（茨城）。冬至にユズの種を飲めば喉が腫れたときも種の通るだけは開いている（群馬）。冬至にユズを味噌漬にしておき、これを年越に食べるか、または豆の茶と一緒に飲むと中気にならない（栃木）。冬至にユズを糠味噌に漬けておき、正月一日または三日間食べると五臓が腐らない、風邪もひかない、喘息を治す、餅が喉や胸につかえない（東京）。一般にユズ湯に入ると、冷え症（埼玉・山口）、神経痛・皮膚病（千葉）に効くとか、中気にならない（愛知）、という。
○冬至以外に、特定の日にユズを食べる例として、元日の朝食べれば年中壮健（和歌山）、節分に食べると長生きする、薬師の命日（十月八日）にユズの皮に味噌をつけて食べれば腹痛を起こさない（共に愛知）、土用の丑の日に採ったユズを陰干しにして煮て飲むと食あたりに効く（埼玉）、などがある。
○ユズは風邪に効く（静岡）。ユズ湯を飲むと風邪熱をとる（山口）。庚申様に供えたユズを食べると風邪をひかない（岡山）。扁桃腺炎にユズ湯を飲む（山口）。火傷にユズをつける（愛知）。手足の荒れにはユズを刻んでカワタケと漬けておいたものをつける（栃木）。ひび・あかぎれにユズの汁をつける（埼玉・山梨・香川）。しもやけにユズの皮の汁や焼酎漬をつける（愛知）。肉刺（まめ）はユズの刺でさして墨を塗る（群馬）。刺抜きには、ユズの黒焼きで作った薬を塗る（茨城）、ユズの実（または種）をひいて（？）塗る（岐阜）。ユズの種を黒焼きにし御飯で練ったものを貼る（福井）、種を煎じて飲む（滋賀）、ユズの針で掘ると膿まない（埼玉）。吹出物にはユズの木の刺を黒焼きにして飲む（大分）。ものもらいはユズの刺で刺す（群馬）。目にごみの入った時は種を黒焼きにしてそれを舌の上に置く（福井・和歌山）。食中毒にはユズを煎じて飲む（埼玉）。
○出産の時にユズの皮を煎じて飲むと産が軽い（大分）。産褥熱には年越のユズの種を飲む（群馬）。後産の出ない時にはユズの種をその産婦の年齢数か、または三十三粒だけとり、亭主の褌か腰巻を産婦の頭にかければ早く出る（岡山）。後産の出ない時はユズの種を飲む（神奈川・富山）。乳房が腫れたときはユズを煎じて飲む（広島）。

○ユズとサツマイモは、食合せ（山形）、中風になる（神奈川）。妊婦はユズを食べてはいけない（群馬）。

交譲木　ゆずりは

○縫初め（正月二日）にはユズリハを二枚合せて糸で縫い、神様に上げる。その前には針仕事はしない（長崎県壱岐）。痲疹には「生れん先きにはじかして生れてからは省みざりけり」とユズリハに書いて床の下に置くと治る（愛知）。

○喘息は陰干しのユズリハの葉を粉末にして耳かきに三杯、日に三回服用する、食あたりの下痢止めには正月飾りに使ったユズリハを黒焼きにして飲む（共に山口）。下痢には若芽を刻んで干して煎じて飲む（鳥取）。利尿には葉を煎じて飲む（鳥取・山口）。駆虫薬になる（徳島）。肺結核には陰干しを飲む（滋賀）。

百合　ゆり

○ユリを屋敷内に植えるのは凶（宮城）、ユリ（福島）やユリの花（山形）は病人のうなり声を聞きたがるから屋敷内に植えない、山ユリの花は呻き声を好むから寝室の付近に植えるな（秋田県仙北郡）、ヤマユリを入口に植えると病人が絶えない（秋田県平鹿郡）、白ユリを屋敷内に植えると主人が死ぬ（秋田県雄勝・北秋田・由利郡）、家の周りにユリを植えてそれが枯れると親が病気になるしるし（新潟県西頸城郡）、とユリを屋敷内に植えるを忌む。

○白ユリを仏様に上げるな（栃木県芳賀郡）。ユリの花を立てると憂い事がある（愛知）。

○白ユリの夢を見ると人が死ぬ（秋田県仙北郡）。白ユリの花と白いウマを夢に見ると死ぬ（福井県大飯郡）。

○嫁入りの時に、山ユリの模様の紋付を着ると郡)。

○山ユリの花盛りにクマが出る(栃木県日光付近)。山ユリの花盛りはアワの播き時(熊本)。山ユリの花が盛りになったらイモを植える(長崎県対馬)。ユリの花咲けば梅雨は降らぬ(熊本県八代郡)。

○山ユリに花実が多くつくと豊作(宮城)。

○民間療法。火傷に、ユリの花をつける、ユリの花を瓶に入れて三か月以上経ったものをつける(共に宮城)、ユリの花を油に漬けておいてつける(群馬)、ユリの花を唾液や水で患部につける(和歌山)。腫物には、球根を生ですり、塩を入れて患部に貼る(岩手・富山)、球根をすってつける(宮城)、球根を蒸して紙にのばして貼る(福島)。瘡には、球根を焼いて食べる(島根)か、球根をすったものとムカデの黒焼きを半分合せて練りつける(岩手)。中耳炎には花を油か水に浸しておいてそれを耳の中に注ぐ(長野)。球根は胃の強壮剤(栃木)。婦人病には白ユリの花を煎服する(青森)。乳腫れには球根を土のついたまますって貼る(岐阜)。利尿には球根をすって足につける(徳島)。膀胱炎に球根を食べる、痔にユリの花よし(共に宮城)。扁桃腺には山ユリを粉にして飲む(徳島)。肺結核には土用ユリがよい(福島)。

【よ】

蓬　よもぎ

○ヨモギの湯に入るとヘビにおそわれない(新潟)。五月節供にショウブと共にヨモギを軒に挿す風習は広いが、その由来譚として、昔話「蛇婿入」「食わず女房」などがある。前者では ヨモギとショウブを煎じて飲み、蛇婿の子をおろした、という話し方をする。また、ヨモギ・

ショウブ湯に入らないとムジナになる（新潟県栃尾市〈長岡市〉）とか、五月節供にヨモギとショウブを屋根に置くと火難をのがれる（愛媛県東宇和郡）、と伝える土地もある。

○青森県五所川原市で、雷鳴の際は軒先にヨモギを吊して線香を焚くという。新潟県佐渡では、五月五日の午の刻のヨモギと浮萍（うき草）とを陰干しにし、雷鳴の時に焚く。

○広島県で、ヨモギの実が多い年は寒さが厳しいという。カキ・シイの実についても同様のことがいわれるが、夏季に好天気である年をさすのであろう。

○富士五湖付近で、死後日数の経過した死体を始末する際は、ヨモギの葉を揉んで鼻の穴にさしこんでおくと悪臭を防ぐことができるという。富山県東礪波郡では、不浄の臭いや穢れた莚などはヨモギの葉でこするとよいという。ヨモギの匂いが不浄をはらうと考えたものであろう。

○青森県三戸郡で、正月二日にヨモギ餅を食べるとお灸以上の効能があるといい、岡山県では、おくり正月（一月三十一日）にヨモギを食べると灸の代りになるという。香川県三豊郡でも、節供のヨモギ餅を食べると一日灸すえたよりもよい、と伝えている。ハレの日に特定の食物を食べる風習は広く、例えば、冬至にカボチャを食すると中風にならない、などという。ヨモギはモグサの原料にするところから灸の効能と結びついたのであろう。ほかにも、さいと焼きのヨモギ団子（左義長の火で焼いた団子）を食うと病気にならない（神奈川）、六月三日ヨモギを食べるとその年病気をしない（大分）、八十八夜の日、朝露の落ちないうちに摘んだヨモギを入れて搗いた餅を食べると中風にかからない（宮城）、などという。

○ヨモギ餅をよく搗くには、大体餅が搗けたころ、拇指・中指・紅さし指の三本で、ヨモギを餅の上にのせ、しばらく湯気を立たせてから再度搗くと節のない餅ができる（奈良）という。

○民間療法。血止めにはヨモギを揉んで傷口につける（北海道・福島・栃木・群馬・埼玉・千葉・神奈川・山梨・新潟・富山・石川・福井・長野・愛知・滋賀・奈良・兵庫・岡山・広島・山口・鳥取・島根・香川・愛媛・徳島・高知・福岡・長崎・大分・宮崎・鹿児島）。下痢を止めるにはヨモギを塩で揉み、その汁を飲む（群馬・神奈川）。ヨモギの根汁を飲むと食あたりに効く（熊本）。冷え症には、煎じて飲む（香川・沖縄）、風呂に入れて入浴する（茨城・山口・香川）。解熱には、ヨモギ・オオバコ・シロナンテンの実を煎じて飲む（埼玉）、葉を揉んで汁をとり、それで体を拭く（沖縄）。痔には、ハコベを焼いてヨモギのすり汁と白絞油で練ったのを肛門から差し込むように塗る（北海道）、ヨモギ湯に入る（石川）。かぶれにはヨモギ・ドクダミ・フキの葉を煎じてつける（新潟）。歯痛の時は、ヨモギを揉んでかむ（栃木・群馬・神奈川・富山・愛知・京都・広島）、エゾヨモギの葉を塩揉みした汁を患部に入れる（北海道）。喉の痛みにはヨモギ・ショウゼンソウの陰干しを各二匁ずつ二合の水に入れ、一合に煎じて飲む（愛知）。腋臭にはヨモギを揉んでつける（愛知）。神経痛には、ヨモギの陰干しを煎服する（青森・長野・岐阜・香川）、ヨモギを煎じて黒砂糖を入れたものを飲む（福島）。鼻血を止めるにはヨモギの葉を揉んで鼻の穴につめる（長野・愛知・岡山・島根・鹿児島）。リュウマチにはヨモギを煎服する（沖縄）。血圧を下げるには、葉の搾り汁を毎日盃一杯くらい飲む（茨城）、ヨモギの陰干しとカンゾウを煎じて飲む（島根）、ヨモギを煎じて飲む（山形・宮城）。虫に刺された時はヨモギを揉んでつける（栃木・新潟・石川・静岡）。喘息には、ヨモギの葉とオオバコを煎じて飲む（北海道）、タツノオトシゴの黒焼きと一緒にヨモギの陰干しに湯をかけて飲む（同）、ヨモギとイチョウの実、チガヤの根を煎じて飲む（鹿児島）、ヨモギの葉を煙草のようにして吸う（岩手）。婦人病には、ヨモギの陰干しを煎じて飲む（高知・沖縄）、白ツツジにヨモギとショウブを合わせて煎服する（北海道）。腹痛には、葉の煎じ汁を飲む（宮城・福井・奈良・香川・大分・鹿児島）、搾り汁を飲む（福井・岐阜・岡山・山口・香川・愛媛・長崎）。風邪には、ヨモギを煎じて飲む（北海道・神奈川・愛知）、六月に採ったヨモギを煎じて飲む（石川）、五月節供の時に軒にさしたヨモギとショウブを煎じて飲む（長野）、茎葉を鍋で煎じ、湯気がたちのぼるようになったら着物を頭からかぶって鍋の上にかぶさり、この湯気をうけて発汗させる（北海道）。虫下しには煎じて飲む（群馬・広島・愛媛）。打ち身にはヨモギとネギをすって貼る（愛知）。ヨモギの葉を煎じて飲むと胃腸によい（岩手・長野・愛知・香川）。

○子供が生まれると五香湯といってヨモギの根、フキの根、カンゾウを煎じたものを飲ました。毒を下すという（京都）。腰痛には、ヨモギ餅を食べる（山口）、陰干しを煎服する（愛知）、葉を腰にあてる（北海道・愛知）、一握りのヨモギをすり鉢ですり、その青汁を朝夕盃に一杯ずつ飲む（愛媛）。胸やけには、ヨモギ・オオバコを少しちぎってかむ（石川）、ヨモギを苗代の泥水に浸して飲む（秋田）。

○ヨモギの杖をつくと中風にかからない（山口）。ヨモギを一分間ほど茹でたものを搗いた汁は中風によい（愛媛）。枕にヨモギを入れて寝ると頭痛がしない（新潟）。頭痛には春または夏の土用前後に採取したヨモギを陰干しにしたものを煎じて飲む（鹿児島）。汗疹はヨモギ湯に入るとよい（愛知）。大きい汗疹はヨモギの葉を搗いてどろどろにこね、それを紙片にのばして貼る（兵庫）。便秘にはヨモギを食べるか煎じて飲む（北海道）。ヨモギの煎じ汁はヒステリーに効く（山形）。ヨモギを茹でて塩気なしで食べると鳥目に効く（愛知）。肋膜炎にはヨモギを煮て食す（沖縄）。あかぎれにはヨモギと鬢付と白粉を練ってつける（山口）。みずむしはヨモギの葉をくべて煙を足にあてる（福岡）。低血圧にはヨモギの葉を煎じて飲む（山梨）。昔、堕胎のためヨモギを揉み、局部に挿入したという（山口）。淋病にはヨモギの葉の黒焼きを粉にして酒で飲む（岩手）。
○ウマの腹病みにはヨモギを食べさせる（岩手）。ウマやウシの脚が腫れた時はヨモギを蒸して湿布する（同県）。魚の蘇生にはヨモギを揉んで口へ入れる（岩手・奈良）。

【ら】

辣韮　らっきょう

○盆の十六日にラッキョウを植えると、十六に増える（宮城県刈田郡・福島県相馬市・栃木県佐野市）、一株が十六株になる（長野県北安曇郡）。
○戸口にラッキョウをさげておくと病気がうつらない（愛知）。
○扁桃腺炎には、ラッキョウを飲むと、喉の穴がその粒より小さくは塞がらない（福島）。胃腸の薬としてラッキョウを煎服する（神奈川・香川）。腹痛にはラッキョウを煎じて飲む（奈良）。しゃっくりにラッキョウの酢漬を食べる（愛知）。火傷の水泡にはラッキョウ漬の汁で湿布する（山口）。

蘭　らん

○ランの花が咲いたら雨が降る（長崎）。
○ランの葉を門口にさげておくと、疫病が入らない（山形）、伝染病をまぬがれる（奈良）。
○熱冷ましにランの葉を煎じて飲む（岐阜）。
下痢にランの葉を干して刻み二匁ばかり煎じて飲む（岩手）。あかぎれにランの実をつける（石川）。

【り】

林檎　りんご

○産後すぐにリンゴを食べると鮫肌になる（青森）。

○民間療法。リンゴを黒焼きにして食べると脚気にかからない（愛知）。産後の脚気にはリンゴの黒焼きを食べる（大阪）。頭痛には、リンゴの汁をつける（茨城）、リンゴを毎日食べる（秋田）。解熱にはリンゴをすってつける（栃木）。下痢にはリンゴを皮のまますって食べる（長野）。夜尿症には焼きリンゴを十日ほど食べる（愛媛）。

○三度の食事にリンゴを食べさせるか、リンゴの果汁を飲ませると美人になる（秋田）。

龍胆　りんどう

○リンドウを採ると目がつぶれるので、採ってはいけない（高知県長岡郡）。リンドウの花をいじると中耳炎になる（愛知県南設楽郡）。

○民間療法。腹痛（栃木・富山）、下痢（栃木）、婦人病（長野）、頭痛や気分の晴れない時（富山）、また駆虫剤（香川）としてリンドウを煎服する。神経痛はリンドウ風呂に入る（長崎）。根を陰干しにし煎じて飲むと胃の薬になる（岩手・山形・宮城・栃木・千葉・山梨・愛知・滋賀・岡山・香川・高知）。リンドウの根は、漢方でも龍胆（りゅうたん）と呼んで健胃剤とする。

【れ】

蓮根　れんこん

○愛知県や福岡県で、レンコンを食べると先が見えるようになるという。孔が通っているところからいうのであろう。
○民間療法。乳の出の悪い時はレンコンを煮て食べる（石川）。レンコンをおろして飲むと安産する（富山）。中風・高血圧にはレンコンのふし（ひげ根の生えているところ）を蒸し焼きにして食べる（栃木）。心臓病にはレンコンをすりおろして食間に盃一杯あて飲む（香川）。喘息にはレンコンをおろしたものにカラシを加えて飲む（大阪）。咳止めにはレンコンのおろしたものをガーゼで濾し、蜂蜜を加えて飲む（茨城）。痔にはレンコンをおろして飲む（長野）。鼻づまりには白レンコンをおろした汁で鼻を洗う（福岡）。レンコンのおろし汁を飲むと解熱に効く（大阪）。⇩蓮（はす）

蓮華　れんげ

○『月庵酔醒記』に「蓮華に蘭・菊を練り合せて服用すれば延寿をうる」と見える。

【わ】

若布　わかめ

○産後に五十日はワカメを食べない（福島）。ワカメを食べるとちぢれ毛の子供が生まれる（広島）。
○民間療法。頭痛にはワカメの煎じ汁で髪を洗う（岩手・茨城）。のぼせにはワカメをサッと洗い酢に浸して頭頂（中ぞり）につける、白癬（しらくも）にはワカメを熱湯でゆがいて頭をこする（共に北海道）。指の患いにはワカメを黒焼きにし、鳥黐（とりもち）で練ってつける（徳島）。タケノコの中毒にはワカメを食べる（岐阜）。

山葵　わさび

○ワサビを早く収穫すると早霜がくる（岐阜）。
○ワサビを食べると流産する（広島）。

○瘧(おこり)にはワサビの煎服が効く（山形・富山・愛知）。憑き物は、ワサビを食べさせると、とれる（愛知）。食あたりにはワサビの陰干しがよい（岐阜）。
○人がワサビを食べ始めたのは、サワガニがワサビを食っているのに気付いたからだ、との起源譚が島根県美濃郡にある。

忘草　わすれぐさ

○『月庵酔醒記』に、次のような記述がある。
「忘草はむかし住吉明神、あめのみやを恋給ひて天へのぼらんとし給ふに、とどめ奉らん為に大唐瀛洲より取寄せて御門、住吉の岸にうへ給へば、明神恋の心を忘て、それより今までこの国にましますなり。其後源義真といふ人、この岸にて此草を尋しに、時うつり年はるかなれば人みしらず。うたがふ草ありて、わけがたきを御垣にかけて託宣をききて定けるとぞ」うんぬんとある。

蕨　わらび

○ヘビ・マムシが山で昼寝しているうちに、チガヤが芽を出し、蛇体をつらぬいて苦しめた時、ワラビが柔らかい綿のような若芽でそっと持ち上げて助けた、という伝説は広く行われていたようで、それにちなんだヘビ除けの呪歌が各地で採集されている。ヘビ・マムシの項にあげたが、それ以外の例を掲げておく。「朝さすかやマムシどの、チガヤの上に昼寝して、ワラビの恩を忘れたか」（群馬県碓氷郡）、「チガヤ畑に昼寝して、ワラビの恩になったのを忘れたか、忘れたか、忘れなかったらそこを立ちのけ」（栃木県上都賀郡）。なお、上都賀郡で語られている由来話はちょっとよそとは変っていて、ヘビが昼寝しているうちに、ナメクジの大群が周りを取り囲み、ヘビをつかまえようとした。その時、ワラビが芽を出してヘビの腹をついて教えたので助かった、といっている。
○サワラビ（初ワラビ）を手足にこすりつけて汁を塗ると、ヘビにかまれない（秋田・愛知・

岡山・山口）といい、この延長と思われるものに、毛虫に刺された時、ワラビの根をつぶし（或いは、ホトロ（先）の元を折って）こするとよい（石川）、という例がある。
○富山県西礪波郡福岡町（高岡市）の鞍馬寺に伝えていた古方に、ワラビの根などを主剤とする薬があって、マムシに咬まれたとき、その針が取れる、というので、近辺の人はもらい受けて使ったという。
○ワラビを煮ずに食うと、死人が帰ってくる（兵庫県加東郡）。ワラビを食うと、体の骨鳴りがする（新潟）。ワラビの穂を食べると目や頭が悪くなるから、食べてはならぬ（長野県下伊那郡）。五月のワラビを食べると、疫病にかかる（千葉県山武郡）。
○籾蒔きの日にワラビをとると、籾が飛ぶ（愛知県南設楽郡）。
○薬師様へ参詣する時は、ワラビを食べるな（宮城県本吉郡）。
○ワラビ狩りの夢は凶。死人がある前兆（岡山県久米郡）。
○ワラビを食べると、病気になるという。宮城県では、ワラビは目に悪い（登米・本吉・黒川・桃生郡・石巻・泉市）。婦人病になる（登米郡）、痔を悪くする。便秘する（栗原郡）、高血圧に悪い（黒川郡）、などといい、最近問題になったように、癌になる、とも県下各地でいっている。昔から病人には食べさせるな、といったのは、胃腸障害を起こしやすいためばかりではないらしい。痔に悪いとは、佐渡でもいう。便秘との相関関係もあろう。静岡では、ワラビはカキ・タケノコと並んで、三年前の古傷も起こすという。精の強いものと信じられていたのである。
○信州で、「半夏生（はんげしょう）タケノコ梅雨（つゆ）ワラビ」といい、共に有毒だとされる。
○妊婦がワラビをたくさんたべると流産する（宮城県登米郡）。秋田県南・北秋田郡でも、妊婦はワラビをたべてはならぬといい、新潟県南蒲原郡でも、血を荒らすので悪いという。

○曲直瀬道三の『宜禁本草』に「経絡、筋骨間ノ毒気ヲ壅ギ、人脚ヲシテ弱メ行クコト能ハザラシメ、陽事ヲ消ス。眼暗ク、鼻塞ガリ、髪落ツ。冷気ノ人之ヲ食セバ、多ク腹脹レ、人ヲシテ睡ラシム。小児之ヲ食セバ、脚弱クシテ行カズ」（原漢文）うんぬんとあるのは、民間の知識と相通ずるところがある。

○産後にワラビをたべると、悪血が下がる（宮城県黒川郡）という。ワラビのアクから連想したものかという。秋田県平鹿郡では、妊婦が産前にワラビを食うと丈夫な子を生むという。

○ワラビを焼いて、火傷につける（飛騨）。ワラビの三年ほど経たのを黒焼にして、脚気に塗るとよい（同）。

○しもやけに、シモワラビを塩で揉んでつける（三河）。

○血止めに、ワラビ・ゼンマイの干したのをつける（富山）。

○瘧にワラビを煎じて飲む（茨城）。喘息にワラビを煎服（岡山）。血の道・冷え症に、冬ワラビを干して煎用する（徳島）。

○風邪・頭痛・肺炎・扁桃腺炎に、寒ワラビを陰干しにしたものに甘草を加えて煎じて飲んだ（高知）。

○ワラビの根を叩いて澱粉をつくり、それを食べるとアカハラ（赤痢）に効く（岐阜）。飛騨の山民は、ワラビの粉をつくって里へ売りに出た。食用にもしたが、傘を貼る糊に必要な材料であった。

○ワラビは山菜の中で最も一般的なもので広く賞味されるが、岩手・秋田・広島などで、「五月のワラビ嫁にくわすな」という。秋田県由利郡では、「田植ワラビは嫁にくわすな」という。「秋ナスビ嫁にくわすな」と同様、五月のワラビの美味なことをいったことわざである。これに対し、「六月の婿ワラビ」ともいう。六月にもなればワラビはこわくなり、不味となるのをいう。

○ワラビが出る頃、ウサギが多く産まれる（佐賀）。ワラビが出そめると、ムツゴロウが泣く（肥前）。ムツゴロウの最も美味な時期。ワラビやウドの出盛る頃は、ヒラメ（淡水魚ヤマメの方言）がうまくなる（美作）。⇩蛇（へび）・蝮（まむし）（動物編）

文庫版解説　植物と俗信

篠原　徹

蕪村に「長尻の春を立たせて棕梠の花」という句があるが、現代人にはこのそれとなく長逗留の客を追い立てる諷諫の意味がわかるだろうか。長逗留する客に対して店の主人が奉公人にそれとなく知らせ、入り口近くに箒を逆さに立てさせる。これを見た客は店を早々に引きあげるという面倒な客を追い立てる優雅な方法である。しかし、客が立てられた箒をみて意味がわからなければ通用しない。最近、京都の下町で店に勤めていた人から、「私たちもそれは知っていたし、実際見たことありますよ」と言われて驚いた。長逗留の客に対して「箒を逆さに立てる」ということが実際に有効に機能しているとなれば、これを旧来の陋習とか俗信といって排除するのはおかしい。老舗の客との対応の京都らしい優雅な諷諫の習俗なのである。蕪村がそこに京らしい都市の風雅を感じたからこそこの句が成り立っている。なぜ棕櫚の箒を逆さにすればと問うことにはあまり意味がない。これこそが客も主人も合意している文化だからである。

この諷諫の箒の材料になるのが棕櫚の木のシュロ皮である。このシュロ皮は強靭な繊維質のもので、これで縄・漁網・箒・蓑を作った。現在でも紀の川下流の町・海南市は雑貨の町として有名だけれども棕櫚の箒を売っている。紀の川上流の清水町（現・有田川町清水）では田の畦に棕櫚が植えられている。清水町の棕櫚は箒や縄の素材として海南町へ出荷する商品である。

島根半島の岩礁の多い小さな入り江の漁村は、アワビ・サザエを捕る見突き漁とブリの一本釣り漁で生活していた。こうした漁村の背後の山には棕櫚がたくさん植栽されていた。この辺の漁村では「棕櫚千本あれば夫婦一生」という俚諺がある。さすがに現在ではナイロン製の漁網であるが、一世代か二世代前は、この棕櫚で艫綱や碇綱を編んでいた。それ以前では漁網もこれで編んだと言われる。漁網を丈夫にするため柿渋に浸して乾燥させるが、そのため渋柿も背後の山には随分と植えられている。

棕櫚という植物にまつわる俳句と俚諺を紹介したが、これらはいずれも俗信という範疇に入る。こうした暮らしの民俗や生業を支える庶民の生活の知恵の結晶を集成したものが、今回旧版を文庫版化する鈴木棠三著『日本俗信辞典』である。

この辞典には「予兆・占い・禁忌・呪い」に関する民間の知識や技術の伝承が集成されているが、実はそれだけではない。この『日本俗信辞典』に登場する俗信に関わる主要な動物・植物には著者の分類の基準が記されている。例えば、稲の項目には大変多くの俗信が収録されているが、1番目に「稲の伝来、稲を作らぬ村、田植を忌む日、籾を蒔くによい日」に分類される俗信が登場する。2番目には「播種から刈取り後まで、守るべき禁忌のいろいろ（日の選び方、作業の作法）」に関する俗信が収録されている。3番目は「節日の天候と作柄の予測、作試し」と観天望気に関する俗信が中心である。最後の4番目には「自然暦の中の稲、民間療法としての稲」に関する俗信が主となっている。1番目と2番目は俗信の中心と言われてきた「兆占禁呪」の俗信を扱っている。3番目と4番目は観天望気、自然暦、民間療法という農山漁村の人びとが暮らしていく上でなくてはならない知識や技術を収録している。これらの多くが覚えやすい一行知識の形になっているのは、俗信が近世に発達したもので、近世庶民の世界が「歩く世界」であり「記憶する世界」であったからである。近代が「乗り物の世界」であり、知識の集積は「書籍の世界」であることと対称的である。

　この辞典で登場する主要な植物はほとんど栽培植物であり、草本植物では、小豆、稲、南瓜、胡瓜、牛蒡、胡麻、米、里芋、蕎麦、大根、大豆、玉蜀黍、茄子、花、麦が登場する。樹木では、梅、柿、木、栗、桑、桜、竹（筍）、梨、南天、枇杷、桃であり、ほとんど果樹である。果樹以外では桜、南天、松とやはり人びとの暮らしに縁のある植物たちである。

　比較的俗信の多い植物として次に挙げられるのは、麻、粟、茸、草、笹、生姜、菖蒲、人参、大蒜、葱、鬼灯、茗荷、雪下、蕨である。樹木のほうでは、無花果、公孫樹、空木、桐、胡桃、柘榴、杉、茶、椿、藤、蜜柑、柳である。一見して農山漁村の暮らしに密接に結びついたものばかりであることがわかるであろう。この辞典に登場する植物は、総計で260種類であり、そのうち栽培植物は136種類、野生植物は124種類である。野生植物も身近にあって、自然暦や観天望気、そして民間薬などに登場する植物が多い。

筆者は、農山漁村の人びとが身の回りの自然とどのように付き合ってきたのかということをテーマとして研究してきた。とくに野生植物利用などに焦点を当ててきたけれども、それは農山漁村に生きる人びとと彼らの祖先の正確で精緻な自然観察や知識の累積した伝承的知識の豊穣な世界であった。このことから農山漁村の人びとの自然観や生命観を追求できるのではないかと思ってきた。そんな折にかつてたまたま職場が一緒になり、人びとの自然観察の豊穣な世界が如何に魅力あるものか教えてくれたのが、鈴木棠三先生を助けて『日本俗信辞典』編纂に大きな貢献をした常光徹さんである。今回のこの辞典の文庫版では動物編の解説を彼が書いている。文庫版は動物編と植物編の分冊になっているが、自然暦などでは、動物と植物が深く関連するものが多いので併せて読まれることが望ましい。

常光徹さんと筆者とは研究仲間というより、酒友と言ったほうがふさわしいが、いつも飲みながら農山漁村の人びとの山野河海の生き物にまつわる話が酒の肴であった。その折に鈴木棠三先生の編になる旧版『日本俗信辞典―動植物編』の存在を知ったのである。そしてその時にはすでに絶版になっていて常光さんが所有していた数少ない旧版を一冊いただいた。爾来、座右の書として我が書棚の一角を占めていたが、論文執筆にはときどき利用させていただいた経緯がある。

この旧版を読んで最初に不思議に思ったことは俗信辞典という名称であった。農山漁村の人びとの自然への感性や感覚をこれほど明瞭に教えてくれるものがなんで「俗信」なんだろう。「俗信」は、私たちの祖先が自然をどのようにみてきたのか、あるいは自然にどのように対処したらいいのか、それぞれの地域での実践的経験が蓄積されたものである。俗信の内容にどれほどの蓋然性があるのかということはそれほど問題にする必要がない。自然暦や自然に関する俚諺などにはきわめて蓋然性の高いものもあれば、蓋然性というレベルでいえば取るに足りないものもある。農山漁村の人びとの生活や生業のなかで彫琢されてきた経験の一部が俗信と呼ばれているものである。ややもすればそれが軽視されてきたのはこうした俗信が農山漁業を生業とする人びとの暮らしから遊離して語られることが多いからではないか。

筆者の漁業研究の出発は、一本釣りの漁師がどうしてどこにいるのかわからないブリやマダイなど狙ってものの見事に釣ってくるのか不思議で仕方なく、これを解き明かしてみたいと思ったことから始まった。漁船に乗せてもらうことによって初めて彼らの高度な漁場発見の方法や魚類の生態や性質そして漁に欠かせない観天望気の知識がたいへん豊かなものであることを知った。こうした漁業技術を支えている知識が、多く一行知識と言われる俗信である。山口県の萩市沖にある見島の一本釣り漁師の間では「アナジ・ネギタの夫婦喧嘩」という観天望気の俗信がある。これは北西の風であるアナジと北風であるネギタは島の南では凪いでいても、島の北の漁場では天気は大荒れであることを意味している。一見平穏にみえる夫婦でも内部では激しい葛藤があることを観天望気に応用して述べている。漁につきあってみれば学校で習う知識では漁はできないことがすぐ分かる。この辞典に収録されている膨大な俗信も地域や生活から遊離してしまえば価値は半減する。

この辞典の有用なことは採録された土地が少なくとも県レベルで記述されていることである。例えば長野県出身の人が東京に出て勤めていたとする。親しい会社の同僚との話の中で「うちは縁起がいいと言われているので南天の木を庭に植えたわよ」と言われて、「エー、うちのおばあちゃんは南天は庭に植えるものではないと教えてくれたわよ」という会話があったとする。こういう時にこの辞典の南天の項目をみてみるとそうした逆の例がでてくる仕掛けになっていることである。同系統の俗信でも意味が反対のものがあり、こうした俗信の対称性がどうして生まれ来るのかも文化の問題として重要であることを鈴木棠三先生も指摘している。

もうひとつこの辞典の大きな特徴は小さな差異しかない同じ部類に属する俗信を丹念に収集し記録していることである。その小さな差異とは「われわれの祖先は、動物・植物の形、色、声、或いは名前への連想によって、俗信の種類と範囲を次々と拡大して来た」結果ではないかと「はじめに」で鈴木棠三先生は述べている。これはきわめて重要な指摘であるし、このことを意識してこの辞典を編まれたのはたいへんな見識である。俗信といえば「兆占禁呪」などの民間信仰の側面をもったものをいうのが普通であるが、これは狭義の俗信である。この辞典には観天望気、自然暦、民間療法の俗信も丹念に資料から採録している。これらの俗信を農山漁村の暮らしや生業との関係のなかで理解すれば、私たちの祖先ばかりか現在の私たちも自然と深くかかわって生きていることがわかってくるだろう。

この辞典は、俗信の辞典としても利用できるが、同時に農山漁村の人びとの民俗知識の資料集成の意味ももっている。この『日本俗信辞典　動物編』の冒頭の「俗信序説」は今後の俗信研究の方向についてさまざまな示唆がなされている。これだけの資料集成的な辞典ゆえに、これを素材にした日本人の自然観や死生観などの研究がかならず出てくると思う。

欧米文化が日本の文化より優れているとして、それまで農民や漁民が自分たちの身の回りの自然を利用する技術を彫琢してきた自然観察や自然についての実験の結晶である民俗知識を私たちはないがしろにしてきた。欧米の文化においても俗信は数多く、人びとはそれらに拘束されている。彼らがいわゆる科学的で合理的な考えだけで生きているわけではないのは当たり前のことである。拘束される俗信の中身が異なるだけである。

日本の農山漁村の人びとが田や畑あるいは漁場を含む山野河海のなかでさまざまな自然現象を観察し、場合によっては実験をして累積してきた結果の総目録がこの『日本俗信辞典』である。時には迷信とまで貶められたこれらの動植物の俗信は、実は農山漁村の人びとの知恵の結晶であるし、彼らの自然観や生命観を知りたければこの膨大な民間に伝承されてきた辞典なくしてはわからない。韓国の友人によると韓国でも動植物に限らず俗信というのは数多いそうだ。欧米の学問の真似をするのではなく、自ら韓国や中国あるいは欧米で俗信の収集や調査を手がけ、日本の俗信研究で培った方法論で感性や感覚の文化比較ができれば、それこそ民俗学も国際化や学際化が可能になる。俗信研究は大いにその可能性を秘めている沃野である。

（しのはら　とおる　滋賀県立琵琶湖博物館名誉館長）

【編集付記】

本書は、一九八二年に角川書店より刊行された『日本俗信辞典』を底本とし、「植物」に関連する項目を集めて文庫化したものです。

俗信とは、「予兆・占い・禁忌・呪いに関する生活の知識や技術で、主に心意にかかわる伝承」と定義することができますが、そのなかには「バングリを食えば吃音になる」「ショウガを食えば馬鹿な子を生む」といった、現代の科学的知識、社会常識、人権意識に照らして、誤りや不適切な語句・表現があります。俗信が伝承されてくるなかで、そうした誤りや不適切性が正しく認識されていたとは言い難く、一部の俗信に根差した差別により、人間の尊厳を侵害された人々や家族のあった歴史に、編集部として深い遺憾の意を表するものです。

編集部は一切の差別に与しません。しかし、そのような俗信や伝承があったこともまた事実です。日本人の精神史・生活史を研究するうえで不可欠な「俗信」を、民俗学的に広く採集・整理・分類するという底本編纂の意図を尊重するとともに、当時の社会背景や扱っている題材の歴史的状況を正しく理解し、また今日的観点から流言飛語や差別への戒めを新たにするためにも、底本のままとしました。

日本俗信辞典　植物編

鈴木棠三

令和2年 6月25日　初版発行
令和6年 12月5日　10版発行

発行者●山下直久

発行●株式会社KADOKAWA
〒102-8177　東京都千代田区富士見2-13-3
電話　0570-002-301（ナビダイヤル）

角川文庫 22227

印刷所●株式会社KADOKAWA
製本所●株式会社KADOKAWA

表紙画●和田三造

ISBN 978-4-04-400591-7　C0139

角川文庫発刊に際して

角川源義

第二次世界大戦の敗北は、軍事力の敗北であった以上に、私たちの若い文化力の敗退であった。私たちの文化が戦争に対して如何に無力であり、単なるあだ花に過ぎなかったかを、私たちは身を以て体験し痛感した。西洋近代文化の摂取にとって、明治以後八十年の歳月は決して短かすぎたとは言えない。にもかかわらず、近代文化の伝統を確立し、自由な批判と柔軟な良識に富む文化層として自らを形成することに私たちは失敗して来た。そしてこれは、各層への文化の普及滲透を任務とする出版人の責任でもあった。

一九四五年以来、私たちは再び振出しに戻り、第一歩から踏み出すことを余儀なくされた。これは大きな不幸ではあるが、反面、これまでの混沌・未熟・歪曲の中にあった我が国の文化に秩序と確たる基礎を齎らすためには絶好の機会でもある。角川書店は、このような祖国の文化的危機にあたり、微力をも顧みず再建の礎石たるべき抱負と決意とをもって出発したが、ここに創立以来の念願を果すべく角川文庫を発刊する。これまで刊行されたあらゆる全集叢書文庫類の長所と短所とを検討し、古今東西の不朽の典籍を、良心的編集のもとに、廉価に、そして書架にふさわしい美本として、多くのひとびとに提供しようとする。しかし私たちは徒らに百科全書的な知識のジレッタントを作ることを目的とせず、あくまで祖国の文化に秩序と再建への道を示し、この文庫を角川書店の栄ある事業として、今後永久に継続発展せしめ、学芸と教養との殿堂として大成せんことを期したい。多くの読書子の愛情ある忠言と支持とによって、この希望と抱負とを完遂せしめられんことを願う。

一九四九年五月三日

角川ソフィア文庫ベストセラー

しぐさの民俗学
常光　徹

呪術的な意味を帯びた「オマジナイ」と呼ばれる身ぶり。人が行うしぐさにまつわる伝承と、その背後に潜む民俗的な意味を考察。伝承のプロセスを明らかにするとともに、そこに表れる日本人の精神性に迫る。

新版 遠野物語　付・遠野物語拾遺
柳田国男

雪女や河童の話、正月行事や狼たちの生態——。遠野郷（岩手県）には、怪異や伝説、古くからの習俗が、なぜかたくさん眠っていた。日本の原風景を描く日本民俗学の金字塔。年譜・索引・地図付き。

雪国の春　柳田国男が歩いた東北
柳田国男

名作『遠野物語』を刊行した一〇年後、柳田は二ヶ月をかけて東北を訪ね歩いた。その旅行記「豆手帖から」をはじめ、「雪国の春」「東北文学の研究」など、日本民俗学の視点から東北を深く考察した文化論。

新訂 妖怪談義
柳田国男
校注／小松和彦

柳田国男が、日本の各地を渡り歩き見聞した怪異伝承を集め、編纂した妖怪入門書。現代の妖怪研究の第一人者が最新の研究成果を活かし、引用文の原典に当たり、詳細な注と解説を入れた決定版。

一目小僧その他
柳田国男

日本全国に広く伝承されている「一目小僧」「橋姫」「物言う魚」「ダイダラ坊」などの伝説を蒐集・整理し、丹念に分析。それぞれの由来と歴史、人々の信仰を辿り、日本人の精神構造を読み解く論考集。

角川ソフィア文庫ベストセラー

山の人生　柳田国男

山で暮らす人々に起こった悲劇や不条理、山の神の嫁入りや神隠しなどの怪奇談、「天狗」や「山男」にまつわる人々の宗教生活などを、実地をもって精細に例証し、透徹した視点で綴る柳田民俗学の代表作。

海上の道　柳田国男

日本民族の祖先たちは、どのような経路を辿ってこの列島に移り住んだのか。表題作のほか、海や琉球にまつわる論考8篇を収載。大胆ともいえる仮説を展開する、柳田国男最晩年の名著。

日本の昔話　柳田国男

「藁しび長者」「狐の恩返し」など日本各地に伝わる昔話106篇を美しい日本語で綴った名著。「むかしむかしあるところに――」からはじまる誰もが聞きなれた昔話の世界に日本人の心の原風景が見えてくる。

日本の伝説　柳田国男

伝説はどのようにして日本に芽生え、育ってきたのか。「咳のおば様」「片目の魚」「山の背くらべ」「伝説と児童」ほか、柳田の貴重な伝説研究の成果をまとめた入門書。名著『日本の昔話』の姉妹編。

日本の祭　柳田国男

古来伝承されてきた神事である祭りの歴史を「祭から祭礼へ」「物忌みと精進」「参詣と参拝」等に分類し解説。近代日本が置き去りにしてきた日本の伝統的な信仰生活を、民俗学の立場から次代を担う若者に説く。

角川ソフィア文庫ベストセラー

桃太郎の誕生
柳田国男

「おじいさんは山へ木をきりに、おばあさんは川に洗濯へ――」。誰もが一度は聞いた桃太郎の話。そこには神話時代の謎が秘められていた。昔話の構造や分布などを科学的に分析し、日本民族固有の信仰を見出す。

昔話と文学
柳田国男

「竹取翁」「花咲爺」「かちかち山」などの有名な昔話（口承文芸）を取り上げ、『今昔物語集』をはじめとする説話文学との相違から、その特徴を考察。丹念な比較で昔話の宗教的起源や文学性を明らかにする。

小さき者の声
柳田国男傑作選

柳田国男

表題作のほか「こども風土記」「母の手毬歌」「野草雑記」「野鳥雑記」「木綿以前の事」の全6作品を一冊に収録！　柳田が終生持ち続けた幼少期の直感やみずみずしい感性、対象への鋭敏な観察眼が伝わる傑作選。

柳田国男 山人論集成

柳田国男
編／大塚英志

独自の習俗や信仰を持っていた「山人」。柳田は彼らに強い関心を持ち、膨大な数の論考を記した。その著作や論文を再構成し、時とともに変容していった柳田の山人論の生成・展開・消滅を大塚英志が探る。

神隠し・隠れ里
柳田国男傑作選

柳田国男
編／大塚英志

自らを神隠しに遭いやすい気質としたロマン主義者であった柳田は、他方では、普通選挙の実現を目指すなど社会変革者でもあった。30もの論考から、その双極性を見通す。唯一無二のアンソロジー。